東亞史

從歷史的曙光到二十一世紀

A History of East Asia:
From the Origins of Civilization
to the Twenty-First Century

查爾斯・霍爾科姆 —————— 著
（Charles Holcombe）

王啟安 等 —————— 譯

五南圖書出版公司 印行

發音導引

▌中文

　　東亞地區通常不使用羅馬拼音，而為了重現東亞文字的發音，拼音系統已經過重新設計。就中文的普通話來說，標準拼音的母音和雙母音的發音大致如下：

*a*為**ah**

*ai*為**sigh**或**high**中的**igh**

*ao*為**how**、**now**、**brown**、**cow**的**ow**

*e*為**but**中的**u**

*ei*為**May day**中的**ay**

*i*為**police**或**feet**中的**ee**——不過以下除外，如*chi*（發音像**chirp**中的**chi**）、*ci*（發音像**popsicle**中的**si**）、*ri*（發音像**urban**中的**ur**）、*shi*（發音像**should**中的**shou**）、*si*（發音像**sibling**中的**si**）、*zhi*（發音像**German**中的**Ge**）、*zi*（發音像**ziggurat**中的**zi**）

*o*為**ought**中的**ou**

*ou*為**oh**或**Oklahoma**中的**o**

*u*為**who**中的**o**或**hoot**中的**oo**

以下為例外的例子：

*ui*發音更像**oo-eigh**而非**oo-ee**

*yan*發音更像**yen**（與**Zen**押韻）而非**yahn**

-ian（通常在*bian*、*lian*、*nian*等字之中）發音像**-ee-en**（像**Zen**）
而非**-ee-ahn**

*yi*發音與單獨存在的*i*相同（像**police**）──在其他字裡面，*i*音單獨
存在，或在發音的開頭，照慣例都寫作*yi*

以下爲一些標準拼音中非常態的子音：

*c*發音像沙皇**Tsar**中的**ts**（因此*cui*的發音像快速的**ts-oo-eigh**）

*q*發音像**chance**中的**ch**（因此*Qin*發音像**cheen**）

*x*發音像**hs**或**see**中的**s**（因此*Xia*的發音像快速的**hs-ee-ah**）

*zh*發音像**jay**中的**j**（因此*zhou*的發音類似英文名**Joe**）

每個中文字都有不同的音調，不過無法從書寫上判斷，因此拼音無從
猜測。

中文有許多不同但通用的拼音系統（本書未提及），像是一些舊
時、非常態的用法如指北京（Beijing）的Peking、指廣州（Guang-
zhou）的Canton、同是指孫文的Sun Yat-sen和Sun Zhongshan、同是指
蔣介石的Chiang Kai-shek和Jiang Jieshi。

▎日語

日語中的母音和子音的發音大致如下：

*a*爲**ah**

*ai*爲**sigh**或**high**中的**igh**

*e*爲**ten**

*ei*爲**May day**中的**ay**

*i*爲**police**

*o*為**oh**或**Oklahoma**中的**o**

ō（有長音符號）發音為*o*，不過音長為兩倍

*u*為**who**中的**o**或**hoot**中的**oo**

ū（有長音符號）發音為*u*，不過音長為兩倍

日語中兩個母音相連應該分開發音，而非作為一雙母音的單一音節。例如 *ii* 發音為 **ee-ee**。

*u*若連接在*s*之後，通常發音為無聲。如*Sukiyaki*，發音更像是 s'kiyaki。

韓語

韓語中的母音與雙母音大致如下：

*a*為**ah**

*ae*為**hat**中的**a**

*e*為**ten**

*i*為**police**

*o*為**orbit**中的**o**

*ŏ*為**caught**中的**au**

*u*為**who**中的**o**或**hoot**中的**oo**

*ŭ*為**put**中的**u**

*ŭi*為**we**

ch/j、*k/g*、*p/b*、*r/l*、*s/sh*、*t/d* 幾組子音在韓語中沒有特別區分（嚴格來說，通常以撇號作為區分，例如 **ch'** 的發音為英文發音的 **ch**；而 **ch** 的發音為英文發音的 **j**。另外，*tch*、*kk*、*pp*、*ss*、*tt* 和單獨存在的子音也只有些微不同）。舉例來說，Chosŏn 有時候就寫成 Joseon（ŏ 以

eo 表示）、Koguryǒ 寫成 Goguryeo、Paekche 寫成 Baekje、Silla 寫成 Shilla。

▌越南語

東亞語言之中，越南語為（現代）唯一使用羅馬拼音書寫的。此標準羅馬拼音系統稱作「國語」。拼音上的特別符號用來標示六種音調中的其中五種（如同中文，越南語也是聲調語言；但從書寫上能分辨聲調這點，和中文是不同的），其他的附加符號也用來分辨不同的發音。舉例來說，Đ、đ的發音就如同英文發音的d，但如果將字母上的符號去除，d的發音就如同英文發音的z。然而，由於越南語中的附加符號很複雜，通常在英文刊物中會遭去除，使正確發音非常困難。

越南語中獨特的母音及雙母音如下：

*a*為**ah**或**father**
*â*和*ă*為發音較短的*a*
*e*為**average**中的**a**
*ê*為**say**中的**ay**
*i*為**creek**中的**e**
*o*為**aw**
*ơ*為**uh**或**fur**
*ô*為**oh**或**go**
*u*為**ooh**或**root**
*ư*為**should**
*ia*為**eeah**
*ua*為**üah**
*ưa*為**ooah**

獨特的子音和輔音如下：

　　c、*k*、*q*為**cat**或than**k**中的**k**

　　*d*為**z**

　　*đ*為**d**

　　*g*為**good**

　　*kh*為**hut**中的**h**

　　*ng*為**nuhguh**

　　*nh*為**ny**

　　*r*為Doctor **Zh**ivago中的**zh**

　　*s*為**sh**

　　*t*非氣音，為**standard**，幾乎是**dull**

　　*th*為英文字母**t**

　　*tr*為**tch**

　　*x*為**s**

年代表：朝代與重要時期

年代表

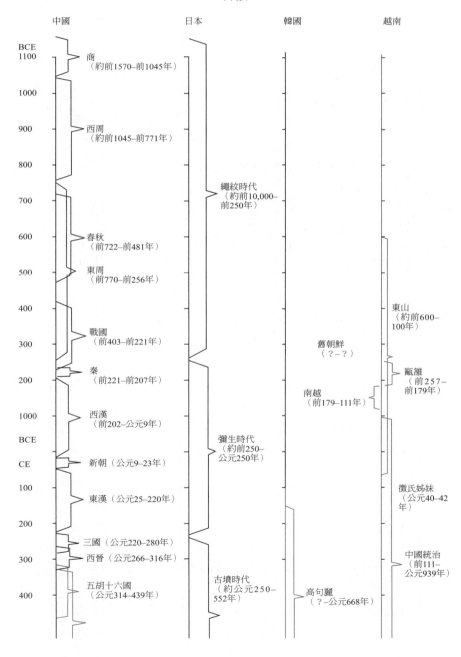

中國　　　　　　　日本　　　　　　　韓國　　　　　　　越南

BCE
1100

商
（約前1570–前1045年）

1000

900

西周
（約前1045–前771年）

800

繩紋時代
（約前10,000–
前250年）

700

600

春秋
（前722–前481年）

500

東周
（前770–前256年）

400

東山
（約前600–
100年）

300

戰國
（前403–前221年）

舊朝鮮
（？–？）

200

秦
（前221–前207年）

甌雒
（前257–
前179年）

南越
（前179–111年）

1000
BCE

西漢
（前202–公元9年）

CE

新朝（公元9–23年）

彌生時代
（約前250–
公元250年）

100

東漢（公元25–220年）

徵氏姊妹
（公元40–42
年）

200

300

三國（公元220–280年）

西晉（公元266–316年）

中國統治
（前111–
公元939年）

400

五胡十六國
（公元314–439年）

古墳時代
（約公元250–
552年）

高句麗
（？–公元668年）

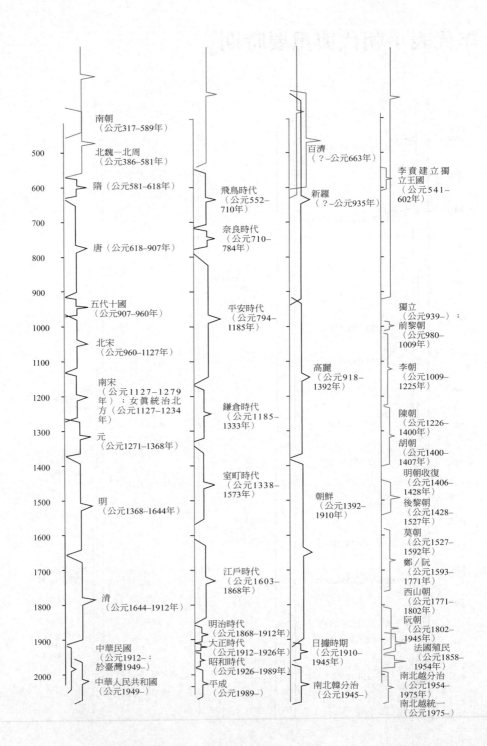

南朝
（公元317–589年）

500

北魏—北周
（公元386–581年）

600

隋（公元581–618年）

700

唐（公元618–907年）

800

900

五代十國
（公元907–960年）

1000

北宋
（公元960–1127年）

1100

南宋
（公元1127–1279
年）；女眞統治北
方（公元1127–1234
年）

1200

元
（公元1271–1368年）

1300

1400

明
（公元1368–1644年）

1500

1600

1700

清
（公元1644–1912年）

1800

1900

中華民國
（公元1912–；
於臺灣1949–）

2000

中華人民共和國
（公元1949–）

飛鳥時代
（公元552–
710年）

奈良時代
（公元710–
784年）

平安時代
（公元794–
1185年）

鎌倉時代
（公元1185–
1333年）

室町時代
（公元1338–
1573年）

江戶時代
（公元1603–
1868年）

明治時代
（公元1868–1912年）
大正時代
（公元1912–1926年）
昭和時代
（公元1926–1989年）
平成
（公元1989–）

百濟
（？–公元663年）

新羅
（？–公元935年）

高麗
（公元918–
1392年）

朝鮮
（公元1392–
1910年）

日據時期
（公元1910–
1945年）

南北韓分治
（公元1945–）

李賁建立獨
立王國
（公元541–
602年）

獨立
（公元939–）；
前黎朝
（公元980–
1009年）

李朝
（公元1009–
1225年）

陳朝
（公元1226–
1400年）
胡朝
（公元1400–
1407年）
明朝收復
（公元1406–
1428年）
後黎朝
（公元1428–
1527年）

莫朝
（公元1527–
1592年）
鄭／阮
（公元1593–
1771年）
西山朝
（公元1771–
1802年）
阮朝
（公元1802–
1945年）
法國殖民
（公元1858–
1954年）
南北越分治
（公元1954–
1975年）
南北越統一
（公元1975–）

詞彙表

阿爾泰語系	北歐亞語系，可能包含突厥語、蒙古語、滿族語、日語、韓語和其他語言
天照	日本太陽女神
安南	前現代越南名稱（法國殖民時期特指越南中部）
幕府	日本軍政府
菩薩	會覺悟的有情眾生（梵語）
武士	日本士兵
財閥	二戰後的南韓企業集團
占族	住在現今越南的南島語系民族
茶湯	日本茶道
朝鮮	韓國
交趾支那	南越的歐洲名字
第三國際	1919 到 1943 年的共產主義國際組織
大名	前現代晚期的日本地主
大道	宋明理學的觀念
陀尼羅	佛教真言（梵語）

演歌	日本著名音樂類型之一
法輪功	新興中國傳統宗教，創立於 1992 年，現於中國被禁止
關東	指滿洲地區（中文）
渭河平原	現今陝西地區
國語	中國國家語言
客家	中國民族之一
韓國	韓國
韓字	韓語字母
漢字	中文字母
平假名	日語字母
胡	非漢族的外族統稱
皇帝	中國君王頭銜
華夏	中國
花郎	新羅貴族青少年戰士
進士	中國古代科舉的最高學位
主體思想	北韓的自給自足思想
君子	品德良好的人
神	日本的神靈
關東	現今日本東京地區（日文）
片假名	日語字母，現多用於拼寫外國文字
敬語	日語中有禮貌的說法

經聯	二戰後的日本企業團體
國體	二戰前的日本國家形式
骨品制度	新羅的社會階級制度
國民黨	中國國民黨
關東軍	二十世紀早期日本的滿洲部隊
禮	禮貌、禮法
理	宋明理學中「氣」的原則
嶺南	中國早期廣東、廣西地區，也包含了現在越南北部
語素文字	非表音文字，例如中文
麻立干	早期朝鮮君王頭銜
民族	民族
經濟產業省	二戰後日本的行政機關
日本	日本
涅槃	寂滅（梵語）
喃	以漢字為素材的越南語
拼音	中國發展的以羅馬文字拼寫中文的系統
可汗	蒙古和突厥的統治者頭銜
氣	宋明理學中「氣」是宇宙的根本
旗袍	滿族女性的穿著風格
旗人	滿族人的另類說法
越南語字母	羅馬拼音寫成的越南語

仁	孔子提倡的美德之一
浪人	離開主家失去俸祿的武士
儒教	儒學或孔子學說
輪迴	生與死（梵語）
參勤交代	江戶時代日本大名需要幫助幕府將軍執行政務的制度
駐日盟軍總司令	二戰後掌管日本的負責人頭銜
上帝	中國古代至上神的概念，亦可用於翻譯基督教的神
神道	日本信仰
幕府將軍	日本明治維新前的實際掌權者
沙門	道士（梵語）
契經	佛教經典（梵語）
大義名分	履行與頭銜或地位相當的道德義務（日文）
太極	宋明理學對於至高無上的解釋
饕餮紋	中國古代青銅器的常見設計
榻榻米	前現代晚期日本地墊
天皇	日本君王頭銜
天命	上天的意志
天下	帝國的領土
天子	中國統治者
東京	南越的歐洲名

方言	地方語言
三藏	三個籃子或是三種佛教經典（梵語）
氏	日本具血緣關係的族群
越南南方民族解放陣線	越南共產黨在南越組織
越南獨立同盟會	越南獨立同盟會（越盟）
無為	道家的無作為
孝	孔子提倡的美德之一
兩班	古代朝鮮的貴族階級
元	現代中國的貨幣（中華人民共和國亦稱人民幣）
財閥	二戰前的日本大企業
忠	孔子提倡的美德之一
中國	中國

目　錄

前言　何謂東亞？

　　全球五大經濟體有三個位於亞洲，而其中的兩個（中國與日本）便位於東亞的範疇。[1] 此外，中華人民共和國更擁全球第二高軍事預算，可謂世界強權之一。其他位於東亞的國家，例如韓國近年也有卓越的表現，而這些情勢早在百年前，各個西方強權在經濟、軍事、政治，甚至文化上占盡優勢時，揭開了序幕。

　　百年前，中國已成衰弱大國，東亞其他如：新加坡、臺灣、韓國、越南也淪為西方國家的殖民地；僅有日本相對較為成功。迄到了二十世紀中，東亞仍未進入工業化階段，生活困苦，且遭戰爭摧殘；即使日本在1900年代初期為東亞地區現代化的強權，到了1945年二戰失利後，也淪為貧困國家。此時日本需要一個嶄新的開始，並於1960年代初期展開了上升的氣勢，連帶韓國、臺灣、香港、新加坡，再是後來的中國，甚至是近年的越南，全都跟上日本的腳步，以不同的方式推動現代經濟的起飛。東亞的崛起毫無疑問是近代史中重要的篇章。

　　與其說是東亞崛起，倒不如說是回歸原本的局面。在羅馬帝國滅亡後，從公元500年開始算起的一千年，中國可說是全球最富裕的國家，不管是以總體或人均來計算都是。即使到了1800年，工業革命開始在

---

[1]　根據中央情報局（CIA），《世界概況》，國家比較分析：GDP（購買力平價）分析：2014年排名前五的國家經濟體（不將歐盟視為一個「國家」），是根據其實際規模，而不是官方統計數據得出的，分別是中國、美國、印度、日本和德國。https://www.cia.gov/library/publications/the-world-factbook/

英國展開，中國的生產量（33.3%）仍比全歐洲總和（28.1%）還多。[2]

重要的科技發展如：火藥、造紙、印刷，皆來自中國，這些科技也早在傳入歐洲前，爲中國帶來巨大的影響。造紙與印刷促成了書本的發展，讓知識能夠在中國廣爲傳播，甚至在公元1500年前，中國書本的產量比全球各地總和還多。[3]

當時中國人口爲3億；日本爲3,000萬；韓國爲800萬；越南爲700萬，東亞各國規模雖較中國小，卻都以不同的方式爲東亞文明帶來貢獻，舉例來說，韓國於公元1234年左右發明了金屬活字印刷（中國於1040年代發明陶土活字印刷）；日本成爲了第一個非西方世界的現代化國家，在現代化時代將中國拋在後頭，成爲東亞強權，到了二十世紀晚期更是成爲了全球第二大經濟體，緊追在美國之後。[4]

儘管東亞在1900年代初期較爲貧困、軟弱，仍持續在全球保有重要影響力，例如二戰爆發原因之一便是位於北京附近的盧溝橋事變。中國崛起成爲世界強權，即使中國仍有未開發及貧窮的區域，且人均收入較低，海外的華人社會影響力也不容小覷。香港現今雖已回歸中國，人均收入仍高於美國。其他如新加坡、臺灣以華人人口爲主的國家，在經濟上也有顯著的成功，新加坡人均收入甚至比香港來得高；臺灣總體收入也高於加拿大、歐盟國家。[5] 日本近年來雖在經濟上已被中國超越，仍擁世界第二大成熟工業經濟體。南韓也是現代成功的好例子；相較之下，北韓較爲貧困，卻時不時宣揚自身的核武，引起世界關注。越南在

---

[2] P. Bairoch, "International Industrialization Levels from 1750 to 1980," *Journal of European Economic History* 11, no. 2 (1982): 296, table 10.

[3] Tsuen-Hsuin Tsien, *Written on Bamboo and Silk: The Beginnings of Chinese Books and Inscriptions* (University of Chicago Press, 1962), p. 2.

[4] 參見 E. F. Vogel, *Japan as Number One: Lessons for America* (Cambridge, MA: Harvard University Press, 1979)。

[5] CIA, "World Fact Book" country comparison: GDP-per capita (purchasing power parity), 2014 data.

近幾十年內快速發展經濟，也時常爆發衝突，成為二十世紀晚期的焦點之一。

東亞是世界上相當重要的區域，但是亞洲並非相連的大陸，那東亞的定義從何而來？亞洲的概念是由古希臘流傳下來，當時將世界分成兩個部分：歐洲與亞洲，而亞洲原本指的其實是波斯帝國，隨著亞洲版圖持續擴張，人們改稱波斯帝國為小亞細亞，亞洲這一詞則開始囊括更多不同文化與種族。到了1700年晚期，全球三分之二的人口、80%的生產量皆位於亞洲，其地位早已不可同日而語。亞洲是一整體概念，單一名詞不能有效詮釋其中意義，若是以南亞、東亞等名詞來區分，才能展現其清晰的歷史意涵。[6]

這些細分亞洲的區域名詞定義有時不太明確，在現代化以前，東亞也尚未將自己歸類為東亞，如今美國國務院將東南亞、東亞事務，皆納入美國國務院東亞暨太平洋事務局。地理區域的界定根據不同的目的，有許多不同的定義。以歷史的角度來看，使用中文字書寫系統，且受儒家文化薰陶，即為東亞的範疇；以普世價值來看，使用筷子吃飯的地方，即為東亞。而在此書中，東亞在文化、歷史上是相關聯的區域；而非簡單幾個相鄰的國家，如此模糊的定義。

東亞與世界共享人類文明，而非多數人所想像的封閉且孤立的地區，雖然東亞曾經與世界隔絕，不過都是在現代化以前的時光（抑或是如今的共產黨政權）。而透過歷史，我們能看到歐亞大陸與東亞之間的聯繫。

舉例來說，流傳歐亞大陸的希臘神話——海克力斯，其實也傳播到

6　M. W. Lewis and K. E. Wigen, *The Myth of Continents: A Critique of Metageography* (Berkeley: University of California Press, 1997), pp. 16, 21, 53-55。統計數據來自 R. B. Marks, *The Origins of the Modern World: A Global and Ecological Narrative from the Fifteenth to the Twenty-First Century*, 2nd ed. (Lanham, MD: Rowman and Little field, 2007), pp. 80-81。

了中國。出土於在公元415年還是滿洲的地區，考古學家發現了含有非
中國元素的遺物，不但有馬鐙，還有羅馬風格的玻璃器具。瑞典也挖掘
出八、九世紀的古物，有中國的絲綢，和來自現今巴基斯坦的佛像。[7]
在一千紀期間，拜占庭帝國與中國往來已成常態，而在進入二千紀時，
蒙古征戰使其版圖從中國延伸至東地中海。[8]

　　近期有些說法指出，現代化前的中國因地理位置，受歐亞大陸文化
影響；而歐亞大陸末端的歐洲則較影響中國以外的東亞地區，如日本的
武士與封建制度，[9]就引發與中世紀歐洲聯想，兩者的相似處甚至大於
日本與中國之間。東亞擁有相連通的文化，也各自吸收了不同的外來文
化，發展出不同的融合文化。

　　準確來說，東亞包含了大中華區域（中華人民共和國、香港、臺
灣、新加破）、日本、韓國、越南。而其中兩國或許會被認爲是東亞以
外的範疇，一爲新加坡，其地理位置較偏遠，位於亞洲東南區的中段，
然而其是以華人爲主組成的社會，所以列入東亞的範圍；二爲越南，其
北部曾在中國帝國的範圍內，就像一腳踩在東站在東亞上，另一腳站在
東南亞上，而曾爲法國殖民地的越南，被法國人稱作Indochina，即爲

7　I-tien Hsing (trans. by W. G. Crowell), "Heracles in the East: The Diffusion and Transformation of his
　　Image in the Arts of Central Asia, India, and Medieval China," *Asia Major*, third series, 18.2 (2005):
　　126-127. A. E. Dien, *Six Dynasties Civilization* (New Haven: Yale University Press, 2007), pp. 104-
　　105, 288-289. E. Ramírez-Weaver, "Islamic Silver for Carolingian Reforms and the Buddha-Image of
　　Helgö: Rethinking Carolingian Connections with the East, 790-820," in *China and Beyond in the Me-
　　diaeval Period: Cultural Crossings and Inter-Regional Connections*, ed. D. C. Wong and G. Heldt (New
　　Delhi: Manohar, 2014), pp. 171, 178.

8　J. K. Skaff, *Sui-Tang China and its Turko-Mongol Neighbors: Culture, Power, and Connections, 580-
　　800* (Oxford University Press, 2012), p. 294. R. von Glahn, "Imagining Pre-modern China," in *The
　　Song-Yuan-Ming Transition in Chinese History*, ed. P. J. Smith and R. von Glahn (Cambridge, MA:
　　Harvard University Asia Center, 2003), pp. 64-65.

9　這是 V. Lieberman 著作，*Strange Parallels: Southeast Asia in Global Context, c. 800-1830*; *vol. II,
　　Mainland Mirrors: Europe, Japan, China, South Asia, and the Islands* (Cambridge University Press,
　　2009) 的主題。

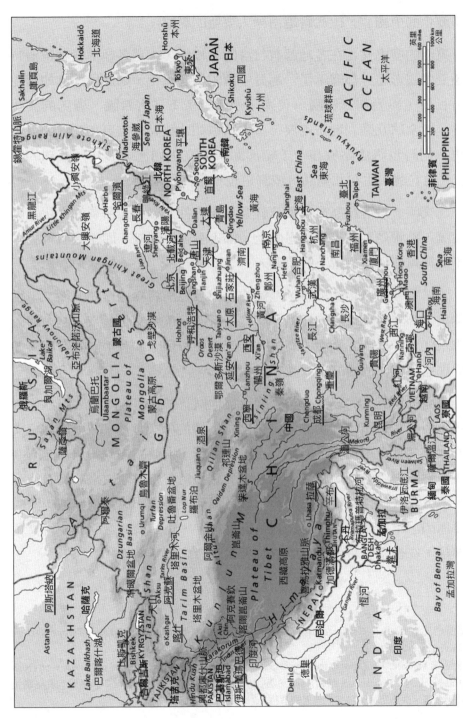

地圖　何謂東亞

「印度化的中國」，由此將越南列入東亞的範疇。

　　東亞的歷史文化在各地都有自身的多樣性，不過各地都從青銅器時代起受中國影響，都繼承了一部分中國的核心文化，如此模式就如同在西方世界，義大利、法國、英國、德國都留下了古希臘、羅馬的文化痕跡。從全球互動到地方差異，本書藉由如此觀點帶來更加完整的東亞歷史，同時也將焦點放在一千紀期間東亞文化如何成形（「歐洲的誕生」[10]也約莫發生在此期間，或許這也不全然是巧合）。

　　「文明」是解讀歷史延續及社會集團的抽象概念，所有的文化互動與交流，不管是器物上或是思想上，都不受國界限制，即使層層堆疊，也不能掩蓋任何文化留下的痕跡。

　　到了現今全球化的世界，地區的文明已逐漸將界線模糊。從二十世紀開始，那些造就東亞的元素，如文字系統、儒家文化、帝王制，逐漸因為現代化、民族主義而遭到挑戰，使東亞每個國家有不同的發展，甚至與那些現代化的西方國家越來越相像。

　　東亞近年巨大的經濟成功，顯示這地區有其獨特的地方。有些學者認為東亞的「奇蹟」歸功於受儒家文化影響的職業道德，[11]不過儒家文化的概念其實相對模糊，所以是否直接影響了東亞的經濟，這點還有些疑慮。然而東亞的成功確實不同凡響，讓我們有充分理由來認真看待東亞。西方現代科技與龐大的美國消費市場無疑是帶起環太平洋區經濟的主要原因，不過東亞近年偏好互為貿易夥伴，也對彼此之間的流行文化感興趣，在後冷戰時代，東亞或許再次聯合崛起。

---

[10] 參見例如 P. Heather, *Empires and Barbarians: The Fall of Rome and the Birth of Europe* (Oxford University Press, 2009)。

[11] 參見 W. McCord, *The Dawn of the Pacific Century: Implication for Three Worlds of Development* (New Brunswick, NJ: Transaction, 1993), pp. 28-29, 105-107, 183-184。W. McCord 本人更傾向於結構和政策解釋，而不是追究於文化差異的解釋。

　　不過這也不能否認東亞國家相互競爭、參與全球社會，也對美國等西方文化相當有興趣。雖然東亞國家的敵意通常存於地區內，語素文字卻是他們無法否認的相似處。東亞每個國家都有自身不同的文化和語言，卻共享一些文字與思想，例如韓國是一經過西化的現代化國家，卻是受儒家文化影響最深的國家。

　　東亞國家之間不但文化相關，還有文化多樣性，各國都有自身層層堆疊的文化，而東亞也與時俱進，不斷地在改變，在現代尤其顯著。

　　隨著時間的推進，對於中國歷史有多長，我們開始產生疑問。一般而言，中國文明被認為世上最古老的文明，約在新石器時代時出現，於公元前2000年的青銅器時代蓬勃，並延續至今日。雖然新石器時代出現許多中國文化（絲綢、偏好食用豬肉、耕種稻米），中國文字的出現更具代表性，約於西元前1200年出現以古老的形式書寫，再演變至今的書寫系統。由此可見，中國文明確實是很古老。

　　中文書籍最早於公元前1000年開始流傳，文學的形式形成，直至二十世紀才有巨大的改變；同時，「中國人」的意識概念開始成形（華夏），並與鄰近其他種族開始爭鬥。周朝晚期開始形成戰國時代的局面，許多國家各自獨立。

　　公元前221年，大秦統一，結束了戰國時代，誕生了第一個中央集權的王朝。之後中國也經歷了不同的統一王朝，民族與文化同質看似是王朝建立的原因，但事實上中國帝國內的種族是混合的，民族與文化同質甚至在進入第一千紀時已是末代產物。

　　中國不斷在改變，在第一次統一後，經歷了大大小小共八十多個王朝（雖然只有十幾個為較重要的王朝），每個王朝都不盡相同，有些甚至由外族建立政權。如此反反覆覆經歷了分裂、統一，甚至是擴張，中國的文化一直在變化，據郭茂倩（fl. 1264-1269）於十三世紀的觀察，

中國的民俗文化與民謠，在每個時代都有不同的樣貌與聲音。[12] 即使是在現代化前，中國也絕非停滯不前。

不過，中國雖說是古文明，「國家」的概念要到1900年左右才存在，由於「國家」被認爲是來自現代西方的概念，而中國最接近此一名詞只有「民族」而已，到了十九世紀引入了概念後，「國家」才真正存在於中國。[13] 中國第一次試圖推翻帝國制，並建立西方概念的國家，爲1912年建立的中華民國，而不是到了1949年才成立的中華人民共和國。事實上，世上少有像1949年中國「解放」的革命運動，而在中華人民共和國成立後，革命的成果似乎不見任何成功的地方；即便如此，如今的中華人民共和國仍在延續其歷史。

英文「China」其實不是源自中文，而是梵文，發源於大秦帝國時期的西北邊疆，與中國當地的任何語言毫無關係。此外，一位學者曾表示，「China」一詞事實上並不存在，不過是中國以外的人虛構的詞彙。[14]

中國也存在族群認同，不過都是基於王朝、帝國來區分，例如秦、楚、漢，與華夏、中國等廣義名詞定義不同；以華夏來說，其定義並非是種族、國家，而是一文明，脫離了蠻夷的象徵。[15]

中國——中央王國，解釋爲文明國以中央自居，抵禦外圍的蠻夷之

---

[12] 郭茂倩（公元 1264 至 1269 年）《樂府詩集》（臺北：臺灣中華書局，1965 年），第 44 頁 1a。

[13] D. Yen-ho Wu, "The Construction of Chinese and Non-Chinese Identities," in *The Living Tree: The Changing Meaning of Being Chinese Today*, ed. Wei-ming Tu (Stanford University Press, 1994), p. 150.

[14] E. H. Schafer, "The Yeh Chung Chi," *T'oung Pao 76*, nos. 4-5 (1990): 147-149。也可參閱 J. Fitzgerald, "The Nationless State: The Search for a Nation in Modern Chinese Nationalism," in *Chinese Nationalism*, ed. J. Unger (Armonk, NY: M. E. Sharpe, 1996), p. 67。

[15] Y. Pines,"Beasts or Humans: Pre-Imperial Origins of the 'Sino-Barbarian' Dichotomy," in *Mongols, Turks, and Others: Eurasian Nomads and the Sedentary World*, ed. R. Amitai and M. Biran (Leiden, Netherlands: Brill, 2005), p. 62.

邦。其實中國原指帝國內皇室之地；隨著時間演變，在戰國時代之後，中國一詞爲地理位置的解釋，指的是中國北方之地，直到公元280年漢地的東吳遭西晉滅亡後，[16] 中國南方，也就是所謂的漢地，才納入中國一詞的範疇。

許多人或許會認爲，中國自稱爲世界中央的王國，極其自負與荒謬；然而，其實這樣的優越感在所有文明都存在，地中海一詞就是源於拉丁文，意指世界的中央，只是隨著時間推進，人們漸漸習慣了這名稱，漸漸地忘了來源與原本的意義。

中國對於異族通常稱其爲蠻夷，就如同西方世界對於外人稱其爲野蠻人「barbarian」，嘲弄其毫無智慧。另外，而歐洲人曾誤認美洲大陸上的原住民爲印度人，並稱其爲印地安人，雖然是誤稱，現今仍以印地安人來稱呼美洲原住民，是一有趣的例子。[17]

除了中國的英文名「China」外，日本的英文名「Japan」也不源自日文，而是經過馬來半島的中文發音，演變成今日的英文發音與拼音。日本二字意指「太陽之本」，字與意義到了十七世紀才被日本官方正式採用。[18]

不同於經歷過八十多個王朝的中國，日本只經歷過一個王朝，甚至延續至今，可說世上最獨特的歷史；不過日本王朝所謂的天皇並不掌握實權，在日本歷史的推進過程中，並非主要推手。日本的傳統文化幾乎受外國影響，相對於其他文化傳統不能算是古老的，如日本的禪宗，即

---

[16] 房玄齡，《晉書》（公元 644 年）（北京：中華書局，1974 年），第 28.844 頁。

[17] C. I. 貝克維斯激烈地爭辯說，在他的 *Empires of the Silk Road: A History of Central Eurasia from the Bronze Age to the Present* (Princeton University Press, 2009), pp. 355-362，蠻族的概念在中國不存在。

[18] W. G. Aston, trans., *Nihongi: Chronicles of Japan from the Earliest Times to A.D. 697* (Rutland, VT: Charles E. Tuttle, [1896] 1972), vol. I, p. 1, note 1。另見 C. Holcombe, *The Genesis of East Asia, 221 B.C.-A.D. 907* (Honolulu: University of Hawai'i Press, 2001), pp. 72-73。

是由印度的佛教流傳到中國，再到日本有了變化的流派；日本茶道是到了十五世紀末才誕生；壽司起源於十九世紀江戶時代的街邊美食；柔道也是在十九世紀末誕生；甚至是日本今日的國家，也是到了十九世紀才開始形成。[19]

韓國，通常指稱南韓；北方的北韓時常以恢復朝鮮王國為由，來帶起民族情緒，自稱為朝鮮。然而南北韓雖為民族同質的好例子，其實質存在的意義應由668年朝鮮統一時開始算起。

越南，其名應源自於1803年的北京，在這之前稱為安南、大越等名稱。原為古老的南越王國（約公元前207至前111年），在十九世紀時想沿用古稱，來喚起曾經的光輝，不過由於過往的王國首都位於廣州，也就是在中國境內，所以不被中國允許，所以最後將二字顛倒，成了越南。[20]不只是名字，越南的領土與種族組成也因為南進的擴張，[21]有了新的面貌。

這也再一次說明東亞並非停滯不前的傳統區域。世上每段歷史都是透過改變而前進的，而東亞也歷經了無數的改變才造就今日的樣貌，寫下了屬於東亞的故事。

---

[19] 有關茶的信息，請參見 D. Keene, *Yoshimasa and the Silver Pavilion: The Creation of the Soul of Japan* (New York: Columbia University Press, 2003), pp. 139-151。對於壽司，請參見 S. Issenberg, *The Sushi Economy: Globalization and the Making of a Modern Delicacy* (New York: Gotham Books, 2007), p. xxi。關於柔道，請參見 Inoue Shun, "The Invention of the Martial Arts: Kanō Jigorō and Kōdōkan Judo," in *Mirror of Modernity: Invented Traditions of Modern Japan*, ed. S. Vlastos (Berkeley: University of California Press, 1998), pp. 163-173。關於民族國家，請參見 T. Morris-Suzuki, "A Descent into the Past: The Frontier in the Construction of Japanese Identity," in *Multicultural Japan: Palaeolithic to Postmodern*, ed. D. Denoon et al. (Cambridge University Press, 1996), p. 82。

[20] A. B. Woodside, *Vietnam and the Chinese Model: A Comparative Study of Nguyên and Ch'ing Civil Government in the First Half of the Nineteenth Century* (Cambridge, MA: Harvard University Press, 1971), p. 120.

[21] Pierre Gourou 於 1936 年撰寫，引自 V. Lieberman, *Strange Parallels: Southeast Asia in Global Contex, c. 800-1830, vol. I. Integration on the Mainland* (Cambridge University Press, 2003), p. 343。

❗延伸閱讀

關於如何定義東亞，請參閱 *John H. Miller, Modern East Asia: An Intro-ductory History* (Armonk, NY: M. E. Sharpe, 2008)。關於東亞文化相關性，請參閱 Gilbert Rozman, ed., *The East Asian Region: Con-fucian Heritage and Its Modern Adaptation* (Princeton University Press, 1991)。關於西方世界如何看中國與亞洲，請參閱 Andrew L. March, *The Idea of China: Myth and Theory in Geographical Thought* (New York: Praeger, 1974)。

關於東亞歷史的分析，請參閱 Warren I. Cohen, *East Asia at the Cen-ter: Four Thousand Years of Engagement with the World* (New York: Columbia University Press, 2001); Patricia Buckley Ebrey, Anne Walthall, and James B. Palais, *East Asia: A Cultural, Social, and Po-litical History* (Boston: Houghton Mifflin, 2006); John K. Fairbank, Edwin O. Reischauer, and Albert M. Craig, *East Asia: Tradition and Transformation*, rev. ed. (Boston: Houghton Mifflin, 1989); and Con-rad Schirokauer, Miranda Brown, David Lurie, and Suzanne Gay, *A Brief History of Chinese and Japanese Civilization*, 3rd ed. (United States: Wadsworth, 2006)。

一 東亞文明的起源

▍「走出非洲」：第一位東亞人

　　根據十三世紀韓國史書《三國遺事》中記載的一個現已遺失的紀錄，神聖的桓雄降臨到長白山，一座位於鴨綠江和圖們江源頭的高峰，現今是中國和北韓邊境的界山，他在此地幫助一隻母熊化為人形，並和她共組家庭，而熊女生下的孩子就是檀君王儉，他被認定是在公元前2333年建立古朝鮮的人，至今仍以韓國國父的身分備受尊敬。

　　同時，根據《古事記》（日本最早的歷史書籍，於712年編撰而成）卻有另一個相當不同的傳說，日神（天照大神）的孫子從天堂被派到人間，帶著曲玉、青銅鏡和劍，三個代表日本帝國的神器（至今仍都在東京的天皇王位之上），也代表著日本帝國的起源。

　　在更早之前的中國，許多的古代貴族皇室也主張了各種不同神聖或神奇的起源，雖然西方學者們一般都對中國歷史一開始那些相對缺乏重要性的創世神話比較印象深刻。中國故事起源的傳統版本則是包含著有人類年齡的（傳說中的）文化英雄，開始是由伏羲（據說可以追溯到公元前2852年），是第一個馴養動物的人；神農（公元前2737年）發明農業；和黃帝（公元前2697年開始統治），被普遍視為中國人民的祖先。

　　雖然日本天皇在1946年二次世界大戰後正式地放棄了他的神性，而且現在幾乎沒有人會相信日本帝國血統來自太陽女神的故事，部分的

這些神話和傳奇故事還是相當吸引人。[1] 這觀點很令人懷疑，但是有許多非本地人，他們有不同的信仰和文化傳統，記載過很多這些神聖血統的故事，舉例來說，早期的歐洲人帶來了自己對東亞起源截然不同的期望。舉個典型的例子，在1667年阿姆斯特丹出版的一本書中，阿塔納斯・珂雪推測，中國人的祖先一定是《聖經》裡諾亞的兒子含，其居住於埃及的血脈，這也解釋了中國文字和埃及象形文字之間表面且極為粗淺的相似性。[2]

甚至到歐洲人更了解東亞之後，文明一定是從中東的某個相同的萬能起源點擴散到中國（和其他地方）的理論，長期以來一直被廣泛接受。所有的文明都起源於西方（儘管這是一個「西方」歷史的開始，奇怪的是，它起源於現今是伊拉克和埃及的肥沃月灣），以及所有非西方人士都因此沒有能力實現自己文明的推測，對非西方人士而言是很冒昧的。隨著新的考古學證據穩定地架構出二十世紀期間中國的青銅時代文明確實非常古老，並且沒有證據表明那些青銅器是從西方直接進口，中國文明是幾乎完全獨立的原始文化的理論開始受到許多學者的青睞。拿一項由何炳棣於1975年撰寫的經典研究當例子，將中國稱為「東方的搖籃」，就如同把埃及和美索不達米亞肥沃的新月稱作所謂的（西方）文明搖籃。[3]

預設文明的起源只能是從單一地區，或是完全獨立的地方發展中擴展到各地的想法，可能從頭到尾就是一個錯誤；事實上，不同的文化應該是由不同地區的人民各自創造出來的。從古至今，人們東西往來、

---

[1] 從技術上講，皇帝只是否認他是存在神靈，並沒有放棄太陽女神的血統要求。見 J. W. Dower, *Embracing Defeat: Japan in the Wake of World War II* (New York: W. H. Norton, 1999), p. 316。

[2] D. E. Mungello, *Curious Land: Jesuit Accommodation and the Origins of Sinology* (Honolulu: University of Hawai'i Press, 1985), pp. 144, 179.

[3] 何炳棣，*The Cradle of the East: An Inquiry into the Indigenous Origins of Techniques and Ideas of Neolithic and Early Historic China, 5000-1000 B.C.*（香港中文大學，1975 年）。

互相交流，但是古時候地域間的移動極爲緩慢，特別是居住於偏遠地區或與世隔絕的人們，自然而然就會獨立發展出自己的文化。世界上會發展出各種不同歷史文明的最合理解釋是人類最終來自共同的起源，也正經歷這一連串的地方多樣化和互換的過程，在互相交流的過程被形容爲「不像辯證法那樣的擴散」。[4]

遺傳學的新突破，尤其是線粒體DNA的研究顯現出世界各地的現代人很有可能是來自近代的共同祖先，而且血緣非常親近。目前的一個有影響力的理論是，世界各地的現代人全是來自不到十萬年前的一個非洲的祖國。根據碳十四定年法，我們得知在公元前25,000年前現代人就曾到過歐亞大陸東部，可能早在50,000到60,000年前人們就已到達。即使是人類源自非洲祖先的懷疑論者也承認全部的人類都來自完全獨立的起源是不可能的，並猜測僅有局部的人類基因在鬆散的遺傳網絡中經過一段長時間的變異，因而足以維持整體人類的共同性。

石器時代（新石器時代）文化發展基於農業的重大突破，在全球有三個主要的中心：一個在盛產小麥和大麥的歐亞大陸西部；一個在盛產大米和小米的歐亞大陸東部；而另一個在盛產玉米的美洲。因此在歐亞大陸東部，也有多個當地晚期的石器時代文化；此外，這些文化不一定和現在的國界一致，無論將這些石器時代的人們視爲是中國人、韓國人、越南人或者是日本人都是錯誤且不合適的。

在我們現在認爲是中國的領土內，就有很多地方性的變化，南北之間也有一條非常顯著的分界。南方人民在至少公元前8000年前於長江下游河谷種植水稻，偏好以船隻作爲交通工具，建築高腳屋爲住所，製作雕有令人印象深刻的幾何圖案的陶器，並且可能使用的語言更接近南

---

[4] A. Sherratt, "The Trans-Eurasian Exchange: The Prehistory of Chinese Relations with the West," in *Contact and Exchange in the Ancient World*, ed. V. H. Mair (Honolulu: University of Hawai'i Press, 2006), pp. 32, 53.

亞，而不是現代的中國。

然而，北方的人以黃河流域為中心，通常稱為中原地區，種植小米，住在半穴居，可能是為了保溫，至少有一些北方居民使用早期形式中文。這些北方文化中最著名的是現代考古學家所稱的仰韶文化（約公元前5000年），以裝飾生動的「彩陶」而聞名。

沿著最北端的邊界，大致於現在的內蒙古地區，從公元前1500年開始，氣候明顯變得又寒冷又乾燥，那裡的居民也逐漸從農業轉向飼養牲畜。能夠放牧、以草食為生的動物，例如羊、牛，開始取代傳統中國飲食習慣的豬隻成為主要的肉食來源，因為豬不但無法放牧且須靠農作物維生。顯然地，西部大草原的人們掌握騎馬技術後，將此技術從歐洲的匈牙利平原帶到蒙古，最後擴展到中國，大約在公元前500年，這些北方居民成為真正的游牧民族。

這些飼養牲畜的游牧民族成為中國人民在大部分的近代史上偉大文化的另一部分，以及頻繁的軍事對手。這些游牧民族中有許多人實際上住在內蒙古，也就是現在的中國境內，有時甚至會移動到更南方的中國領土之內。游牧民族用充滿活力的生活方式與以農業為基礎的中華文明相互交流，形成了甚至可以看作是有兩個相對核心的單一體系。游牧民族，或至少半游牧民族有一大部分是中國帝王朝統治家族。由此可知，儘管存在巨大差異，但內蒙古的牧民和中國北方的農民在歷史上一直是相連在一起的。

與此同時，在朝鮮半島，也有多種史前文化，有些與現在是中國的滿洲重疊。到韓國史前時期結束時，還和日本島嶼似乎有著誘人的關聯性。現今看來，韓國民族認同的驚人同質性可能最初是「從不同的元素中形成的」。[5] 而且，現在韓國文化的統一性，直到相對較晚的時間

---

[5]　M. Nelson, "The Politics of Ethnicity in Prehistoric Korea," in *Nationalism, Politics, and the Practice of Archaeology*, ed. P. L. Kohl and C. Fawcett (Cambridge University Press, 1995), p. 221.

才真正形成。雖然大約至少在公元前1000年前就知道朝鮮半島種植水稻，並在幾世紀後出現了青銅金屬工廠，但在早期帝國時代的中國文獻中開始提到半島之前，韓國歷史的細節有大部分仍然是個謎。

在這些文獻第一次出現前的某個時間，朝鮮半島的人們可能就已經越過海峽向南登陸日本島了。更早之前，日本可能是和亞洲大陸相連的，日本和東南亞之間也可能是海陸相連的，而日本島嶼在非常早之前就確實有人類活動了。事實上，值得注意的是，日本在約公元前11,000年製造出地球上最早的陶器，不過石器時代晚期的日本人口一直依舊稀少，整個島嶼可能從不超過25萬人，並且直到公元前300年才出現大規模的農業和煉銅廠。來自朝鮮半島的新移民登陸後，重要的新興發展相對地突然增加了許多，此外，與韓國的情況一樣，關於日本歷史最早的書面描述出現在中國歷史文本中，這個文本可以追溯到公元三世紀。

如果所有的現代人都有共同的祖先，而且如果不同族群間一直都有比想像中更複雜的互動和交流，古代的流動性也一樣是有限的，尤其是對於仰賴農田的農業人口。到處都有很多區域獨立的文化發展，在歐洲舊世界，東亞成為一個獨特的獨立文化區，東亞獨特性的一個特別明顯的象徵是整個東亞在近代時期文字系統（字體）的使用，這與後來其他地方使用的中東衍生的字母和拼音系統截然不同。

▍東亞語言和書寫系統

尼古拉斯・奧斯特勒（Nicholas Ostler）說，比起貴族、地位和經濟，語言共同體才是歷史中最為重要的一角。[6] 學者發現，古英語中有

---

[6]　N. Ostler, *Empires of the Word: A Language History of the World* (New York: HarperCollins, 2005), p. xix.

人們或國家意思的英文字，同樣也能代表語言。[7]在人類社會的自我認同中，語言是很重要的，但也是和他人溝通時的主要障礙。語言是構成東亞文明歷史中很重要的一部分。的確，最能代表中國的東西大概非語言莫屬。因此，一開始對東亞語言有初步了解是很重要的，即使這些語言定義上來講，對母語爲英語者來說比較陌生，只要討論到也都有可能會讓他們心生畏懼。在此，我會儘量寫得簡明易懂。

東亞語系形成了不同的民族文化分支——漢語、日語、韓語和越南語。在發展成各自的語言之前，東亞可劃分成四個主要的國家語言系統，後來又進一步細分成三個以上全然不同的語系。而每個語系皆延伸出東亞。在近代時期，東亞在書寫上共用同個書寫系統，甚至是同個書面語言。因此並非口語，而是書寫語言使東亞保有了文化的一致性和獨特性。

例如：中文和日文。兩者完全是截然不同的語言。日文屬於多音節語言，字與字形成不同的複合詞以符合語法，就像進行式和過去式。日文最顯著的特色爲敬語的表現，也就是字的結尾和敬語字尾能代表說話者和聆聽者的關係，同時也能表示正式和非正式的程度。例如*benkyō-shite-imasu*是「我正在讀書」的禮貌說法。相對地，同樣意指我正在讀書，*benkyō-shite-iru*則比較不正式。語法單位也能用來斷句。一個典型的日文句法順序爲：主詞／受詞／動詞。例如：我／書／讀。動詞總是會放在句尾。

中文則幾乎相反，語序也比較接近英文。中文的動詞會放在受詞前面。例如：「我讀（一本）書。」中文的字尾完全不會做變化，也不會有時態、複數或做任何字尾上的語法修飾。中文也沒有敬語（雖然還是

---

[7] A. P. Smyth, "The Emergence of English Identity, 700-1000," in *Medieval Europeans: Studies in Ethnic Identity and National Perspectives in Medieval Europe*, ed. A. P. Smyth (New York: St. Martin's Press, 1998), p. 25.

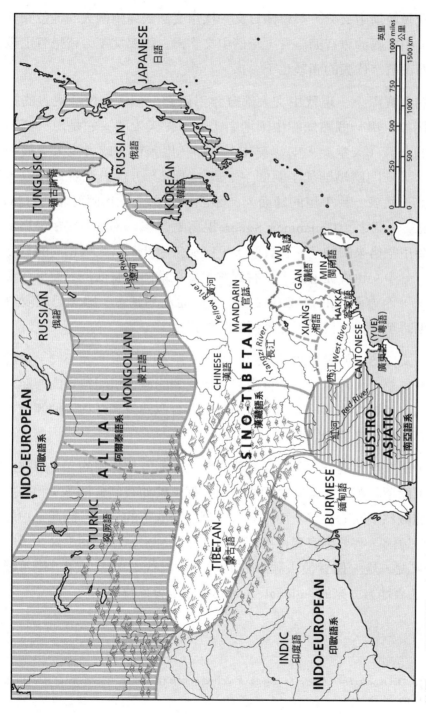

地圖 1.1 語系語言、中文主要方言

能有禮貌地講中文），不會像日文一樣用文法表達兩個人的地位關係。再者，中文屬於單音節語言。每個中文字母（書寫文字）皆是各別發音的，而每個字代表的涵義也不一樣。

然而實際上，現代中文大部分會用兩到三個字合併成更長的複合詞。例如，舉一個熟知的中國地名來看——天安門。它是由三個詞素組成的：天（天堂）、安（安詳）、門（出入口）或者說天堂般和平的門（天安門廣場則加了兩個字上去：「廣」，代表寬廣、寬敞，和「場」，代表一片平坦的地面）。雖然，概念上，我們可能把Tiananmen視為一個字（Tiananmen Square視為兩個字），但中文在書寫時，並不會用空格來歸類字。在頁面上，字與字中間都有大致相同的寬度。傳統上，中文也會從上到下、右到左，寫在縱向的欄框裡。而早在十九世紀末，西方國家的書寫方向（水平地從左寫到右）雖然已經變得普遍，但時至今日，仍然不是世界通用的寫法。

中文口語屬於**聲調語言**，因此和日文跟英文有很明顯不同。也就是說，在口語上（非寫作），會由音調或語調的發音搭配特定的音節來決定每個字。標準的方言（即現代國語），有四個聲調外加一個輕音。其他的方言則有更多的聲調。

中國有許多地方方言，而有些方言並非能互相通用的。有時彼此的不同可能還和英文跟德文之間的差別一樣。譬如我們會把英文和德文視為兩種截然不同的語言，而非同為日耳曼語底下的分支。因此，由於這個部分原因，有些專家覺得用「方言」這個詞來概括不同地區、不同的口語來說，是一個會使人誤解的名稱。取而代之，專家認為從希臘語 *topos*（表地方）來的regionalects和topolects會更符合。[8]

---

8 參見 J. DeFrancis, *The Chinese Language: Fact and Fantas* (Honolulu: University of Hawai'i Press, 1984), pp. 54-58。

　　舉一個語言複雜性的例子。今日在臺灣，大約69%的居民的母語是
閩南語。它的發源地在福建省（位於海峽對面的中國大陸），但現在
我們大部分把它稱作臺語。1945年起，政府開始提倡國語（字面上來
說，也就是所謂國家的語言）。另外還有約15%的居民的母語是客家
話，爲另一支完全不同的方言。除此之外，在臺灣仍然還有許多人講著
跟中文截然不同的原住民語。

　　同時，中國大陸某些地方也說客家話。而臺語則和大陸福建省（臺
語發源地）的語言很相近。福建是中國方言較多的省份之一，福建方言
也廣傳到東南亞的華人地區。而一般來說，方言種類最繁雜的地方皆集
中在中國東南沿海地區。

　　然而，這些皆使得中國的語言形勢感覺比實際上還要複雜。普通話
幾乎遍布所有華語地區，而儘管有時候當地各式各樣的方言會使人疑
惑，但是整體來說，中國官話最顯著的特色大概就是它驚人的一致性
了。整個近代世界，從來沒有其他地方能像華北地區一樣有那麼高的語
言統一性。[9] 有四分之三的中國人口，特別是華北和華西地區，他們的
母語相對地比較一致。英文我們把它稱作Mandarin，中文一般來說則
稱爲普通話（通俗的民族語言）或國語（國家的語言）。事實上，華語
是目前世界上使用人數最多的語言。全世界大約有9億華語母語人士，
而相對華語的一致性，我們可以來細想歐洲仍然高度多元的語言。

　　大體上，漢語方言屬於漢藏語系的分支。因此也就把漢語和藏語、
緬甸語和其他東亞以外的語言聯繫起來。東亞國家裡，與漢藏語系差別
最大的即是日語和韓語。有些人把它們劃分到部分歷史語言學專家所提
出的假說——阿爾泰語系（或烏拉爾—阿爾泰語系）。此語系延伸到
北部、西部，甚至到歐洲。阿爾泰語系包含了滿族、蒙古語族和突厥語

9　S. R. Ramsey, *The Languages of China* (Princeton University Press, 1987), pp. 21, 24.

族，甚至芬蘭語族可能也包含在內。

日文和其他語言相比，較接近韓文。原因大概是因爲他們祖先所講
的語言較相近。不過兩者在歷史時期的開端就已經是兩種截然不同的語
言，而它們今日的相似之處也不應該被誇大。日文即使到了今日仍包
含一些特殊的地方方言。譬如，有時走在日本第二大城市（位於日本西
部）能聽到大阪腔或大阪方言，它們和東部的東京腔（標準的日本語）
不一樣。而現今，在所有東亞國家中，韓國的腔調算是最相同的。但三
世紀時的一本中文書記載到，甚至是韓國，當時居住在韓國東南半島的
人民，他們的口語也和西南半島的人不一樣。[10]

如果韓語和日語屬於阿爾泰語系，漢語屬於漢藏語系，那越南語則
會歸類爲南亞語系。起初，不只是越南，東南亞的祖先可能也居住在現
今是中國東南地區的地方。只是這些語言，隨著國語散播到中國東南地
區也就逐漸被取代掉，變成中國東南地區其中一種方言和詞的字根。例
如，若要指河流，中國南部會用「江」，像是長江；相對地，中國北部
則用「河」來表示，像是黃河。[11]

因此，東亞能分成三個完全不同的主要語系，四個現代國家語言和
多種地區方言（更不必說少數民族另一種完全不同的語言）。近代東亞
所共享的一個語言特色就是他們都使用廣大的中文書寫系統，因此也就
把整個東亞給融合起來。

整體地，大概在紀元前大約3400年，美索不達米亞開始使用書寫
符號來表達言語。在那之後，這個想法感覺又獨立地被引進埃及附近
（儘管古埃及和美索不達米亞距離很相近，他們仍保有截然不同的文明

---

[10] 陳壽（公元 233-297 年），《三國志》（北京：中華書局，1959 年），30.852。

[11] P. Bellwood, Prehistory of the Indo-Malaysian Archipelago (Honolulu: University of Hawai'i Press, [1985] 1997), pp. 97, 110; J. Norman and Tsui-lin Mei, "The Austro-asiatics in Ancient South China: Some Lexical Evidence," *Monumenta Serica* 32 (1976).

歷史）。在中國，書寫語言大約是在紀元前1200年（大約爲希臘詩人荷馬木馬屠城記故事所發生的年代）才引進的。儘管引進時間相對較晚，中文字體卻又獨立發展成現今的中文。

全球最早創造出的原始書寫系統——美索不達米亞的楔形文字、埃及的象形文字、漢字和瑪雅語。它們可以被視爲**符號**文字，因爲在某個意義上，它們並不屬於語音系統，而是每個字皆代表著意思及發音。中文字（也稱作漢字）是從簡單又抽象的圖案演變而來，但是由於圖案的限制，圖案也就迅速演變成同時擁有含糊發音及大約意思的中文字。例如一些跟手、嘴巴、水、火和魚等等有關聯的字。

現如今最完整的華語字典包含了約五萬個漢字，但在常見的家用字典中通常只有七千字左右。即便是已縮減過的家用字典，其中的許多漢字也很少使用到，人們僅需掌握幾千個漢字就可以擁有基本的漢語讀寫能力。日本政府在1946年官方發行了包含1,850個漢字的《當用漢字表》，這也是足夠日本人民的日常生活使用的量。但即使已經減少了需要記憶的漢字量，想要得到漢字的基本讀寫能力也是一件難事。不過這複雜的文字系統並沒有阻擋從古至今以來的漢語使用者創作優秀文學作品，也沒有對一些世界級文學巨作的產生造成難以克服的困難，所以我們可以認爲這個文字系統的確有其內在的優勢。

有人認爲早期文字系統自然發展**趨勢**是由例如華語、楔形文字或埃及象形文字這類語素文字系統向字母系統進化。但這個設想有一個明顯的問題，就是這些早期的語素文字系統顯然都沒有直接演變成純粹的字母書寫系統。在中東和東亞地區的表音文字系統的演進，似乎只發生在語素文字手稿改編成其他語言時。[12]

---

[12] B. G. Trigger, *Understanding Early Civilizations: A Comparative Study* (Cambridge University Press, 2003), pp. 600-602.

舉一個經典的例子，最原始的字母表可能是公元前1500年迦南或朱拜勒的書記員們創造的，這些東地中海沿岸的書記員們通曉古埃及語（抑或是楔形文字），他們嘗試設計一個比古埃及語更適合自己語言的書寫系統。從最初的迦南字母起，著名的腓尼基字母也很快隨後誕生（公元前1000年），緊隨其後希臘、拉丁羅馬、阿拉伯和印度的標音符號也相繼發明並沿用至今。[13]在東亞地區也有類似的狀況，各個表音文字系統相繼從華語裡分離，日語和韓語最終也為其語言創造出自己的標音符號。（法國傳教士和之後的法國殖民政府從歐洲把拉丁字母表直接引入了越南。）

世界上大部分的古代語素文字系統和與其相關聯的語言都已經消亡，如楔形文字、埃及象形文字和瑪雅文。舉個例子，在埃及雖然阿拉伯語已經取代古埃及語成為其官方語言，但古埃及語影響了科普特語，並透過它們之間的聯繫在科普特語中存活下來。而華語不僅僅被廣泛使用，它還是當今世界上最常見的母語之一。所以華人幾乎不用改變他們的傳統書寫模式，華文與華語早已緊密結合。

中國在公元前221年以前第一個統一帝國出現前，各個地方已有不同的語言變種出現。但之後帝國統一的同時也進行了書寫系統的標準化，後來出現的科舉制度作為華夏帝國的一項重要制度，至少在菁英階層中很大程度上穩定和鞏固了華語教育，並影響了整個中國社會，由此漢字書寫的影響也越來越大。

二十世紀初，中國的地區強權地位受到了西方工業文明的極大挑戰，中國的文化危機日益嚴重，西方文化的影響顯得難以阻擋。包括未來的共產黨領袖毛澤東在內的許多中國的現代化推動者，都認為漢語拼音化勢在必行。但在最終的標準漢語中拉丁字母（拼音）僅被批准用於

---

[13] A. R. Millard, "The Infancy of the Alphabet," *World Archaeology* 17, no. 3 (1986): 394-396.

教育和其他有限的應用，中華人民共和國在1949年後所做的更多是漢語的簡化，減少漢語書寫時需要的筆畫。在二十世紀50年代和60年代有2,000個以上的漢字完成簡化，比如說Hanyu（漢語）由「漢語」簡化為「汉语」。

　　事後看來，漢字簡化並沒有讓整個漢字系統簡單很多，漢字簡化變得需要讓受良好教育的人們需要學習兩種字體（繁體字在臺灣和香港地區以及海外華人中仍然廣泛使用，閱讀古籍時也要用到），而且減少筆畫只讓書寫更簡單，沒有讓閱讀也變得簡單。並且在最近電腦可以生成漢字的時代裡簡化似乎已經變得有些無關緊要了。但不論如何語素文字系統在二十一世紀的中國依然活躍，如果要說什麼的話，它消失的危險已經遠遠小於半個世紀前了。

　　其他東亞語系不同於漢語，而最令人讚賞的是他們仍舊堅持地使用屬於他們的文字，並不受華語體系所影響。有一位現代學者開玩笑地說，雖然大概不會有人想這麼做，不過比起轉換成日語體系，用漢字寫英文實在簡單太多了，英文在結構上與漢語近似。[14]

　　早期的日本用漢語體系改寫日文語系時，有三種方式：（1）他們會使用一些漢字來代表一個近似的日語中早已存在的詞，不過讀音卻和中文不一樣。（2）他們可以借用漢字的涵義和中文發音，從而創造全新的中文字當作日語使用。此外，在這些情況中，要如何表現漢語中所沒有的日語獨特文法仍然是個問題。（3）第三種方式是借用漢語的發音，不採用其涵義，然後用這些文字精心「創造」出本土單詞的意涵。當然，日本人也可以學習直接用外國漢語進行閱讀和寫作。大約在五世紀開始，日本就在做上述所有的工作。

　　日本早期的大部分作品都是用中文寫成的，但在712年，日本歷史

---

[14] W. C. Hannas, *Asia's Orthographic Dilemma* (Honolulu: University of Hawai'i Press, 1997), p. 28.

最悠久的*Kojiki*（古史），就是用日文中的漢字寫成。然而，早期以這種方式轉換成日文會使閱讀變得十分困難。日本一直沿用著造漢字的多種不同方法，造成的結果是：現今日語中仍有一些文字擁有至少兩個完全不同的讀音，一個反映了與漢字相似的發音，一個表示原創日語單詞。例如，中文裡*dao*道，意思是「宗教」（如在道教中）或「道路」，可以用日語發音（近似）或中國式的*dō*（如在武術*jūdō*，柔道或*tō*（如日本宗教*Shintō*，神道），或日本式的*michi*道，常代表爲「道路」。

隨著時間的推移，在大約九世紀到十世紀完成的過程中，按照發音拼寫日語的漢字被標準化，而數量減少和簡化。例如，漢字「伊」在日語中發音爲i的字符（聽起來更像是「return」中的英文字母e，而不是通常的英文字母i），簡化爲イ；漢字「久」，發音爲ku，成爲ク；並且發音爲na的字「奈」成爲ナ。最終的結果是創造了兩個不同的字體結合：片假名和平假名（均統稱爲假名），而兩種假名中分別有51個符號。我們可以使用這些假名符號流利地寫出日語的所有音節的聲音。雖然這些假名是從漢字中衍生出來的，但它們不再有原本的意涵了。現今可以使用日本本土的假名來編寫日語了。

日本的作家們很快運用這些假名創造出世界上優秀的早期文學作品。其中最著名的是《源氏物語》，由十一世紀初由紫式部女士（978-1016）撰寫。源氏故事通常被稱爲世界上第一部偉大的眞實小說，也可以說是散文小說。它涉及日本朝廷的一位虛構的源氏王子的浪漫故事，並充滿了日本時代特有的獨特情感：**物哀**，透過描寫一些景物來抒發人內心深處的哀傷，這種意識與佛教有很大相似之處：領悟所有存在的無常和短暫。事實上，「悲傷」一詞在本書中出現的次數不少於1,018次。[15]

---

[15] I. Morris, *The World of the Shining Prince: Court Life in Ancient Japan* (Harmondsworth, UK: Pen-

　　《源氏物語》等早期經典著作雖是以平假名書寫，平假名卻常被認為是「女性專屬語言」。實際上，在男性化的漢字及女性化的平假名中存在著性別差異，且時常相互違背：男性使用假名，而一些值得紀念的日本女性則是用漢字。但中國文字，長期以來一直是日本最受重視的書寫文字，例如：藤原通憲（1106-1159），一位優秀的十二世紀貴族，從未在自己的作品中使用任何日文字。直至今日，中國文字在日本仍有著不容挑戰的地位，甚至在1864到1866年幕府時代書庫中的最後紀錄，仍有65%的作品以中文或中文風格的文字寫成。1894年甲午戰爭，展示日本西方化轉型成功，也揭露中國的失敗，導致大量的日本漢詩文產出，且皆是以中文寫成。而用白話文日語「國語」的寫作運動是在晚期才開始流行。[16]

　　現今，日本文字在日本國內廣為使用，但作為根本的中文字，在日本仍相當常見於文法及基本語彙中與平假名一起使用，片假名則用於西方外來語。在1970年代執行的研究估算出，外來語，尤其英文，占了日本人日常語彙的10%，但在被日語吸收的過程中，這些英文單字變得不易識別。一些最常見的外來語，好比：*biiru*（啤酒）、*terebi*（電視）、*nyūsu*（新聞）、*karā*（顏色）、*supōtsu*（運動）。[17]

　　韓國在地緣上比日本更靠近中國，因此在現代化前，中國對韓國的

---

guin Books, [1964] 1985), p. 207.

[16] I. Smits, "The Way of the Literati: Chinese Learning and Literary Practice in Mid-Heian Japan," in *Heian Japan, Centers and Peripheries*, ed. M. Adolphson, E. Kamens, and S. Matsumoto (Honolulu: University of Hawai'i Press, 2007), p. 106; P. Kornicki, *The Book in Japan: A Cultural History from the Beginnings to the Nineteenth Century* (Leiden, Netherlands: Brill, 1998), p. 382; D. Keene, "The Sino-Japanese War of 1894-95 and Its Cultural Effects in Japan," in *Tradition and Modernization in Japanese Culture*, ed. D. H. Shively (Princeton University Press, 1971), pp. 167-172.

[17] J. Stanlaw, "'For Beautiful Human Life': The Use of English in Japan," in *Re-made in Japan: Everyday Life and Consumer Taste in a Changing Society*, ed. J. J. Tobin (New Haven, CT: Yale University Press, 1992), pp. 61-62.

影響較大。而這也許要追溯到第五世紀，韓國人就開始嘗試將漢字運用在朝鮮語中，在語法功能上又稱「吏讀」。整整十五世紀以來儘管有了微小突破，在數千份以漢字撰寫的韓國文件中[18]，僅有五十首以韓文寫成的詩保存下來，即便是擁有強烈韓國民族精神的神父兼歷史學家，Iryŏn（1206-1289），在1281年，大量使用中文撰寫早期寶貴的韓國史《三國大事記》，但仍包含一些韓國詩。

　　1446年，朝鮮王朝的世宗大王創制一套28音的韓語文字，又稱「諺文」。相較於代表整個音節的日文假名，韓國的「諺文」是一套完整的字母表，它能表現最細微的字音。「諺文」不須用到漢字，便能輕鬆地用韓文來書寫任何事物。創制諺文後，韓文的使用率的確大幅成長，但受過良好教育的韓國菁英仍確信使用漢字更有威望，直到二十世紀才拋棄漢字，從那時起，韓國比日本更排斥中文。

　　長期習慣使用漢字的越南人，到了十九世紀後期法國殖民時期，開始改用羅馬拼音。然而，在整個東亞地區，中文的書寫體系，以及較少使用的文言文（但重要），一直被廣為使用直到現在。這樣看似繁瑣的漢字卻能屹立不搖，當然要歸功於中國的文化威望及深遠厚重的傳統，在十九世紀前這個地區鮮少有競爭對手，也是中文地位無法撼動的原因之一，但學界中有些人認為這就是中文本身的優勢所在。雖然英文字母表非常好掌握，也適用於多種不同語言，但字母表也只是用英文字母寫出不同語言的人口中發出的聲音罷了。中文字不容易學，且在完整學會中文前，很難透澈推敲文字的意義；可是真正學會以後，會發現在自古以來各個時期的中文字，代表的意義大同小異。

　　很多中文字不該直接沿用，例如：文言文中的「書」代表「寫」或「某物被寫了什麼」，在現代中文則是代表用來閱讀的「書」，然而在

---

[18] Kichung Kim, *An Introduction to Classical Korean Literature: From Hyangga to P'ansori* (Armonk, NY: M. E. Sharpe, 1996), p. 5.

日本，「書」被用作「寫」（音讀作kaku）。二十世紀後期，中華人民共和國使用簡體字，但在臺灣或其他大中華地區，甚至是中文母語人士也不是所有人都會使用簡體字，而且有些字在口語上沒有任何意義，但這些無意義的字卻能使中文在幾個世紀以來的書面紀錄更容易理解，而且，對於可以將中文運用自如的人來說，這些無意義的字在文章中能有點石成金的效果。

青銅器時代後，中文可以自由輕鬆地用單字組合成新單詞，並且能夠靈活運用在創新的想法。比如說，電腦是「電力」和「大腦」組成，民主是由「人民」和「主人」組成，而證券交易所是「憑據」、「證明書」、「會面」、「交換」和「地方」五種意思組成。另一個現代（十九世紀）的歐洲思想共產主義在東亞沒有先例，是由「集體」、「生產」、「主義」組成。

雖然中國發明印刷術，但活字印刷術完全不堪用於中文印刷，因為中文有太多不同的字，事實上連方便的中文打字機也是不可能的。進入電腦時代後，中文打字現在的缺點相對少得多，事實上根據預測，中文最終有可能會超越英文，成為世界通用的電腦語言，而且中國在線的人數已然遠遠超越其他國家。

二十世紀，由於受到西方文化的衝擊，韓國跟越南大部分都沒有繼續使用中文，但日本一直以來都將漢字作為傳統日本文化的一部分，而一般會跟平假名一起使用。甚至中國也在二十世紀實施全面的語言改革，拋棄文言文迎合現代中文，使用中華人民共和國目前的簡體字。然而，現在在日語、韓語、越南語中有三分之一的詞彙來自中文，顯示出中文書寫對於東亞的影響揮之不去。**19**

現代英文基本上大多來自希臘文或拉丁文已不足為奇，拉丁文在東

---

19 Hannas, *Asia's Orthographic Dilemma*, p. 183.

歐的地位和中國在東亞的地位不相上下，甚至在公元1500年後期，東歐仍有四分之三的書籍是以拉丁文出版。[20]西方文明是以希臘羅馬時期的文化遺產爲核心，而東亞文明是以中國古典文化爲中心，並使用通用的一套中文書籍。

▎中國青銅器時代

　　中國北部黃河下游的中原地區是古代世界幾個主要早期文明的發源地之一，中原地區的文明發展更多源自自身，較少收到外界的影響。與此相對的朝鮮、日本、越南、西歐、美國和其他我們所熟知的大部分文明都是後期文明，他們都是在早期文明的影響之下隨後產生的。

　　由於世界幾大古文明所處的地域環境都有較大不同，所以中原地區的文明會有突破性發展的原因仍不是特別清楚（瑪雅文明在中美洲熱帶森林之中，古埃及文明位於乾旱的尼羅河谷地區，中國北部的中原地區則溫暖而溼潤）。舉個例子，關於有組織的大範圍水利建設使早期文明興起的理論在中國似乎沒有得到支持，沒有證據顯示中國在青銅時代早期有大規模的水利建設行爲。然而中原地區的廣闊平原很適合以大河爲中心的旱地農業（黍類穀物和小麥是中原地區的主要農作物，水田種植水稻的歷史同樣悠久但大多侷限於南方地區）。中原地區亦可通過陸路與歐亞大陸西方交流，這也有可能是一個文明形成的原因之一。嚴格來說，相比於起源於公元前3500年的美索不達米亞文明和公元前3100年出現的古埃及文明來說，公元前2000年才誕生的中國青銅文明的確有些晚了，但從其他任何角度來看，華夏文明毫無疑問是一個重要的古代

---

[20] Febvre and H. J. Martin, *The Coming of the Book: The Impact of Printing, 1450-1800*, trans. D. Gerard (London: NLB, [1958] 1976), p. 249.

文明。如我們所見，中國傳統文化起源於一個充滿著著名英雄的時代，這些英雄包括伏羲、神農、黃帝，以及後來那些賢明的統治者，而在眾多英雄之中，大禹（統治於公元前2205年）的統治時期爲此時代的高峰，據說，大禹成功治理了洪水之患，並創立了中國歷史上第一個朝代——夏朝。夏朝後來成爲所謂的三代之首，也就是夏（約公元前2205至前1766年）、商（約公元前1766至前1045年）、周（約公元前1045至前256年），此三代造就了中國古代的經典時代。問題在於，所有關於這些遠古英雄的故事，都是在事件發生過了很久以後才被記錄下來——而且也只能在發生過了很久之後才能被記錄下來，因爲文字在大約公元前1200年時才出現於中國。

古代的中國學者對於遠古傳說都抱有深深的敬意，且通常對於這些傳說深信不疑，但是，這個想法在1912年中國帝國時代接近末期時出現了巨大的裂痕，在二十世紀初，現代化思想追求更有科學根據的歷史，並且在1920年代開始了質疑傳統的新文化運動。此時所有關於傳統的事物皆被視以懷疑的眼光。毫無疑問地，所有周朝以前發生的故事在中文裡皆以傳說兩字說明，傳說：「傳遞之說」，這種以口語傳遞的傳說可以輕易地成爲另一形式的傳奇神話，而且很有可能是不眞實的。

然而，在1899年有兩位中國學者碰巧在古老龜殼和市售的醫療用龍骨上，注意到一些看起來十分古老的中文字。這些龍骨最終可以追溯到現在的安陽市附近，河南省的北邊。這個地點在1928年開始終於被經過科學化訓練的考古學家挖掘出土，並且證實此地爲古代商朝首都的廢墟。這些龍骨也被證實爲商朝統治者用來占卜的龜殼及骨頭，而這些龍骨現在普遍稱爲甲骨文。有一部分的甲骨文上所寫的銘文，是目前發現最古老的中文字體。[21]

---

[21] Kwang-chih Chang, *Shang Civilization* (New Haven, CT: Yale University Press, 1980), pp. 38-39, 42-52.

　　這個最後一個商朝首都的戲劇化發現，連同證明商朝存在過的甲骨
文，充分證實後來許多的中國傳統故事。一般而言，現代的考古學傾向
於支持那些中國傳統故事，而現在，相較於二十世紀初質疑傳統的想法
也少了很多。即便如此，我們在閱讀一些遠古的中國傳統故事時，也應
該保留質疑的空間。因爲那些中國傳統故事都是未經證實的，而且很明
顯地，大多數都具有虛構意味。例如，黃帝是所有中國人的祖先的這個
想法，不只是從科學的角度看疑點重重，而且還存在種族歧視的意味。

　　現今的學術思想強調中國文明事實上是有多個起源，而並非如同早
期的臆測，中國文明的起源並不僅僅是由北方的一個點擴散而成的。毫
無疑問地，在石器時代晚期，有眾多區域性的史前文化散佈在這個我們
如今稱作中國的區域，以這個位於溼潤的南方、耕種大米爲主的長江流
域，以及這個位於乾燥的北方、主要種植小米的黃河區域作爲廣大的分
界。這些不同的文化造就了一個混雜的中國文明。此外，此程度的區域
多樣性，自有史以來已爲中國留下了鞏固的文化基底，甚至也深深影響
著現代的文化。然而石器時代晚期的中國南方人似乎會說一些並非中文
的語言，而我們似乎也能說，北方的中原新石器文化，是建立在以小
米、高粱、豬、狗和養殖桑蠶維生的生活上，其中一定有一些人會說現
代中文的原始語言，甚至很有可能進而造就了現在的中國。

　　學者艾蘭最近指出，造就中國文明的標準最初可能是由一個考古學
家稱之爲「二里頭」（以現在河南省的一個考古遺址命名）的文化所制
定的。[22] 二里頭文化相當於傳統文獻中所指的夏文化，而根據放射性碳
年代測定，此文化大約存在於公元前2100至前1600年。二里頭是第一
個考古鑑定的文化，因爲它留下了皇宮建築的遺址，此外，二里頭也是
第一個以青銅鑄造用來祭祀已故祖先的容器的文化。此種以青銅鑄造

---

[22] S. Allan,, "Erlitou and the Formation of Chinese Civilization: Toward a New Paradigm," *Journal of Asian Studies 66*, no. 2 (2007).

的祭祀用容器後來流傳至整個中
國的地區。雖然這些青銅器大量
產出，它們仍以固定形式的鑄造
標準所製成，也以共同的主題裝
飾，例如那個抽象又有些神祕的
饕餮紋設計（圖1.1）。艾蘭對照
青銅祭拜文化的流傳，與現今速
食餐廳麥當勞，從芝加哥擴展至
開羅、東京、北京等各個城市的
世界性擴張，發現它們都不限於
單一的種族或集中的政治控制，
卻都能被對於受歡迎文物有廣大
接受度的獨立地方社會所接納。

艾蘭聲稱，1986年在中國西
南方的四川三星堆中找到的那些
驚人的古青銅器收藏更了不起，
因為那是全中國唯一一組由全然

圖1.1　商代具有饕餮紋設計的青銅鐘，
約公元前十二至十一世紀，中國
南方。存於華盛頓特區史密森尼
學會的亞瑟・M・賽克勒美術館，
Arthur M. Sackler捐贈，S1987.10

不同的文化所設計出的青銅器（即使它們被挖掘出時，與許多合乎標準
款式的二里頭青銅器混在一起）。祭拜儀式與二里頭青銅器的關聯最終
成為了中國禮儀的標準，也就是禮，這個字在英文裡有多種翻譯，可以
被翻作「禮貌」、「禮節」、「禮儀」或「典禮」，而很不幸地這個字
在英文裡並沒有一個能完美詮釋它的單字。至少直到二十世紀的革命時
期，禮在中國為行為表現的教育設下了一個理想的標準，最後禮的思想
貫穿了整個東亞地區，禮成為了區域文化凝聚的基石。例如，公元707
年，一位日本女皇宣布「政府應以禮（日語發音為rei）為根本」。[23]

---

[23] *Shoku Nihongi* (Continued Chronicles of Japan) (797 CE), Shin Nihon koten bungaku taikei 12 (Tōkyō: Iwanami Shoten, 1989), 4.124-127.

商朝（約公元前1766至前1045年）代表著二里頭文化更成熟的發展，通常被理解為一個相對廣大領土國家的初步模型，而並非是像美索不達米亞的那些獨立的小城邦。商的統治者似乎是那時全中國唯一自稱為「王」的領導者。即便如此，然而，商王似乎並沒有僱用權力集中制的官僚主義政府，而是授權給眾多獨立的地方領導者駐守在各個城鎮。這些地方領導者通常都與商王有直接或間接（透過婚姻）的親屬關係。例如，艾蘭指出，一個甲骨文銘文上記錄著同一位商王的64位妻子的名字，而大多數的名字都含有地名。艾蘭推測這大概能夠顯示是皇室婚姻將商王與那些地區相連在一起，她也表示商可能存在於這廣大婚姻關係的中心點。

商的家族體系是由父系體制和長幼制所組成。一個家族由同一位男性的祖先（想必通常是根據傳說得知的祖先）向下延伸，稱為族，理想的情況下一起居住在同一個社區、執行同樣的祭拜儀式。（顯然地，在十九世紀，當中文首次翻譯西方的「**民族**」這個想法時，中文結合了「人民」的「民」，以及前面提及的「族」，創造了民族一詞。）最年長的人必須帶領整個家族。已婚的兒子繼承他們父親的權利，而女人在結婚之後成為自己丈夫家族的一部分。

儘管在這個明顯重男輕女的男性偏見之下，商朝的皇后仍有權協助行政事務、執行祭祖儀式，甚至能夠不定期地發動軍隊。因此，我們能夠推測女性地位在中國古代有越來越衰落的趨勢，此現象可能受到孔子道德思想盛行的影響，而女性地位在近代達到了最低點。例如，純潔寡婦的思想（丈夫死後至死不再婚的女人）在唐朝（公元618至907年）的影響力不大，且此想法只在中國最後一個帝制的朝代——清朝（1644至1912年）被積極推廣。裹小腳則是在宋代（公元960至1279年）以後才開始。

以甲骨文占卜是商王的專屬特權，只有商王能使用這個向亡靈提問的媒介。在占卜時，熱氣會用於龜殼前胸的碎片及其他動物的骨頭上，

導致其碎裂，而這些裂痕被解讀為亡靈的回答。最後被刻在骨頭上的問題與答案創造了著名的甲骨銘文，也就是目前所知最古老的中文字體。

在早期文明中，並不是只有商朝的君王負責擔任人與心靈世界之間的重要中介的角色，瑪雅國王有時透過毒品引起的恍惚與他們的祖先和無邊際的心靈交流，而古埃及法老則聲稱對宗教祭品擁有皇室壟斷權[24]，因此，商朝君主制與其他許多古代社會有著共同的神權主義，而這也讓它在某種程度上，和後來的中國歷史截然不同。

商代下的中國北方的青銅時代文明達到了成熟的形態，但考古學重建出的商代在中國後來的標準下有些奇怪和陌生。舉例來說，商朝君王實行的大規模人類滅絕，以及那些確切地證實了商朝存在甲骨文，直到二十世紀考古學家發現他們之前，在中國都幾乎被完全遺忘。此外，約在公元前1045年，商朝被名叫周的外國人征服，周後來建立了一個新的王朝，而偉大的中國古典文明就從這個周朝開始形成。

！延伸閱讀

關於中國青銅器時代，請參閱 Sarah Allan (ed.), *The Formation of Chinese Civilization: An Archaeological Perspective* (New Haven: Yale University Press, 2005); Kwang-chih Chang, *The Archaeology of Ancient China* (4th ed.; New Haven: Yale University Press, 1986); and *Kwang-chih Chang, Shang Civilization* (New Haven: Yale University Press, 1980). Bruce G. Trigger 在 *Understanding Early Civilizations: A Comparative Study* (Cambridge University Press, 2003) 一文對一

---

[24] Trigger, *Understanding Early Civilization*, p. 79.

些世界早期文明做了優秀的比較。

關於東亞語言與書寫系統，請參閱 John DeFrancis, *The Chinese Language: Fact and Fantasy* (Honolulu: University of Hawai'i Press, 1984); Wm. C. Hannas, *Asia's Orthographic Dilemma* (Honolulu: University of Hawai'i Press, 1997); Bruno Lewin, "Japanese and Korean: The Problems and History of a Linguistic Comparison," *The Journal of Japanese Studies*, 2.2 (1976); Roy Andrew Miller, *The Japanese Language* (University of Chicago Press, 1967); and S. Robert Ramsey, *The Languages of China* (Princeton University Press, 1987).

二　形成時期

▎經典時期

中國周朝（公元前1045至前256年）

公元前1045年，周人擊敗商朝，建立周朝，定都於原商代領土的西方（鎬京，今陝西）。征戰商朝前，周武王就認知到周朝只是商朝的附庸，周朝當今的高文化水準，源於商周戰後的文化融合，甲骨文卜辭及刻有文言文青銅製的各式容器，皆是源自於商代。

新周朝建立（公元前1045年），封前商朝王室「殷侯」身分而非「王」，並讓其繼續祭祀商人祖先，管理殷商遺民，如此說明了中國文明的發展初期就結合多個地方的傳統文化。商朝晚期是較小的國家，且多接觸遠洋國家，並有印度洋進口的大量貝類，以及公元前1250年北方地區的馬拉戰車（發現於幾世紀前的哈薩克地區），估計是從東北部進口。[1] 中國文明雖然是自行發展，但絕非封閉獨立。

據美國學者，克里斯多福・貝克威思（Christopher Beckwith，漢名：白桂思）表示，周朝及歐亞地區的原始神話有著驚人的相似度，古

---

[1]　G. Shelach-Lavi, "Steppe Land Interactions and their Effects on Chinese Cultures during the Second and Early First Millennia BCE," in *Nomads as Agents of Cultural Change: The Mongols and their Eurasian Predecessors*, ed. R. Amitai and M. Biran (Honolulu: University of Hawai'i Press, 2015), pp. 10-31.

代斯基泰人和西方的羅馬人、韓國的高句麗人，以及後來的土耳其人跟蒙古人，意外形成歐亞文化。[2]

周朝古代傳說有一女人名「姜嫄」（又稱姜原），姜嫄字面上的意思是姜氏先祖，姜氏據說是另一個時期的人，也有說法是周族與西藏族通婚，所以有可能是西藏人。傳說姜嫄因為踩到巨人的腳印而懷孕，產下周族始祖「后稷」，後世稱為「穀神」。

姜嫄認為生下后稷有違天意，於是將兒子丟棄至鄉野間，而牛羊居然圍繞在后稷身旁不讓他著涼。接著，姜嫄又將他棄於荒山叢林中，卻被一位伐木人救起。最後，她將孩子丟在寒冰上，飛鳥紛紛用翅膀庇護著他、給予他溫暖。后稷在神蹟及大自然三番兩次的保護下長大成人，並發明農業技術傳承後代周人。

傳說后稷後代定居周原（可能是取名自族內姓氏，距現今中國西安市以西八十里處）前，並過著半游牧生活，甚至曾放棄農作，後定居在周原。周原也稱作渭河平原，土壤肥沃宜農耕，群山眾樹環繞的自然地形，成為最佳軍事要害，因而經歷過中國無數次改朝換代。

從青銅器時代，中國西北邊界以農耕及半游牧維生的民族周人，理所當然地成為文化融合下的產物。據說，周人受當地文化及商代文化影響而崛起，是**第二形成期**的早期範本。好比說，早期周朝生產的青銅禮器明顯沿用晚商風格，隨著文化發展，周朝才慢慢發展出自己的風格。軍事技術上，雖然周朝將商代皮革盔甲改良成青銅鎧甲，這或許是一種進步，但從周代戰車、複合弓製造可發現，事實上西周還是沿用商代的武器技術。

關中地區的周朝考古遺跡，目前最遠僅能追溯至周朝擊潰商朝前一世紀左右，佐證了周朝是自其他地方遷徙而來的說法，雖然不清楚確切

2　Beckwith, *Empires of the Silk Road*, pp. 1-12.

位置，但推測是來自遙遠的東北方。周人進入關中前，可能已跟當地民族融合。然而，在定居關中後，周不滿與商的從屬關係，不久便奪走商的主權地位，並將商分封爲諸侯，自立爲王。

傳說周文王之前有兩位周王戰敗於商朝，一位被殺、一位被俘七年後由周贖回。經過幾代對商朝挑釁，由姬發（後人稱周武王）向商宣戰。商朝最後一個皇帝──紂王，因暴虐百姓、棄先人祭祀等暴戾行爲，武王率兵前往牧野（晚商的城市，今河南省安陽附近），並擊敗商紂王。現今的中國將牧野之戰地點視爲國家重要資產，並投資計畫，以確立中國歷史轉折的正確日期，經過調查，學者認爲這場戰役發生在公元前1045年，是中國史上重要史事之一。

商戰敗，商紂王撤回鹿台，並放火燒死自己。八天後，周武王向天下宣告勝利並決定留在中國。1963年，一件青銅禮器出土，刻的是周人紀念牧野之戰勝利的銘文，這也被認爲是最早記錄史事的方式。

雖然商人跟周人是不同的兩個民族，但某種意義上都屬於中華。更精確地說，商周人民都在華夏概念形塑階段時吸納中華身分。在周朝長達八百年的統治裡，華夏民族的認同感逐漸形成，與北方外族半游牧文化形成鮮明對比。不過當時，許多居住在現今中國版圖的人並不屬於華夏世界，而在韓國和越南，則有人聲稱自己的祖先源自中國，認爲自己也是偉大中國文明中的一部分。正如同九世紀一本書寫道：「孔子在撰寫《春秋》時，他將遵循外國禮法君主視爲外國人，視遵循中國傳統的君王爲中國人。」[3] 早期中國華夏人民身分相當開放且具有包容性，依禮制及共同祖先的神話故事而定，和現代的民族認同概念不太一樣。

---

3 韓愈（公元 768-824 年），《韓昌黎》（北京：中國書店，1991 年），第 11.174 頁。此處 *Yi* 譯為「外國」，而 *Zhongguo* 譯為「中國」。有關稍微不同的翻譯，請參見 W. T. de Bary and I. Bloom, eds., *Sources of Chinese Tradition, vol. I. From Earliest Times to 1600*, 2nd ed. (New York: Columbia University Press, 1999), p. 572。

周武王攻克殷商的第二年駕崩，由他的兒子周成王繼位。但國家尚未穩定，成王年幼繼位，因此由武王的弟弟周公輔佐朝政。其餘皇室成員懷疑周公的忠誠，三名王室之弟起兵反叛，周公因而東征，斬殺、流放其中各一名王室之弟，瓦解此次叛變。

根據《尚書》中的一則故事，因成王懷疑周公，天突然颳起大風，吹倒莊稼，成王受到這景象的啟發，決定打開被周公封存的金匱。金匱的冊文中，成王發現先前周公在祈禱儀式上，祈求用自己的生命換取周武王免於一死，意外揭示周公對王室的忠誠。為使周朝能夠更加穩定，周公還政於成王。根據歷史故事，周公輔佐成王朝政行事果斷、有效率，不帶任何私利。

類似於周公的故事為中國政治傳統奠基。假如一個國家的理國方式不遵從道德規範，制度可能會變得不合理，從而失去統治權，因此建立起中國最重要的以德治國方式。周公與中國重要的政治概念——天命的闡述，有著密切的關聯，天帝是周朝至高無上的神（代替以前的神），周朝皇帝則是天子，天命是治理天下。

周朝地位的合法性源自周人對天的敬重，讓人聯想起中亞地區共同的信仰，很有可能反映在早期北方文化以及前周朝。[4] 然而，從最初中國給予皇帝無上的權力，就是一次特別的轉捩點，而周朝皇室的一些人傾向於皇帝擁有永恆世襲的權力，但周公對於天命給出革命性的闡釋，他認為天命是可以被推翻的。好的政府決定著朝代的存亡與否。上天無處不在，並時時刻刻執行著祂的規則，商朝曾經享有天命（商之前，夏應該也曾有過），但因商紂的貪腐而使商朝失去天命，由周朝接手，只要沒有結束，周皇帝會一直執行自己的天命。

---

[4] Sanping Chen, *Multicultural China in the Early Middle Ages* (Philadelphia: University of Pennsylvania Press, 2012), pp. 122, 138, 142-146.

因為《尙書》中的「天視自我民視，天聽自我民聽」，意指人民的不滿可能是國家即將移交政權的前兆。公元前四世紀，偉大的儒家思想家，孟子（公元前385至前312年左右）大膽地提出想法，對於不好的

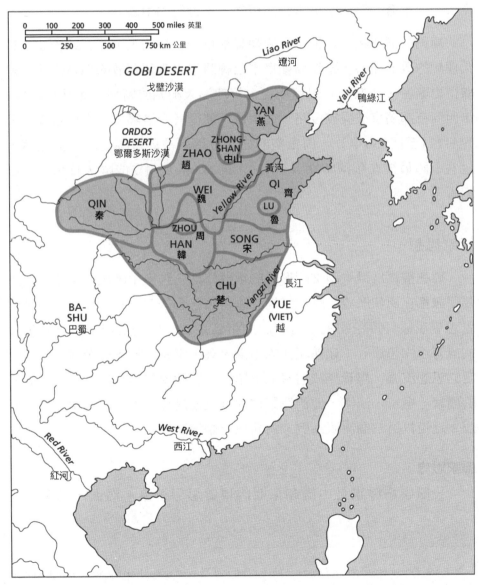

地圖2.1　公元前350年，戰國時期

政權，人民有權推翻且無須受到制裁，而推翻政府就如同懲罰小偷及強盜一般。因此「天命」的概念在前現代中國歷史的各個朝代中合法地不斷更替，並在每個朝代中執行理想的標準。同時，背負天命的天子也會認為：「在任何時候天下只能有一個合法的王朝統治全國。」[5]即便在今日，「**革命**」這個字仍常常出現在二十世紀的中國。

周朝政權持續了八世紀，周朝聲稱單一合法的天下才有助於建立長久理想的政治體系，雖然周朝皇帝已經將過去商朝鬆散的地區網絡，編織得更緊密、有系統，但可能從未管理過大範圍的區域。尤其在前771年西周首都鎬京被異族侵略，後東遷至雒邑（今洛陽），史稱東周（公元前771至前256年），周王室的光芒也逐漸被周邊崛起的小國掩蓋，這些小國最後在戰國時期（前479至前221年）獨立成國，且都有自己的國王。

百家思想

周朝被認為是中國文明形成的重要時期。許多中國經典文學以及主要學派都在周朝形成。雖然這樣評論中國思想學派會有點誤導，但中國思想學派最具特色的就是有開放的折衷主義（能夠借用並融合各種好的或有用的想法），在前現代的中國，幾乎沒有人能夠完全融入一個特定的思想流派，儘管無法信奉唯一學派，若硬要將學派做區分，最著名的儒家、道家、法家，他們在某種程度上還是存在不同、有用的傳統思想。這是以這三個流派為例，並非只有儒道法。

儒家思想

一般認為儒家是中國和東亞的傳統思想主流。然而，神奇的是

---

[5] Y. Pines, *Envisioning Eternal Empire: Chinese Political Thought of the Warring States Era* (Honolulu: University of Hawai'i Press, 2009), pp. 20, 29-30.

Confucianism卻是「西方的發明」。**6**事實上，因爲沒有中文單字可以精確地解釋英文單字Confucian的概念，而「儒」是最接近原意的中文字，也能較明確地表示儒家學者所學的古代經典（儒家的教育——儒教），特別是作爲中國前現代文化基礎的經典著作。

　　雖然儒家經典包含中國文學中最古老的書籍（不包含以甲骨文寫成的書籍），但這些著作在相對後期才完全成型，而且直至前二世紀才成爲受人敬重的典範。五部儒家經典：

　　1. 《書》（又稱《史書》、《書經》、《尙書》），收錄傳說古代明君到周王說過的宣示布告，以及古代文物的內容。而西周以前的紀錄較不可信，周朝以後的可信度較高。

　　2. 《詩經》，收錄周朝約莫三百首詩歌，許多作品仍具有很高的文學價值。

　　3. 《易》（又稱《易經》），占卜用書，共有六十四卦（由六條直線或斷線組合成不同的卦象），以蓍草草桿作爲卜卦媒介。

　　4. 《禮》，實際上是三本書的總稱，包含廣義及狹義的「禮」。禮儀的文書應該相對晚成冊，一部分舊稱是遠古時期的經典。

　　5. 《春秋》，一部記錄孔子家鄉魯國，從公元前722到前481年的簡史。因爲相傳是孔子親自編纂此段歷史，字句的選擇會對後世傳達深厚的道德影響，所以整部由孔子仔細審查過。

　　五經是後來十三經中的五部核心經典。經典的重要性在於它們的年代，同時作爲西周甚至更遠古時期賢君的代表。從最初成爲經典的前二世紀到二十世紀，這些經典一直都是中國核心的正規教育（大範圍來說是全東亞）。雖然經典讀來冗長枯燥乏味，但孔子強調學思並重，子

6　L. M. Jensen, *Manufacturing Confucianism: Chinese Traditions and Universal Civilization* (Durham, NC: Duke University Press, 1997), p. 5.

曰：「學而不思則罔，思而不學則殆。」[7]

隨著儒家經典文學傳到韓國、日本跟越南，對各國的影響日益重要。儒家思想在日本早期德川幕府執政（公元1603至1868年）時達到全盛時期。儒家思想在十五世紀後的越南蓬勃發展，十九世紀後期最後一個朝代——阮朝（1802至1945年）達到巔峰。儒家思想在韓國影響的巔峰時期也恰巧在最後的前現代朝代——朝鮮王朝，直到十九世紀中期，韓國官方仍會自豪地跟日本遊客介紹，韓國的儒家儀式依循周朝古法。[8]

廣義來說，我們甚至可以把東亞定義為擁有同一套儒家思想，又恰巧使用中國漢字書寫方式和文言文。然而，儒學在韓國、日本和越南的魅力主要原因不在儒家屬於中國，而在前現代的日韓越可以用自己的語言學習儒學。早期強大而成功的中國帝國，在教育他國儒學上占有一席之地，卻在後期被他國認為自己的儒學比中國的更加優秀，例如韓國。對東亞來說，中國儒家經典已不再特別，就如同猶太教的《聖經》、阿拉伯人的《古蘭經》、印度的佛經，而真理才是亙古不變的道理。

除了《春秋》及《易經》的部分內容、附錄或卦象之外，其他儒家經典內容不全是由孔子編纂。雖然一般認知上，孔子負責編輯以及傳播儒家思想，但儒家經典的年代大多都比孔子久遠。不過論及讀經（儒家特有的活動）是前現代東亞在儒家思想上的主要實踐方式，孔子（前551至前479年）理所當然成為儒家思想的核心人物。

「孔夫子」（簡稱孔子）翻成拉丁語（或歐洲）就是Confucius，意思是「孔師傅」。孔子，又名孔丘，生於東北的魯國（現在的山東省）。我們對孔子和其想法的印象，大多是從孔子逝世後，他的弟子將

---

[7] 本章中所有來自周代文獻的引文均來自 de Bary 和 Bloomde 的 *Sources of Chinese Tradition*。

[8] P. Duus, *The Abacus and the Sword: The Japanese Penetration of Korea, 1895-1910* (Berkeley: University of California Press, 1995), p. 31n5.

孔子與弟子們對話收錄成冊的《論語》。所以對於孔子的生平對世人來說，仍然是一位虛無的老師。

孔子以德執政的中心思想，並不支持死刑論，子曰：「子爲政，焉用殺？⋯⋯君子之德風，小人之德草，草上之風，必偃。」孔子認爲認眞遵從法規執政處罰，只會激勵人民鑽法律漏洞，但若是適當的依從禮德執政，人民會自省。

君子修身養性，加以影響周圍的人，是建立良好社會的關鍵。就如同孔子所言：「君子之守，修其身而天下平。」孔子也曾描述過自我修養及德行內化是如何在他的人生中實踐：「吾十五而志於學，三十而立，四十而不惑，⋯⋯七十而從心所欲不逾矩。」

儒家弟子應培養美德，並奉行禮、仁、孝。青銅時代的儀式供奉靈魂，「禮」從而成爲中國文明的遺產。然而對孔子而言，古代儀式的外在排場不是重點，而是內在精神能作爲自我行爲準則及自律的媒介。孔子曾提過「約之以禮」，便是以禮約束自己，自然不會遠離大道。

仁，是人最能夠展現同情心的能力。子曰：「夫仁者，己欲立而立人，己欲達而達人。能近取譬，可謂仁之方也已。」意旨：自己想自立，也會想幫助他人自立，自己想通達，也會想讓他人求得通達，能夠將心比心，便是行仁的方法。簡單來說，就是「己所不欲，勿施於人」的概念。

孝，是對父母和先人表示尊敬。對西方世界的人們而言，這可能是儒家中心價值中，最令人難以感受的，但「孝」是儒教傳統社會中不可抹滅的基石。《論語》有子曰：「其爲人也孝弟，而好犯上者，鮮矣；⋯⋯。孝弟也者，其爲仁之本與！」（意旨：孝敬父母，尊重兄長，卻喜愛冒犯上級的人，少啊，⋯⋯。孝敬父母和尊重兄長，就是行仁的根本吧！）公元757年，日本女皇孝謙天皇下詔書令：

中國古人在治理朝政及安撫人民時，皆須遵從孝道。作為日本帝國的每個家庭，都必須擁有一本《孝經》並且謹記孝道的原則。[9]

《孝經》是儒家經典後期加入的經典。很難想像八世紀時所有日本人眞的都讀了《孝經》。有關當時讀中文書面紀錄的日本人總數，較合理的推估並不超過兩萬人。[10] 不過儒家思想及孝道的重要仍對日本帶來深遠影響。

這種又要孝順父母，卻又不冒犯上級的舊有階級觀念，突顯出儒家思想中矛盾的關鍵點。「述而不作」是孔子其中一句名言，儒家希望理想化古代周朝的貴族思想並加以保存，而且思想中包含儒家重要的價值，例如孝和忠。然而，儒家思想對於孝和忠的重視程度，可以階級關係來表達，因為任何人，只要透過自我修養提升自己，都有機會成為賢君治理國家，而這也突顯出儒家主張人人平等的思想，如同孔子所說「有教無類」。中國在公元前三世紀時，已廢除貴族世襲制度，並遵從著儒家思想，實施匿名的科舉，並根據筆試成績，從眾多考生中選出優秀的人民成為官員。

人民獲得的功績絕對不會平等，這充分展現了儒家思想中的矛盾。雖然每個人都有潛力修身，但並不是所有人都能做得完美。再者，儒家內涵的解釋不夠一致，且容易變動，這給予修身之人能靈活運用，並為自己辯解的理由。以前現代的中國為基準，當時的晚清帝國受到儒家思想影響，可能已經變成菁英社會，例如日本，前現代的日本靠著儒家思想「名分論」的解釋，或道義上為了滿足某人的願望，而調整僵化的世襲社會階級制度。

大約一世紀後，孟子（之前在關於天命的章節中有提到）是繼孔子

---

9 *Shoku Nihongi,* 20.182-183.
10 G. B. Sansom, *Japan: A Short Cultural History* (Stanford University Press, [1931] 1978), p. 109.

以來第二偉大的儒家宗師。孟子最著名的性善論，他認為人性皆善，就如同水，雖然水可以向四處流，但水會自然地向低處流，就像人性天生就是善良。孟子曾用「牛山之木」解釋人類不可否認的錯誤行為：

> 牛山的樹木曾經很茂盛，因為鄰近都城，都城的人常拿著斧頭上山砍伐，儘管如此，牛山的草木仍會長出新枝嫩芽，但隨著牛羊也在山上放牧，牛山因而變得光禿禿，見著牛山光禿禿的樣貌，人們就認為這是牛山原來的樣子。

人性的善良在平日被束縛甚至摧毀，導致人們甚至認為人性本無善，然而這並不是人性的本質，就像牛山後來的荒蕪也不應該是人原來的樣貌。

荀子（約公元前310至前219年）是第三位，也是最後一位的儒家宗師。生於戰國末期時代的荀子，對人性的解釋比孟子黑暗。荀子認為人本性的慾望是邪惡的衝動，而「善」只能透過努力訓練才能達成。對於天道的思想，荀子以客觀理性的精神分析自然界：「天行有常，……應之以治則吉，應之以亂則兇。彊本而節用，天不能貧。」

《荀子‧天道論》天助自助者，雖然《荀子》是精心寫成的典籍，內容卻完全不同於《論語》及《孟子》這類以對話記錄成冊的經典，且《荀子》沒有被列入十三經之一。

道家

道家是繼儒家思想後，第二個具有極大影響力的中國學派。道家在中國對東亞的影響力較儒家小，然而卻對日本帝國的宗教——神道有其貢獻，甚至在神道教的名稱上也有道家的影子。[11] 然而以中國兼容並蓄

---

[11] H. Ooms, *Imperial Politics and Symbolics in Ancient Japan: The Tenmu Dynasty, 650-800* (Honolulu: University of Hawai'i Press, 2009), pp. 165-168，並經常提及道教。

的程度來說，道教明顯難以將思想傳遞出去。「道」有「道路」的意思，以哲學角度有「方法」的意思。「道」不只用在道家的名字上，而也廣泛使用在東亞地區。例如，日本的武術「劍道」，中國的「道學」，道學在西方又稱理學。

那些被認為是道教的思想，界線有時模糊不清，人們對於道教也有諸多不同的解釋。好比說陰陽二元論，一般認為是道教中心思想，但陰陽二元論對中國傳統思想的實用性，甚至可以獨立出來討論。道教最終在二世紀時成型，有自己的經典、祭祀儀式、道士和宗教規章。即使道教已經制度化，內容仍然很龐雜，道家典籍《道藏》收錄了超過一千多內容相異的道教經典及相關書籍。而道教之於周朝，簡單的來說就是由《老子》、《莊子》組成，雖然《老子》、《莊子》兩書篇幅較短，卻是史上最偉大且意義深遠的著作。

根據歷史記載，老子（同時也是書的名稱）曾擔任周朝的守藏室官員，同期的孔子也請教過老子。「老子」只是「老夫子」的意思，並不是老子的本名，而《老子》一書的作者及成書日期都無法確定（或許是在公元前三世紀後期）。對一般人來說，《老子》語言隱晦、高深莫測，令人難以參透。

比起老子，莊子（名周，約公元前369至前286年）的資料較有歷史根據。以莊子命名的《莊子》一書，雖然在語言和故事內涵上具有挑戰性，但整體讀來是本輕鬆愉快的寓言故事集。莊子的寓言風格，有一個很好的例子是庖丁解牛。庖丁是一位專業的屠夫，他懂得順著牛的關節、肌腱、韌帶的天然結構，一下刀，牛體便像土地崩塌一樣地分解開來。經過多年的練習，他甚至不用看著整隻牛，而是靠著他的心神解剖牛體。庖丁曰：「良庖歲更刀，割也；族庖月更刀，折也。今臣之刀十九年矣，所解數千牛矣，而刀刃若新發於硎。」（語譯：好的屠夫一年換一把刀，因為他們用刀割肉；普通的屠夫一個月換一把刀，因為他們用刀切骨頭。）即便是庖丁也懂得這番道理。

　　而這番道理，是道教非常重要的概念，然而這個道卻是很難用言語表達的，人們無法逃避道，它遍及世界、塑造萬物，正如《老子》中最為人所知曉的開頭：「道可道，非常道。」儒家的道著重於道德和以人為本，道家的道是超越卑賤的人本思想，老子曰：「天地不仁，以萬物為芻狗。」在這廣闊的自然中，人和思想根本無足輕重。道家，便是世界上第一批崇尚大自然的人。

　　過多的人為道德規範，甚至會造成適得其反的效果。社會尊重有價值的東西，才有競爭；而被世人珍視的黃金、美玉和其他珍品貴重且稀有，才會有人去盜竊。老子曰：「天下皆知美之為美，斯惡矣；皆知善之為善，斯不善矣。」而人的智慧便在於，不追求世人所追求之珍品：

> 聖人不積，既以為人，己愈有；
> 既以與人，己愈多。
> 天之道，利而不害；
> 聖人之道，為而不爭。

　　道家提倡最好的做法是「無為」。以西方的角度來看，道教是早期自由放任主義的先驅者。然而，法國認為自由放任主義是由他們的經濟學家（或重農主義的人），在十八世紀時創造的，他們欽佩自家政府對中國經濟做的「最低限度干涉」[12]，但他們所說，實際上與中國大清帝國所記錄的並不相符。不論是道家還是儒家，皆提倡理想極簡的治國之道。儒家主張以德治國，取代制度規章和懲罰制度，並呼籲政府給予人民適當的休息和減稅。道家以不同角度切入，認為過度干預只是抱薪救火，老子曰：「道常無為而無不為，侯王若能守之，萬物將自化。」

---

[12] D. E. Mungello, *The Great Encounter of China and the West, 1500-1800* (Lanham, MD: Rowman and Littlefield, 1999), pp. 89-90.

法家

　　與儒道兩家倡導的理想極簡治國完全相反的學派，中國第三大學派──法家。法家強調以法治國，根據明確的規章法典並嚴格執行。法家不如儒家擁有正式的學術流派，僅有幾部著名的法家經典，特別是《商君書》（商鞅著，公元前338年）《韓非子》（韓非子著，韓非子是荀子的學生，公元前233年），法家在教育及學派理論上的發展較少，在戰國時期才偏向將法家理論實際運用在國家政策上。

　　法家崇尚現實主義，反對儒家強調道德及理想的治國之道。賢能的君王可能會鼓勵人們反省自我，就如同儒家所希望的，但真正的明君實際上很少。而所有人自然而然地為了利益而行動，因此，這些人需要明確的法典，並以獎懲制度來約束。

　　如同《尚書》所說：

　　要管理好一個國家，法律必須能夠明確地規範政府官員，而不是單靠才智和謀略管理。法律讓人民的思想變得單一，就不會有多的心思規劃私利。然後國家就會鞏固，鞏固便會強大。

一心一意將「富國強兵」作為目標，這幫助前四世紀的秦國（商鞅為首相）變成戰國時期最強大的國家，最終一統天下。中國古代法家「富國強兵」的口號，在十九世紀晚期偶然被現代日本使用在工業技術發展的基礎上。[13] 現代中國再次提到法家是在二十世紀。兩千多年前，法家思想被認為是一種進步，他們反對盲目地遵循傳統，並堅持與時俱進。人類曾經生活在洞穴裡，但那是古代的生活方式，人們不該愚蠢地選擇繼續活在洞穴裡。

---

[13] R. J. Samuels, *Rich Nation Strong Army": National Security and the Technological Transformation of Japan* (Ithaca, NY: Cornell University Press, 1994), p. 35.

中國的法律典籍可能在公元前九世紀就開始編纂，中國第一部法律經典——《法經》，成書於公元前五世紀末期。法家成為中國的思想基礎，雖然法家曾一度因為規範過於嚴厲、制度過於死板而遭世人懷疑，但中國帝國的統治長期圍繞著法家思想。八世紀，古代日本歷史形成的階段，大日本帝國仿效中國的法律體制，日本史學家稱之為「律令時代」。然而，律令制的實用性很快就失效，轉為地區性的發展。對於前現代中國，雖然從來沒有遺棄法治思想，但幾世紀以來，儒家思想一直占上風。

孫子兵法

周朝除了儒家、道家、法家三大主要思想學派，還有諸多思想流派。其中一個墨家學派，由墨子（公元前五世紀）的徒弟所組成，墨家主張兼愛非攻，他們擁有一批訓練有素的弟子，擅於守城之道，以保護小國不被他國併吞。戰國時期毫無疑問地創造了一批軍事專家。《墨子》至少有九個章節談論到攻守城的方法，包含攻城的武器——雲梯，以及圍攻戰術。《孫子兵法》據說是世界上最古老的兵書，這本書流傳至今，是世界各地的軍校學生必讀的書，而《孫子兵法》同時也給很多政治家及商人帶來啟發。清末共有六部軍書，後來又出現一本與六部結合，便是後人所知的《武經七書》。[14]

《孫子兵法》就像中國其他古書一樣，成書時間和作者備受爭議。成書時間據說是從公元前六世紀末（當時孫子可能還在世）到前四世紀末。一般來說，只有學者會在意早期文獻的撰寫日期，但因為在周朝晚期，戰爭造成地區快速變化，《孫子兵法》的成書日期可能會有不同的說法，因而備受討論。

---

[14] 參見 R. D. Sawye, " Military Writings, " in *A Military History of China, ed. D. A. Graff and R. Higham* (Boulder, CO: Westview Press, 2002)。另請參閱 R. D. Sawyer and Mei-chün Sawyer, trans., *The Seven Military Classics of Ancient China* (New York: Basic Books, [1993] 2007)。

　　早期的周，軍隊和戰爭規模較小，戰爭通常是貴族爲了展現騎士精神而發起。如果這是眞的，榮譽的一戰甚至比戰勝還要重要。隨著戰國時代開始，越來越多大國組織起來並發動大規模戰爭。參與戰爭原是貴族壟斷的特權，但因爲戰爭擴張，參戰已成爲一般男性義務。郡縣徵兵制，即強迫郡縣隸屬的農民服役的徵兵制，使各國軍隊數量膨脹至數十萬人，並要求農民步兵裝備弩弓，造成有時戰爭時間拉長。兩個半世紀的戰國時期，期間發生的戰爭超過590場，代表平均每年戰爭會超過兩次，對當時的人來說，戰爭已是家常便飯。

　　戰爭性質改變，變得更加無情。榮譽已無足輕重，勝利才是一切。孫子認爲，用兵需用「詭道」，這似乎就反映出戰國時期的殘酷。「攻其不備，出其不意」這樣的用兵之道必不可少。同時，利用兵力的配置，讓敵人摸不清你的用兵之計。開戰之時，善加利用軍隊，目標不是榮耀或是成爲拯救國家的英雄，而是勝利。

　　輕鬆獲勝好過一場血洗後的勝利，而獲勝的先決條件便是在開戰前使自己立於不敗之地，因此，「勝兵先勝而後求戰。」擁有敵軍情報至關重要。「勢」辭典的釋義爲「力量」、「威力」，但對孫子而言，「故善戰人之勢，如轉圓石於千仞之山者，勢也。」「勢」代表著勝利的隱藏關鍵，如同懸崖上隨時會崩塌的雪，或是弦上蓄勢待發的弩，輕觸一下，便會爆發。

　　善於打仗的人，爲減少戰爭和戰爭對國家的摧殘，會以智力取勝，而非暴力。孫子強調情報的重要性：「知己知彼，百戰不殆」而這也是戰國時期各國重視的。數量龐大的農民兵部隊需要大量的補給，包含軍用武器、裝甲、糧食和衣服。軍隊的訓練及組織也相當重要，而戰國時代重視軍隊紀律和出征規劃。因此，這個時期的軍師不再是騎乘馬車的貴族，也不是衝鋒陷陣的戰士，而是在背後操縱大局的策略家。孫子在攻破敵人城門前，會先想好所有的戰略，在動手之前要先動腦。

不戰而勝，是孫子勝利的理想目標。這是中國人獨特的打仗方式，這種方式也常被西方形容成不像打仗。然而，相對於文生，後來的朝代開始沒那麼重視武生，甚至在軍事行動時，人們在軍事策略上也是重視文人給予的建議。而各朝代延續一貫的風格，開始重文輕武。根據《論語》記載，衛靈公曾向孔子請教作戰之事，孔子回答：「我了解祭祀禮儀這方面的事，但從未學過作戰之事。」第二天，孔子便離開了衛國。但儒家思想不是中國唯一主要思想流派。一位現代學者研讀《武經七書》，研究《武經七書》如何運用於戰爭中，並得出結論，中國的戰爭文化中心思想其實與西方現實主義者——韋格蒂烏斯曾說的：「想要和平，就得準備戰爭。」的概念如出一轍。[15]中國千秋萬歲的歷史中有過許多大大小小的戰爭，第一個統一天下的朝代就是在腥風血雨的戰爭中成功。

第一帝國

秦國（公元前221至前207年）

亞歷山大大帝征服古希臘眾多小城邦並組織在一起，建立亞歷山大帝國（公元前356至前323年），而在約一世紀後，歐亞大陸東部的中國，也經歷著同樣的過程。周朝時期，中國許多獨立的小國，漸漸合併成較大的國家。公元前221年，全部合併成為大秦帝國。

嬴政（公元前260至前210年），中國第一個使用「皇帝」稱號的君王，嬴政39歲時，統一整個中國，這是莫大的殊榮，嬴政自詡：「只要有人的地方，他們都是我的子民。」[16]儘管這樣說言過其實，嬴

---

15 A. I. Johnston, *Cultural Realism: Strategic Culture and Grand Strategy in Chinese History* (Princeton University Press, 1995), pp. 107-108.

16 司馬遷（公元前145-90？），《史記》（北京：中華書局，1959年），6.245。

政仍沿襲古代用法，以「天下」作爲統治區域的總稱。這應該是中國第
一次統一成單一國家，統一看似自然而然，但並非每個朝代都做得到。
早期周朝建立天子的理想概念，雖順著天道的運行，卻沒能成功統一天

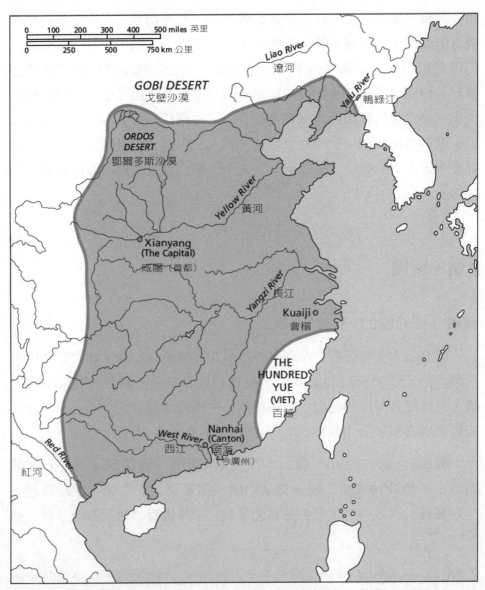

地圖2.2　約公元前210年，秦帝國

下。而對中國古代的思想家來說，學派思想的國度，多種學派都是獨立且具有地域性。公元前221年統一的一世紀後，秦國內部還有多種語言，皆是戰國前期延續下來。

秦國，征服所有國家，建立起第一個中華文明的帝國，然而諷刺的是，秦最初只是位在邊緣地帶的邊疆小國。秦在公元前770年建立（爲周朝附庸），位於曾經是周朝的領地「關中地區」。關中平原西部地區所發掘最早的秦古文物中，有考古證據證明周朝風格文化與非中國的文化融合遺蹟。

直至戰國時期，秦國發展程度明顯落後於其他中原東部地區國家。但就貿易而言，秦的地理位置處於周朝的西北邊緣地帶，利於貿易。[17]也因地處邊疆，激起了秦好戰的性格，再加上秦始皇不喜儒家思想，更崇尚激進的法家治國。秦始皇作爲歷史的借鏡，也可以稱爲「落後的優點」，秦是歷史上第一次使用法家治國的國家，治國成敗與否，如此便不需背負歷史傳統的責任。

公元前361年，商鞅從東部來到秦國，成爲秦國和中國史上的轉折點。商鞅在秦進行法家改革實施變法，其中一點便是移民政策：曾有一說（可能不是眞的），一個世紀後的秦始皇是一外來商人之私生子，該商人後來成爲秦相。商鞅到秦國後的十年裡，頒布新的法典、統一度量衡、加強中央集權以管理官僚體系、廢除世卿世祿制度。商鞅在變法改革中制定嚴刑、打擊貴族，招來殺身之禍，死於公元前338年，但因變法，秦變身爲殺人機器。

約莫一世紀後的公元前247年，嬴政以秦始皇之名登基，遭逢幾次刺殺未遂，而不敢輕舉妄動讓敵人知道他的動向。公元前221年，秦始

---

17 H. Wang, "How Much for a Camel? A New Understanding of Money on the Silk Road before AD 800," in *The Silk Road: Trade, Travel, War and Faith*, ed. S. Whitfield with U. Sims-Williams (Chicago: Serindia, 2004), p. 27.

皇攻破最後殘存的齊國。秦王滅齊，統一天下，因爲這項史無前例的
事蹟，秦王認爲「王」的封號不足以彰顯他的偉大，因此命群臣討論，
最後取爲「皇帝」。歷史上，後人通常稱嬴政爲「秦始皇」，字面上就
是秦的開國元君（東亞的最高權位者繼位後，不會讓人們以本名稱呼
他們，上位者在世時，會有稱謂以便人們稱呼，離世後也會有其他稱
號）。皇帝的稱號在中國一直沿用到1912年，這個名號啟發日本及越
南使用「王」作爲他們的國王稱號。

秦始皇最爲著名的事蹟，有統一文字、法律典籍、貨幣、度量衡，
以便建立大一統帝國文化。秦始皇在北方邊境修築城牆，這是長城的初
始形態，後在鄂爾多斯沙漠以北建立44個縣，並將眾多人民遷居至北
方邊界。同時，秦始皇往南擴張領土，遠至今日的越南。據估計，遷往
北方及南方邊境的人民，總計有超過317萬人口，造成人心離散，並助
長新政權崛起。[18]

秦國的統治極其專治殘暴，這點讓現代學者懷疑，前現代政權是否
能有效治理如此大範圍地區。然而，公元1975年，考古學家在中國湖
北省雲夢縣出土一批數量約一千的秦朝文獻，以竹簡（中國古代紙張發
明前的書寫素材）記錄而成。根據這次的考古發現和先前出土的文獻進
行研究，重新證實秦國傳統實施法家官僚體制的手段。[19] 修正主義者認
爲，雖然不能完全否定秦律的嚴刑峻法，卻也可以解釋秦朝政權可能沒
有中國儒家想像中那樣的專制。

漫長的戰爭結束後，秦始皇打著和平統一的口號帶領人民獲得勝
利。湯瑪斯・霍布斯（英國政治學家）出生前兩千年，有一卷公元前

---

[18] Chun-shu Chang, *The Rise of the Chinese Empire*, vol. I. *Nation, State, and Imperialism in Early China, ca. 1600 B.C.-A.D. 8* (Ann Arbor: University of Michigan Press, 2007), p. 58.

[19] D. Bodde, "The State and Empire of Ch'in," in *The Cambridge History of China, vol. I. The Ch'in and Han Empires, 221 B.C.-A.D. 220*, ed. D. Twitchett and M. Loewe (Cambridge University Press, 1986), p. 50.

239年秦國編纂的書中，已預示霍布斯最爲著名的論點——君主專制，其概念是：人民基於自我防衛，而需服從國家的最高權威，因爲國家沒有君王管理會大亂。正如秦始皇曾說過：無天子，強制弱，多欺少。因爲有君王和王子，戰火便不會停息。[20]

秦始皇設70位博士爲公卿，以宣揚自己認爲傳統文化思想的價值。然而，反對秦始皇的人，批判秦政權，並將秦始皇的思想和傳統思想進行比較，證實秦王的思想不可信。公元前213年，除了《秦記》及一些講解技術性的書冊外，秦始皇大量焚毀書籍，並且在公元前212年，以犯進者的罪名，坑殺460名方士。對儒家而言，「焚書坑儒」是秦始皇執政期間在文教方面所行的兩項惡政。

秦始皇認爲自己是「帝」一般的存在，甚至能運用宇宙的力量來操縱宇宙，並開始尋求長生不老的神祕之術。[21]秦始皇過世前做的最後一件自負的事，大概就是替自己建造巨大的陵墓。這座總共方圓20英里的秦始皇陵，其中有一小部分，就包含了數千尊與人等高的陶俑，現在稱兵馬俑，而這些被埋葬的陶俑直至現今才被挖掘。由此可知，儘管秦始皇的名聲遭儒家思想抹黑，但他那令人震懾的野心卻十分眞實。

依照歷史記載，秦國的法家制度嚴厲又無法變通，很快便引起人民反彈。公元前210年，秦始皇去世後的一年內，秦國因叛亂而國家動盪，朝廷內的權力鬥爭也使得內部腐敗。據說秦始皇駕崩，死訊被太監隱瞞，並密謀僞造詔書，命有能的長子——扶蘇自殺，而王位就傳給無能的小兒子——胡亥，而胡亥很快便淪爲太監的傀儡。聽信了太監的唆使，秦二世懷疑起自己的手足，並下令處決十二個兄弟和十個姊妹。秦

---

[20] 《呂氏春秋今註今譯》（對春秋的新註釋和新釋義）（約公元前 239 年）（臺北：臺灣商務印書館，1989 年），13.350；司馬遷，《史記》，6.238-239。

[21] M. J. Puett, *To Become a God: Cosmology, Sacrifice, and Self-Divinization in Early China* (Cambridge, MA: Harvard University Press, 2002), pp. 225, 240.

二世在位的第三年，因地位不受重視而自殺了。與此同時，叛軍已在城門蓄勢待發。

公元前207年，秦朝僅十五年的天下沒落。賈誼（公元前201至前169年），生於秦始皇死後的九年，著經典文章〈過秦論〉，總結秦國迅速興衰的原因。賈誼寫秦成功之道：「有席捲天下，包舉宇內，囊括四海之意，併吞八荒之心。」然而秦卻被平民叛軍扳倒，「何也？仁義不施，而攻守之勢異也。」[22] 秦國會鎮壓有異議者，導致智者無法警告國家即將到來的危機以表忠誠，而錯上加錯。

賈誼是一名秦朝的政論家，他把秦朝的衰落歸咎於官員濫用職權以及秦始皇的無能，而非皇室制度。內戰過後，一個新的帝國興起。雖說法家主義可能因為秦朝統治失敗而遭抹黑，但秦朝的皇室制度（以及皇帝的頭銜），仍以另一種形式傳承至各個朝代，延續兩千年直至1912年。而中國現在的樣貌，仍保有秦國當初的模式，更巧的是，英文單字中的*China*很可能就是源自於「秦」的名字。

▌漢朝（公元前202年至公元220年）

秦國只有十五年的短暫統治。對許多人而言，戰國時期的回憶仍歷歷在目，秦滅亡後回到之前戰國的多國局面也是情有可原。然而，戰國時期的一些國家，因反秦之勢再次興起，但又隨著下一個的新朝代的來臨，稍縱即逝。

劉邦（卒於公元前195年）是秦反叛軍中最重要的將領。劉邦出身卑微，在秦的官吏考試中獲得亭長的職位後，職業生涯開始起飛，並在

---

[22] De Bary and Bloom, *Sources of Chinese Tradition*, pp. 228-231.

公元前207年，劉邦的反抗大軍攻進關中，攻破秦首都，拿下秦朝。在此之前，叛軍領導人曾和其他將領達成共識，無論是誰，只要先攻破咸陽城，便可成為關中王。但劉邦並沒有直接稱王，而是封鎖秦的國庫，等待叛軍領導人前來接手咸陽城。

然而，劉邦此舉卻沒有獲得關中內具有歷史及軍事戰略的領地，而是被分到位於漢江以南稍遠的漢中蠻荒之地，並封為漢王。但這次分封，不僅讓「漢」成為劉邦建立漢朝的國號，也成為從古至今中華民族的泛稱：「漢族」。

公元前206年，楚霸王有意設宴殺害劉邦，殊不知給了劉邦起兵的理由。劉邦先起兵奪回關中地區，關中地區也是秦國征服天下時占領的重要領地。經歷過數年大大小小的衝突後，公元前202年，劉邦擊潰所有對手，並立新王朝——漢朝，成為漢朝的始皇帝。然而，這塊土地因為多年戰爭殘破不堪，新皇帝甚至不能為自己的馬車配四匹相同顏色的馬。

劉邦駕崩後歷史上稱他為漢高祖。漢高祖分封諸侯和宗室子弟為諸侯王，但並非秦朝實行的郡縣制。對初建國的漢代而言，分封制是必要的，後來皇帝改變管理方式。約莫半世紀後，多數郡國被消滅，帝國恢復成秦時期的中央集權管理模式。

漢高祖劉邦在占領中原地區後，便領著32萬大軍攻打北方游牧民族。中國北方的游牧民族建立匈奴帝國。一、二十年前的秦朝討伐過匈奴，漢高祖欲攻打匈奴卻遭反對。

長城是中國的過渡地帶，是中國和北部邊境農牧業的分界，以南為農業，以北為放牧業，以及更北地區的游牧業。當初，建造長城是為了向游牧民族展現秦國在中國的皇權，而非將游牧民族拒於門外。現今位於蒙古國內的長城，為秦國保存了大量匈奴遺址，但在秦朝和漢朝時期沒有蒙古這個名詞。萬里長城也將北戈壁及南戈壁做區分，就等同於今

圖2.1　公元前二世紀，東漢時期的青銅馬車，有馬夫和隨侍。1969年出土於甘肅武威市，現存於中國蘭州市的甘肅省博物館。Erich Lessing/Art Resource, New York

日的內蒙古和外蒙古，雖然南戈壁分在中國境內，但南戈壁不宜耕種，而更適合放牧。

　　中國北部草原第一個游牧帝國建立，成為能調動各部落軍力的新政治組織，這可能是對漢朝帶來挑戰的軍事反應。匈奴不是一種民族，而是由許多不同的草原民族及語言群體所組成的部落聯盟，匈奴語至今仍是個謎。

　　這並不意外，大多數的草原游牧帝國原本就是多種民族的融合。匈奴王阿提拉（公元406至453年左右）在羅馬時曾說過，匈奴人是多個民族群體的混合，有匈奴語、哥德語、拉丁語。而「阿提拉」這個名字

實際上也是哥德式名字。對於匈奴人一直存在一種說法，有些人認爲早期與漢朝對峙的匈奴人，可能和後來西遷間接影響羅馬帝國的匈奴人，是同一種族。但因爲匈奴人是草原上各民族的混合群體，這種猜測也是毫無意義。儘管毫無意義，從北京以北到歐洲的匈牙利大草原，確實形成一條連貫的文化走廊。

同先秦，漢朝早期也採徵兵制。所有成年男子都必須服兩年兵役：一年訓練，一年服役。這樣的制度使得漢朝擁有龐大的軍隊，雖說如此，也只是一支由農民所組成的業餘軍隊。漢高祖北上征討匈奴時，完全無法和習慣邊騎馬邊作戰的匈奴弓箭手匹敵。公元前200年，漢高祖被匈奴包圍在現今的大同市，黃河最北端以東的白登山上整整七天七夜。

漢朝因討伐匈奴受挫，再接下來的半世紀中，漢朝一直和匈奴維持和睦關係，不僅以納奉安撫匈奴，更敬獻漢朝的公主作爲匈奴首領的和親對象。而這如同西方的姑息主義一般的政策，直至公元前141年，第六位漢代皇帝漢武帝上位後才結束。武帝在位達44年（公元前141至前87年），在位時間比十八世紀前的任何皇帝都還要久，漢武盛世及漢代衰退都因他而起。

由於和親政策無法有效阻止匈奴侵犯漢朝，因此遭漢朝眾臣反彈，再加上此時的漢朝，軍事資源及技術上已大有進步，足以和匈奴抗衡。漢武帝即位後，便改變之前對匈奴的姑息外交政策。漢朝初期，缺乏騎兵，但漢武帝上任後，備有精馬30萬匹，漢朝弩兵安裝了射擊標尺，在馬背上射擊能更有效並精確地狙殺匈奴騎兵。然而，即便軍裝勝過匈奴，但在遙遠遼闊的北方草原持續討伐匈奴，漢朝仍會面臨軍糧將盡的窘迫情形，而匈奴只需輕鬆收起帳篷，等待漢軍的補給品耗盡，以此拖延戰爭時間。

因此，漢武帝制定了反擊匈奴的戰略。漢朝在東北將滿洲以南和朝

鮮北部併入帝國版圖。在西北，漢武帝徵召匈奴反叛者為使節，並派遣漢使節出使西域，欲與西域國家結盟。但在出使西域過程中，漢使節率領的百餘人兩度被匈奴俘虜，匈奴人估計已經滲透波斯南部，僅有兩人在十三年後返回中國。出使西域的使節雖然非軍隊，卻帶回具戰略價值的情報，並與西域國家建立外交和商業貿易的往來。接下來的十餘年，漢朝的軍隊將當今甘肅及新疆（東突厥斯坦）地區，納入漢朝絲綢之路的路經之地。公元前101年，漢朝軍隊甚至越過帕米爾高原進入中亞，占領撒馬爾罕地區，就是現在的烏茲別克地區。

漢朝在西北部駐軍，出兵匈奴，奪取匈奴原有的土地，最終導致匈奴帝國瓦解（約公元前73年）。雖然漢朝滅了匈奴，卻也因數次討伐匈奴，使得漢朝國庫幾近破產。最近的一次統計數據顯示，漢武帝四十年來在北伐的軍事行動上總共花費1.89兆人民幣。[23] 漢武帝曾派遣使節出使西域，直接影響後來絲綢之路的開闢，駱駝商隊藉由絲綢之路，從波斯運送葡萄、從地中海地區運送玻璃，來與中國交換絲綢，但武帝常年征戰，使得朝廷負擔不起龐大的軍事費用，從而干預民間私有經濟，包括向商人課徵貨物稅、收回開採礦山的權力，以及壟斷鹽、鐵、酒和錢幣的生產線。公元前81年，國家與民間辯論，內容是關於這些經濟政策是否該繼續推行，後稱為《鹽鐵論》。

漢武帝的經濟改革政策和常年的軍事行動讓人不禁想起秦朝的法家主義，但漢武帝卻是最早奠定儒家地位為國家思想基礎的皇帝。漢代的開國元勛多為粗鄙的軍人，最著名的故事是有一位學者送漢皇帝一本書，而皇帝卻拍拍他的坐騎說，自己可以靠著打仗的實力贏得天下，用不到書。而學者卻回說：「你也許靠著戰爭取得天下，但你要永遠靠戰爭來統治人民嗎？」儘管漢武帝使用的並不是純儒家思想，也混雜法家思想，漢朝若要讓法家思想合理化，而法家思想因秦始皇遭世人反彈，

---

23 Chang, *Rise of the Chinese Empire*, vol. 1, p. 246.

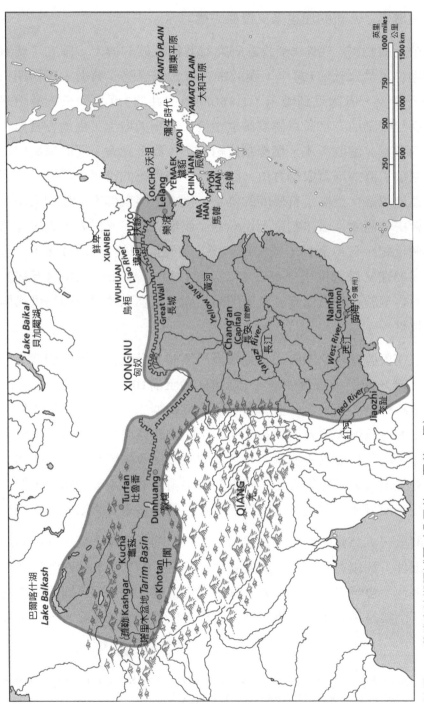

地圖2.3　漢武帝時期疆域圖（公元前141至前87年）

武帝便需要一套新的理論來支持他的權力。

　　公元前136年，漢武帝設立研究並傳授五經的博士，確立了儒家經典的地位。[24] 公元前124年，漢武帝興辦太學學院。興辦太學初期招收的學子很少，但據說到漢末，1,850間教室共收3萬名學子。漢朝察舉制，朝廷鼓勵地方官員以儒家倫理道德爲主舉薦取士，由地方官員在管轄區內考察並選取人才，察舉制持續幾年，許多社會下層的家庭紛紛鼓勵自家孩子努力學習取得官位。隨著漢朝幾世紀的沿用察舉制，人們理所當然地認爲官員應是有學問的雅士。漢末，展現儒家美德的人民，家門上會掛著匾額；法律制度上也融合了儒家思想。又例如，人民在公元前一個世紀，父母過世，或父母年邁，可免除勞役。公元116年，上級官員需要在父母過世後守喪三年。公元175年，皇帝命人將《五經》的經文內容刻於石碑上並立於太學門前，顯示漢朝獨尊儒術而提供的儒家經典教材。

　　漢朝對儒家經學的研究十分嚴謹。然而，漢代仍發展出獨特的思想體系。最好的例子是董仲舒（公元前179至前104年）。董仲舒對儒家思想的解釋是「天人合一」，君王便是協助調和天與人之間的關係。他認爲人的行爲與天象有所關聯，而君王的施政態度更是會直接影響自然的變化，因此只要君王能夠內省，自然秩序便會按照應有的順序進行。董仲舒提出天人感應的思想，將漢朝與宇宙自然現象緊密結合，把一切合理化，使得漢皇帝受超自然災害威脅，限制皇帝對國家的專制行爲。

　　關於天人感應的故事，在前漢朝有一名朝廷高官，騎馬外出遇到有鬥毆事件，卻沒有介入。後來遇到牛車經過，看到牛氣喘吁吁便停下馬詢問爲何牛會喘息不止。有人不解高官重畜輕人的行爲，而這位高官答道：「鬥毆是地方事務，應由地方管理，但是，現在是春天，而牛卻喘

24 S. A. Queen, *From Chronicle to Canon: The Hermeneutics of the Spring and Autumn, According to Tung Chung-shu* (Cambridge University Press, 1996), p. 115.

息不止，怕會是今年氣候有異。」這應是高層的責任所在，因爲朝廷肩負著調和陰陽的重責。[25] 這也讓儒家思想促進了專制的帝國極簡主義。

漢朝四百年江山（公元9至23年曾因王莽篡位而中斷），但漢朝遺留的文化仍十分重要，以至於現在的中國人稱爲漢族。然而漢朝最終還是走向滅亡，而造成漢朝崩解的原因，是當時的經濟形成地主和農民兩大階級的對立。雖然在戰國時期已經確立土地私有制，但由於戰國及前漢朝政府使用賦稅制及徵兵制，到漢代時，很多富人因土地的賦稅制度，剝削農民從而獲得大量地產，許多小農的土地被剝奪，淪爲佃農、傭人，甚至變成流浪漢或強盜。後來的漢代改革賦稅制度，調降稅收，卻只是降低了朝廷稅收，並未減輕小農壓力，反而讓稅單上的小農人口數不斷下降。

東漢時期的朝廷內部問題，尤其是由宦官外戚對年幼皇帝進行干政。而從公元166年開始大概二十年的時間裡，漢朝廷中與宦官持不同立場的一百多名忠良慘遭殺害，另有六七百人被迫終身停職。而宦官掌權造成皇帝漸漸脫離對國家的管理。

公元184年，一場以宗教形式民變的爆發，史稱黃巾起義。黃巾之亂被迅速鎮壓，並且下放權力給地方軍官。公元191年，董卓挾持漢朝皇帝劉協，火燒東漢都城（洛陽），精美的絲綢圖書被軍人當作窗簾和袋子。[26] 軍閥橫行中國，中國第一位女詩人蔡文姬被南匈奴所擄。她在作品中提到「馬邊懸男頭，馬後載婦女」[27] 訴說自己當時的處境，被俘後和南匈奴左賢王生活十二年。後被曹操贖回，蔡文姬告訴曹操，原家中父親所藏書四千卷，幾經戰亂已全部遺失。

---

[25] B. Watson, trans., *Courtier and Commoner in Ancient China: Selections from the History of the Former Han by Pan Ku* (New York: Columbia University Press, 1974), pp. 192-193.

[26] Feng Yan, *Feng shi wenjian ji, jiaozhu*（約公元 800 年）（見公元 800 年，北京，中華書局，1958 年版），2.8。

[27] 范曄（公元 398-445 年），《後漢書》（北京：中華書局，1965 年），84.2801。

三國時期（公元220-280年）

到了196年，原漢朝的土地上分成十三個主要軍閥政權。當時的天下，軍隊只要餓了就掠奪老百姓，飽了就丟棄糧食。其中由曹操（155-220年）主導的軍閥最爲壯大，因曹操的父親是漢代宦官的養子，所以曹操控制漢獻帝，並利用漢獻帝的皇權欲控制整個華北地區。公元207年，曹操對中國的統治可能到總人口的一半。直至公元220年曹操逝世，世子曹丕篡漢，迫使漢獻帝退位，並建立新政權，是爲魏國（或曹魏）的開國元君。[28]

不久後，中國局勢分爲三個相對強勢也較爲穩定的帝國，也就是史稱的三國（地圖2.4）。曹家是爲掌控北方的魏國（220-265）。另一政權爲吳國（222-280），統治區域在東南方，位於長江下游地區，首都是現在的南京。第三個政權是蜀漢（221-263），位於西南方，現在的四川地區。顯然蜀漢是由這兩字組合而成，蜀是四川的古地名，而漢就是漢朝，蜀漢的開國皇帝劉備是前漢朝皇家子嗣。

因爲三國時期是中國軍事戰略和戰爭最偉大的時代，使得三國時期在中國小說（最近也在電影和網路遊戲中）中成爲不朽的存在。最廣受閱讀的前現代小說《三國演義》（全名：三國志通俗演義）備受中國人喜愛，儘管《三國演義》一直到多年後才出版成冊（最早可追溯至公元1522年），但它仍能以虛擬的故事重現三國時期的情況，內容由曹操擔任反派角色。在這個時代，所有的計謀、戰爭以及戲劇性的朝廷鬥爭，經由小說故事美化。這個時代不只引起眾人對三國的想像，更是一段由思想、文學、多個人特色鮮明的奇葩混雜、覺醒的時代。

---

[28] 請參閱 H. L. Goodman, *Ts'ao P'i Transcendent: The Political Culture of Dynasty-Founding in China at the End of the Han* (Seattle: Scripta Serica, 1998)。

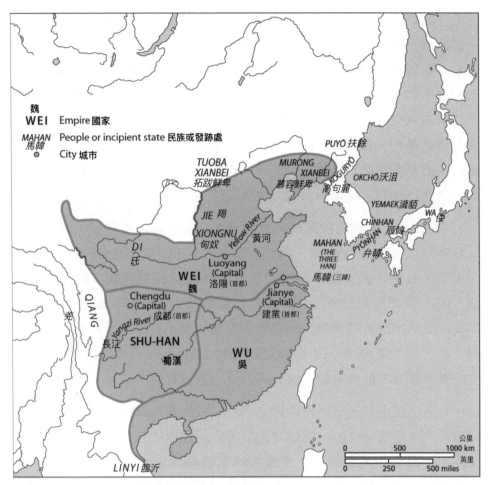

地圖2.4　公元205年，東亞與三國時期分布圖

　　隨著漢朝滅亡，漢朝儒學的思想基礎也隨之消逝。看似乏味的古典詩詞，到了三國時期已不再流行，由《老子》、《莊子》、經典《周易》為首的高尚玄學取而代之。好比說老子的「宇宙論」，當老子被問到關於宇宙萬物的生成，老子答：「無」，天下萬物生於有，而有生於無。

　　玄學學者觀察到，賢人和暴君終究不免一死，於是這個時期開始自

由放任的社會風氣，士大夫退隱山林，飲酒作樂甚至毒品氾濫。相傳有一個故事，有一個信玄學之人推著獨輪車出門，帶著一壺酒，身後跟著一名手拿鏟子的隨從，並吩咐隨從，他死在哪便葬在哪。而三國時期有其餘著名的玄學代表人物，例如竹林七賢之一的阮籍（210-263），生於政治險惡的時代，為逃避現實，因此經常喝醉酒、崇尚玄學，以更真實的道德美名，藐視儒家陳年規章及繁複禮節。漢末，世人為了被舉薦為官，需要在家鄉獲得賢士的名聲，因而偽善。阮籍等三世紀的玄學代表人物便是世間一批反對偽善的文人。

公元265年，曹魏被魏國將軍司馬炎篡位，建立新政權，是為西晉（265-316）。公元280年，西晉滅孫吳，結束三國鼎立局面，成功統一天下。然而，西晉第一任皇帝晉武帝，因為政變輕鬆篡位而記取教訓，因此憑著他的威望，分封郡國及都督諸州給27位（最終是50位）宗室，並賦予地方軍事權力，以鞏固皇權；但事實證明，政權只持續不到十年，天下又再次分裂，不僅沒有鞏固皇權，反而成為290年西晉滅亡的潛在原因，西晉皇權很快便因八王之亂而瓦解。

八王之亂中的皇子通常依靠半游牧民族的騎兵部隊。漢朝時，向民間徵兵的制度實行失敗，朝廷在民間徵的農民軍被更專業的部隊取代，而其中多數為少數民族。北方邊境的軍事基地也由游牧民族負責，游牧民族定居在漢朝的邊界，從東部滿洲地區到西部黃河以北。隨著中國朝廷朝中無主已久，國家又處於崩盤狀態，外族往往認為自己控制了局面。304年，一位匈奴首領自立為王。311年，西晉都城洛陽淪陷，316年，西晉第二都城長安（現代的西安）也淪陷。這情況正如一位當代人所感嘆：「搶劫的游牧民族在長江餵養自己的馬。」[29]

在遙遠的西方，與此同時也發生了戲劇性的事件。376年，西哥德

---

[29] 房玄齡，《晉書》，69.1848。

人被匈奴人驅離,越過多瑙河,並與羅馬開戰,最後滅西羅馬帝國。對中國而言,雖然沒有外地的侵略,但內地有蠻夷的戰士侵擾阻斷中國的帝國統一。從三世紀到七世紀,中國兩千年帝制最誇張的分裂時代,中國有37個王朝,其中22個王朝的統治者不是漢族。

! 延伸閱讀

關於中國形成時期的全面資料,請參閱 Michael Loewe and Edward L. Shaughnessy, eds., *The Cambridge History of Ancient China: From the Origins of Civilization to 221 B.C.* (Cambridge University Press, 1999)。關於周朝,請參閱 Cho-yun Hsu (Zhuoyun Xu), *Ancient China in Transition: An Analysis of Social Mobility, 722-222 B.C.* (Stanford University Press, [1965] 1977); and Cho-yun Hsu and Katheryn M. Linduff, *Western Chou Civilization* (New Haven, CT: Yale University Press, 1988)。

關於中國與東亞的重要經典文本的研究,請參閱 Mark Edward Lewis, *Writing and Authority in Early China* (Albany: State University of New York Press, 1999)。關於中國經典,也請參閱 Burton Watson, *Early Chinese Literature* (New York: Columbia University Press, 1962)。關於軍事專著,請參閱 Ralph D. Sawyer and Mei-chün Sawyer, trans., *The Seven Military Classics of Ancient China* (New York: Basic Books, [1993] 2007)。

關於中國經典思想,請參閱 A. C. Graham, *Disputers of the Tao: Philosophical Argument in Ancient China* (La Salle, IL: Open Court, 1989), and Benjamin I. Schwartz, *The World of Thought in Ancient*

China (Cambridge, MA: Harvard University Press, 1985)。關於有些過時但仍具價值的全面調查，請參閱 Yu-lan Fung, *A Short History of Chinese Philosophy*, ed. Derk Bodde (New York: Free Press, 1948)。

關於早期秦漢帝國，請參閱 Denis Twitchett and Michael Loewe, eds., *The Cambridge History of China, vol. I. The Ch'in and Han Empires, 221 B.C.-A.D. 220* (Cambridge University Press, 1986)。也請參閱 Chun-shu Chang, *The Rise of the Chinese Empire, 2 vols.* (Ann Arbor: University of Michigan Press, 2007); Mark Edward Lewis, *The Early Chinese Empires: Qin and Han* (Cambridge, MA: Harvard University Press, 2007); and Michael Loewe, *Everyday Life in Early Imperial China during the Han Period 202 BC-AD 220* (Indianapolis, IN: Hackett, [1968] 2005). Early imperial relations with the steppe world are expertly explored in Nicola Di Cosmo, *Ancient China and Its Enemies: The Rise of Nomadic Power in East Asian History* (Cambridge University Press, 2002)。

關於三國時代，請參閱 Rafe de Crespigny, *Generals of the South: The Foundation and Early History of the Three Kingdoms State of Wu*, Faculty of Asian Studies Monograph 16 (Canberra: Australian National University, 1990), and, by the same author, *Imperial Warlord: A Biography of Cao Cao, 155-220 AD* (Leiden: Brill, 2010); Howard L. Goodman, *Ts'ao P'i Transcendent: The Political Culture of Dynasty-Founding in China at the End of the Han* (Seattle: Scripta Serica, 1998); and－concerning Ruan Ji and the "Seven Sages of the Bamboo Grove"－Donald Holzman, *Poetry and Politics: The Life and Works of Juan Chi , A. D . 210-263* (Cambridge University Press, 1976)。

三　世界主義時期

▌中國的劃分

十六國（中國北方，公元304-439年）

四世紀早期，中國北方的中央集權政府幾乎全面瓦解。一百多年來，早期爲中國文化重心的北方分裂成16個王朝。[1] 更精確地說，歷史學家發現在304年到439年之間，中國北方總共有21個不同的政權（這還不包括那些不想成爲邦的自治地方社區）。再者，儘管稱作十六國，這些政權其實也幾乎是帝國主義的邦，因爲他們皆是被男人（中文所俗稱的皇帝）所征服並統治，只是領土較大、涵蓋較多民族。然而，另一個名稱——天王，在這期間也十分頻繁使用，這大概是受大草原區的文化影響。[2] 這16個王朝大多數的統治者皆不具有中原血統。

當中國北方在四世紀陷入混亂時，大約有八分之一的北方人都逃到相對安全、穩固的南方。許多避難者定居在長江中下游附近（西晉宗室重建政權之地），歷史上稱東晉（公元317-420）。東晉定都在今日我們所俗稱的南京，後來的南朝（東晉、宋、齊、梁、陳）也都建都在此。南朝文化及經濟繁榮，但是政治與軍事力量較弱。南朝五朝加上之

---

[1] 十六國分別是前趙（或成漢）、後趙、前燕、前秦、後燕、後秦、南涼、胡夏、前涼、蜀（或成漢）、後涼、西秦、南燕、西涼、北涼和北燕。

[2] Sanping Chen, *Multicultural China in the Early Middle Ages* (Philadelphia: University of Pennsylvania Press, 2012), pp. 140-142.

前三世紀早期的孫吳，統稱爲六朝。與此同時，繼續留在北方的人，則躲在成千上萬臨時搭建的堡壘後面。

在這期間，北方的貿易和商業停滯不前。中國北方已經近兩百年沒發行新貨幣，許多農田也都轉爲牧場，且牧場（放牧）經濟模式也深深傳播到中國北方。游牧是外族（胡族——匈奴、鮮卑、羯、氐、羌[3]）主要生活方式。這些民族主導了中國北方的政治與軍事。有些學者認爲，四世紀時，中國北方甚至可能存在著數百萬的外族。

這些外族相對於中國傳統的農耕方式，更重視游牧（儘管他們並非流浪者）。他們吃很多肉，像是羊肉，同時也消耗許多中國菜通常不用的乳製品。他們的語言和中文完全沒關聯，反而大部分跟土耳其語或蒙古語較相近。但是研究發現，其中一個民族（羯）講的甚至可能是印歐語言。再者，有人說他們擁有獨特的外觀、深邃的眼睛、高挺的鼻子和茂盛的鬍鬚（有時候甚至被形容成黃種人，雖然實際指稱的顏色可能是褐色）。最重要的是，他們也知道自己的血統和以前的中國民族有所不同，而在五或六世紀時，這些中國民族被稱作漢族。

然而，並沒有任何證據顯示他們是從現今的中國國土外進來的。因此實際上，不能指稱他們爲入侵中國的野蠻人。在青銅器時代（大約商朝時期）出現一個明顯不是中國北方的文化傳到南方，並延伸至現今陝西省、山西省和河北省北部。公元前307年，中國山西北部的戰國時期首次採用北方游牧的射箭文化。[4]自此，非中國文物的東西在這出現已經不是什麼稀奇的事了。現在的山西省也成爲非中國民族的活動集中地。

公元304年，匈奴皇室後裔在山西南部建立了十六國時期第一個政

---

[3] 五胡：匈奴、鮮卑、羯、羌、氐。

[4] N. Di Cosmo, *Ancient China and its Enemies: The Rise of Nomadic Power in East Asian History* (Cambridge University Press, 2002), pp. 52, 134-138.

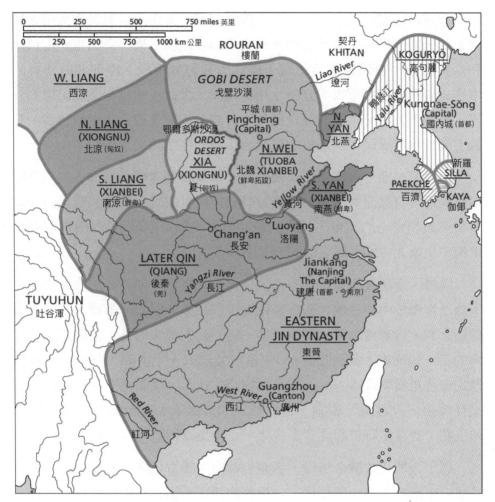

地圖3.1　公元410年，國與種族

權（起初稱作漢，後來改國號爲趙，史稱前趙：公元304到329年）。
四世紀時，連最具異國風情的羯建國者，世世代代都定都在山西（不管
他們來自哪裡）。根據傳說，鮮卑族的拓跋分支（不僅是來自最遠，也
是在歷史上最重要的族群）從現今的內蒙古東北部遷移至現今的中國境
內。再者，到了四世紀時，這些鮮卑拓跋氏，甚至住在鄰近黃河流域一
段時間，包括山西北部。

　　秦漢帝國完成統一，落實單一政治制度、書面語言與貴族文化。儘管如此，他們仍存在著顯著的多元文化和多民族君權。漢朝也非常積極和疆界的非中國民族部落結盟，作為一種防禦手段。漢朝北方邊界的中國式農耕和草原游牧的分界也相當模糊。因此，四世紀突然出現的外族，實際上大部分早已經存在很久。有許多族群會說一些中國語言，名義上屬於中國國民，且他們的貴族也了解一些中國文化。

　　四世紀早期，中國北方政權解體，軍人藉機奪權。因為外族早已經習慣騎馬，自然而然培養出高素質騎兵。四世紀時，馬匹和騎兵的裝備多了馬鐙和齊全的盔甲，這時的騎兵就變得無可匹敵。[5] 從四世紀到六世紀，中國北方的軍隊主力一直是重騎兵。

　　同時，合法政權還是更得人民信賴。三世紀早期許多的武裝集團，不論是否屬於中國民族，皆打著捍衛王位的旗幟崛起。事實上，就是藉保衛之名，行奪權之實，圍攻晉朝。另外耐人尋味的是，史稱五胡十六國的第一個國家，其實是在304年由一位匈奴王子所建，這位王子宣稱他的母親是漢朝建國者——漢高祖劉邦的後代；漢朝早期的確會將宗室女性嫁給匈奴君主。劉淵，這位特別的匈奴王子甚至繼承了漢代國姓——劉，並在當時首都住了很多年，之後更改國號為漢（Han）。

　　為了合理化政權合法性，劉淵也舉出中國古代帝王的例子：「大禹（建立中國史上第一個朝代——夏朝的傳奇人物）和周文王也皆沒有中原血統，君王選賢與能遠比君權神授適合。」[6] 不管這些話是出自劉淵本人，還是後代中國歷史學家加油添醋。重要的是，天命並不屬於特定的人。如同夏被商征服，而周又征服了商。政權是會一直轉移給不同族群的人，那政權交到匈奴手上，又有何不可呢？

---

[5] 參見 D. A. Graff, *Medieval Chinese Warfare, 300-900* (London: Routledge, 2002), pp. 41-42。
[6] 房玄齡，《晉書》，101.2649。

　　更精確地說，這些話無論是否爲劉淵所說，都已被以中文記載下來。儘管在多民族和多語言混雜的時代，以及外族掌權時，中文仍是當時唯一的書面語言，只有少部分例外。甚至在四世紀中期，中國東北十分野蠻的羯部落統治者——石虎（295-349），也認爲得派遣一位學者去前首都洛陽，抄寫儒家經典的石雕經文。在四世紀，雖然十六國經常以非中原民族部落爲核心，團結部落意識，並把中原民族和外族分開管理。但到了晚期，這些民族劃分已經漸漸消除。

南朝（中國南方，公元317-589年）

　　四世紀初，西晉因爲在內亂中分裂，307年時，一位王子在長江以南（即現在的南京）爲自己建立了一個新的政權。在西晉澈底滅亡後，這位王子在317年登上王位，成爲東晉的開國流亡皇帝。東晉是南朝第一個以正統自居的政權。然而，儘管稱爲正統，東晉的局勢卻仍不穩定。

　　南部的水域有許多河流、水道、湖水和大量的稻田，因此成爲了對抗北方騎兵部隊的天然屏障。然而南方卻因大批難民自北方湧入，而陷入混亂。這些北方難民總數達南方總人口的17%。因前北方士族的難民在南方開闢了大量土地，且打算支配南朝政府，南方居民和北方難民之間，有著嚴重的不滿和衝突，這些南方居民和原本中國居民差異相當大，人數也不少。

　　三世紀時，三國的東吳和長江下游地區的山越人經常引發衝突。據推測，這些南方居民至少有一部分，是百越人後裔。就像漢朝一樣，這裡仍屬於邊疆地區。據傳說，東吳在234年和山越爆發戰爭，三年後山越戰敗，東吳把在現今安徽省投降的十萬個山越人分成兩部分，比較健壯的擔任東吳的士兵，較不健壯的歸類爲一般納稅的農民。三國結束之後，越來越少聽到山越一詞，大量山越人在南朝以其他名稱持續生活著。

　　儘管東晉政府無能，又北方難民和本土南方居民之間、中國人和原住民之間，以及來自北方十六國的侵略者，皆存在著衝突的可能，意外的是，東晉仍能維持很長一段時間的穩定和繁榮。東晉能成功的祕訣在於懂得妥協、和解以及擁有相對穩固平衡的權力制度（因為當皇帝權力特別薄弱的時候，只要有其中一個大家族成員欲奪權，其他成員便會團結起來阻止）。再來就要歸功於許多傑出政治家精明幹練的領導。例如，王導（276-339）。王導雖然本身身為北方的逃亡者，但為了贏得南方居民的支持，他立刻學習南方當地方言。根據當時描述：「很少人排斥王導。」大家都覺得王導就像他們的老朋友一樣。[7]

　　東晉在藝術中擁有卓越的發展，包含中國首位真正著名的畫家——顧愷之（341-402）和可以說歷史上最受尊敬的天才書法家——王羲之（303-379）。其中有一個較著名的故事，在353年，王羲之曾經有一次在浙江的蘭亭舉辦一場雅致的文學聚會。宴會中，酒杯會沿著蜿蜒的小溪漂流，不管酒杯在哪撞上岸邊，41個客人皆必須輪流作一首詩或是被罰喝酒。王羲之作的〈蘭亭集序〉（記錄這場聚會的序言），珍貴到據說後來的一位皇帝——唐太宗（600-649）甚至把書法的原本當成他的陪葬品。

　　才華橫溢的詩人——陶潛（陶淵明，365-427），也是東晉人。陶潛是中國數一數二偉大的山水詩人。他頌揚隱居在鄉村田園的單純愉快生活，同時也是烏托邦散文的開創者。陶潛所著作的〈桃花源記〉非常有名，這個短篇故事敘述一位漁夫，沿著溪流進入一片滿布桃花的樹林，在那裡，他找到一個洞穴。穿過了這個洞穴，他發現這裡竟然有一個村落，這個村落已經與世隔絕了好幾世紀，村民個個安居樂業。居民

---

[7]　孫盛（四世紀），《晉陽秋》，引用於劉義慶（公元 403-444 年），《世說新語》（Revised Commentary），（香港：中華書局，1987 年），A.97（第 3 章，第 12 號）。R. B. Mather 譯，*Shih-shuo Hsin-yü: A New Account of Tales of the World* (Minneapolis: University of Minnesota Press, 1976), p. 86, no. 12, note 1。

請漁夫保密這裡的事，但是漁夫回去後，還是將他在桃花源的所見所聞
告訴了政府。之後儘管眾人努力尋找，卻再也沒有人看到這座桃花林。

另一位東晉藝術天才，戴逵（卒於396年）是一個畫家和音樂家。
他以演奏琴（一種弦樂器）聞名。傳說中，大約345年間，皇室的王侯
和皇子召集戴逵爲他們演奏，但戴逵拒絕並當面毀琴，聲明自己並不
是皇室家庭的娛樂者。雖然皇子很生氣，卻也無能爲力。這則故事說明
了，這個時代的文人擁有多大的自由。

南朝之所以是文化輝煌時代，主要歸功於在漢朝晚期，學術成就和
文學能力已經變成高社會地位和高官的基本條件。隨著漢朝和皇室政權
的衰落，學習和教育的重心逐漸移到私人家庭。文學素養也成爲區分士
族（分裂時期的統治人物）和一般平民的重要標準。

另一個原因爲，皇室和民間藏書量和便利性提升。六世紀中期，據
說一個皇家圖書館藏有多達14萬卷的書和圖表。六世紀初期，昭明太
子從3萬卷書中，選用其中一些編撰成極具影響力的《昭明文選》。這
本文選也成爲後來好幾世紀讀書人的必讀經典，甚至也在韓國和日本
早期貴族之間廣爲流傳。[8] 藏書量增加可以歸功於材料的革新，東晉時
期，紙取代了原本的木材、絲綢和竹子，而南朝蓬勃的市集也讓書籍變
得更爲普及。

中國分裂時期，南方的農業不僅大幅擴張，南朝的經濟也日益私有
化及商業化。到了五、六世紀，貨幣和商業的流通已經幾乎遍布各階
層。國際航海貿易交易量的增長，進一步刺激了經濟商業化。漢朝末

---

[8] 關於皇家圖書館，請參見田曉菲，《烽火與流星：蕭梁王朝的文學與文化》（502-557）（劍
橋，麻薩諸塞州：哈佛大學亞洲中心，2007 年），第 95 頁。有關《文選》，請參見 D. R.
Knechtges, "Culling the Weeds and Selecting Prime Blossoms: The Anthology in Early Medieval
China," in *Culture and Power in the Reconstitution of the Chinese Realm, 200-600*, ed. S. Pearce, A.
Spiro, and P. Ebrey (Cambridge, MA: Harvard University Press, 2001), pp. 206, 239。

期，這種貿易使得中國南方港口和地中海地區有所聯繫。從漢朝一直到中國分裂時期，中國最重要的港口可能位於河內市附近，也就是現今越南北部的紅河谷區域。由於頻繁的商業貿易，南朝的首都（現今的南京）在六世紀初期成為世界上最大的城市（總人口約140萬）。[9]

　　南朝卓越的文化和繁榮的經濟和當時的歐洲呈現強烈對比。羅馬帝國衰落所帶來的損傷，有時雖然會被誇大，但在五到七世紀間，西方生活水準確實驚人地下降。[10] 南朝文化及經濟繁榮的現象，也和同時在發展的中國北方（中國文明原始的心臟地帶）呈現鮮明的對比。一位六世紀的佛教作家也十分驚嘆：原本政治、經濟中心皆在中國北方，但後來逐漸南移，北方成為了「野蠻」地帶；相反地，南方原本被視為野蠻地區，現在卻成為了較文明的那一方。[11]

　　雖然如此，南朝仍有自己的問題，財富和教育都集中在少數人手中。雖然日漸蓬勃的貨幣化和商業化，可能大大有利於某些人，但相對地也使許多獨立小農成為依附農民。經濟的兩極化達到極致。雖然東晉維持了很長一段時間的穩定，但在420年東晉政權也被一位軍人推翻了。之後的南朝，皆是由雄心勃勃的將軍所建立，但都維持不久。而這些軍人的家族，卻經常互相猜疑、對立而四分五裂。舉例來說，宋朝（454-465）孝武帝的28個兒子，沒有一個是自然死去的，全部都是兄弟相殘。在454年，流行著一首歌謠：「先是子弒父，後是弟弒兄。」這首歌謠表達了這些家族內部的衝突及這種極無道德的行為。[12]

　　這並不意外，因為南朝幾乎沒有身分認同感的概念，或者我們也能

---

[9] Liu Shufen, "Jiankang and the Commercial Empire of the Southern Dynasties: Change and Continuity in Medieval Chinese Economic History," in Pearce et al., *Culture and Power*, pp. 35 and 254n2.

[10] B. Ward-Perkins, *The Fall of Rome and the End of Civilization* (Oxford University Press, 2005), p. 87.

[11] 僧祐（公元 435-518），《弘明集》（珍藏版）（臺北：臺灣中華書局，1983 年），結語，14.9b。在這裡，夏和華譯為「中國」，而戎和夷譯為「蠻族」。

[12] 魏收，《魏蜀》（北魏的朝代史）（公元 554 年）（北京：中華書局，1974 年），97.2142。

稱它爲國家認同感。例如，六世紀中期，儘管南朝擁有卓越的文化，南方的作家認爲北方的作品是驢鳴狗吠、一文不值。諷刺的是，在某些方面來說，北方的外族政權可能更能保存住傳統的儒家思想。[13] 南朝在548到552年經歷了一次毀滅性的大動亂之後，再也無法恢復元氣，最終被北方政權統一。

北魏（中國北方，公元386-534年）

四世紀的動亂之後，中國北方開始穩定下來。最具影響力的外族爲鮮卑族，尤其是鮮卑族的分支——拓跋氏。[14] 一般認爲鮮卑族起源於現今的滿洲地區。拓跋鮮卑的家鄉位於滿洲以西，也就是現在的內蒙古東北部境地。然而，學者並不清楚鮮卑族的起源。他們的母語（已不復存在）介於土耳其語和蒙古語系之間，屬於烏拉爾—阿爾泰語系。到了二世紀晚期，拓跋鮮卑已經在丘陵草原地帶建立了他們的政權。從黃河最北的河灣，一路向東延伸到現今北京北部。漢武帝建立了堡壘和農業殖民地，致力於將這塊領地納入漢朝的國土範圍，但是到了三世紀，許多地方官撤離。在這段時間，鮮卑拓跋逐漸漢化。

261年，拓跋氏領袖——猗盧，派他兒子去北方朝廷，隨著西晉政權因爲內戰而逐漸瓦解，屬於半個游牧民族的拓跋氏獲得皇室家族其中一個派系的推崇，作爲軍事上的盟國援軍。西晉請封猗盧爲代公以做報答。315年則進封爲代王（代國爲中原上一個的行政區）。在西晉衰落之後，拓跋鮮卑也被征服，四世紀時，併入北方的外族。386年，拓跋鮮卑在一場部落聚會（靠近現今內蒙古的呼和浩特市）後，恢復了獨立。拓跋的統治者——拓跋珪，迅速將自身頭銜從君王晉升爲皇帝，

---

[13] 庾信（513-581），在張鷟（八世紀初），朝野僉載：記錄著國家和法律。被保存在《太平廣記》（太平天國時期的大量記載）（公元978）（北京：中華書局，1981），198.1483。

[14] C. Holcombe, "The Xianbei in Chinese History," *Early Medieval China*, 19 (2013): 1-38.

並在同年改國號爲魏（中國著名的州名），也就是歷史上的北魏（386-534）。

398年，半游牧民族的北魏皇帝——拓跋珪，定都在今陝西省北部大同市附近，並開始在這發展農業。在這當中，北魏大量利用了被俘虜來的勞工，將他們安置在首都附近。根據記載，在五世紀中期，就有超過一百萬人被迫遷居。其中包含中國人、鮮卑族其餘分部、匈奴人和現今北韓地區的人等等。透過大規模不斷的遷移、重組，促進民族大融合，形成一個更具凝聚力的北魏。

439年，北魏完成北方的統一。即便如此，北魏鮮卑族的特性仍相當強烈。放牧依然是北魏經濟的主要來源，根據文獻記載就有好幾百萬頭的牛、羊、馬和駱駝。直到五世紀，狩獵（通常爲獵鷹）成爲北魏貴族最喜愛的休閒活動，且具有經濟意義。415年，北魏發生了嚴重旱災，因此有人建議把首都南遷至中國的重心。然而，也有人反駁說：只要拓跋鮮卑待在北方，中國人就會認爲他們有大量的戰士。假如遷至南方，那他們眞實的軍況就會暴露，因此繼續留在北方會是更好的選擇，必要時可以迅速攻打南方，而他們在看到一片因馬蹄揚起的漫天沙塵後，就只會顫抖並屈服。

443年，北魏派一名特使到一座新發現的「原始」拓跋鮮卑祖先廟祭拜。這座廟位於內蒙古東北部的一個洞穴裡，不管此廟是否眞的爲鮮卑的祖廟，洞穴的牆壁上刻著紀念文，而這些文字也記錄在王家的歷史中。1980年考古學家發現了這個洞穴，牆上完整記載了五世紀的銘文。這個發現證實了傳統歷史記述，但這些資訊仍是有限的。新發現的銘文和王家歷史的銘文，存在微小但有趣的差異，特別是原始的銘文用「可汗」來指稱早期拓跋鮮卑的首領（可能是現在已知最早的游牧名字），然而，王家歷史卻省略了這個稱呼。另一方面，雖然「可汗」在原始銘文裡是以中文字書寫，但「可汗」並非中文字，而這個差異也說明了，北魏其實並沒有像正史裡（推測也許是中國作家寫的）寫的那麼

圖3.1 北魏赤陶騎兵像（五到六世紀），於巴黎吉美亞洲藝術博物館。Erich Lessing/
Art Resource, New York

「中國化」。

五世紀中期以前，北魏皇帝皆以鮮卑族的方式治理北方。不僅沒有
自視爲中國正統王朝的繼承人，也沒有表現出想要征服仍獨立的南方，
統一整個中國。再者，大多數北魏高官也非中原人。[15] 然而，494年，

---

[15] J. Holmgren, "The Composition of the Early Wei Bureaucratic Elite as Background to the Emperor
Kao-tsu's Reforms (423-490 AD)," *Journal of Asian History 27* (1993): 115-116.

北魏把首都南遷到早期受中原皇朝鍾愛的首都——洛陽之前，在馮太后和孝文帝（471-500）的帶領下，朝廷開始頒布措施，使得北魏變得更中國化。其中包含建孔廟，並在特定節日祭拜孔子，改漢姓（例如，非中國姓氏的拓跋改成元），並強制朝臣使用中文。這大概不是中原文化比較高等或有吸引力，而是爲了日後征服南方、統一中國所鋪的路。

在此期間實施的新政策之一爲「均田制」，即爲按照人數授給田地。這個重要的土地制度大約從485年持續到780年，甚至也對早期日本留下深遠的影響，而這也是北魏政府，早期在經濟管理上較爲成功的例子。然而，儘管借鑑了中國古代儒家的平等主義思想，北魏的均田制傾向於鮮卑族的做法。半游牧民族的鮮卑族認爲農耕仍屬於較基礎、卑微的職業，因此他們就把被俘虜的勞工投入農田耕作。就連不完善的均田制，也能如此實施的原因是，戰爭導致四、五世紀的北方人口混亂，且留下大片的無人區。儘管均田制在歷史上占有一席之地，但其實算歷來中國經濟模式的異常現象，反而南朝當時的私人商業發展，更符合中國長期以來的經濟模式。

即使北魏將首都重遷至洛陽，許多鮮卑人還是無法讀懂中文，因此認爲有必要把儒家經典——《孝經》翻成鮮卑語。據記載，這段時間有許多書都是以鮮卑文寫成（雖然今日只剩少許中文抄本存在）。北魏皇帝要求穿中國服飾，也明顯沒起到好效果。相反地，中原男性把鮮卑族的短衣、長褲和靴子，當作穿著的新選擇。[16]

然而，拓跋鮮卑族人也和中原人一樣，把自己想像成古代神話中黃帝的後代或其他傳奇人物。北魏幾乎漢化成中原的朝代，經典中國故事——花木蘭（曾改編成現代迪士尼動畫電影）極有可能爲北魏時期的作品。北魏王朝不僅被認爲是正統中國王朝的唯一合法政權繼承者，

---

[16] K. A. Lingley, "Naturalizing the Exotic: On the Changing Meaning of Ethnic Dress in Medieval China," *Ars Orientalis*, 38 (2010): 50-80.

甚至是天命。589年中國完成統一之後，七世紀的一位歷史學家甚至寫道，中國的道在中國分裂時期仍沒有消失，是因爲北魏孝文帝所做的努力。[17] 601年，拓跋酋長第七代子孫協助編撰了一本名爲《切韻》的韻書，而此書影響了後來中文字的讀音。有趣的是，拓跋鮮卑部落的名字——拓跋，透過突厥語的變體發音，後來甚至成爲中國在中亞的名稱。

南遷的鮮卑族和原先的南方人，組成一個新的體系，那些留在北方的人卻沒有。北魏的軍力仍以鮮卑族的騎兵部隊爲主，特別是那些駐紮在黃河北部河灣的六個軍鎮。這些駐軍負責戈壁沙漠南方草原的作戰，也就是游牧民族可能襲擊的地方。可惜好景不常，這些駐軍覺得他們被朝廷遺忘。524年發生六鎮之亂，北魏最終在534年分裂成東魏和西魏，而這兩個朝代不久後也被篡位。

此後的政府開始抵制先前北魏後期實施的漢化政策，打算恢復鮮卑族的文化及身分，而也恢復了鮮卑名字。六世紀中期，有些中國人甚至改用鮮卑名字並學習鮮卑文。然而此時西北方的政權，某部分因爲鮮卑士兵較少，也努力地將中原人納入軍隊。另外，可能因爲此王朝的地理位置，剛好和古代的周和秦相同，他們便開始重新採用古代周朝的想法和標準。此王朝在不斷地篡位、交替政權之後，589年，位於西北部的這個王朝（今稱作隋朝）最終統一了中國。

國際菁英文化

「六世紀的中國最顯著的特色爲文化多樣性」。[18] 直到570年，中國北方的統治者、大多數軍人及軍隊指揮官身分皆爲鮮卑族。這些外族

---

[17] 王通（大約584-617），《文中子中說》（Master Wenzhong's [i.e., Wang Tong's] Discourses on the Mean）（臺北：臺灣中華書局，1965），4.3a。

[18] A. F. Wright, "The Sui Dynasty (581-617)," in *The Cambridge History of China, vol. III. Sui and T'ang China, 589-906, Part 1*, ed. D. Twitchett (Cambridge University Press, 1979), p. 49.

戰士有時會嚴重貶低中原農夫和平民百姓，稱呼他們為「漢族狗」。[19]
然而與此同時，卻也有許多鮮卑人吸取相當多的中原文化了。六世紀中
期，東北部實力強大的軍閥——高歡（496-547）著名的故事。他呼籲
他的鮮卑族戰士要把漢人視為有用途的僕役，因此不該虐待他們。同
時，他也跟中原人說鮮卑族會保護他們，因此中原人應該心甘情願地給
鮮卑將士吃穿才對。有趣的是，我們也不清楚，高歡到底是鮮卑人還是
中原人。

根據記載，一位中原東部的侍御史，後來被流放到鄂爾多斯沙漠北
部邊境，而高歡是他的孫子。然而經過了兩代，高歡卻在文化上認為自
己是鮮卑族（雖然他中文和鮮卑文都很流利）。因此一些現代學者認
為，他主張自己是中原後裔肯定是捏造的。雖然這種推測也許沒錯，但
高歡也有可能真的是中原後裔（雖然可能不是像他所宣稱的，那麼傑出
的家庭）。無論如何，當時大家一定都相信他所說，可是最後卻沒有證
據能證明，而他的真實身分至今仍是很重要的爭論點。

這個時代是個文化大熔爐。早在三世紀時，採用外來品像是所謂的
胡床（一種早期的折疊椅）和烹飪技術，已經成為富裕家庭的時尚，
有些外來品甚至來自離中國很遠的地方。後來在一名鎮地指揮官（死
於569年中國西北部〔今寧夏〕）的墳墓裡，發現了一個明顯是在現今
阿富汗製造的銀色水壺；水壺是波斯風格，而且還畫著特洛伊戰爭時的
場景。[20]

中國分裂時期，雖然南方仍是由漢人統治，並努力拓展和外界的接
觸，但仍是人口混雜地區。舉例來說，根據記載，六世紀的南朝時常有
外國特使來訪。這些特使除了來自地緣接近的朝鮮半島，還有東南亞、

---

[19] 李百藥（公元 565-648 年），《北齊書》（北京：中華書局，1972 年），50.693。

[20] A. L. Juliano and J. A. Lerner, eds., *Monks and Merchants: Silk Road Treasures from Northwest China, Gansu and Ningxia, 4th-7th Century* (New York: Harry N. Abrams, 2001), pp. 98-100.

印度、波斯和中亞。有些學者甚至認爲，南朝幾個特定皇帝墓碑上的石柱，深受著希臘的影響。

如果中國在分裂時期對外來文化相當開放，且當中又有幾個來自很遠的地區，這剛好造就了某些重要文化特徵傳入東亞，並促使東亞東亞化。同一時期，一個相對普遍的菁英文化散播到東亞，至現今的中國、韓國、日本和北越。某方面來說，跟各自領地附近的農民相比，這些東亞貴族之間的共通點更多。佛教也是這些新興東亞文化之一，而佛教也成爲東亞與世界的聯繫。

佛教來到東亞

印度起源

佛教是世界第一個有影響力的宗教。在中國政治分歧最嚴重的幾個世紀，南亞、中亞、東亞和部分東南亞因爲共同的信仰——佛教，而聯合起來。佛教起源於南亞，歷史上的佛陀（開明之人）——釋迦牟尼，同時也稱爲「釋迦族的聖人」。釋迦牟尼出生於公元前六世紀左右，現今尼泊爾附近。某天他突然悟出一個道理：「雖然物質存在的範圍是無窮無盡地（印度人稱作**生死循環**），但沒有任何東西是永恆的，同時這些物質的存在也不是爲了更高的目的。」回到宗教常見問題：「生命的意義是什麼？」釋迦牟尼的答案是，人生其實沒什麼特別意義，人死掉之後，就算投胎，此生的身分也不會繼續傳遞下去，反而會分散，再組合新的身分。事物一直在變，而這些變化也沒有特定方向。全部的事情皆有它的前因後果。也就是說，個人生前的行爲會導致後面的後果。因此，存在最終是空洞、毫無意義的，眞正開明則是脫離這種悲慘的無限循環。

　　這個頓悟使釋迦牟尼開始傳達他第一個教誨。他歸類出四聖諦。第一聖諦是苦諦──一切生存是苦。第二聖諦是集諦──集是有關苦的原因。第三聖諦是滅諦──消滅這些痛苦的方法，就是要斷開這一切依賴和慾望。而第四聖諦則解釋了如何破解苦集──修行八正道。如果成功斷開這四聖諦，那最終即可終止轉世，得到解脫。

　　雖然四聖諦代表了佛教教義的核心，但在中國佛教中並沒有特別強調。中國人對佛教的基本認知最常見的說法就是：「苦海無涯，回頭是岸。」意思就是，雖然生命的苦難沒有盡頭，但是只要一頓悟道理即能得到解脫。此外，對許多中國和其他東亞佛教徒來說，最可能得到救贖的方法，不是在人生的道路上，突然不再有慾望或豁然頓悟，而是透過信仰──求助於菩薩（一個看破紅塵的人，立誓要為眾生利益不入涅槃），往生後就可能上天堂。這些菩薩中最重要的菩薩是阿彌陀佛，又名無量光佛、無量壽佛，祂發誓，任何人若以真誠的心求助於祂，便能在西方淨土中重生。東亞佛教主要信仰大乘佛教，立誓要讓眾生得到救贖，信奉釋迦牟尼和菩薩為神明，首要的目標為在西方極樂重生而非在**涅槃**中結束輪迴。

　　如果大乘佛教看似與佛陀原本所頓悟的道理有極大的不同，那麼必須強調，我們很難確定最原始的佛教是什麼。因為早期並無可靠的紀錄，再加上後續有許多不同種類的佛教出現，佛教很快就變得複雜和精密，不容易簡單歸納。舉例來說，現代標準版本的中文佛經收錄了2,184個不同的完整文本，而這只是現存三大體系之一（另外兩個分別是藏語和巴利語），其餘大多數文本都已失傳。

　　佛教最早可能出現在印度東北部的恆河流域，但到了公元前三世紀，南亞遍布了許多佛教徒。從南方的斯里蘭卡到西北方的犍馱邏國（今巴基斯坦和阿富汗）。與此同時，亞歷山大大帝也把希臘人帶進犍馱邏國。公元前160年左右，據說該區域的一個希臘國王──米南德，後來皈依了佛教，促進了希臘、波斯和印度文化的融合。而絲路主要貿

易路線也經過這裡，這些文化和藝術也往東影響到中國。

　　早在公元前兩世紀，印度開始出現石窟庵，即印度聖人修練苦行的地方。公元前一世紀，犍馱邏國出現佛陀的造像。佛教圖像和洞穴寺廟也從這傳播到中國和東亞。中國北方有一百二十多座洞穴寺廟，而最古老的能追朔到五世紀。這種洞穴寺廟風格也傳到韓國東部，可以明顯看出佛教文化影響了整個阿富汗到韓國地區。世界最大的佛教雕像（直到2001年被塔利班政權摧毀）是六世紀左右的阿富汗巴米揚。中國最完善的佛教石窟位於雲岡，靠近北魏首都（今大同），主要建造於460年到494年。雲岡石窟包含51,000座佛像，而最大的一座大約有17公尺高。

圖3.2　北魏（460-494）雲岡石窟第20窟大佛，位於中國大同市。Werner Forman/Art Resource, New York

雖然佛教整合大半亞洲地區，建立了單一信仰，但各地區之間仍存在明顯的差異。例如，風行一時的洞穴寺廟並沒有傳播到日本，中國南方也相當罕見。寶塔是融合古代漢朝中國塔和印度宗教的佛教建築，五世紀時，寶塔成熟於中國且富有東亞風格。[21]中國寶塔的特色是以磚石建成，日本寶塔是用木頭，而韓國則是以石頭寶塔著名。

隨著佛教傳入，中國也出現另一個本土宗教──道教，道教和佛教以複雜的方式相互影響。道教吸收更多中國古代思想，像是長生不老、陰曹地府、老子的經典文本和神化畫像、寺廟、神諭和道士，但道教經典發展較晚。到了五世紀，許多道教經文明顯都是以佛經爲原型，像「重生」這種原本不相容的佛教思想，也會修改成符合道教教義。[22]同時，中國佛教也發生改變。

佛教傳播到中國

佛教沿著中亞貿易路線和東南亞海上貿易路線傳入中國。印度婆羅門教的教義禁止出海，但佛教觀世音菩薩成爲旅行者的守護神，提供古代商人面對遠航危險的勇氣。可能是這個原因，許多早期的印度商人都是佛教徒，而佛教僧侶也常與他們同行。

中國很完美地將佛教修改、轉變成符合當地文化的宗教。舉例來說，印度神──千手觀音經常被描繪成女性形象，又稱作大悲觀音（日文叫做Kannon，韓文叫做Kwanŭm）。中國女性經常向觀音祈禱，希望祂能保佑她們生個男孩子。多年後，西藏受尊敬的佛教領袖──達賴喇嘛（可追溯至1578年）被視爲千手觀音的化身。西藏人稱他爲Chenrezig。

---

[21] A. E. Dien, *Six Dynasties Civilization* (New Haven, CT: Yale University Press, 2007), pp. 71-75; M. E. Lewis, *China between Empires: The Northern and Southern Dynasties* (Cambridge, MA: Harvard University Press, 2009), p. 105.

[22] Lewis, *China between Empires*, pp. 196-204; S. R. Bokenkamp, *Ancestors and Anxiety: Daoism and the Birth of Rebirth in China* (Berkeley: University of California Press, 2007), pp. 171-172, 182.

　　一世紀初期，佛教已經傳到中國，但是佛教起初在中國並沒有得到重視。雖然先前的本土信仰有許多不同的聖靈，也認為不需要抗拒外來的神明。但是早期的佛僧行為舉止非常古怪，像是光著腳乞討、剃光頭，穿著橙黃色的僧袍並露出右肩。最重要的是，佛教教義「從這充滿苦難的世界中脫離」，這點和樂觀的中國傳統思維（積極參與）相悖。儒家的理想是為家庭、社區和國家服務，而佛教所推崇的是成為一個禁慾的佛僧，離開家庭和社會，兩者大相逕庭。因此，這也是佛教在中國扎根非常緩慢的原因。直到三世紀，才有第一位中國人被任命為佛僧。佛教剛傳播到中國後的300年，都不太為中國人所接受。

　　直到四世紀，中國北方的政權瓦解以及大規模的民族文化變遷，佛教才漸漸被部分大眾所接受。佛教之所以產生吸引力是因為佛教教義所說的——創造奇蹟。例如，四世紀早期，傳說中國南方一位印度傳教士用一些技倆成功吸引住觀眾，像是用刀子把自己的舌頭割掉之後再接回去，或是把紙張燒掉，再將其完好無缺地從灰燼中拿出來。另外也有一位偉大的高僧——佛圖澄（卒於348年），310年從西域來到洛陽，恰巧見到洛陽落入外族的手裡。他擅長神通，能背誦超自然的咒文，還能役使鬼神，甚至把芝麻油和胭脂混合塗抹在掌心上，便能透過手掌看到千里之外的事情，彷彿事物就在眼前。[23]佛圖澄曾向一位十六國王朝的指揮官展現自己的技能。他將手上的乞討碗裝滿了水，焚香並說了祈禱文之後，碗裡奇蹟地綻放出藍色的蓮花。由於如此優秀的能力，王朝非常歡迎佛圖澄，甚至在做決策之前，也會先參考佛圖澄的意見。

　　有人說北魏的皇帝反而比較能接受佛教，因為佛教就跟他們一樣都是外來文化，事實上，文獻也有記載，至少一位北魏皇帝也這樣認為。可是，儘管如此，中國歷史中，對佛教進行了四次大規模清洗，其中有兩次，分別在五和六世紀，皆由北朝外族皇帝發起，而在此期間，本土

---

23 慧皎，《高僧傳》（著名僧侶傳記）（約 530 年）（臺北：彙文堂，1987），10.240。

南朝皇帝卻一次也沒有。中國北方實施佛教清洗的政策，其中一個動機可能是爲了證明，自己有作爲中國正統皇帝的資格。除此之外，政府對僧侶的監督和管理（四世紀末和五世紀初）也是始於北方，而且北朝對佛教的控管比南朝還更爲嚴密。與此同時，在中國南方，因爲哲學的深奧以及爲了有能力參與四世紀一些傑出佛僧的對話，使得佛教開始受到尊重。自此，佛教便在整個中國開始蓬勃發展。

與中世紀歐洲不同的是，中國政府很早便有權利管理宗教，且擁有國家優於宗教的原則。然而，近代中國卻沒有任何官方教會（極少數的例外除外）。政府首先限制能免稅的宗教數量，以用來抑制潛在的宗教叛亂者。除此之外，政府能接受不同的宗教信仰。近代中國人擁有相當程度的信仰自由。也因爲這個原因，儘管佛教在中國鼎盛時期大受歡迎，但中國從來都不是單一的佛教國家。

印度佛教徒將不停輪迴視爲一種詛咒，**涅槃**則爲從輪迴中得到解脫。諷刺的是，在中國，這些印度思想（轉世、重生）似乎是暗指能得到永生，對許多中國人來說反而具吸引力。輪迴的思想同時也解釋了：「爲什麼壞事還是會發生在好人身上？」因爲他們的善行要在下一世才會得到回報。中國的佛教徒相信，往生之後，人可能會下地獄去受罰（閻王——地獄的主宰，專門審判惡者）、成爲餓死鬼永遠徘徊在人間、轉世成動物或人、進入天堂（譬如西方極樂世界）或是重生爲一種叫做**阿修羅**的惡魔。

佛教從印度傳播到中國後轉變很大，但這並不意外。因爲中國和印度不僅文化差異大，印度的語言（佛教首先生成的地方）和中文也有著巨大的不同。好幾世紀以來，中國佛教徒的首要之事就是翻譯。早期，中國西北地區（今新疆）在佛教傳播過程中扮演了重要的角色。許多早期的佛教譯者並非印度人，而是中亞人，其中有很多皆來自新疆。

新疆絕對可以稱作歐亞大陸的要道。[24] 絲路的主要貿易路線以新疆爲中心，橫跨了塔里木盆地沙漠的南、北部。雖然新疆早在公元前二世紀就被中國皇朝統治，但只是偶爾會被納入中國版圖而已。新疆長期皆維持著非中國的文化及人口。舉例來說，龜茲國（今新疆庫車縣）位於絲綢之路北部的宜人之地，一直到九世紀晚期，當地人都說印歐語言——吐火羅語。

早期其中一位偉大的佛教譯者——鳩摩羅什（344-413）。出生於龜茲國，據說鳩摩羅什的爸爸爲印度人，媽媽爲龜茲人。小時候，他會跟媽媽到印度的查謨和喀什米爾旅行，學習各種語言。384年，十六國其中一個王朝出兵討伐龜茲國，並俘虜了鳩羅摩什。據說在從龜茲國的回程中，戰勝的將軍需要兩萬隻駱駝載他的戰利品。最終，佛教高僧鳩羅摩什也被帶了回來，定居在舊漢朝首都——長安。鳩摩羅什在這組建了一支800位學者的團隊，並開始著手進行翻譯，他花在翻譯上的精力比其他項目還多，好讓中國人能順利讀懂印度經文，但即使是才華橫溢的鳩摩羅什，也感嘆有很多印度原文在翻譯成中文之後，就失去了本意。

隨著時間過去，許多中國人爲了朝聖，前往印度本土或其他西方地區研讀佛教的根本。早期最有名的就是法顯，399到412年之間，他行遍了整個南亞，並記錄下所見所聞，到了印度後，也跨不過語言障礙的難關。但事實上，很難不用中文來翻譯（或至少解釋）印度觀念，因此就會無可避免地參雜中國思想在當中。舉例來說，中國早期一位佛學家——牟子（生於二世紀晚期），曾被問到：「爲什麼他用儒家思想去回答關於佛教的問題？」牟子回答：「如果我用佛經裡的話回答，就如同

---

24 見 J. A. Millward, *Eurasian Crossroads: A History of Xinjiang* (New York: Columbia University Press, 2007)。

於我對盲人描述五種顏色，或是對聾人彈奏五個聲音。」[25]

　　佛教教義必須透過中文文字和思想來潤飾。雖然牟子引用了儒家的道義，而大多數的中國佛教徒，也都十分努力地強調佛教和儒學之間的兼容性，但從長遠看，道教術語反而在翻譯印度佛教思想及中文譯文塑造上最具影響力。例如，**涅槃**，中文有時會翻譯成「無為」──老子哲學裡最重要的觀念。有人說淨土宗的一本契經標題上寫著──自然就能長壽（《無量壽經》），這和道教所追求的永生相違背，也與印度人所追求涅槃（不生不滅）的觀念不一致。

　　中國北方僧人曇鸞（476-542），他所提出的理論與修行方法，成為後世淨土宗的根基。曇鸞在中國南方的茅山尋找道教裡永生的方法，他在那裡獲得了《仙經》十卷。但據稱，曇鸞回北魏首都的途中，遇到一位印度僧人，這位印度僧人將《觀無量壽經》贈與曇鸞。而「自然長壽」或「永生」是對阿彌陀佛的另一種稱呼。這個故事很好地描繪了北方和南方、中國人和非中國人、佛教和道教之間相互作用的複雜形式，同時也描繪了這時代四海一家的特性。

　　中國佛教發展的轉捩點是五世紀普及的觀念──認為一切眾生皆有佛性。因此，救贖的關鍵在每個事物中早已存在。《妙法蓮華經》或簡稱《法華經》，對中國佛教徒來說特別重要。這本經書的來歷不明，但據稱《法華經》裡記載了佛陀在實現涅槃前，在靈鷲山宣揚他最後的講道──佛陀解釋了為什麼先前他說涅槃並非完全真實，而只是一個權宜之計，是為了振奮聆聽者的意識。最終的真理是涅槃並不代表真正消滅，因為佛性早已存在於每個地方，我們所需的就是找到心中的佛性即能得到救贖。

　　到了六世紀，許多不同形式的中國佛教開始出現。這在印度是沒有

---

[25] 牟子的〈理惑論〉（如何解決問題），《弘明集》，1.9b。

先例的。除此之外，大約三分之一的中國佛教經文作者不詳，代表說，這些是中國自己原始的經文，而非是印度文本的翻譯。[26] 換句話說，佛教已漸漸中國化了。

當然，大部分的教徒不會特別去在意教條的區別。在天堂重生、在地獄受苦和因果報應（善行和惡行最後都會得到相應的回報），開始激起大眾的熱忱。透過公開講道，先講經文的片段，後以散文跟詩學解釋，佛教最終普及於民間。為了增加吸引力，講道者大多會著重於故事的娛樂價值。一位著名的法師講道時，會用鈴聲吸引觀眾，每個被吸引來的人都會花少量香火錢。當僧侶在台上舉起如意杖——中國式的權杖，講道就會開始。

雖然佛教傳入後中國化，但同時佛教也對中國帶來很大的影響。佛教在中國發展的時期，對中國藝術（尤其是雕像藝術）產生了深遠的影響。佛寺和寶塔成為中國和東亞的景觀特徵，佛教豐富了中國文學，像是傳入神話、寓言及印度讚歌這些東西。佛教所引入的印度語書寫系統，可能有助於中文字的發音（結合兩個注音符號）及分析中文聲調。中國分裂時期，人們從跪坐變成盤腿坐，很明顯是受佛教的影響。同時，椅子也在這個時期從西北引進中國。因為佛教厭惡殺生，所以中國古代活祭動物的傳統儀式也停止。甚至有段時間中國人十分流行採用梵文或其他佛教名字，舉例來說，一位307年登基的中國皇帝，童年的名字是Śramaṇa（梵語的「僧侶」）、一位六世紀的男人自稱是菩薩、另一個人自稱是阿羅漢——梵語的聖人、六世紀的一位北魏開國皇帝則自稱Dhāraṇī（梵語為「神奇的詩」）。除此之外，還有很多人把「僧」這個字加進自己的名字中。

中國分裂晚期，中國已有數以千計座佛寺，據稱也有好幾百萬個僧

---

[26] 來自 P. L. Swanson, *The Foundations of T'ien-T'ai Philosophy: The Flowering of the Two Truths Theory in Chinese Buddhism* (Berkeley, CA: Asian Humanities Press, 1989), p. 44。

侶及尼姑。六世紀，一位虔誠的南朝皇帝捨身出家四次，使得他的臣子每次都不得不用大量贖金把他贖回來。雖然有點誇張，但當時有人抱怨整個王朝，幾乎已經失去大半的人口，因為都跑去寺院了。[27]到了六世紀晚期，據說佛經抄本的數量甚至已經超越儒家的四書五經。舉最後一個六世紀佛教在中國普及化的例子，589年，統一整個中國的偉大皇帝──楊堅（541-604），出生在一座佛寺裡，而且因為楊堅是尼姑所帶大，尼姑給他取了個梵文名字。

佛教和東亞誕生

佛教從中國傳到韓國及日本（即使中國當時處於分裂狀態，只能算是佛教世界中一個較大的地區）。372年，中國北方王朝派遣一位僧侶（韓文稱作Sundo；中文稱作「順道」）將佛教傳進韓國最北的高句麗王國。384年，南朝王朝也派遣一位西域僧侶，將佛教引進了韓國西南部的百濟國。儘管早期東亞的佛教較國際化，但在佛教傳播的過程中，也漸漸受到中國文化的影響。例如541年，中國南朝不只給百濟國佛經抄本，還派遣醫生、工匠、畫家和《詩經》行家到百濟國。最重要的是，從中國傳入韓國和日本的佛經是中文的翻譯版本，因此中文字也順勢傳進韓國及日本了。

在韓國，佛教花了一段時間才從貴族階層普及到一般民眾。舉例來說，百濟國裡有名的佛寺遺址，皆聚集在首都周圍，而非王國較偏遠的地區。同時，佛教也從韓國（特別是百濟國）傳入日本。

日本最早的佛寺是以韓式風格建造，早期韓國僧侶扮演很重要的角色。例如，596年建造完成的法興寺──又稱作飛鳥寺，是由百濟國的工匠和僧侶打造的。623年時，日本最初的官方僧正是一位從韓國移民來的僧侶。雖然不能確定佛教是何時傳進日本，但基本上認為是552年

---

[27] 李延壽，《南史》（公元629年）（北京：中華書局，1975），70.1721-1722。

或538年。日本最早的歷史裡描述了552年時，一場朝臣間的辯論——
「是否要完全地接受佛教？」其中一位大臣說道：「所有西方國家皆崇
敬佛陀，日本也應該加入。」同時，也有人認爲：「如果日本開始信奉
外國的神，那我們可能會遭受本土神的懲罰。」[28]

　　這本歷史書直到720年才開始編纂，離事件發生已經很長一段時
間，再加上書中描述可能帶有主觀意識，因此不能盡信。然而，毫無疑
問的是，這幾世紀佛教影響了各大陸並橫掃了日本，雖然是韓國帶起的
影響，但終究是源於東亞。除了東亞，七、八世紀的日本藝術有一定程
度也受印度、波斯，甚至是地中海區域的影響。據稱752年，在日本舉
辦的開眼法會（鑄造了世界最大的金銅佛像）是一名印度人主持的。

　　早期的日本佛教也保留了本土文化。舉例來說，許多六世紀的日本
佛學專家都是未婚的年輕女性。反映了佛教傳入前，日本巫女傳統儀
式。另外，許多早期的日本佛寺也爲氏族寺廟（氏寺）。這反映了在佛
教傳入之前，氏族對日本社會及宗教的重要性。而且，許多日本神道也
被日本佛教所吸收，這種現象在佛教傳入的地方相當常見，印度就是
首例。

　　據記載，到了623年，日本已有46座佛寺，且全都聚集在首都附
近。隨著日本進入八世紀，新王朝政府開始大力在全國推廣佛教。舉例
來說，741年，日本中央政府下令，在每個省各建造一座佛寺和女修道
院。日本幾乎成爲一個完全的佛教國家。某種程度上，可以說最終甚至
比中國或韓國還更加佛教化。然而儘管佛教在早期即引進日本，加上佛
教在日本的活躍程度之大，還是有人認爲直到十五世紀晚期，佛教才終
於普及到一般平民百姓的生活中，例如葬禮和供奉祖先開始採用佛教方
式舉行。

---

[28] W. G. Aston, trans., *Nihongi: Chronicles of Japan from the Earliest Times to A.D . 697* (Rutland, VT:
Charles E. Tuttle, [1896] 1972), vol. II, pp. 66-67.

▌韓國王朝的興起

韓國早期（公元前2000年至公元313年）

到了七世紀，佛教已經穩穩地扎根在日本，而中國也結束分裂的局面。中國分裂的時代恰逢是韓國及日本新時代的來臨，同時也是東亞地區文化第一次串連在一起。然而，早在這之前，人類已經在韓國半島和日本島嶼居住了數千年，兩個國家皆擁有漫長又富有文化的史前時代。舉例來說，早在公元前10,000年，韓國半島就發明了陶器。

韓國的巨石文化建築不禁讓人聯想到公元前2000年，史前時代歐洲的支石墓。韓國北方的支石墓，一般是由一塊重達數噸的岩石蓋板，平放在四個直立的支石上，形似一個石桌。有些支石墓非常大。雖然南方支石墓和埋葬有關，且沒有在下面支撐的巨大支石，但桌型石墓的用途不明。估計韓國的支石墓總數高達十萬。[29] 雖然在朝鮮半島以外的鄰近地區，也能找到支石墓，但大部分還是聚集在韓國，顯然這些支石墓是在韓國當地發展的。

公元前一千年，種植水稻和青銅製鐵技術傳到史前時代的韓國。水稻種植技術可能起源於今中國南方，中國北方很少種水稻，主要糧食大多是小米（後來變小麥）。與此同時，青銅器雖然可能也是從中國北方傳來的，但是韓國的青銅器明顯和中國的青銅器不同，韓國是將之做成匕首和鏡子。因此，在許多方面，韓國晚期的史前文化和中原文化有所不同。韓國有時會被視為從滿洲延伸出的半島，且早期與滿洲密切相關。從熟鐵製作上可以看出，韓國可能更受到歐亞大草原的影響，因其與中國鑄鐵相反。

然而，關於韓國的第一筆書面紀錄也是來自中國，秦漢以前的紀錄

---

[29] S. M. Nelson, *The archaeology of Korea* (Cambridge University Press, 1993), p. 147.

不多。一位滿洲東南部燕國（漢朝周圍一個政權不穩定的王朝）來的難民——衛滿，飛到韓國北部並在那建立了一個新王國（公元前195年）之後，才有些許對韓國的紀錄。衛滿的新王朝稱作朝鮮，居民有本地人和難民，這些難民比起漢人，他們更把自己視爲燕國人。三代以後，朝鮮和漢朝發生了爭執，於是在公元前108年，漢武帝侵略並征服了朝鮮。漢朝的鼎盛時期，大約北部一半的朝鮮半島，可能都直接併入了漢朝版圖。

中國至少統治了韓國北部的一部分400年，直到公元前三世紀晚期到四世紀初期。樂浪郡（韓文叫做Nangnang）爲中國主要統轄範圍，一個位於今平壤附近的行政區。從考古可以明顯看出，韓國本土文化與中原文化不同，但是漢朝在韓國的行政區，不再屬於外國統治的地區，反而可以看作漢朝多民族帝國的土地。在早期漢朝的統治之下，各地區當地文化和漢朝不同並不罕見。有人認爲直到漢朝，現今北京附近說的語言比起中文，可能更偏向朝鮮半島北部的語言。[30]

漢朝統治的韓國居民在文化上，仍與中國帝國都市的貴族不同，他們也尚未整合朝鮮民族。內部，他們仍維持多種不同的民族族群；而外部，朝鮮本土的邊界模糊不清。雖然作爲一個半島來說，韓國邊界是出自於大自然之手，現今韓國北方邊界沿著鴨綠江和圖們江，但在十五世紀之前，北方邊界仍模糊不清。一本具有影響力的韓國書籍（著作於1784年），仍認爲朝鮮半島只是從滿洲往南延伸、住有韓國人的半島。[31] 朝鮮半島南方，即使是到了海邊，也不一定就是國土邊境。天氣晴朗的日子，可以從韓國海岸看到日本的對馬島。三世紀時，這看起來是被水連在一起的區域，而非被水隔開的地方，最常見的場景就是人們

---

[30] 許倬雲（Xu Zhuoyun）和 K. M. Linduff，*Western Chou Civilization*（New Haven, CT: Yale University Press 1988），p. 201。

[31] 柳得恭（1748-1807）《渤海考》。

圖3.3　韓國（二世紀晚期至三世紀）鳥形瓷器，1997年Lila Acheson Wallace贈款購買。存於紐約大都會藝術博物館。© The Metropolitan Museum of Art/Art Resource, New York

在船上來回走動。[32]

三世紀中國史書——《三國志》描述了好幾個不同民族占領了現今韓國地區。扶餘族居住在朝鮮半島北部，滿洲中心。根據韓國傳說，扶餘族是高句麗人的祖先。高句麗在扶餘國南部（滿洲南部和朝鮮北部的漢朝管轄地區）崛起，到了四世紀早期，高句麗國已經完全取代在朝鮮半島北部的中國政府。據說高句麗是從扶餘國分支出來的，因此在語言和文化上，皆與扶餘國相似。高句麗東部沿海為沃沮部落。這個部落的語言和高句麗有些微不同。沃沮南部為濊貊民族，住在朝鮮半島的東海岸。朝鮮半島南部為非漢朝管轄區的三韓，儘管韓和漢發音相似，兩者的字完全不同。

三韓在語言和文化上可能為現今韓國人的祖先，因為最終將韓國統一的，就是三韓位在東南部的部落。然而三世紀的韓國仍處於分裂局面。三韓指的就是西南方的馬韓、位於中央的弁韓和東南方的辰韓。根據記載，辰韓和馬韓的語言不同。三世紀的馬韓有超過50個國家，這

---

[32] G. Ledyard, "Galloping Along with the Horseriders: Looking for the Founders of Japan," *Journal of Japanese Studies* 1, no. 2 (1975): 231.

些國家明顯為小型農業社區，散落在山脈與海洋之間，四周皆無城牆。據說最大的國家達上萬戶，而最小的國家僅幾千戶。弁韓和辰韓皆為人口不多的部落，各只有12個左右的國家。弁韓和辰韓人們會紋身，並用石頭把新生嬰兒的頭壓成狹窄的形狀，弁韓同時也是盛產鐵的部落。

北部的高句麗人為高地人，定居在崎嶇的山區且缺乏農業基礎。據說三世紀的高句麗人口總共有3萬戶。高句麗人好戰，騎著善於爬山的小馬。高句麗以築堡壘聞名，且它的首都一般結合了山上要塞與平原城市。高句麗的婚俗方式與典型的中國婚俗相反。在中國，新娘結婚後，會和丈夫的父母一起搬進新郎家。但據說在高句麗，成婚後反而是男方入住由女方家準備的婿屋（位於女方父母家後面），而新婚夫婦會持續住在那裡直到他們的小孩長大成人。

朝鮮三國時代（313-668）

高句麗（國土原先接合北部的鴨綠江）是韓國首個整合了領土的王國，也是朝鮮三國裡第一個形成的國家。據推測，公元32年，高句麗建國稱王。隨著漢朝逐漸衰落，高句麗在二世紀初期開始襲擊漢朝邊界。220年漢朝滅亡後，滿洲南部的政權就被崛起的鮮卑政權及高句麗王國取代了。

三世紀早期，鮮卑族的分支——慕容，可能從更遠的西邊遷入滿洲西南部。他們協助三國魏征服當地獨立中國軍閥，並建立慕容國。慕容前後共有五個國家，全部都稱作燕，據說最後一個政權——北燕是中國血統而非慕容氏，但文化上也受到鮮卑族的影響。儘管鮮卑慕容崛起，但直到353年，慕容首領才接受西晉和東晉封王，之後便繼續保持被中國統治、薄弱虛假的樣子。最終慕容首領自行稱帝，並在幾年後，慕容的前燕王朝（349-370）甚至征服並統治大多數中國東北方地區。

這些慕容鮮卑（也積極地和高句麗國交流，也曾經將高句麗變成

自身的附庸國。342年，慕容洗劫了高句麗的首都，並俘虜了至少5萬人。336年，一個叫做佟壽的男人，從滿洲南部慕容氏其中一個派系逃走，並逃奔至高句麗。他成了當地的知名人物。佟壽死於357年，並被埋葬在今北韓首都的西南方。他的墓碑很壯觀，有中文題字、中國頭銜、壁畫和新型的裝甲騎兵部隊。這個墓碑是個很好的例子，顯示這時期的複雜文化交流及身分模糊。佟壽可能是中國後裔，並且很顯然受到中國文化的影響，雖然佟壽大概是同時受幾種文化影響，因爲他的墳墓是高句麗風格，而他生前是慕容鮮卑族，同時也是高句麗國人民。[33]

慕容鮮卑最終被拓跋鮮卑所滅，而高句麗則漸漸從潰敗中恢復，變得更加強大。到了五世紀中期，十六國的混亂局面（304-439）轉爲東亞北部的兩大主要勢力——拓跋鮮卑統治中國北方的北魏，以及高句麗統治滿洲南部及朝鮮北部。兩者皆爲外族所建立的政權，雖然北魏的主要人口可能都爲中國人，但是這個時期的北魏和高句麗，吸收了大量的中國文化，幫助拓跋鮮卑政權成爲一個更名副其實的中國合法王朝，並間接幫助東亞國家崛起，最終延伸至朝鮮半島和日本。

372年，高句麗設立了一個學院，專門研讀中國經典。隔年高句麗頒布了第一個中國律令。427年，高句麗將首都從今滿洲的鴨綠江北部，遷移至今北韓的平壤附近。而這時期高句麗國的重心爲加強對朝鮮半島的統治。

根據韓國傳說，第二個朝鮮王國——百濟國是由高句麗創始者的兒子所創建。因此和高句麗一樣，聲稱皇室家族有扶餘族血統。百濟原先只是朝鮮西南部馬韓部落聯盟中五十四國之一，逐漸鞏固自身勢力，最

---

33 K. H. J. Gardiner, *The Early History of Korea: The Historical Development of the Peninsula up to the Introduction of Buddhism in the Fourth Century AD* (Honolulu: University of Hawai'i Press, 1969), pp. 40-42, 53-58. Hyung Il Pai, *Constructing "Korean" Origins: A Critical Review of Archaeology, Historiography, and Racial Myth in Korean State-Formation Theories* (Cambridge, MA: Harvard University Asia Center, 2000), pp. 196, 233-234.

終取代了馬韓部落。因此，推測馬韓族爲百濟國的主要人口，不管統治者是否眞的爲扶餘後裔。百濟國和中國王朝的首次接觸記載於372年。386年，百濟君王受中國王朝冊封爲「鎮東將軍」及「百濟王」。據說書面紀錄的習慣，也是始於四世紀中期的百濟國。五、六世紀，百濟和中國南朝的關係密不可分，因此百濟也成爲一個高度複雜中國式王朝。同時百濟和在日本崛起的國家，也建立了重要關係。

　　第三個朝鮮王國爲新羅，從一個位在辰韓地區，稱爲金城的小城市發展起來。新羅是朝鮮三國之中最遠也最慢成形的國家。直到503年，新羅首領才終於拋棄原有頭銜（如：實聖尼師今），並接受中國稱謂──「王」，同年定國號新羅。520年，新羅頒布第一道中國律令。

圖3.4　六世紀，新羅王朝，銀製皇冠。存於舊金山亞洲藝術博物館。Werner Forman/
Art Resource, New York

之後於535年左右，佛教的反對風浪終於平息，在新羅得到認可。545年，受王室要求，新羅開始修撰國史。

　　幾世紀以來，韓國向中國學習了國家建設的制度和技巧。儘管受中國文化傳播的影響，尤其在書寫方面。但需要強調的是，朝鮮三國皆依靠武士階級統治，相反的，中國為文人階級。再者，朝鮮三國傳統本

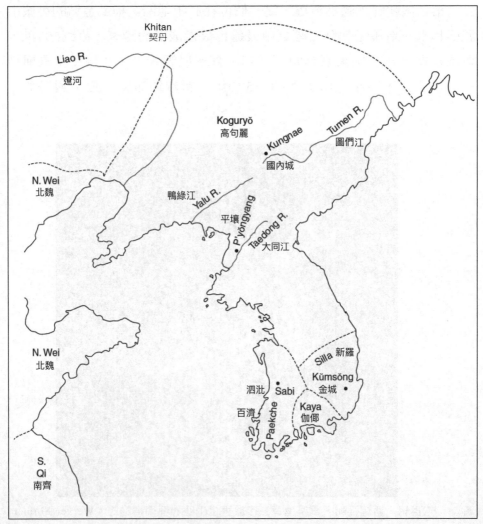

地圖3.2　約公元500年，韓國三國分布

土文化，在各方面也都有保存下來。例如，大多數高句麗人都繼續住簡陋的茅草屋，只有皇室宮殿、政府部門和佛寺是採用中國式的瓦磚屋頂建造，而且可能還有更深度的交流。五世紀，新羅的金冠與珠寶也說明了，新羅與北方高句麗國和鮮卑族有聯繫，而且還有和西伯利亞、阿富汗跟南亞沿海的交流。[34]

朝鮮三國早期除了與中國有明顯的不同外，彼此之間的語言及服裝也不一樣。舉例來說，三國皆有自己獨特的製陶文化。[35]四到七世紀間，三國的墓葬也有各自不同的地域特色。高句麗的石頭墓葬及壁畫、百濟的拱形磚墓、新羅為堆砌在石頭上的木製棺材。雖然彼此也有文化上的交流，可是三國也或多或少互有爭鬥。七世紀，三國最終統一成今日我們所熟知的韓國。

▌日本大和時代（300-645）

日本島嶼上發現了一些早期陶器。這些早期陶瓷代表了公元前11,000年左右，考古學家所稱的日本繩紋時代。「繩紋」在日文裡代表繩子圖案。繩紋意指用繩子在溼黏土上刻出壓痕的一種裝飾圖案。儘管日本很早就在陶瓷文化上有所突破，然而日本史前時代的居民仍長久維持著狩獵，總人口也十分稀少，可能從未超過25萬人。然而，儘管沒有什麼農業發展，繩紋時代的人仍居住於村莊，人數大約30至50。他

---

[34] Kyeongmi Joo, "The Gold Jewelry of Ancient Silla: Syncretism of Northern and Southern Asian Cultures," in *New Perspectives on Early Korean Art: From Silla to Koryŏ*, ed. Youn-mi Kim (Seoul: Korea Institute, Harvard University, 2013), pp. 243-302.

[35] Choi Jongtaik, "The Development of the Pottery Technologies of the Korean Peninsula and Their Relationship to Neighboring Regions," in *Early Korea 1: Reconsidering Early Korean History through Archaeology*, ed. M. E. Byington (Seoul: Korea Institute, Harvard University, 2008), pp. 157, 176-187.

們會用弓箭，並設陷阱來捕捉動物，也會划獨木舟，用魚叉、魚鉤和漁網捕魚。因為漁產為他們主要糧食之一，所以村莊遺址仍堆積著許多丟棄的貝塚。

考古學家發現了許多線索，顯示日本受史前中國東南方和後來南亞文化影響，包含用木柱搭建的屋子。這些南方特徵在繩紋時代晚期才出現，像是水稻種植，而有些更晚才被發掘，像是紋身。然而也有一些早在繩紋時代就出現的特徵，例如：拔齒（犬齒或門牙）風俗——推測是為了慶祝成年或結婚、逗號形狀的裝飾用珠（稱為勾玉）和喜愛船及航海技術。

公元前300年左右，日本史前文化經歷了極大的轉變，也同時影響到了北方，尤其是今朝鮮半島。這些影響包含島嶼居民出現新基因，暗指有大量新移民（估計高達百萬人）或相對較小的族群移居日本，新技術的傳入包括水稻種植、冶金術，甚至是日文（被認為與韓文有些許關聯）。這階段的史前文化稱作彌生時代（大約為公元前三世紀到公元三世紀）。

日本最古老的書面記錄到彌生時代晚期才出現。跟韓國一樣，皆是在中國文獻中發現。中國史書《三國志》，編纂於三世紀晚期，根據與日本的交流，簡述了當時日本。《三國志》裡記載了一個叫做邪馬台國的國家，由大約30個小國所組成，並由一位叫做卑彌呼的公主統治，這位公主擅長魔法且住在有1,000位仕女的宮殿，但幾乎不公開露面，由弟弟代理。

歷史上的邪馬台國是否位於九州北方仍具爭議。九州是日本四大島嶼之一，位於西南方，同時也是最靠近朝鮮半島的島嶼，或者可以說是位於內海東部的島嶼。這個平原傳統上被稱作大和國，是日本歷史上最多王朝首都的所在地。而邪馬台國和大和國，兩者日文發音也十分相

似。[36]另外，卑彌呼公主的巨大墳墓也坐落於此，這時期才開始出現這種墳塚，而大部分集中在大和平原。然而，邪馬台國確切的領土位置依舊不明。三世紀時，日本仍存在著許多小國，雖然卑彌呼公主的故事也暗指了已有國家一統的目標。依據《三國志》所描述的邪馬台國，也能從某些方面看出日本文化特色。

考古學家談到日本的一個古老墳墓——**古墳**，大約出現於公元250-552年。日本最大的古墳有100英尺高，占地80英畝。而有趣的是，朝鮮三國時代的墳墓同樣也叫做古墳。雖然日文念作*kofun*，韓文念作*kobun*，但兩者的中文字是一樣的。當然在某種程度上，為已故君王建造墳墓可能僅是一般現象，中國第一個皇帝——秦始皇和其他皇帝的墳墓，一樣都是墳丘墓。再者，許多日本墳墓都有獨特的鑰匙孔形狀（前方後圓），這和韓國古墓不同。在韓國西南方發現了14個這種鑰匙孔形狀的墳墓，這時期日本與韓國無庸置疑地有密切關聯。[37]

這時期到底是日本征服了韓國，還是韓國征服了日本，現代民族主義者為此爭論不休，而這些爭論大部分都是錯誤且不合時宜的。因為當時日本和韓國這兩個「國家」皆還未真正成形。然而，早期幾世紀中，日本人就已出現在朝鮮半島，且日本確實也受到朝鮮半島許多影響，像是馬鐙和裝甲的技術。到了五世紀，北魏（鮮卑或中國）和高句麗大量地裝甲騎兵已經出現在日本，同時也有許多人從中國移民到日本。這些現象都能在早期日本歷史看到。舉例來說，根據815年編纂的紀錄，首都地區1,059個顯赫家庭中，有30%的家庭都是外國血統。[38]日本歷史

---

[36] 當前的《三國志》中的文字實際上是「Yemayi」，但這似乎是對原文斷章取義。參見 W. W. Farris, *Sacred Texts and Buried Treasures: Issues in the Historical Archaeology of Ancient Japan* (Honolulu: University of Hawai'i Press, 1998), p. 22。

[37] Kwon Oh Young, "The Influence of Recent Archaeological Discoveries on the Research of Paekche History," in *Byington, Early Korea 1*, pp. 97-102.

[38] H. Ooms, *Imperial Politics and Symbolics in Ancient Japan: The Tenmu Dynasty, 650-800* (Honolulu: University of Hawai'i Press, 2009), pp. 102-103.

圖3.5　五到六世紀，日本古墳時期，女性埴輪。存於華盛頓特區史密森尼學會，亞瑟・M・賽克勒美術館，由Joseph H. Hirshhorn捐贈

早期幾個關鍵世紀中，移民者在國家塑造上扮演了很重要的角色。

　　日本多山的地形自然地將島嶼分成好幾個不同的社區，但是本州（日本最大島）同時也是由兩個主要的大平原形成。位在東部今東京附近，最大的關東平原，離中國文化較遠，因此很難在這找到日本早期成形的資料。但是西部大和平原（內海最東部）絕佳的地理位置讓它成爲主要農業文明發展的核心。相較之下，韓國缺少寬廣的土地，因此限制了發展。[39]日本早期傳入的像是鐵工和水稻種植等重要技術，最靠近九州北方和內海區域（包含大和平原）的地區，迅速地成爲發展完善的區域。考古證據顯示，公元400年時，大和平原已有統一的制度。

　　滿洲、韓國及日本新出現的統治者，皆爲了鞏固王位，而在不同時期向中國王朝朝貢並受封中國稱號。238年，三國魏冊封卑彌呼爲倭女王（日本最早的名字）。413到502年間，中國王朝歷史提到至少13次日本進貢。五世紀，其中一個南朝封日本君王爲「安東督戶府」。中文的將軍在日文裡念作*shōgun*，這個字在未來日本史裡也經常出現，然而，即使早期日本君王仍試圖獲得中國稱號，九州西部挖出一把五世

39 見 M. J. Seth, *A Concise History of Korea: From the Neolithic Period through the Nineteenth Century* (Lanham, MD: Rowman and Little fi eld, 2006), p. 8。

紀晚期或六世紀早期的劍，劍上刻著：「日本最偉大的君王統治全天下」。從這可以看出，日本採用並將這種至高無上的君權制度應用在自身國家。[40]

君權制度（特別從五世紀到七世紀初）逐漸在日本崛起的主要原因是，因為政府能控管及壟斷從外國進口的貨物。例如鐵、青銅鏡、劍等（早期也有傳入韓國）。政府管制項目也包含作家等專業技術的渡來人。到了五世紀，日本政府開始記錄各種事物，渡來人也就成為主要的記錄員。移民來的工匠則經常組織成特殊的世襲生產組——*be*。五、六世紀，除了寫作之外，渡來人還傳入了絲綢編織、製造金屬及建築技術。

大和政府也試圖透過將氏族（主要具日本血統的族群，也是早期日本社會主要的組成單位）首領冠上新姓氏，並讓這些首領成為依賴大和政府的一方，進而擴大政府影響力。這些氏族經常宣稱自己具神的血統，且皆崇拜神明。日本皇室宣稱自己有太陽之神——天照大神的血統。隨著時間過去，天照大神成為日本宗教裡最崇高的神明。特別的是，和東亞相比，早期的日本，政治和宗教密切相關。指稱日本政府的「政」這個字，實際上是源於宗教儀式相關的事。[41]

日本早期，不只大和君王還未稱自己為皇帝，連死後的稱號都沒有。當時只以君王所居住的宮殿名字來指稱他們。然而到了六世紀，大和君王開始稱呼自己為「天皇」。

587年，據稱一位大和君王願意接受外來的佛教，但是反對者的態度很強硬。同年君王去世時，五位皇太子便和有權威的蘇我氏首領聯

---

[40] D. B. Lurie, *Realms of Literacy: Early Japan and the History of Writing* (Cambridge, MA: Harvard University Asia Center, 2011), p. 92.

[41] J. M. Kitagawa, *On Understanding Japanese Religion* (Princeton University Press, [1979] 1987), pp. 71, 117-126.

盟，聯手消滅了反對派。蘇我氏家族一直是佛教早期的擁護者，並透過
爲王朝效力而取得至高無上的權力，最終成爲內閣總理大臣。他們於
587年內鬥中獲勝後，蘇我氏便成爲日本主要的掌權者。

592年，蘇我氏首領甚至明目張膽地教唆行刺當時在位的日本天
皇，並擁立外甥女（歷史上的推古天皇〔在位期間：592-628〕）即
位。推古天皇的新宮殿位於大和區飛鳥附近蘇我氏的據點。推古天皇在
著名的攝政王聖德太子（574-622）輔佐之下，推出許多革新並將大和
轉變成更大陸式文化的國家。包含首次採用中國稱號——「皇帝」，這
個稱謂之後變成日本獨特的「天皇」。天皇稱號也是到七世紀晚期才首
次使用。[42] 據稱604年，聖德太子也制定了《十七條憲法》，融合儒家
和佛教思想，概述了道德及政治的新規範，並主張日本史上未有的皇室
權力獨占權，指出：「一個國家不能有兩個統治者，人民也不會有兩個
主人。」[43]

日本兩個早期古代史——《古事記》（完成於712年）和《日本書
記》（完成於720年）旨在描述日本從原始島嶼，到首次天皇執政的時
代，再到公元前660年的歷史。這些記載可謂傳奇，到了大約爲聖德太
子在位期間，我們才能把這些記載視爲可靠的歷史證據。即使當時，本
州北部大部分區域、九州南部和其他外圍島嶼，仍大部分處於非日本文
明地區。然而，從意義上來講，可以說日本在這時期誕生了。

---

[42] 參見 J. R. Piggott, *The Emergence of Japanese Kingship* (Stanford University Press, 1997), pp. 91-92, 127。

[43] Aston, *Nihongi*, vol. II, p. 131.

! 延伸閱讀

中國分裂時代，請參見 Mark Edward Lewis, *China between Empires: The Northern and Southern Dynasties* (Cambridge, MA: Harvard University Press, 2009)。關於物質文化，請參見 Albert E. Dien, *Six Dynasties Civilization* (New Haven, CT: Yale University Press, 2007)。著名歷史事件展覽裡，關於手工藝品的豐富描繪目錄，請參見 James C. Y. Watt et al., eds., *China: Dawn of a Golden Age, 200-750 AD* (New York: The Metropolitan Museum of Art, 2004)。關於這一時期的完整紀錄，請參見 Scott Pearce, Audrey Spiro, and Patricia Ebrey, eds., *Culture and Power in the Reconstitution of the Chinese Realm, 200-600* (Cambridge, MA: Harvard University Press, 2001)。

關於中國分裂時期的文學文化及非佛教宗教，請參見 Stephen R. Bokenkamp, *Ancestors and Anxiety: Daoism and the Birth of Rebirth in China* (Berkeley: University of California Press, 2007); Robert Ford Campany, *Making Transcendents: Ascetics and Social Memory in Early Medieval China* (Honolulu: University of Hawai'i Press, 2009); Isabelle Robinet, *Taoism: Growth of a Religion*, trans. Phyllis Brooks (Stanford University Press, [1992] 1997)；和 Xiaofei Tian, *Beacon Fire and Shooting Star: The Literary Culture of the Liang (502-557)*(Cambridge, MA: Harvard University Asia Center, 2007)。

關於東亞佛教研究，請參見 Erik Zürcher, *The Buddhist Conquest of China: The Spread and Adaptation of Buddhism in Early Medieval China*, 3rd ed. (Leiden, Netherlands: Brill, 2006)。關於概述，請參見 Arthur F. Wright, *Buddhism in Chinese History* (Stanford University Press, 1959). Robert H. Sharf, *Coming to Terms with Chinese*

Buddhism: A Reading of the Treasure Store Treatise (Honolulu: University of Hawai'i Press, 2002)，以上提供佛教及中國文化交流的敏銳分析。同時請參見 John Kieschnick, *The Impact of Buddhism on Chinese Material Culture* (Princeton University Press, 2003)。關於韓國早期的佛教，請參見 Peter H. Lee, trans., *Lives of Eminent Korean Monks: The Haedong Kosŭng Chŏn* (Cambridge, MA: Harvard University Press, 1969)。關於日本，請參見 Kōyū Sonoda, "Early Buddha Worship," in *The Cambridge History of Japan, vol. 1. Ancient Japan*, ed. Delmer M. Brown (Cambridge University Press, 1993)。

關於東亞宗教的整體介紹，請參見 Joseph M. Kitagawa, ed., *The Religious Traditions of Asia* (New York: Macmillan, 1987)。也可參見 H. Byron Earhart, *Religions of Japan: Many Traditions within One Sacred Way* (San Francisco: Harper and Row, 1984); Joseph M. Kitagawa, *On Understanding Japanese Religion* (Princeton University Press, [1979] 1987); Toshio Kuroda, "Shinto in the History of Japanese Religion," *Journal of Japanese Studies 7*, no. 1 (1981); Daniel Overmyer, *Religions of China: The World as a Living System* (Prospect Heights, IL: Waveland Press, [1986] 1998); and Laurence G. Thompson, *Chinese Religion: An Introduction*, 5th ed. (Belmont, NY: Wadsworth, 1996)。

關於東亞文化社會的起源，請參見 Gina L. Barnes, *China, Korea and Japan: The Rise of Civilization in East Asia* (London: Thames and Hudson, 1993), and Charles Holcombe, *The Genesis of East Asia, 221 B.C.—A.D. 907* (Honolulu: University of Hawai'i Press, 2001)。

關於七世紀前的韓國，請參見 Jonathan W. Best, *A History of the Early Korean Kingdom of Paekche: Together with an Annotated Translation of the Paekche Annals of the Samguk sagi* (Cambridge, MA:

Harvard University Asia Center, 2006); Mark E. Byington, ed., *Early Korea 1: Reconsidering Early Korean History through Archaeology* (Cambridge, MA: Korea Institute, Harvard University, 2008), and *Early Korea 3: The Rediscovery of Kaya in History and Archaeology* (Cambridge, MA: Korea Institute, Harvard University, 2012); Kenneth H. J. Gardiner, *The Early History of Korea: The Historical Development of the Peninsula up to the Introduction of Buddhism in the Fourth Century A.D.* (Honolulu: University of Hawai'i Press, 1969); Sarah Milledge Nelson, *The Archaeology of Korea* (Cambridge University Press,1993); and Hyung Il Pai, *Constructing "Korean" Origins: A Critical Review of Archaeology, Historiography, and Racial Myth in Korean State-Formation Theories* (Cambridge, MA: Harvard University Asia Center, 2000)。

關於七世紀前的日本，請參見 Gina L. Barnes, *State Formation in Japan: Emergence of a 4th-Century Ruling Elite* (London: Routledge, 2007); Mark J. Hudson, *Ruins of Identity: Ethnogenesis in the Japanese Islands* (Honolulu: University of Hawai'i Press, 1999); *Keiji Imamura, Prehistoric Japan: New Perspectives on Insular East Asia* (Honolulu: University of Hawai'i Press, 1996); J. Edward Kidder, *Himiko and Japan's Elusive Chiefdom of Yamatai: Archaeology, History, and Mythology* (Honolulu: University of Hawai'i Press, 2007); and Joan R. Piggott, *The Emergence of Japanese Kingship* (Stanford University Press, 1997)。

四 社會的創立：中國、韓國及日本（七到十世紀）

中國帝國復辟：隋（581-618）唐（618-907）時期

隋朝的重新統一（589年）及唐朝的建立

581年，政變爲過去受折磨的中國西北部帶來新朝代：隋朝。隋朝的建國者楊堅（541-604）爲隋文帝。他的父親曾是一位高級官員，被封爲鮮卑族北周政權統治下的隋侯爺。楊堅繼承了他父親的名號「隋侯爺」，而他的女兒則被選爲帝國皇太子的妃子。由於北周皇帝只活了兩年多，而後由一位年輕男孩繼承王位，即當時帝國的皇太子在578年的適當時機下繼承王位，而使得身爲岳父的楊堅成爲背後的掌權者，握有極大影響力。之後，楊堅靠自己穩穩地掌握了至高無上的權力，消滅所有可能的皇位繼承者和鎮壓反抗勢力後，楊堅篡奪王位並建立隋朝。

577年，北周（隋朝前身）消滅鮮卑人政權，統一北方。隋朝建立後，立志消滅南方勢力，結束自東漢184年以來的分裂局面，重新統一中國。與此同時，南方並沒有從中世紀的叛亂（548-552）中恢復，而這已經嚴重減弱南方國家，特別是長江上游戰略的控制權已從南方移至北方。歷經幾個世紀的分裂後，北方有優秀的裝甲部隊，而南方受到長江天然屏障的保護。如今的南方對長江西方的防守薄弱，最終南方的軍事防禦似乎無力抵抗。雖然隋朝花了八年的時間準備入侵南方，但一支較小的隋國遠征部隊，於589年不到一個月便占領南方首都（也就是現

在的南京）。

　　原本可能是六世紀初世界上最大的城市南京被完全摧毀，隨後便重建爲現今的南京市。近四個世紀的南方獨立時期也結束了（只有幾個例外）。朝代來來去去，當然偶爾會有分裂時期，但中國現已重新統一。611年，大運河完工，這是一條連接南方長江和北方黃河的運河。可以說隋朝統一了中國的軍事、經濟和文化。

　　然而，隋朝很快就開始走下坡，歷史學家保羅・肯尼迪卻稱之爲「帝國過度擴張」。[1] 第二位隋皇帝（煬帝，604-618在位），在被懷疑弒父的陰影下獲得王位，試圖繼續擴張帝國。589年，隋軍迅速占領中國南方的大部分地區，但直到602年，都一直沒有打下最南端的紅河流域（今日越南北部）。605年，在隋煬帝的統治下，隋入侵了現在越南中部的占婆王國。儘管取得勝利，但遠征部隊也因熱帶疾病而受重創。隋也入侵了可能爲臺灣的島嶼。

　　612年，隋國征服北部東突厥。突厥原本是屬於阿爾泰山南方的蒙古汗國，於552年崛起，並迅速擊敗前任領主，並奪取對蒙古的控制權。約於563年，隋與薩桑王朝結盟，此時突厥向西擴展到了中亞的大部分地區，之後他們向拜占庭人提議結盟以對抗波斯。

　　這個位於歐亞巨大的土耳其帝國，很快地分裂成大多數獨立的東西部汗國。6月中旬，東方的土耳其雖與中國北方的鮮卑政權建立關係，但卻更偏愛西北的北周，這可能成爲加強北周，並於577年中國北方統一的原因。隋朝在581年取代了北周後，隋在所有方面都崛起。在遙遠的西北部，隋擴展到新疆的吐魯番和哈密。然而，即使隋國的軍事活動成功，卻也給隋國的資源帶來了沉重的負擔。並且在612年，隋開始襲

---

[1]　P. Kennedy, *The Rise and Fall of the Great Powers: Economic Change and Military Conflict from 1500 to 2000* (New York: Random House, 1987), pp. xvi, 515.

擊東北王國的高句麗（在北朝鮮和南滿洲），而這也被證明爲一次致命的失敗。

607年，隋煬帝發現高句麗正在與突厥進行祕密交流。他認爲這是附庸國的大不敬行爲，隋皇帝威脅高句麗如果沒有派遣順從的大使，他將親自帶領武裝部隊進入高句麗「檢查」。這不單是隋朝虛榮和禮節問題，高句麗和突厥之間的軍事聯盟更可能會嚴重威脅隋朝。此外，高句麗的大部分領土曾經位在漢朝邊境內，並且想與漢朝榮耀相匹配，也可能引發隋煬帝的野心。

598年，高句麗襲擊隋朝，爲了報復隋朝先前的大規模入侵。612年，一支龐大的隋軍，據說超過100萬的軍隊入侵高句麗。雖然有一艘隋朝海軍穿過高句麗首都的外牆，但很快被驅逐。在朝鮮北部的隋軍無法獲得足夠的補給，最終被迫撤退或挨餓。大部分隋軍都在撤退時被殲滅。然而，隋煬帝在慘敗後並沒有馬上在613年第二次攻打高句麗，這一次隋軍回頭鎮壓國內叛亂。614年，第三次入侵高句麗，這次雖然取得一些成功，但此時隋朝正在迅速從內部瓦解。

爲了攻打高句麗而大規模徵兵和調動資源，對老百姓造成不小的壓力，尤其是東北的百姓。611年，駐紮在現代山東省長白山上的叛亂分子，用一首關於東北軍中「不貿然死亡」的歌吸引了逃兵到他的營地。叛亂更加迅速失控，其中甚至有些叛亂人士是前隋朝官員所領導，而非深陷絕望的農民。顯然，即使是在隋朝中身分顯貴的人也反對隋煬帝。最終，多達200個獨立的叛亂勢力興起。

615年，隋煬帝在山西省北部雁門被突厥包圍。隋煬帝隨後由其堂兄李淵（566-635）率部救出。憑藉李淵對付突厥的表現，隋煬帝任命李淵爲太原留守（現今的山西省太原市），而隋煬帝則離開北方，下江都。隋煬帝對他的堂兄李淵抱有疑心，並委派了兩名軍官監視李淵。當這些人與突厥密謀對付李淵時，有人向李淵透漏，隨後李淵便抓住兩名

軍官，並於617年起兵反隋煬帝。李淵的軍隊在126天內占領了隋朝首都。618年，隋煬帝在南方被朝臣勒死，李淵隨即登上王位，成爲唐朝的開國元君。

唐朝的鞏固

宣布建立唐朝後，李淵將其首都（即現代西安）名改爲昔日漢朝首都（即長安）之名，以喚起對中國人民對於第一個偉大帝國主義時代的記憶。[2]（然而，隋唐城市的布局，更接近北魏首都——洛陽。）還有一種說法是，古代道家聖賢老子的精神已表明自己是李淵的祖先（老子也被認爲姓李），並預言李淵注定會登上王位。儘管李淵如此發言，但是實際上唐初他只控制了渭河平原，統一中國之前，仍需要消滅許多叛亂勢力。值得注意的是，唐初的人口（截至639年）顯示，自幾十年前的隋朝以來急劇下降。無論實際上人數是否減少，政府統計的人數都減少了。從隋到唐的過渡時期經歷了很大的動盪。

唐朝第二位皇帝（唐太宗，626-649在位）以一種極爲恐怖的方式登上了王位。626年，在與自己的哥哥爭權的最後（在此期間，太宗據說曾倖免於被下毒），太宗（太宗是死後廟號，而不是當時爲人所知的名字）賄賂了宮殿大門（玄武門）的指揮官襲擊他的兄弟。他的哥哥與弟弟騎馬進殿時，發現了陷阱並策馬逃脫。唐太宗隨即追擊，向他的哥哥射箭，最後他的哥哥中箭身亡。唐太宗的馬因爲被樹枝絆到而將太宗甩落馬，太宗的弟弟反擊前，唐太宗的士兵就已經將弟弟殺死。將兩位王子頭顯示眾後，玄武門之變宣告結束。唐太宗隨後派人去「保護」他的父親，即當時在宮殿湖上划船的李淵。不管是出於震驚、恐懼還是因

---

2 H. J. Wechsler, *Mirror to the Son of Heaven: Wei Cheng at the Court of T'ang T'ai-tsung* (New Haven, CT: Yale University Press, 1974), p. 31.

爲他也早已預想到結局是如此，[3] 李淵很快就退位，成爲退位皇帝，太宗隨即繼位。

　　儘管太宗以血腥的方式獲得王位，並且成爲皇帝幾天後，就因突厥軍隊入侵僅距首都幾英里之遙而被迫撤退，但唐太宗仍是中國歷史上公認數一數二傑出的皇帝。太宗統治時，中國的政治和軍事力量達到鼎盛，太宗還主導了一個光榮的世界主義時代。世界主義甚至影響到皇家，導致文化融合。甚至有人認爲，太宗與兄弟的爭權可能是鮮卑游牧文化傳統的影響。

　　581年隋朝建立之前，華北地區的統治者大多以非華人的鮮卑人爲主。六世紀中葉，鮮卑之名與語言復興。雖然新的隋朝家族是中國人（可追溯至父系），他們也的確在581年恢復使用中文。但他們在內蒙古生活了好幾個世代，並廣泛地與鮮卑貴族結婚。他們的親戚唐朝家族起源於相同的地方。據說，唐朝建立者李淵是一個偉大且從不錯過任何機會的弓箭手與獵人。[4] 游牧文化長期以來一直在唐朝朝廷中，而在隋唐時期，鮮卑服飾甚至成爲中國新的標準服飾。

　　事實上突厥爲李淵建立唐朝提供寶貴的幫助，雖然在接下來的三十多年，兩方關係惡化，630年，東突厥人被澈底擊敗，唐太宗爲自己取名爲「天可汗」，是東部的突厥最高統治者（以及中國的皇帝）。[5] 到了七世紀中葉，唐朝的軍事和政治影響已深入中亞，儘管唐朝的勢力從未向西擴展到新疆的哈密和吐魯番。中國著名的朝聖者玄奘（約596-664年），於629-645年前往印度學習佛教。他說他在塔拉斯河附近遇到

---

[3] 在 *Kingship in Early Medieval China* 第 6 章中 A. Eisenberg 認為，唐初的創始人積極預期了兒子之間的致命競爭（Leiden, Netherlands: Brill, 2008）。

[4] Wen Daya，*Da-Tang chuangye qiju zhu*（大唐建國日記）（約公元 626 年）（上海：上海古籍出版社，1983 年），1.2。

[5] 參見 Yihong Pan, *Son of Heaven and Heavenly Qaghan: Sui-Tang China and Its Neighbors* (Bellingham: Western Washington University, 1997), pp. 179-181。

了現在稱爲哈薩克或吉爾吉斯的「孤兒城市」，那裡有超過300戶原中國先民的家庭。玄奘到達那裡時，他們已經習慣了突厥的衣著與活動標準，但仍然保留了中文和某些中國習俗。[6]

馬球遊戲起源於波斯，並在中國唐朝開始流行。聶斯脫里主義基督教也在太宗統治期間傳入中國，並於638年根據帝國法令在唐朝首都建基督教教堂。有一些聶斯脫里主義基督教會佇立於中國唐朝，儘管此宗教並未在中國生根。唐朝也容忍拜火教與摩尼教等其他西方異國宗教在中國大肆傳播。

如果唐朝最初是軍事擴張、文化混合且不穩定的多民族帝國。然而，它在300年後的907年結束，成爲中華文化的單民族帝國，但依舊不穩定。唐代也許是中華民族，甚至是原始民族身分形成的關鍵時期。[7]生活在中國南方的原住民，占南方朝代總人口的很大一部分，但於唐朝大量消失，併入中國總人口之中（儘管到今天仍可以在邊境附近找到相當多的原住民）。304年到581年，統治華北的鮮卑人和其他一些非中國血統的人也失去了各自的身分，並在唐朝時期成爲華人。「漢族」一詞最初用作區別北魏時期的民族標籤，後用來指稱唐朝的全部人。[8]

至少有43名非中國人，進入唐朝的最高政府機關（軍機處）。750年，中亞爲唐人攻占塔什干的將軍，是朝鮮移民的第二代或第三代後裔。唐朝幾位最著名的詩人，如李白（701-762）、劉禹錫（772-

---

6　玄奘（約公元596-664年）和辯機（公元620-648年），《大唐西域記》（大唐西域志）（臺北：新文豐出版股份有限公司，1987年），1.78。

7　M. S. Abramson, *Ethnic Identity in Tang China* (Philadelphia: University of Pennsylvania Press, 2008), p. xi.

8　Shao-yun Yang, "Fan and Han: The Origins and Uses of a Conceptual Dichotomy in Mid-Imperial China, ca. 500-1200," in *Political Strategies of Identity Building in Non-Han Empires in China*, ed. F. Fiaschetti and J. Schneider (Wiesbaden: Harrassowitz Verlag, 2014), pp. 18-20.

842）、白居易（772-846）和元稹（779-831），都是已知或被懷疑非
中國血統。不論他們的祖先是誰，這個時候他們都已經變成首屆一指的
中文大師。如前所述，押韻詞典（《切韻》）爲正確的中文發音設立了
具有影響力的標準，部分辭典就是由有著鮮卑血統的人於601年編寫。
鮮卑人成爲漢語的母語人士，而鮮卑語已失傳。801年，在北朝朝廷表
演的鮮卑語歌曲中，有53首留存，但只能理解其中6首的標題。[9] 儘管
多語制某種程度上在現代化世界以前，可能只是正常現象，但在中國唐
朝卻並非如此。中文在中國取得了勝利。

多樣性融合

　　六世紀中葉，一個不起眼的宗教人物陸法和（生死年不詳）可能有
助於說明，分裂時代的文化多樣性如何融於一體。人們首次注意到陸法
和時，他隱居在江陵百里洲，過著如沙門苦行僧的生活。他的出生地未
知，但有人說他來自古代中國北方文化中心的五座神聖山峰。但是，他
說話時卻帶有南方原住民的口音，並且與原住民交流密切。陸法和以能
夠預測未來而聞名，幫助人們設計房屋、墳墓等，並爲人們帶來好運而
廣受追捧（風水學）。他還蒐集了多種藥物來治療因南方氣候而引起的
許多疾病，並能下咒阻止毒蟲和野生動物侵襲。

　　有一次，有人用牛測試新刀，他用力一擊將其斬首，陸法和警告該
人必須祭拜牛的靈魂，否則會受到業力報應。該男子嘲笑他，但幾天後
男子死亡。

　　548年，南部發生大規模叛亂，陸法和加入帝國軍並前去鎮壓反叛
者。他召集800名原住民門徒到河上渡輪，並與帝國軍一起搭乘軍艦，
他們在赤沙湖遇敵，但由於風向不對，無法放出火船以攻擊敵軍船艦，

9　杜佑《通典》（公元 801 年）（北京：中華書局，1984 年），146.763，圖 a。

陸法和（根據故事）揮舞白色羽毛並神奇地改變風向。叛軍失敗後，陸法和成爲帝國官員，但當南部帝國分裂，他所效忠的皇帝隨著西北鮮卑王朝的入侵而被殺害時，陸法和於555年叛逃，並投靠了東北鮮卑政權。陸法和接近東北首都（河南省現代安陽附近的鄴）時，聽說過陸法和怪誕傳聞的東北皇帝從他的城裡走了幾英里，恭敬地與他見面。當陸法和看到遙遠的城市時，他下馬並走了「禹步」。陸後來在城市裡再次升任公職。[10]

根據傳說，禹步是中國第一個王朝的傳奇創始人大禹，四處奔走並解決洪水肆虐，後來變成瘸子，發展出了自己獨特的走法。到了分裂時代，禹步在道教的禮儀中已然成爲有力的表現。

陸法和是不出名且無關緊要的人物，但他的職業生涯仍然引起人們的興趣。除了說明宗教在中國生活的作用（與基於聖經的宗派教義相反）之外，也很好地展示了印度佛教與各種中國本土宗教密不可分的融合，以及南北、原住民、鮮卑和中國人居民的融合。透過大禹傳說爲標誌的中華文化傳統，將所有文化與民族融合在一起。

分裂時代的特徵是人口的快速流動，不僅使鮮卑等非華人在中國北方崛起，而且使大量中國難民從中原的地帶流向東北、西北和長江南部。其結果促進了文化交流、種族融合和中華文明的全面擴展。例如，最近在新疆吐魯番發現一份於408年所寫的考試答案手稿。儘管考試可能實際上是在甘肅進行，在西北的偏遠地區，寫作品質並不突出，但值得注意的是，這樣地點、時間居然有中文的國家考試。[11]

西北地區的最後一個鮮卑王朝以渭河平原地區爲基地，最初只剩不

---

[10] 陸法和的傳記在《北齊書》（32.427-431）中。

[11] A. E. Dien, "Civil Service Examinations: Evidence from the Northwest," in *Culture and Power in the Reconstitution of the Chinese Realm, 200-600*, ed. S. Pearce, A. Spiro, and P. Ebrey (Cambridge, MA: Harvard University Press, 2001), pp. 99-121.

到一萬的鮮卑戰士。543年遭到東北對手擊敗後，它開始招募中國人加入軍隊，在此過程中，消除了鮮卑戰士與中國（漢族）農民之間的長期職業區分。隋朝於590年成為後繼，在中國統一後，迫使許多士兵恢復平民身分並開始耕田，實際上使非中國戰士和中國農民之間的分歧告終。

同時，儘管鮮卑的名字、語言、服裝和文化在六世紀中葉復興，但最後西北鮮卑政權也同時恢復中國古代制度，並自稱北周。這可能部分是因為該政權碰巧是建立在古老的周朝故土渭河平原，還可能是因為它需要某種統一的意識形態，才能集結原本混雜的人口。隋朝在581年從該政權崛起，並在589年統一了中國。

隋唐的統一時期將整個帝國轉變為中央集權國家。例如，唐人在通往首都的主要道路上，建立了1,639個驛站，以便通信。除了單純的行政集權，唐朝還開始推廣更加統一的中國文化。唐朝初期，619年，唐高祖在國子監為周公和孔子建立廟宇，並根據季節祭拜。628年，孔子提升到比周公更高的位置；630年，帝國的每個省和縣都必須建立孔廟。最早在漢朝初期，孔子的家鄉魯國（現今山東）就已在祭拜孔子，孔廟可能最早於386年便設於京師的太學。儒家廟宇中的季節性儀式成為了中國傳統文明的標竿，儀式僅在唐代就變得成熟。

唐初還彙編了整個《四書》《五經》的標準版，並以史無前例的努力建構中國通史。593年，隋朝下令禁止私自編撰國史，直到唐代中期才解禁。因此，國家大事和歷史著作全部集中在朝廷。唐代甚至幫助撰寫帝國史。從傳說中的三皇五帝到近代末期，《二十四史》提供了中國歷史的標準版本，其中的三分之一（包括兩部野史），是於唐太宗時期大約20年內彙編而成的。

教育是促進共同文化認同的強大工具。漢武帝於公元前二世紀成立太學並任命教師時，在很大程度上首先定義了儒家典範，並將儒家確立

爲國家正統。624年，唐高祖命令每個省和縣都必須建立學校。到738年，書面紀錄上，唐朝至少共有19,000所官立學校。[12]

不久，官方學校就被私塾教育所取代。李白、杜甫（712-770）和韓愈（768-824）等唐代文學巨匠都受私塾教育。教育私有化的結果使唐末教育進一步普及。但許多人仍然是文盲或教育程度偏低。824年，最新的流行詩在每一個王子、公爵、妻妾、養牛人家甚至騎馬路人的口中相傳。[13]曾經只是貴族之間的文化也開始普及，並成爲中國的普世行爲。在此過程中，大家族與平民之間以及中國與非中國人之間的不和逐漸消失，成爲更加普遍的中華文明。例如，在西北偏遠的敦煌的舊文本中，發現了超過一千首唐代匿名的流行歌詞，其中許多可能爲平民所作。

木版印刷的新技術也在唐末傳播中國共同文化的過程中發揮作用。目前無法確認印刷的起源，尙存最古老的印刷文字是公元751年以前韓國的佛教小飾物。但是，到了九世紀初，唐朝有人抱怨在每年司天臺發布正式日曆之前，就已經有人在市場上販賣，整個帝國的市場都是如此。[14]儘管由於印刷普及，造成的書籍量成指數成長是下個朝代的事，但唐末普通百姓已經可以使用像日曆這樣的印刷品，並在此過程中促進中國共同文化。

此外，甚至在唐朝民辦教育中，也是透過科舉，直接針對國家目標學習。至少從唐朝成立之初，就使用此方法以測試、挑選官員，但這只是挑選過程中由個人推薦的一部分。在分裂時代（始於220年），引

---

[12] C. Benn, *China's Golden Age: Everyday Life in the Tang Dynasty* (Oxford University Press, 2002), p. 255.

[13] 元積，《元氏長慶集》（元積作品，收藏於長慶年間〔公元 821-825〕）（臺北：臺灣中華書局，1965 年），51.1b。

[14] 王欽若，《冊府元龜》（公元 1012 年）（臺北：臺灣中華書局，1981 年），160.1932。條目建於西元 835 年。

入了九品官人法，地方官員根據該系統評估有潛力的人，並進行品級判定。事實上，是以家庭背景爲基準來判定品級。其結果深深鞏固了大家族的地位，他們甚至獲得了貴族身分。然而，六世紀初，一位南朝皇帝主張激進的思想，即官員的選拔應完全基於考試證明其能力，而不考慮家庭背景。587年，隋朝終止了九品官人法，並開始朝著更基於考試的體系發展。

科舉根據科目分門別類。爲了理解經典（明經），將一本儒家經典中選定段落中除一行以外的所有行遮住，並且隱藏未遮住行的幾個字。然後，考生應該要能夠填入不見的字。在此之後，還將進行口試。隋煬帝時期，引入另一個階級，稱爲進士。進士更加側重於當前的詩歌和文學，而不是背誦經典。進士很快成爲迄今爲止最受尊敬的階級。後來的朝代中，進士科成爲三階級中最高。唐末每年平均授予約30個進士，且進士的聲譽極高。

進士有資格擔任政府職務，但是要真正擔任公職，仍然需要進一步審查。唐朝審查特別注重身言書判。七世紀後期武則天皇后（624-705）的權力不斷增長，鼓勵任何自認有才華的人（甚至是平民百姓）毛遂自薦，而且可能首先引入了匿名測試考生的做法。

科舉制度直到唐代才完全成熟，可能成爲中國晚期帝國的決定性制度（直到1905年以現代化的名義廢除）。儘管科舉飽受批評，但可以說科舉確實促進相對流動的菁英社會和政治秩序，並且無疑是促進文化融合的強大力量。例如，八世紀西北部的突厥人的幾個孫子，透過服兵役而獲得傑出的聲譽，都因儒家思想而出名，並透過科舉取得成功。[15]

商業交流也促進唐朝文化融合，這將在之後再詳細介紹。茶是在唐朝商業市場流通的新產品。早在漢代就已有茶，中國分裂時代喝茶在南

---

15 歐陽修、宋祁，《新唐書》（公元 1060 年）（北京：中華書局，1975），135.4576。

方變得流行。與此同時，北方的畜牧業盛行，讓乳製品成爲人們首選的飲料（這可能是中國歷史上唯一的一次）。唐朝統一時期，喝茶的習慣從東南方茶葉生產區傳播到整個國家。對於茶變得流行的一種解釋是，人們推廣用茶來幫助佛教徒在冥想中保持清醒。

中國佛教的歸化

儘管隋唐將自己描述爲恢復早期漢朝帝國的統一，但在許多方面，中國如今已大爲不同。唐朝茶和椅子普及只是兩個新的例子。最明顯的差異可能是佛教。漢初佛教在中國尚不爲人所知，即使到了漢末，佛教仍然是外國人的宗教。然而，589年隋朝統一之時，據紀錄，中國的佛經副本比儒家經典更多。中國已成爲徹頭徹尾的佛教國家。

據史書記載，隋唐境內主要佛寺的僧侶，都曾日夜不停地在皇家祠堂內輪流祝禱，隋唐年間更有五次皇家下令修築佛寺爲皇家所用，並讓僧侶誦經以祈求神靈庇佑國泰民安。晚唐時期非常盛行公開講授佛法，當時的百姓們爲了布施甚至淪落至破產。同時期對佛教批評也經常使用佛教語言來闡述。據佛教徒所說：「塵世中的種種都是虛幻的，就如同夢幻的泡影。那人們爲了佛寺所投注的錢和心血也應如同泡影，這些努力拿來救濟貧苦或報效國家或許會更有用。」佛教在歷史上從未成爲國教，因爲中國本土的宗教發展十分繁雜，正因如此隋唐對宗教十分寬容。不過唐朝佛教獲得近乎國教的地位，與此同時佛教已然本土化。

中國僧侶常定居於宏偉的佛寺中。隋唐時期，這些佛寺逐漸成爲免稅的複合型經濟機構，有自己的土地、奴婢、當鋪、高利貸。而且佛寺繼承體制就像中國的父權家庭制度，由男住持將佛寺的資產交與選定的繼承人以確立繼承，複雜的制度再加上佛教學說的變異，產生了人們口中的「大乘佛教」或「中國佛教」。要強調的是，中國佛教與日本

佛教現今有明顯的差異，但在中國古代（唐代）時並非如此。[16] 但是，以前中國佛教有許多分支可以自成一派。中國佛教的特點在於結合了本土道家思想，使中國佛教傳播於此時達到巔峰，也就是佛家語所說的「禪」。

中國人自古深信人皆有佛性，佛性無所不在且透過生活中的所作所為就能使人的靈魂得到救贖，也就是佛家語中的「覺」。據佛教禪宗理論，要達到覺的狀態必須參悟世界的眞理而非一味避世。參禪這個詞意指「冥想」（來源於梵文的「禪那」），其終極目標爲「禪定」，不僅僅是悟道的一種方式而是透過實踐使自身參悟禪道。佛教禪宗理論旨在使人屏除雜念、五感及忽略事物表象並看透萬物本質，透過理解具宗教特色的佛家語，讓人達成「悟道」或「覺」。禪宗理論經常被認爲是除佛經外特殊的佛教傳播方式，不以文字或語彙而是以人的思想及行動爲根本，[17] 其代表爲著名的六祖禪師——慧能（638-713），慧能祖師早年以賣柴火爲業，且不識字，更別說閱讀佛經。

到了唐末及宋朝（公元960-1279），禪宗已經成爲中國佛教的主流教派，此時的禪宗非常具有中國特色，禪宗如此興盛的發展必須歸功於前面提及的六祖禪師慧能，但禪宗源於印度這一說法是肯定的。根據歷史記載，禪宗已在印度從佛祖釋迦牟尼至菩提達摩，於公元500年將禪宗帶入中國爲止，已歷經28代人。達摩祖師在歷史上確有其人，大部分關於他的傳說都集中於他的晚年，他最著名的傳說爲「壁觀婆羅門」，傳說其於少林寺中面壁沉思閉關修行，達摩祖師也被稱爲東土第一祖師。

---

[16] R. H. Sharf, *Coming to Terms with Chinese Buddhism: A Reading of the Treasure Store Treatise* (Honolulu: University of Hawai'i Press, 2002), pp. 7-9.

[17] H. Dumoulin, *Zen Buddhism: A History, vol. I. India and China*, trans. J. W. Heisig and P. Knitter (New York: Macmillan, 1988), p. 85.

　　儘管佛教在中國發展出本土特色，但其來源於印度仍有跡可循，唐朝最偉大的譯經師——玄奘，唐初時耗時17年毅然前往西域及印度取經，於公元645年回到中國，此後致力於翻譯從印度帶回超過1,300卷的經文。中唐有三個從印度來的佛教密宗高僧——善無畏（公元637-735年）、金剛智（公元671-741年）、不空（公元705-774年）弘傳密宗於唐朝宮廷，其中以不空祖師（據傳其聰穎異常，所以在唐朝傳道時年紀尚輕）對唐朝密宗的傳播最有影響力，受到唐朝三代君王的禮遇。公元765年，吐蕃兵臨唐朝首都長安，唐代宗非但沒組織軍隊平亂，甚至將不空爲其祝禱的經文分發給兩間佛寺，讓住持誦經並命百官焚香祈求神靈保家衛國。叛亂平息後，不空祖師受到代宗褒獎。

　　不空的弟子中最著名的爲惠果（不詳—805年）。惠果大師的弟子有日本派遣僧空海（774-835年）、來自新羅的僧侶惠日和爪哇古國訶陵的辨弘，空海大師之後將佛教密宗傳至日本稱「眞言宗」，因爲其獨到的傳道天賦，使密宗在日本遠比中國本土更加興盛。依空海所說，其師祖毗盧遮那佛（密宗五方佛之首）的弟子爲不空，不空大師的弟子爲其師惠果，最後傳與空海，但他實際上於惠果大師門下修行佛法僅6個月，所以他的主張有待商榷。

　　中國與印度的文化交流從唐代一直持續至之後的朝代，而唐代和印度的貿易往來也隨之變得熱絡。與此同時，漢傳佛教（乃至整個西亞佛教）的重心也從印度轉向中國，之後整個漢傳佛教更是以中文爲大宗向外傳播。唐朝有許多僧人都在書法領域有所成就，例如懷素（公元737年生）便是其中之一。書法不僅是中國傳統藝術，而且規定須用中文書寫才得以稱爲書法。另外唐朝僧人也有以其詩句聞名於後世的人，例如皎然（活躍於734-792間）曾開玩笑般寫下：「吾不喜外邦之文，亦未曾習得夷文，故更不曾譯其文。」[18]因此早期的經文翻譯工作對中國境

---

[18] S. Owen, *The Great Age of Chinese Poetry: The High T'ang* (New Haven, CT: Yale University Press, 1981), p. 292.

內的佛教傳播十分重要，也顯示當時中國人對外文書寫的任何東西都提不起興趣，如此熱衷及堅持以中華文化爲尊的現象，在當時的社會上多有體現。

唐朝興衰分水嶺：中唐的危機

唐太宗於649年退位，太宗之子高宗被太宗的前妃子武則天所吸引，武則天權力迅速坐大並成爲幕後執政者。高宗駕崩後，武則天將她的兩個兒子中宗李顯及睿宗李旦扶持上皇位。公元690年，因當時僧侶所撰《大雲經》中預言武氏爲彌勒菩薩轉世，未來應做天下之主，由此打破自古男性稱帝的鐵律，後改國號爲「周」，並登基即位爲周朝開國君主。雖然中國歷史上擁有無上權利並垂簾聽政的太后並不少，但武則天是史上唯一一位真正以皇帝自稱的女人，武則天在史書中的形象雖冷血無情且毫無疑問是篡位者，但她同時也是思維活躍的一位明君。想當然爾，後人也將其視作十分重要且具人格魅力的研究對象。

武則天晚年時期大權旁落，所以在她駕崩前於公元705年被迫禪讓帝位於兒子李顯，使國號重新改回唐。歷經數年皇室內部的明爭暗鬥後，公元712年時唐玄宗李隆基即位，又使唐朝再度強盛。玄宗治理時期普遍認爲是唐朝的黃金時代，華麗的朝代中最黃金的時期，並以其傑出的詩人而聞名。然而，玄宗的統治卻在災難中結束。

大約一個世紀以來，唐帝國在軍事上持續占有統治地位。647年，唐軍隊得以干預遠方印度並鎮壓叛亂。659年，唐人擊敗了西突厥人（這之前已經擊敗東突厥）。668年，唐與新羅結盟，粉碎了朝鮮北部的高句麗。直到750年唐軍在中亞占領塔什干後，唐出現軍事上的最高成就。但實際上，很久以前軍事潮流早已開始轉向。在統一的新羅法制統治下，韓國堅決獨立。679年左右，東部的突厥人在蒙古恢復獨立，有時稱爲後突厥帝國。到七世紀末，東北也開始出現契丹勢力。然而，最危險的是崛起的新西藏帝國。

圖4.1 《照夜白》為紙本水墨，出自韓幹（活躍於742-756年）。其中的馬為玄宗皇帝
（712-756年在位）的坐騎。存於紐約大都會藝術博物館。© The Metropolitan
Museum of Art/Art Resource, New York

西藏的各個部落首先在松贊干布國王（618-641年在位）的統治下
統一。皇家所在地最初在東南部的雅魯，最後定在拉薩。松贊干布統治
時期也與佛教傳入西藏的時期相吻合，從東方的唐中國和南方的印度傳
入西藏。國王接受了一位中國皇室新娘，據說他不鼓勵西藏人用紅赭石
抹臉，但國王還娶了一位尼泊爾公主，並採用了印度而非中國的書寫系
統，為這一崛起奠定了基礎。獨特的藏族文明從大約665年開始，這個
新的藏族帝國占領了以前以唐為主的新疆的和田、庫察、卡拉沙爾和喀
什格爾，並在不久之後占領了現今青海地區。儘管唐朝的反攻奪回了其
中一些哨所，但唐朝現在卻得面對西方強大的軍事帝國。

747年，朝鮮裔唐朝將軍高仙芝（卒於756年）在喀什米爾吉爾吉

特附近贏得勝利。他變得越來越有自信，開始對西部地區的小國發動攻勢，於750年占領了塔什干，將塔什干的國王作爲俘虜送往中國首都，並在那處決；國王的兒子則逃往西方，並在那得到阿拉伯軍隊的協助。751年，阿拉伯人在塔拉斯河上擊敗唐軍，這是世界歷史上的重大戰役之一。阿拉伯人的勝利使得伊斯蘭教開始於中亞興起，而中國在帕米爾高原以西的影響力也永遠終結。

　　同時，唐玄宗被美麗的楊貴妃（719-756）給迷住。楊貴妃拉攏自己親近的人來朝廷，包括軍事將領安祿山（703-757年左右）。安祿山是中亞的粟特人與突厥的混血。據稱安祿山太胖了，以至於多匹馬支撐不住他的體重而死。在楊貴妃的支持下，安祿山開始控制東北部唐朝主要領地（現代北京附近）。然而，在與楊貴妃的兄弟發生爭執之後，安祿山於755年反叛。[19]唐朝的首都迅速被叛亂分子攻陷。玄宗逃離並被迫處死心愛的楊貴妃。

　　玄宗的繼承人代宗重建帝國力量，並自封爲新皇帝。757年，在維吾爾突厥人和阿拉伯盟國的幫助下，收復兩個唐朝首都（長安和洛陽）。儘管安祿山在757年被自己的兒子殺害，但一直到762年，安史之亂才得以平息。爲了加速和平，叛亂的將軍在名義上爲獨立政權，而中央皇權則從未完全恢復。

　　安祿山叛亂後，唐朝多達80%的軍事力量，都由獨立的邊防部隊控制。中央政府無法向廣大的中國地區徵稅，甚至在朝廷內部，太監（被閹割的皇室僕人）透過其對禁衛隊和大學士的控制，成爲眞正的掌權者。從公元821年到唐末，八分之七的皇帝由太監輔佐上位，甚至有兩人被太監殺死，唐朝政治被大大削弱。

---

[19] 見 E. G. Pulleyblank, *The Background of the Rebellion of An Lu-shan* (London: Oxford University Press, 1955)。

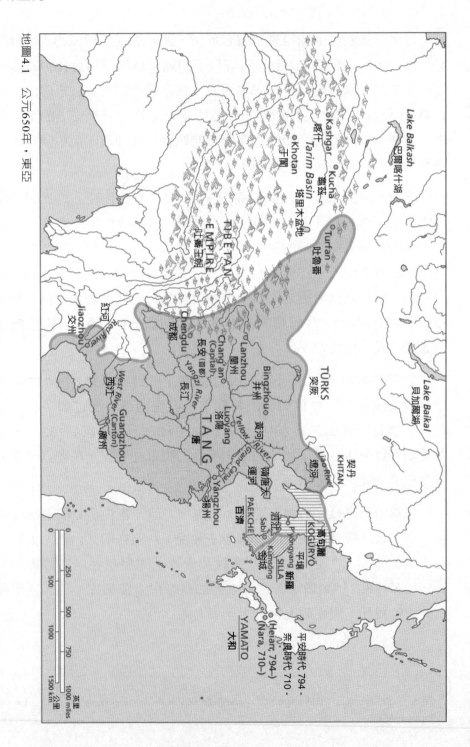

地圖4.1 公元650年，東亞

「傳播方式」與商業化

　　人們普遍認為，安史之亂是重要的分水嶺，不僅在唐朝歷史上，在整個中國歷史上都是如此。傳統觀點認為，安祿山的異國血統後來引發對外國人的懷疑。維吾爾族突厥人及其他非中國軍隊，幫助唐朝鎮壓了叛亂，但在過程中他們也造成掠奪和屠殺。儘管如此，但叛亂後對外貿易量也確實有所增加。除此之外，也帶來了更多阿拉伯人和波斯人進入中國沿海港口。安祿山之後，中國絕不會退縮到經濟孤立主義之中。但是無論是否應歸咎於安祿山，中國文化世界主義的偉大時代確實已經結束。

　　舊世界主義衰落的部分可能原因，不僅因為中國自身的融合，這因為這是歷史上首次中國被有組織的外國包圍。中國再也不能偽裝成僅由蠻族部落包圍的世界文明。且由於受到了其中一些外國的軍事威脅，例如，安史之亂期間，藏族帝國利用分散注意來恢復進攻，甚至在763年奪取了唐都城。從780到848年，藏族更控制了甘肅敦煌的重要西北絲綢之路。

　　大約公元842年後，藏帝國由於內部紛爭開始分裂，直到十三世紀蒙古統治時期，西藏才再次統一，不再成為主要軍事力量。但西北地區的藏族帝國勢力已被維吾爾人和党項人取代。維吾爾族突厥帝國（744-840）繼後突厥帝國之後，便直接立足於中國北部的草原上（今稱為蒙古）。但840年，維吾爾族人又被另一個草原部落柯爾克孜族分散，維吾爾族的權力中心也向西遷移到了新疆，[20] 這使維吾爾族突厥語的使用者首次大量湧入新疆，而這也是新疆現代名稱為「東突厥斯坦」的來源。現今新疆的大部分人口仍然是維吾爾族。党項人直到1038年（-1227）才在中國西北部的鄂爾多斯地區建立帝國，並稱之為西夏，

---

[20] M. R. Drompp, *Tang China and the Collapse of the Uighur Empire: A Documentary History* (Leiden, Netherlands: Brill, 2005), pp. 20-38.

但其實早在唐朝初期就有其稱號。

　　東北內蒙古東部的滿洲延伸到中國部分地區，契丹（其語言可能與蒙古人有關的民族）在907年（-1125）建立了強大的帝國主義國家，公元947年定國號爲遼。滿洲裡的獨立王國渤海（由中國人和朝鮮人共同組成）建於698年，直到926年才爲契丹所滅，朝鮮半島此時結束了自668年以來的分裂局勢。

　　在現今的雲南省，一個名爲南詔的強大王國，從約738年發展到937年，之後又由另一個獨立的王國大理（937-1253）繼承。越南（當時稱爲安南或大越）於939年獲得永久獨立，成爲外國，因此，唐末的中國相對之下只是其中一個國家，即中國不再強大。其他外國則以類似於中國的方式組織起來，另一些則構成嚴重的軍事威脅，其結果是建立了多國的國際制度，爲原始身分認同的形成創立了先決條件。九世紀末期的兩篇唐代短篇文章中，明確地考慮中國的身分問題並得出結論，政治忠誠和對儒家理想的堅持是成爲中國人的主要標準。[21]

　　中國文化世界主義時代結束的另一個可能原因是，中國文化正變得越來越標準化，唐朝的正式漢語教育擴展以及普遍文化期望，比起安史之亂的恐懼，可能更能說明中國與外國人之間日益增長的差異。晚唐更加一統的文化中心，是儒家復興最初的起點，這將讓現代化之前的中國和東亞歷史留下深刻的記號。儒家復興始於一個呼籲，即拒絕近來散文寫作的華麗詞藻，回到古代經典之作。將重點放在基本的哲學原理上，例如人性和理本身，並且強調對儒家經典的廣泛含意的理解，而不是狹義的文本研究。

　　特別有兩位作者預言了後來稱爲新儒學的人物：韓愈（768-824）和李翱（卒於844年）。在他們的著作中，從儒家賢者堯、舜於夏的傳

---

21 Abramson, *Ethnic Identity in Tang China*, pp. 179-191.

說開始，到商周時期的創始人，之後再到孔孟時期，對儒家「道」的「正統傳播」提出了新的看法。韓愈在820年的一封信中寫道：「正統的道在孔子時代之後就衰落，並且沒有從秦始皇焚書運動中恢復。」[22] 隱含的主張就是儒道已經在中華文藝復興時期被重新發現並恢復，明確的主張是，只有一條正確的繼承權和統一的儒家真理，而在下一個王朝（宋）下，稱之為道統。

儘管聲稱起源於古代，但這實際上是相當新的想法，甚至可能受到當代佛教對父權制傳教觀念的影響。實際上，新儒家深受佛教和道教的影響。然而，無論多麼創新，道統都有助於鞏固統一中國的強大願景，而這個統一的願景自古就已存在。

透過貿易流通的商品，讓中國與外國人進行更廣泛的接觸，也有助於建立更加統一的中國市場，並為整個帝國的物質和社會流動提供了廣大的機會。唐末變得高度商業化，在安史之亂後，始於北魏的均田制與許多其他經濟制度都瓦解了。越來越多的農業活動由承租人根據書面契約進行，貿易和商業也蓬勃發展，甚至政府也轉向商業利潤來源以維持其財務狀況，而國家壟斷對鹽和酒精等產品，越來越依賴專業商人和市場力量。

竇乂的故事（卒於840年左右）有助於說明唐末的新創業活力及其侷限性。竇乂年輕時在皇宮裡有一些女性親戚，叔叔擔任高級官員，首都還有家庭宗祠。竇乂小時候收到一雙精美絲綢鞋，馬上在市場上以500塊現金的價格出售，開始累積少量的資本。到了春天，空氣中有許多翅榆樹的種子，竇乂蒐集種子並將它們種在叔叔的家庭宗祠中。他透過不同的銷售形式販賣種出來的樹木，開始積累財富。之後又活用他的商業頭腦，做了各式各樣的事後，竇乂在城市的西部市場購買了一些廉

---

[22] 韓愈（公元 768-824 年），《與孟尚書書》（致孟尚書），記載於昌黎先生集。18.268。

價、看似毫無價值的低窪沼澤地。他在窪地的邊緣擺設賣炸糕餅和餃子的攤位，並鼓勵孩子們朝他在泥潭中間放的旗幟上扔瓦礫碎片，並用糕餅點心獎勵打到旗幟的孩子。孩子們扔進的瓦礫碎片迅速將窪地填滿，然後竇乂建立了一家有20間房間的商店。竇乂接著與官員建立良好的關係，成為政府的投資者及民間的中間人，過世時已相當富有。[23]

竇乂的故事並非源於正史，更像是虛構故事，而不是真實事件。早在九世紀就已經有竇乂的紀錄。因此，它所描述企業家一般的行為，在唐末並非完全不可能。竇乂的故事很顯然不是現代工業資本主義，但仍清楚地表達了唐末城鎮的商業能量和敏銳度，推動前所未有的經濟發展。自唐末以來，以市場為基礎的商業發展到宋朝時到達了巔峰。這非常了不起，以至於一些學者認為，這是原始資本主義的早期階段。[24]

公元907年唐朝末年，儘管距離現代民族主義和民族國家還有很長一段路，但已能預見像是新興的中國民族身分。經濟以大型市場為基礎且高度商業化。社會階級開始流動，越來越多非世襲階層人士，透過科舉晉升菁英階層。甚至，木刻印刷技術也開始產生影響。此時，西歐的局勢與其形成鮮明對比，儘管查理曼大帝在800年成為羅馬人的皇帝，並推動著名的卡洛林文藝復興，但查理曼大帝不識字，昔日稱霸地中海的羅馬帝國光景不復存在，地位已經變成了嚴格的世襲制，生產力和商業長期低迷。這時的西歐成為相對落後的國家，而中國十世紀時，可能已經占了世界總人口的三分之一，成為世界的中心。

---

23 溫庭筠（九世紀中葉），「乾饌子」（Master Dried Re-cooked Meat），摘錄於《太平廣記》，243.1875-1879。

24 R. M. Hartwell, "Demographic, Political, and Social Transformations of China, 750-1550," *Harvard Journal of Asiatic Studies* 42, no. 2 (1982): 366.

▌大韓民國的誕生：統一新羅（668-935）

朝鮮半島的統一（668）

　　唐朝邊界出現的新國家中，有一個我們稱之為朝鮮。雖然朝鮮和日本是東亞地區的一部分，但難以區分兩國早期的歷史。漢朝滅亡後，中國持續好幾個世紀的分裂，一直到隋唐時期才統一，整個東亞形成了一定程度的共享貴族文化。那時中國、朝鮮和日本（以及直到939年仍屬於中華帝國一部分的北越）的菁英階層彼此之間在某種程度上的共同點，比與自己居住地附近農民更多。特別是受過教育的東亞人之間的書寫語言和文學經典。唐詩不僅在中國盛行，在朝鮮及日本也受到當地菁英的賞識。事實上，白居易在日本的知名度要比在中國高得多。即使是最直接的文化影響，也會因為風土民情、經驗差異以及全人類對自我的渴望而有不同的在地形式。

　　佛教在東亞各國共同文化之間提供重要的連結。（請見圖4.2）例如，隋朝下令每個省要建立佛教寶塔時，三個朝鮮王國的大使都向隋朝朝廷索要文物，並在各自建立了相似的佛塔。一位來自高麗的修士——慧灌（625-672），在中國被譽為建立佛教三論宗的大師帶領下學習。回到朝鮮後，他於625年前往日本，正式宣傳三論宗（儘管他可能不是第一個將其思想帶到日本的人），最終也成為日本佛教教會的僧正。

圖4.2　彌勒（未來佛）。鍍金青銅雕像。七世紀，朝鮮半島三國時代。存於首爾國立中央博物館。© DeA Picture Library/Art Resource, New York

　　東亞佛教的經文以中文譯本傳到了朝鮮和日本。佛教傳播就像潤滑劑，帶來中國的文化。例如，新羅的僧侶慈藏於636年前往唐朝學習佛教。643年，他奉新羅國王的聖旨回國。在他的建議下，新羅於649年正式採用唐式服裝，並在650年為了記錄事件而採用唐曆和年號。

　　另一位新羅的和尚圓光（卒於640年）在唐朝學習了11年，隨後受到新羅朝廷的表彰，並經常教授經文。圓光因為在602年制定了世俗五戒而受到讚揚，世俗五戒指的是事君以忠、奉親以孝、交友以信、臨陣勿退、慎於殺生。前兩個戒律明顯地來自儒家，甚至使用**忠誠**和**孝順**這幾個標準漢字。只有遵從最後一個戒律可稱為佛教徒，然而這個戒律看起來也在地化，因為，標準的佛教徒應該完全地避免殺生。第四個戒律，在戰鬥中要無所畏懼，可以代表了朝鮮本土的傳統。這五個戒律成為文化交流的經典例子。圓光也為了新羅與高句麗王國之間的戰爭，代表新羅國王向中國寫了一份中文求援的信而備受讚揚。[25]

　　七世紀初，三個朝鮮王國為了對付鄰近王國，均向中國派遣使節團尋求軍事援助。令人驚訝的是，只有新羅成功得到援助。直到六世紀末，新羅與中國之間的交流非常少。根據中國六世紀的記載，新羅當時仍然沒有使用文字，交流都必須透過百濟。然而，六世紀時新羅偏向東亞文化進行重組。新羅的佛教僧侶為了尋找佛法，開始前往中國。631年，中國新的政權——唐朝在其首都建造學校。根據記載，朝鮮三國、西藏、吐魯番及其他地區共有上千名學生前去學習。從640年開始，新羅的王室成員也前去唐朝首都學習。

　　從隋朝到唐朝初期，中國與高句麗之間衝突不斷。隋朝與高句麗的第一次衝突發生於598年。隋朝對高句麗一系列的災難性入侵始於612年，普遍認為這是隋朝迅速滅亡的原因。618年，唐朝取代隋朝，唐朝

---

25 Iryŏn，*Samguk yusa*（三個王朝的言行錄）（1280年），4；T.49.1002。

統治穩定之後，重新燃起與高句麗的衝突。從644到658年間，唐朝對高句麗進行了五次重大遠征。唐朝多次直接入侵嘗試擊敗高句麗，卻都無功而返。高句麗的頑強抵抗可能最終說服了唐朝採取新的策略，便是與新羅結盟，從高句麗的南邊進行包抄。

這個決策將主攻擊點轉移到了朝鮮西南部的百濟。650年，新羅的特使（未來的武烈國王，654-661在位）前去向唐朝皇帝請求對百濟的軍事援助。651年，新羅王室成員──金仁問（卒於694年）開始擔任唐朝皇帝的保鏢。隨後，金仁問藉由職務之便擔任在唐朝與新羅王國之間的中間人，協助兩方完成軍事結盟。金仁問在唐與新羅之間進行了諸多調停之後，最終於694年在唐朝首都去世。

在金仁問的指引下，用100艘新羅軍艦將唐朝軍隊送往戰場，唐朝和新羅終於在660年成功占領百濟首都。百濟王室以囚犯的身分被帶回中國，但當時有一位百濟王子不在國內，日本朝廷任命他爲百濟的新國王，並在日本的支持下，爲了奪回百濟而成立了一支遠征軍。根據記載，663年的戰爭中，唐朝和新羅的海軍聯合擊沉了日軍400艘船，攻滅百濟並結束日本對歐亞大陸將近一千年的影響。

此時，高句麗內部衝突導致國力衰弱。642年，高句麗的貴族淵蓋蘇文殺死國王，任命國王侄子爲王，並且自封最高攝政，掌握大權。當他於666年去世時，他的兒子彼此爭吵，其中一位泉男生帶著部下逃到唐朝。泉男生最終於668年隨著唐新聯軍奪回了自己的王國，受封爲右衛大將軍。

高句麗於668年滅亡後，根據記載，唐朝將其總人口的5%遷移到了中國人煙稀少的地區。[26] 後來，有許多高句麗和百濟的人，在唐軍中表

---

26 金富軾，《三國史記》（三個〔朝鮮〕王國的歷史紀錄）（1145 年）（首爾：Hongsin mun-hwasa，1994 年），第 1 卷。第 413 頁（Koguryŏ Basic Annals 10）。

現優秀，最著名的是高句麗流亡者第二代或第三代的後裔，在750年為唐朝占領了塔什干。唐朝顯然希望將朝鮮半島整個納入版圖，任命唐朝官員前去收復，然而唐朝在朝鮮半島上並沒有部署足夠的軍隊，來面對新羅的頑強抵抗。新羅於676年將唐朝軍隊逐出朝鮮半島，朝鮮半島（範圍到現代北平壤附近）至此一統，新羅的統治開始。

新羅

新羅的起源可能是從管理六個部落的長老會而來。儘管新羅逐漸成為中央集權的國家，四世紀開始了世襲制，即位者稱呼為麻立干。根據記載，503年採用了中文稱謂「王」，新羅社會的特色是公共事務交由貴族決定。貴族理事會（和白）決定像是王位的繼承人等諸多議題。新羅由貴族統治並透過骨品制度區分階級。520年建立了中國式官僚體制，確立了17個骨品階級，但這些頭銜是嚴格按照世襲的骨品等級授予。骨品的等級決定了一個人可以獲得的最高職位、房屋的大小，甚至衣服樣式。

有證據指出新羅女性的社經地位要高於當時的中國（以及之後的朝鮮歷史）。當時新羅有三位女皇，很明顯地不僅是男性統治者的配偶。整體來說，整個新羅時期，血緣從父親及母親兩邊一直延續下來，導致家族姓氏的繼承變得模糊。新羅王室金氏家族和王家配偶朴氏家族在六世紀左右，可能是朝鮮最早採用世襲姓氏的家族，但是直到十世紀末，即使在王室中也並不總是使用父系姓氏。新羅很明顯與其相鄰的中國有著截然不同的社會情形。中國可能是世上第一個普遍繼承家族姓氏的國家。

新羅不像中國，新羅有獨特的戰士文化。特別有名的年輕貴族戰士被稱作花郎或是花郎徒。花郎建立軍事訓練制度以及英雄般的形象。他們還前往聖山和河流表演儀式歌曲和舞蹈，除了戰鬥以外還似乎有多方面的涉獵。此外，583年實施了新的旗幟系統，用不同顏色的旗幟來區

分新羅不同的武裝部隊（這是十七世紀後期滿族橫幅系統先驅）。由於骨品階級裡的高級貴族有時仍擁有私人軍隊，這種旗幟系統有助於將軍事力量更緊密地集中於皇家。

新羅國王沒有留下任何直系繼承人，於632年去世。之後又有兩位女王接連去世，已經沒有人可以繼承屬於王族的聖骨階級，因此新羅國王與高級貴族則共同使用下一個骨品階級——眞骨。這可能是爲什麼後來的朝鮮國王沒有像日本天皇那樣自詡爲神，以及爲什麼朝鮮國王也從未（除了短暫地在十世紀和1897年兩次）自稱東亞地區的最高頭銜「皇帝」的原因之一（不同於日本、越南及中國的皇帝）。由於朝鮮國王的權力是由中國皇帝冊封，爲朝鮮國王提供了對付國內權勢貴族的手段，這能解釋爲何儘管朝鮮國王堅決並成功地從唐朝獨立，但仍比日本更願意接受中國皇帝的冊封。

歷史上許多君主制國家都觀察到這樣的現象。新羅國王和貴族階級相對低的貴族合作，以防止大貴族獨立。在新羅的例子當中，這特別指的是第六級的人，在眞骨級之下的最高級別。而採用中國的官僚體制，讓低階級往高階級流動，人民透過展現才能（和對國王的服務）而非直接繼承階級，有助於朝鮮國王的利益。

很諷刺地，在統一了朝鮮半島並將唐朝勢力逐出後，新羅與唐朝之間商業上的來往反而增加了。唐末，儘管新羅沒有自己的貨幣，而是使用中國的貨幣，新羅卻主導著東亞北部的海上貿易。乘著微風，從朝鮮西岸乘船到中國只需兩三天的航程，而且在唐末似乎有大量的朝鮮人居住在中國。唐朝有好幾個城市的郊區被稱爲新羅區或新羅村。

唐朝首都還有一個專門用來接待朝鮮使者的新羅館。新羅人可能是唐末來中國學習的最大宗。有大約88位新羅人在唐朝掌權的最後一個世紀通過了中國的科舉。有一些人在返回朝鮮之前曾進入唐朝官僚體系任職，他們回到朝鮮後爲弘揚儒家理想而發聲。

　　由於朝鮮的儒家思想還處於起步階段。新羅於682年成立了國家學院，其中一小部分新羅年輕人接受中國式的教育，其中包括儒家經典、中國歷史和中國文學。788年，新羅參照唐朝科舉制中的明經科，設置讀書三品科制度。這個制度對強大君主和出身不及貴族的人有很大的吸引力。在新羅時期，考試的作用仍然有限，但是在引入中文教育後對朝鮮（以及日本）有了深遠的影響。漢字書寫系統的使用將朝鮮引入獨特的東亞文化圈，大唐中國其他鄰近國家不一定屬於其中，如西藏，其使用的藏文起源自印度。

　　同時，儘管朝鮮頗為盛行使用中文書寫文字（十世紀或更早之前的朝鮮詩，只有25首保存至今，這些詩還必須使用中文書寫），但口語對話上絕大多數還是使用朝鮮語。現今整個半島都在使用的韓語可能源自於新羅語。在新羅於668年將半島統一之前，至少有一些不同區域使用的語言仍有差異。然而在新羅統一半島後，朝鮮半島上漸漸地透過相同的語言進行溝通。而且，這種朝鮮語與中文完全無關，甚至與它最相近的日語完全不同。因此，儘管受到中國人的重大影響，朝鮮半島的人民成為了具有自己特色的朝鮮人。

　　公元780年左右之後，地方軍閥崛起導致新羅中央政府衰落。在800至890年間，新羅經歷了至少14次由皇室成員發起的叛亂及政變。在這幾年當中，自然死亡的新羅國王很少。軍閥時代最為傳奇的人物莫過於張保皋（卒於846年）。張保皋雖然出身於新羅沒沒無聞的平民家庭，卻富有才能。他曾前往唐朝旅行，並且在唐朝徐州擔任武寧軍小將。他返回新羅向國王報告，說明他觀察到在中國各地都有新羅人被當作奴隸。他建議在朝鮮的西南端海岸（現今為莞島）建立駐軍，他可以在那裡控制海路並防止新羅人被擄去當奴隸。莞島基地於828年正式建立，張保皋成為海上霸主，控制了整個黃海海域。然而，當張保皋於846年試圖為他的女兒和新羅國王舉行婚禮時，卻被一位憤慨的貴族給謀殺了。

　　隨著新羅在901年至935年之間呈現頹勢，朝鮮半島再次分裂爲三個王國，甚至短暫地恢復了舊名百濟和高句麗。然而，分裂並沒有持續太久。935年，名爲高麗的新王國再次統一朝鮮半島。這個名稱是高句麗的縮寫（使用兩個字而不是三個字），也是英語單詞*Korea*的起源。高麗王朝由王建（高麗太祖，918-943年在位）所建。作爲獨特文化的獨立國家統治者，他的職位很微妙。儘管如此，亦在943年對繼承人的禁令中，堅定地表達了他們同時也是東亞文化圈的一部分：「我們很欽佩唐朝文化。我們的文學、儀式和音樂都遵循其制度。然而，在不同的地區和不同的土地上，人們的天性各不相同。我們不需要非得一樣。」[27]

日本帝國：奈良時代（710-784）和早期平安時代（794至十世紀左右〔-1185〕）

大化革新（645）

　　589年，中國帝國由隋朝統一，突然打破東亞地區的平衡。好幾個世紀以來，剛復興統一的中國首次堅定地宣稱它對整個天下擁有主權，並野心勃勃地將其帝國版圖擴張到中國核心地區之外。這對中國的鄰國產生了嚴重的影響。隋朝開始威脅以武力進攻朝鮮半島時，日本的大和朝廷不得不在七世紀初與隋朝建立聯繫。在607年後的短短14年內，大和先後派遣不下五批使節團前往隋朝和唐朝。然而，到了此時，大和朝廷不願承認權力是由中國所冊封，也不願意當中國朝廷的附庸國。取而

---

[27] 鄭麟趾，《高麗史》（1451 年）（首爾：景仁文化社，1981），2.15b。「十訓要」第四條。採用 P. H. Lee, ed., *Source-book of Korean Civilization*, vol. 1. *From Early Times to the Sixteenth Century* (New York: Columbia University Press, 1993), p. 264 的翻譯。

代之的是，即使不比中國高等，大和朝廷也認爲自己與中國是處於對等關係。607年，遣唐使向隋朝遞交的國書，其內容有失禮節地寫道：「日出處天子，致書日沒處天子，無恙。」[28]

　　但是，日本與中國較勁是因爲日本模仿中國帝國體系。這時，日本朝廷官員有意嘗試建立像隋唐那樣強大的中央集權國家。與早期使節團一起被派往中國學習的日本和尙於630年左右開始回國，並帶回唐朝的第一手資料。以王室人物中大兄（後來的天智天皇，662-671年在位）爲中心，以及一些歸國的學習漢語大師組成了聯合政府，並由中臣鎌足（614-669）領導。中臣鎌足根據傳統審視了所有皇室王子的個人能力，並認爲中大兄最具潛力，能夠幫助他完成政府集權計畫。但中臣鎌足與中大兄之間的關係並不密切，據說有一天，皇子在踢球時，不小心掉了鞋子，中臣鎌足將鞋子取回，成功地與皇子建立了聯繫。現在只有一件事情阻礙了中臣鎌足的大陸式帝國中央集權計畫：蘇我家族的力量。

　　622年，攝政王聖德太子逝世之後，已經把持朝政三十多年的蘇我家族，將大和朝廷籠罩在陰影之中。蘇我家族甚至被懷疑懷有篡奪王位的野心。645年，一場皇后出席的國家典禮上，中大兄皇子和其共謀者突然襲擊，刺殺了蘇我家族的領導人。宣布了新的中國式帝國統治，年號大化（645-650），其字面意思是「大的變革」（儘管這個年號很有可能實際上是之後幾年才選出來），開始了一系列重要的改革。爲了表彰中臣鎌足在乙巳之變中的貢獻，賜姓藤原。藤原的字面意思是紫藤平原，據說是爲了紀念共謀者第一次見面策劃清除蘇我家族的地方。藤原家族後來成爲日本的第一家族。

　　日本傳統記載可能某種程度上美化了645年後實施的大化革新，但

---

28 魏徵，《隋書》（公元 636 年）（北京：中華書局，1973），81.1827。

是毫無疑問，全新的中央集權制度在七世紀中葉至後期迅速地建立起來。到了600年代的早期，許多日本聚落的酋長實際上只是天皇的自治盟友而已，大和朝廷的影響範圍除了皇室，可能還沒有延伸到宮殿外。[29]乙巳之變之後，日本的中央集權發展非常迅速。如此緊迫的原因有一部分可能是因為害怕唐朝入侵。

645年的大化革新的同時，唐朝對高句麗發動的新一輪攻擊。當唐朝的戰略從北部直接正面攻擊轉移到南邊，與新羅結盟從百濟向高句麗進發時，大和派出一支遠征軍協助百濟。日本的遠征軍在663年被殲滅，根據記載損失了400艘船和一萬人。百濟滅亡，而高句麗也在668年滅亡。668年之後的幾年裡，整個朝鮮半島似乎都處於唐朝控制之下，這似乎使日本成為唐朝征服的下一個目標。在這危急時刻，日本快速採用當時最有效的制度——中國式帝國中央集權來加強國力。中央集權制度最有可能是間接地從朝鮮的新羅，而非直接從唐朝引進。即使是新羅和日本，有時也會使用中文書寫往來。[30]

七世紀末的創新包含日本的新名稱。在語言上，舊名大和可能會繼續使用，但是大和沒有辦法用文字書寫。日本最早的書面名稱是「倭」。儘管並不清楚這個名字的起源，但是很久以後讓日本人覺得被冒犯。公元600年代後期，日本朝廷顯然並不滿意「倭」，並傾向於使用新的書面名稱。而新名稱即是日本（Nihon，太陽的起源，有時也發音為*Nippon*）。日本至今仍是日本的標準日語名稱。也是在這個時候，日本的統治者開始使用「天皇」——*tennō*（直譯為天上的皇

---

[29] J. R. Piggott, *The Emergence of Japanese Kingship* (Stanford University Press, 1997), pp. 96-99.

[30] H. Ooms, *Imperial Politics and Symbolics in Ancient Japan: The Tenmu Dynasty, 650-800* (Honolulu: University of Hawai'i Press, 2009), p. 51. H. M. Horton, "Literary Diplomacy in Early Nara: Prince Nagaya and the Verses for Envoys from Silla in *Kaifūsō*," in *China and Beyond in the Mediaeval Period: Cultural Crossings and Inter-Regional Connections*, ed. D. C. Wong and G. Heldt (New Delhi: Manohar, 2014), pp. 261, 264.

帝），天皇後來成爲日本帝王的頭銜。這是由中國皇帝演變而來，日本
也正式採用完整的中國皇室頭銜。

但是，這些中國頭銜最初僅使用於書面形式。八世紀日本法律的註
釋中明確規定，日本君主應繼續使用母語頭銜。[31] 使用日語保持了代表
日本君主制的核心。日本宗教信仰對其祖先太陽女神天照的信奉以及在
伊勢神宮的祭祀活動，可能到七世紀末才開始。日本天皇是神（現人
神）的概念在七、八世紀得以體現。這段時間中，日本透過自己的方式
重塑成爲一個中國式的中央集權帝國。

奈良時代（710-784）

這個新日本帝國研究了一系列中國式的刑法和行政法條。最早的日
本法律條文可能是在668年頒布的，但是隨著701年的《大寶律令》而
逐漸完善。起草《大寶律令》的19人中，有8或9個人來自移民家庭，
有一些人曾出使中國，因此其編寫人對中國的條例有一定程度的了解。
日本帝國根據法規而建立的官僚機構包括一個國務院、8個省和46個
局。在全國建立了省、區、村莊的行政等級體系。於670年開始戶籍調
查，政府藉由戶籍調查確認授田、稅收和兵籍的情形。計畫每六年進行
一次人口普查，並且在每次普查後重新分配稻田，與當時中國的均田制
大致相同。所有成年男性都要當兵，開始鑄造硬幣，並開始撰寫日本第
一個國家歷史（後來的《古事記》和《日本紀》）。儘管日本已成爲統
一的帝國，但並未掌控某些離島地區，本島的東北端直到十二世紀甚至
更晚的時候基本上也保持獨立。

奈良是這個新日本帝國的首都和中心，於708至712年間規劃建
造。早期的日本首都隨著統治者而改變，而且通常只是由茅草屋頂的木

---

[31] *Ryō no gige*：行政法規註釋）（Commentary to the [Yōrō] Administrative Code [of 718 CE]），
Shintei zōho kokushi taikei (fukyūban)（公元 833 年）（東京：吉川弘文館，1972），6.205。

製宮殿建造而成，這與日本其他地方酋長的禮堂沒有太大的差別。到了七世紀初，建造了許多令人印象深刻的建築。694至710年間，日本第一個真正的中國式首都就在奈良以南的藤原。奈良並不是日本第一個真正的首都，也沒有長期作為首都。但是奈良這個城市現今仍然存在。值得注意的是，目前正在重建八世紀的奈良東大寺。儘管奈良與大多數傳統中國城市不同，並沒有被牆壁包圍，但奈良的設計是由北向南典型的中國格狀結構。這個城市的意義是如此之大，以至於日本歷史將這個時代命名為奈良時代。

　　奈良時代的標準教科書內容強調行政法條的功能性和佛教。然而，儒家思想與當時的中國模式密不可分，而且日本的書面資料（至少）也確實包含了許多道德榜樣例子來闡述儒家的思想。例如，孝謙女皇（在位期間749-758年）在757年宣稱：「沒有什麼比儒家禮節更好用來保護統治者和治理人民。」[32] 同年，她還效仿唐朝的法令，要求每家必備一部《孝經》，而且必須精勤學習。難以想像的是，八世紀的許多日本家庭確實做到了，這可以說明大陸之間是很容易相互影響。

　　奈良的宮殿門口附近建立了大學寮，在那裡教授儒家經典、書法、法令、數學和漢語發音（為了朗誦中文的書）的課程。還下令每個省都要設立國學。自701年起，根據法律規定，要求大學寮每年祭祀孔子兩次。九世紀，菅原道真（845-903）在參加了對孔子的春季祭祀並出席了《孝經》的講學之後，宣稱孔子的精神從來就沒有離我們太遠。[33]

　　諷刺的是，菅原道真之所以有名，是因為他在894年建議日本朝廷廢止「遣唐使」的制度。與朝鮮和越南不同，中國式科舉在日本一直沒

---

[32] 菅原道真《類聚國史》（國家歷史分類）Shintei zōho kokushi taike（約公元 892 年）（東京：吉川弘文館，1965），107.59。

[33] *Honchō monzui, chūshaku*（註釋文集），出自明衡・藤原之手（公元 989 至 1066 年）。Kakimura Shigematsu 編（約公元 1037 至 1045 年）（東京：Fuzambō，1968 年），9.210。

有完善，人們對於透過官僚體制來升遷的機會很少而感到失望，導致三善清行（847-918）在914年感嘆大學寮非常令人失望，甚至父母互相提醒不要向孩子們提到大學寮。[34] 到了八世紀，根據估計，日本的600萬總人口中，約莫只有兩萬人參加了菁英文學文化，而大學寮只有400名學生。國學很難找到合格的教師，甚至在首都的教學職位也逐漸成為世襲制。大學寮在十二世紀被燒毀，且並未重建。

中國的影響力有限，而且經常用於思想鬥爭。日本不再是中國帝國主義的一部分，反而是自身獨立的中國式帝國主義的中心。儘管一般認為奈良時期是中國對日本制度和文化影響最大的時期，與其前後時代相比矛盾的是，此時的日本是相對的封閉。[35] 日本支援朝鮮的遠征軍在663年被殲滅後，在九州西南邊的島嶼建立了辦事處，辦事處距離朝鮮最近，意圖管控所有的國際接觸，並首次有效地封鎖日本國界。

中國的強大要素被其東亞鄰國選擇性學習並且在地化，成為本土文化獨立不斷進化的要素，而不是區域的超級大國（在本例中為中國唐朝），簡單地影響其鄰國。有些大陸之間的影響顯然也是無意的。例如，從中國傳來的災難性傳染病天花，735至737年從九州傳播到日本所有大城市，並且導致了四分之一甚至更多的日本人喪命。[36] 佛教是透過中國以中文翻譯傳入日本，而且通常以特定的中文形式出現。此外，佛教對於中國也是外來的影響，它激發了複雜作用。一方面，佛教可以說在日本奈良比在中國唐朝更加強大。

公元746年後，奈良的佛教東大寺成為日本最大的政府辦公室。東

---

[34] *Honchō monzui*, 2.285.

[35] B. L. Batten, "Cross-border Traffic on the Kyushu Coast, 794-1086," in *Heian Japan, Centers and Peripheries*, ed. M. Adolphson, E. Kamens, and S. Matsumoto (Honolulu: University of Hawai'i Press, 2007), pp. 358-360.

[36] W. W. Farris, *Population, Disease, and Land in Early Japan, 645-900* (Cambridge, MA: Harvard University Press, 1985)，第2章。

大寺是由日本國家支持的總國分寺，在每個省都有國分寺。隋唐時期中國有先例，但是不像東大寺在奈良有一座寺，唐朝首都一座寺廟都沒有讓其首都黯然失色。東大寺在752年建成64英尺高的象徵性青銅佛像（見圖4.3），展現令人敬畏的影響力。這尊大佛還說明了佛教界的國際連結。國中公麿（卒於774年）是一位朝鮮人的孫子，於663年百濟滅亡後逃到日本，參與了佛像的鑄造過程，據說在752年的開眼儀式由菩提僊那（704-760），眞正來自印度的婆羅門進行。

圖4.3　日本奈良，東大寺，釋迦牟尼佛青銅像，公元748-751年，Vanni/Art Resource, New York

漢語可能是整個東亞佛教經文中使用的語言，但印度梵語保留了神聖的氛圍。大約在770年，一位日本女皇擁有100萬份咒（**陀羅尼**）的複本，用漢字寫的梵文，印刷並放置在小型木製佛塔中。[37] 奈良時代結束後不久，日本著名的空海和尙因爲不滿意日本對梵文咒語和其他深奧象徵的解釋，前往中國請法，他小心翼翼帶著44卷梵字眞言讚回日本，以證明他對梵文的興趣。我們可能會懷疑空海是否眞的學到了很多梵文，但是就此而言，他可能也不太會說流利的中文。僅僅在唐朝首都待了一年，空海在806年上表請求與遣唐使一同返回日本。空海在日本創立了眞言宗，並將其宗教信仰奉獻給了日本。

---

[37] 關於早期印刷及其在這種情況下的規模和佛教的影響，請參見 T. H. Barrett, *The Woman Who Discovered Printing* (New Haven, CT: Yale University Press, 2008), p. 94。

平安時代早期（大約794至十世紀〔-1185〕）

764年，已經退位成爲尼姑的孝謙女皇復位再次登基，改號稱德天皇，並於766年將一名佛教僧侶道鏡和尚封爲「法王」。道鏡和尚769年，甚至有神宮使者向朝廷說，神降下神諭說如果道鏡成爲天皇，則天下太平、百姓富庶。企圖把日本完完全全變成一個佛教統治的國家（同時也會改朝換代）。這一定使許多朝廷官員驚恐不已，而這個神諭很快就被推翻。德天皇不久後於770年去世，帝國來源的合法性（尤其是自稱天照大神的後裔）與佛教之間產生了距離。

爲了逃避奈良佛教寺強大的影響，帝國首都在784年最終從奈良遷出，當時頻繁遷移首都是相當常見的。經過努力找尋建造首都地點，於794年選擇了一個小村莊作爲新首都的所在地，將該地點更名爲平安。這座新的平安城市，今天稱爲京都（字面意思是首都），直到1869年都作爲日本帝國的首都。然而，在1185年之後，日本朝廷多年來都沒有實權，歷史學家將794至1185年之間當平安作爲日本的中心時，稱爲平安時代。

在平安時代的400年中，日本的歷史格局發生了明顯的變化，而且與大陸的軌跡也有明顯的分歧。平安時代初期可以視爲奈良時代在其他地方的延續。在某些方面，中國的影響力僅在奈良末期和平安時代初期有所增長，特別是在貴族文化這方面。舉例來說，日本早期的歷史中，女性君主的出現頻率（在593至770年，曾有6位女天皇）與中國的父系帝國模式形成鮮明對比，並在770年之後出現斷層。[38] 平安時代沒有任何女天皇，此後的整個日本歷史上，只出現了兩位女天皇（明正天皇1630-1643年在位，後櫻町天皇1762-1771年在位）。奈良時代早期，一

---

[38] J. R. Piggott, "Tracking the Wa-Kan Dialectic at Nara," in *China and Beyond in the Mediaeval Period: Cultural Crossings and Inter-Regional Connections*, ed. D. C. Wong and G. Heldt (New Delhi: Manohar, 2014), pp 243, 251.

些宮殿建築仍以日本本土風格建造——雪松樹皮屋頂、未經處理的原木和挑高的屋內為其特徵，但在八世紀中葉，奈良的宮殿和行政中心以厚重瓦磚屋頂的中式風格重建。儘管奈良時代蒐集了大量日本本土詩歌，即《萬葉集》（約760年），但平安時代初期大部分的文學都用中文創作。但是，到平安時代後期情況開始反轉，越來越多日式風格和主題的詩出現。

　　總體而言，日本歷史上兩個截然不同的時代轉折點，大約在十世紀的平安時代中期出現，儘管大多數變化是逐漸發生，幾乎無法察覺。平安時代有兩個特別重要的發展，長期削弱帝國政府的中央集權以及武士的崛起。這兩種發展與中國大不相同。另一個明顯的差異是，在日本以佛教為中心的世界觀大獲全勝，儘管中國正經歷著其新儒學復興，但中國佛教的普遍性與其相反地開始下降。[39] 日本在平安時代末期的所有獨特發展，其根源都可以追溯到奈良時代。

　　例如，日本預測唐朝不會於七世紀入侵後，日本不再面臨任何嚴重的外國軍事威脅，因此最早在792年就解散了軍隊。最終，甚至中央政府連維持鄉村治安的工作也拋棄，並且委派（或默認情況下放棄）給當地的武士。同時，奈良的班田制在短短半個世紀之內就走向瓦解。銅幣的鑄造始於708年，958年結束。由於通貨膨脹和貨幣使用的其他問題，以及許多政府實施的市場法規失效，因此到九世紀時，日本回到以物易物。這並不代表商業必然會下降，有證據顯示商業實際上反而增長，但這與中央政府的衰落同時發生。政府收入減少，也導致有權勢的貴族尋找除了官方收入以外的其他私人收入來源。隨著時間流逝，特別是透過莊園制的形式，私有土地漸漸地免稅，甚至連政府官員也開始涉入。

---

[39] 對於日本，請參閱 W. R. LaFleur, *The Karma of Words: Buddhism and the Literary Arts in Medieval Japan* (Berkeley: University of California Press, 1983), pp. 9-14。

奈良時代的貴族家庭通常會大量僱用私人員工，私人員工逐漸成爲貴族權力的象徵。十二世紀平安時代結束之前，最終連皇室家族也透過太上天皇，私下行使權力。統治平安時代的宮廷貴族中，由中臣鎌足在七世紀大化革新時創立的藤原家族最爲卓越。

藤原家族的權力，來自於協助幼年即位的天皇或成年天皇（日語中爲兩個不同的頭銜）管理朝政的攝政一職，但是藤原家族成功的眞正原因是與皇室通婚。特別是在像日本平安時代這樣的社會中，孩子通常是在母親（而非父親）的娘家中長大，因此天皇的岳父或外祖父就有著巨大的權威。例如，藤原家族中最著名的成員藤原道長（966-1028）只擔任了一年的攝政，但是他的四個女兒均嫁給了天皇，誕下的子嗣中又有三位日後成爲天皇，在某個時間點，藤原道長同時有著天皇的祖父和岳父的身分。[40]

政治和經濟結構變化發生的時候，日本文化也有了重要的新發展。平安時代本來由帝國中央直接收稅的制度，逐漸變爲由州長收稅再轉交中央。貴族女性的生活尤其久坐和隱居，這並不是因爲平安時代女性的地位異常低下。例如，平安時代的女性在婚後保留了自己的姓氏，並有權提起離婚，但卻被期望要留在家裡，待在屛風後面不被窺視，如果要出門，她們會乘坐布蓋牛車，而且通常不會走太遠。儘管平安時代高級貴族的宅邸非常大，包括有人造小山丘和湖泊以及花園，但這仍然非常有限。爲了娛樂，一些女性轉向文學並將其發展爲美術。

到了十世紀和十一世紀，女性開始撰寫有意讓他人閱讀的日記文學。在一個著名的事件中，清少納言（生於約965年）宣稱作爲她私人的雜文隨筆集《枕草子》，被訪客意外發現並在朝廷上傳閱。[41] 還創作

---

[40] W. H. McCullough, "The Heian Court, 794-1070, " in *The Cambridge History of Japan, vol. II. Heian Japan*, ed. D. H. Shively and W. H. McCullough (Cambridge University Press, 1999), p. 70.

[41] *The Pillow Book of Sei Shōnagon*，I. Morris 譯（十一世紀初）（Baltimore: Penguin Books, 1967），p. 263。

了一些虛構的故事來娛樂家庭，並以手稿形式散佈出去。平安時代新發展的女性日記文學作品，是使用新日文平假名書寫。

十世紀初開始使用的日語平假名文字主要用於非正式文件、娛樂活動和女性寫作。但是重要文件仍然使用中文書寫。實際上，平假名被稱爲女手，這種情況非常多。由紀貫之（883-946）用日語編著的第一本日記文學《土佐日記》，是一個男人（大約936年）所寫，但他覺得有義務採用女性的觀點來書寫。《土佐日記》記述了土佐守從四國的南邊島嶼，返回首都的55天旅程。《土佐日記》具有內省性和自覺藝術性，並結合了豐富的詩歌，最後以土佐守返回在平安的故居時發現花園被毀，喚起日本平安時代最受歡迎的藝術憂鬱和對所有可變事物的敏感情緒。

平安時代的女性日記文學也衍生出長篇的散文小說。大約有80篇散文小說的可追溯到九、十世紀，但著名的《源氏物語》卻讓平安時代的其他作品黯然失色，並在歷史上留名。紫式部（978-1016）描述光源氏的生活和愛情的長篇散文，《源氏物語》是十一世紀平安時代最顛峰的審美觀的完美例證。而且平安時代的女性文學雖然並不是與中國完全沒有關聯，但是日本特有的文學。九世紀後期開始，一種獨特的日本高級文化孕育而生，它並沒有回到像大化革新前那樣，而在烹飪、服裝和繪畫風格以及新日本文學都有貢獻。

公元607至894年間，日本政府派出20次遣唐使前往中國。其中三次未離開過日本，四次最遠只到過韓國。這群遣唐使可能共有3,000人，但是根據估計，在這段時間中，只有約130名日本人長期在中國學習。對於即使受過良好教育的平安時代貴族來說，中國仍然是一個遙遠的地方。舉例來說，安史之亂的消息花了三年時間才傳到日本朝廷。839年，有三個人在被指派隨遣唐使一同前往中國時逃跑，而非遵從命

令。[42] 894年，最後一次遣唐使直接被取消。

720年到887年，從《日本書紀》開始，平安時代一共編輯了六部史書（六國史）。在村上天皇（946-967年）的統治下，再一次安排了國家歷史的編著以及最後一次中國式法律法規的修訂，但兩者皆未完成。[43] 最後一批日圓硬幣是958年鑄造的。同時，經過中文詩歌漫長的盛行後，於905年編纂了第一本和歌集《古今集》。很顯然，十世紀初見證了中國唐朝和朝鮮新羅的衰落、越南永久的獨立，也是日本的重要分水嶺。

894年，日本最後一次的遣唐使取消，並不代表結束所有與中國的接觸。貿易實際上逐漸增長，中國文化依舊很有影響力，中國看起來並沒有那麼遙遠。850年左右之後，中國和朝鮮的走私商人與日本發展了海上貿易，時常成爲九州北部港口的居民。根據記載，到十三世紀中葉，每年有40至50艘船從中國開往日本。[44] 禪宗佛教在十世紀之前對日本的影響很小。第一位公認的中國禪宗大師直到1246年才抵達日本，而十三世紀時，新的日本貴族武士熱衷於中國禪宗的習俗。[45] 但是中國是沒有武士這樣的階級，也沒有像中世紀的日本那樣盛行禪宗文化。禪宗文化在當代中國的地位與日本不同，儘管它宣稱是源於中國，證明日本的歷史已經開始有明顯不同的發展。

---

[42] 《續日本後紀》（日本近代誌，續），Kokushi taikei（公元 869 年）（東京：Keizai zasshisha, 1897），8.255。

[43] McCullough, "Heian Court," pp. 61-62.

[44] R. von Glahn, "The Ningbo-Hakata Merchant Network and the Reorientation of East Asian Maritime Trade, 1150-1350," *Harvard Journal of Asiatic Studies* 74, no. 2 (2014): 271-272.

[45] M. Collcutt, "Lanxi Daolong (1213-1278) at Kenchōji: Chinese Contributions to the Making of Medieval Japanese Rinzai Zen," in *Tools of Culture: Japan's Cultural, Intellectual, Medical, and Technological Contacts in East Asia, 1000-1500s*, ed. A. E. Goble, K. R. Robinson, and H. Wakabayashi (Ann Arbor, MI: Association for Asian Studies, 2009), pp. 135-138.

! 延伸閱讀

關於此時期中國的權力範圍，請參照 Denis Twitchett, ed., *The Cambridge History of China, vol. III. Sui and T'ang China, 589-906, Part 1* (Cambridge University Press, 1979)。關於隋朝，請參照 Arthur F. Wright, *The Sui Dynasty* (New York: Alfred A. Knopf, 1978)，以及 Victor Cunrui Xiong, *Emperor Yang of the Sui Dynasty: His Life, Times, and Legacy* (Albany: State University of New York Press, 2006)。關於唐朝，請參照 Marc S. Abramson, *Ethnic Identity in Tang China* (Philadelphia: University of Pennsylvania Press, 2008); S. A. M. Adshead, *T'ang China: The Rise of the East in World History* (New York: Palgrave Macmillan, 2004); Arthur F. Wright and Denis Twitchett, eds., *Perspectives on the T'ang* (New Haven, CT: Yale University Press, 1973)。關於拓跋鮮卑在唐人和中國歷史中的重要性的修正主義觀點，請參照 Sanping Chen, *Multicultural China in the Early Middle Ages* (Philadelphia: University of Pennsylvania Press, 2012)。關於唐朝宗教，請參照 Stanley Weinstein, *Buddhism under the T'ang* (Cambridge University Press, 1987)。

關於武則天的爭議性形象，請參照 Jo-shui Chen, "Empress Wu and Proto-Feminist Sentiments in T'ang China," in *Imperial Rulership and Cultural Change in Traditional China*, ed. Frederick P. Brandauer and Chun-chieh Huang (Seattle: University of Washington Press, 1994); R. W. L. Guisso, *Wu Tse-t'ien and the Politics of Legitimation in T'ang China* (Bellingham: Western Washington University, 1978)；以及 Norman Harry Rothschild, "The Mother of Laozi and the Female Emperor Wu Zhao: From One Grand Dowager to Another," in *China and Beyond in the Mediaeval Period: Cultural Cross-*

ings and Inter-Regional Connections, ed. Dorothy C. Wong and Gustav Heldt (New Delhi: Manohar, 2014)。關於武則天發明印刷術，請參照 Timothy H. Barrett, *The Woman Who Discovered Printing* (New Haven, CT: Yale University Press, 2008)。

有關於唐朝「絲綢之路」的傳奇色彩，請參照 Valerie Hansen, *The Silk Road: A New History* (Oxford University Press, 2012); Xinru Liu, *The Silk Road in World History* (Oxford University Press, 2010)；強烈的修正主義觀點，請參照 Christopher I. Beckwith, *Empires of the Silk Road: A History of Central Eurasia from the Bronze Age to the Present* (Princeton University Press, 2009)。關於游牧民族，請參照 Jonathan Karam Skaff, *Sui-Tang China and its Turko-Mongol Neighbors: Culture, Power, and Connections, 580-800* (Oxford University Press, 2012)。

唐朝被視為中國詩的黃金年代，關於唐詩，請參閱 Stephen Owen: *The Poetry of the Early T'ang* (New Haven, CT: Yale University Press, 1977)、*The Great Age of Chinese Poetry: The High T'ang* (New Haven, CT: Yale University Press, 1981)，以及 *The Late Tang: Chinese Poetry of the Mid-Ninth Century (827-860)* (Cambridge, MA: Harvard University Asia Center, 2006)。關於唐詩是如何散佈出去，請參照 Christopher M. B. Nugent, *Manifest in Words, Written on Paper: Producing and Circulating Poetry in Tang Dynasty China* (Cambridge, MA: Harvard University Asia Center, 2010)。

關於韓國的歷史，請參照 Ki-baik Lee, *A New History of Korea*, trans. Edward W. Wagner (Cambridge, MA: Harvard University Press, 1984)。關於還未現代化的韓國，請參照最新一版 Michael J. Seth, *A Concise History of Korea: From the Neolithic Period through the Nineteenth Century* (Lanham, MD: Rowman and Littlefield, 2006)。

關於日本與中國在這時的關係，請參照 Zhenping Wang, *Ambassadors*

from the Islands of Immortals: China-Japan Relations in the Han-Tang Period (Honolulu: University of Hawai'i Press, 2005)。

關於平安時代之前的研究，請參照 Herman Ooms, *Imperial Politics and Symbolics in Ancient Japan: The Tenmu Dynasty, 650-800* (Honolulu: University of Hawai'i Press, 2009)，和 Joan R. Piggott, *The Emergence of Japanese Kingship* (Stanford University Press, 1997)，以及 Bruce L. Batten, "Foreign Threat and Domestic Reform: The Emergence of the Ritsuryō State," *Monumenta Nipponica* 41, no. 2 (1986)。平安時代之前的佛教，請參照 Kyoko Motomochi Nakamura, trans., *Miraculous Stories from the Japanese Buddhist Tradition: The Nihon Ryōiki of the Monk Kyōkai* (Cambridge, MA: Harvard University Press, 1973)。關於寫作的發展，請參照 David B. Lurie, *Realms of Literacy: Early Japan and the History of Writing* (Cambridge, MA: Harvard University Asia Center, 2011)。

關於日本平安時代，請參照 Donald H. Shively and William H. McCullough, eds., *The Cambridge History of Japan, vol. 2. Heian Japan* (Cambridge University Press, 1999)。也請參照 Mikael Adolphson, Edward Kamens, and Stacie Matsumoto, eds., *Heian Japan, Centers and Peripheries* (Honolulu: University of Hawai'i Press, 2007); Robert Borgen, *Sugawara no Michizane and the Early Heian Court* (Cambridge, MA: Harvard University Press, 1986); Paul Groner, *Saichō: The Establishment of the Japanese Tendai School* (Seoul: Berkeley Buddhist Studies Series, 1984)；以及 Ivan Morris, *The World of the Shining Prince: Court Life in Ancient Japan* (Harmondsworth, UK: Penguin Books, [1964] 1985)。

五　成熟獨立的重要時期（十至十六世紀）

▋晚期中國：宋朝（960-1279）、元朝（1271-1368）、早期明朝（1368年至十六世紀〔-1644〕）

宋朝形勢

　　公元907年，一個突然崛起的統帥推翻晚唐帝國並建立新的朝代。中國再次進入分裂時代。與此同時，中國北方有五個帝國相繼建立，其中三個並不是華人而是沙陀土耳其人，南方也劃分成十個不同政體，但局面很快就被打破。960年，北方最後一位年僅7歲的皇帝即位，但事實上是他的母親掌權。她命令禁衛軍之首趙匡胤去抵抗契丹族的侵略。禁軍出發後的第二天早上，一群士兵衝進趙匡胤的房間，擁立他為新皇帝。

　　這場和平政變把一個重要的新王朝推向舞台——宋朝。趙匡胤則為宋太祖（960-976在位）。宋太祖意識到唐朝中期以來軍閥割據造成的分裂，以及頻繁發生的軍事政變，他決心將軍權和文人政府分離。於是，宋太祖舉行宮廷宴會並邀請手握重要兵權的大臣。宴會上，宋太祖表面上是在舉杯祝酒，實則是想解除他們的職位，強迫他們交出兵權，去過平民的生活。

　　事實證明宋太祖的政策十分成功，此後不再頻繁變更朝代，也不再因為內部軍事政變而亡國。中國歷史上大約有80個朝代為封建制度，但在宋朝後面卻只有三個（不包括延伸到中國領土的外圍外國政權）。

此外，後期王朝變化相對小，而亡國原因多是因爲外國入侵。960年，宋朝建立後，由於宋太祖的新政策，讓中國的社會政治秩序在後來千年裡變得相當穩定，但相對使軍人聲望長期低迷，造成軍力逐年減弱。此後，中國長期飽受外敵入侵的問題。

宋朝的技術、商業、文化及藝術方面都有相當的成就。同時，中國已占世界三分之一以上人口。978年，宋朝完成統一後，仍是一個軍力薄弱的國家。宋朝失去對邊境地區的控制，國土面積縮小，不僅如此，還失去邊境地區提供的馬匹和騎兵。因騎兵是自主管理的游牧民族所組成，而僱傭騎兵的費用比帝國的士兵便宜，使得宋朝在軍力更加薄弱，需要花更多的費用以彌補失去騎士的漏洞。相對起唐朝，宋朝在軍事費用花費更高，但軍事力量仍然薄弱。[1]

宋朝的鄰國中，一個叫契丹的游牧民族開創了橫跨北方草原的半中國式帝國——遼國，包括中國東北地區的16個郡縣。1005年簽訂條約後，宋朝被迫每年向遼支付二十萬匹絹和十萬兩白銀，並將遼王朝視爲與宋朝平等的王朝。另一個由西夏人建立的西夏王朝（1038-1227），控制了中國西北部的大片領土。[2] 此外，現在的越南北部，由中國統治一千多年後，在晚唐獨立，並從此沒有回歸中國。

獨立的越南至少名義上是中國的附屬國，其他鄰國卻不那麼順從。值得一提的是，契丹族和西夏王朝發展了自己的書寫系統，像西藏人那樣不使用漢語。他們使用非中國文字讓社會出現很大的改變，與中國文化逐漸出現差異。但從某個程度來說，遼國也在一定程度上採用了中國的政治模式。契丹王朝的開國者精通漢語，920年下令採用第一個版本獨特的契丹文字系統。此外，他曾兩次登基，一次在907年作爲契丹

---

[1] Skaff, *Sui-Tang China and Its Turko-Mongol Neighbors*, pp. 257, 270-271.

[2] R. W. Dunnell 對於西夏開創性的研究是 *The Great State of White and High: Buddhism and State Formation in Eleventh-Century Xia*（Honolulu: University of Hawai'i Press, 1996）。

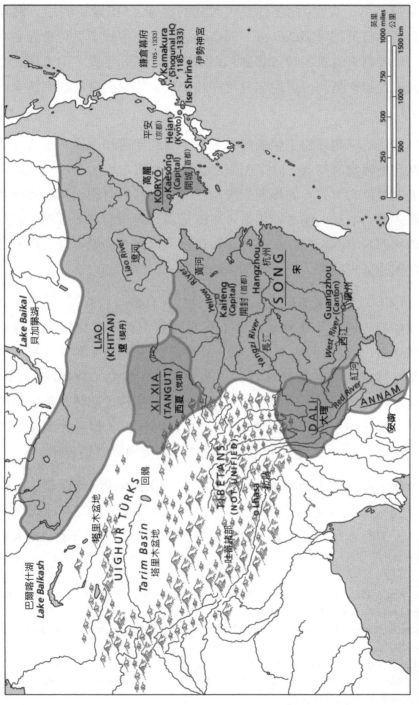

地圖 5.1　公元 1050 年，東亞

族的領袖，另一次在915年作爲中國式的皇帝。[3]但諷刺的是，實際上契丹語是源自英語單詞*Cathay*，而*Cathay*現在是中國頗具詩意的名字。此外，學者越來越重視契丹北部和中國南部之間的差異，兩者在政治上的相似度也越來越高，這說明有可能政治形式的發展會使國家競爭更加激烈。[4]

與此同時，契丹遼王朝統治著各種不同的部落和民族，包括現代滿洲地區的幾個女眞部落。除了屈服於遼朝的女眞之外，還有一些野人女眞生活在更遠的東方，如滿洲的黑龍江河、烏蘇里河和松花江河地區。這些部落說的是滿一通古斯語系，也就是滿洲語的前身。雖然女眞族是住在森林裡的半農業民族，而非游牧民族，但他們仍從契丹人身上學會游牧民族的騎兵技術，而成爲剽悍的騎兵。

1114年，實力派部落首領完顏阿骨打（1068-1123）帶領著女眞族反叛並攻打遼國，不久便以「金」作爲國號。到了1122年，這個新的金王朝（1115-1234）滅契丹政權，並南下攻打宋朝。事實證明，女眞族比契丹族更具有威脅性。1127年，宋朝皇帝被俘，金朝統治了整個華北地區。與此同時，宋朝向南遷移，並在杭州建立臨時首都，由原本皇帝的弟弟接任王位，是爲南宋（1127-1279年）。經過大大小小的戰爭，金和南宋約定，以長江以北約100英里的淮河沿線爲界。

金朝一度成爲東亞最強大的國家。[5]以閃電般速度征服華北之後，許多女眞人從滿洲遷移到中國。1153年，金的首都也從滿洲遷至現在的北京。然而，女眞人在總人口中還是占少數，也許只占金朝總人口的

---

[3] D. C. Wright, From War to Diplomatic Parity in *Eleventh-Century China: Sung's Foreign Relations with Kitan Liao* (Leiden, Netherlands: Brill, 2005), pp. 36-37.

[4] N. Standen, *Unbounded Loyalty: Frontier Crossing in Liao China* (Honolulu: University of Hawai'i Press, 2007), p. 182.

[5] Lin Hang, "Conquer and Govern: The Rise of the Jurchen and their Jin Dynasty," in *Political Strategies of Identity Building in Non-Han Empires in China*, ed. F. Fiaschetti and J. Schneider (Wiesbaden: Harrassowitz Verlag, 2014), p. 37.

10%，兩三百萬的女眞人統治大約三千萬的中國人。最初，女眞人和漢人是分開生活，但在實行中國式中央集權後，女眞人的文化習俗都有了一定的改變。此外，女眞族在中國北方地區開始與漢人通婚並講中文，而中國儒家學者完全接受了女眞政權的合法性。[6] 從某種意義上說，金朝甚至可以稱爲中國王朝。然而，金朝與南宋的競爭並沒有減弱。宋代的學者甚至認爲中國對女眞的敵對，即是中國民族主義精神發展啟蒙的開端。[7] 然而，1234年，金朝被北方更大的新威脅併吞——蒙古人。

經濟與社會的變遷

1127年，軍力處於弱勢的宋朝，失去北方大片國土後，文化與經濟卻開始蓬勃發展，甚至可能進入最繁榮的時期。儘管宋代的土地面積急劇減少，但南宋已達到經濟的巔峰，同時也稱爲中國的「中世紀經濟革命」。[8]

考古學家在爪哇島和蘇門答臘島（現爲印度尼西亞）、馬來西亞、菲律賓、印度、東非、埃及開羅郊區以及波斯灣發現了大量的中國瓷器和其他文物。這些可追溯到唐代晚期，宋代時數量激增。宋朝與整個伊斯蘭世界的海上貿易蓬勃，甚至最遠到達摩爾人統治的西班牙。由此可見，這兩者的貿易十分發達。

中國最早海上國際貿易是由外國船隻抵達中國開始，而最先到達

---

[6] P. K. Bol, "Chao Ping-wen (1159-1232): Foundations for Literati Learning," in *China under Jurchen Rule: Essays on Chin Intellectual and Cultural History*, ed. H. C. Tillman and S. H. West (Albany: State University of New York Press, 1995), p. 127; H. C. Tillman, "Confucianism under the Chin and the Impact of Sung Confucian Tao-hsüeh," in *Tillman and West, China under Jurchen Rule*, pp. 88-89.

[7] R. Trauzettel, "Sung Patriotism as a First Step toward Chinese Nationalism," in *Crisis and Prosperity in Sung China*, ed. J. W. Haeger (Tucson: University of Arizona Press, 1975).

[8] 參見 M. Elvin, *The Pattern of the Chinese Past: A Social and Economic Interpretation* (Stanford University Press, 1973)，第二部分。

的國家是東南亞，再來是阿拉伯和波斯。早在750年，一位中國佛教僧侶在前往日本的途中，就在廣州看到許多波斯、阿拉伯、南亞和東南亞商人。[9] 到了902年，阿拉伯和波斯商人在亞洲海上貿易已經相當成熟，據報導，蘇門答臘島上，甚至鸚鵡也講波斯語、阿拉伯語及其他語言。[10] 而到了宋朝，中國也開始積極從事海上貿易，當時中國有世界上最大、最好的船隻。自十二世紀以來，宋朝船隻便有防水艙和尾舵，並會使用指南針。此後，中國成為印度港口的定期商客，有時甚至出現在波斯灣和紅海。十四世紀的阿拉伯旅行者伊本・巴圖塔，在印度西南海岸看到12面帆、四層甲板的大型中國船隻，因而得出一個結論：「世界上沒有人比中國人富裕。」[11]

到宋代為止，世界貿易運輸的貨物都是以價值高數量少的奢侈品為主，如今正逐漸轉向體積大、價格便宜的商品為導向，例如紡織品、瓷器、胡椒、大米、糖甚至木材，現在可以大規模地運輸以賺取利潤。宋朝許多港口活躍於國際貿易中，但大多數重要的貨物運輸主要是在泉州（位於臺灣對面的大陸上）。雖然宋朝開啟許多貿易路線，但中國瓷器和硬幣的最大進口國可能是日本。[12] 現代考古學家在朝鮮海岸附近發現了十四世紀的沉船事故，從中國運往日本的途中沉沒，其中載有18,600件陶瓷、檀香木和幾噸的中國硬幣。其中船員有中國、韓國和日本人，

---

[9] D. C. Wong, "An Agent of Cultural Transmission: Jianzhen's Travels to Japan, 743-63," in *China and Beyond in the Mediaeval Period: Cultural Crossings and Inter-Regional Connections,* ed. D. C. Wong and G. Heldt (New Delhi: Manohar, 2014), p. 70.

[10] O. W. Wolters, *Early Indonesian Commerce: A Study of the Origins of Śrīvijaya* (Ithaca: Cornell University Press, 1967), p. 250.

[11] Tansen Sen, *Buddhism, Diplomacy, and Trade: The Realignment of Sino-Indian Relations, 600-1400* (Honolulu: University of Hawai'i Press, 2003), pp. 232-233.

[12] Shiba Yoshinobu, "Sung Foreign Trade: Its Scope and Organization," in *China among Equals: The Middle Kingdom and Its Neighbors, 10th-14th Centuries,* ed. M. Rossabi (Berkeley: University of California Press, 1983), p. 106.

船長是日本人。[13]

　　宋代擁有商業化、技術先進的現代化城市。當時宋朝的城市人口甚至等於世界其他地區的城市人口總數。[14]對於富裕的商人來說，將其資本用於固定投資很平常。他們可以從中間人獲得佣金，甚至與委託代理商簽訂期貨合約。因商業化普及而帶動市場，開始出現娶小老婆的風氣以及類似宗教行為的活動。舉例來說，有一種是僱用不同類型的宗教人士來執行不同的宗教服務，摒棄虛幻而無法提供實質幫助的神明。此外，高爐燃煤後生產的鐵量可能在十一世紀達到頂峰，其水平幾乎等於所有歐洲在十八世紀後期的總和。[15]火藥也用於軍事用途，例如，使用石腦油的火焰噴射器。另一方面，紙幣最早出現在唐末，在此後便開始廣泛流通，同時木刻技術和印刷技術的發明，也促使書籍開始大量生產。

　　儒家經典的第一本印刷版書於953年出版。東亞佛教經典經文《巴利三藏》的首版印刷於983年（共5,048章）。宋朝建立後不久，法律也在963年下令印刷，並在整個帝國中發行，藉著新的印刷技術幫助新朝政穩定。[16]除了中央和地方政府，還有私立學院和書店都間接促進印刷書的數量增加。

　　其他文學成就中，宋代還因彙編了許多十分有文學價值的百科全書而著稱。例如《太平御覽》，於太平興國時期（976-984），彙編成帝

---

[13] P. F. Souyr, *The World Turned Upside Down: Medieval Japanese Society*, trans. Käthe Roth (New York: Columbia University Press, [1998] 2001), pp. 148-149.

[14] F. W. Mote, *Imperial China: 900-1800* (Cambridge, MA: Harvard University Press, 1999), p. 165.

[15] R. Hartwelll, "A Revolution in the Chinese Iron and Coal Industries during the Northern Sung, 960-1126 A.D.," *Journal of Asian Studies* 21, no. 2 (1962): 155; Elvin, *Pattern of the Chinese Past*, pp. 85-86.

[16] B. K. So, "Legitimizing New Political Order Legally: Legal Reforms in Northern Song China," in *The Legitimation of New Orders: Case Studies in World History,* ed. P. Y. Leung (Hong Kong: Chinese University Press, 2007), p. 38.

國檢查用的百科全書，983年完書，共1,000卷。根據該書主題，這本百科全書整理了北宋以前大約兩千種不同的文獻，其中許多現在已丟失。而最早的中國百科全書出現在漢末和魏晉南北朝，唐代仍有一部分留存，但宋朝是最關鍵的時期，讓人類更加方便留下知識。

書籍供應量增加造成很大的社會變動。從宋代開始，雖然有其他的致富方式，但只有一種職業能成爲貴族階級，就是士大夫或官僚。當然，中國政治中的掌權者身分高低和職業之間並沒有什麼新的關係，但是宋朝官員與以前不同，宋朝官員占據著絕對優勢，因爲他們通過匿名的筆試獲得了官位。而中國科舉考試制度終於在宋代成熟。

晚唐平均每年只錄取30位進士，但到了宋朝，每年平均有四到五百位進士。大約95%的男性都有資格參加這一系列考試，科舉從每個縣的資格考試開始。儘管考試從來都不是成爲政府官員的唯一途徑，但到宋代，科舉已成爲普遍且有聲望的方法。[17] 而且，儘管政府官員的數量很少，1800年，清朝一般機構中只有大約2萬個職位；但只要參加考試就會將其視爲菁英，即使實際上沒有通過任何考試。明清時期，在特定時間約有100萬人參加考試，而擁有基本學歷的人數大約占總人口的1%或2%（見圖5.1）。

不論好壞，考試制度都有助於塑造晚期帝國的社會。在很大程度上，這是一個致力於教育和讀書的社會，菁英則是學者。按照儒家的道德觀念，政府本身是一種教育人們提高自身水準的機構。人們認爲孔子是中國第一位老師。

考試制度從未眞正保障那些有實力的人，使他們能夠向上層社會流動。眞正的翻身案例很少見。相對地，原本就很富裕的家庭中仍然掌握

---

[17] Ichisada Miyazaki 在 *China's Examination Hell: The Civil Service Examinations of Imperial China* 中對這種制度的進行了描述，trans. C. Schirokauer (New Haven, CT: Yale University Press, [1963] 1981)。

圖5.1　考試場館於中國廣州，12,000個考場中的幾個考區。攝於1900年。Library of Congress，LC-USZ62-54326

著權力。科舉並沒有獎勵制度或科學創新，但是對比之前任何一個的制度，卻是一個相對流動的社會，菁英地位不是世襲，而是透過能力和努力獲得，這在宋代十分常見，即使並非總能實現。但考試制度至少提供了公平競爭的機會，既確保菁英們能夠受到良好的教育，也能將儒家思想傳揚。科舉也有助於解釋為什麼中國社會後期異常穩定。

　　宋朝普遍的道德價值觀並不一定為現今社會所認可。例如，強調研究理學經典，其內容使婦女地位急速下降。有人指責理學主義對女性不公平，因為他們提倡纏足，而貞潔寡婦的思想在晚期帝國如此盛行，有

部分可能爲十四世紀蒙古統治後產生的特殊思想。但儘管如此，理學確實重申了父權及理想，例如貞節寡婦和性別分離。理學的復興也有助於中國晚期強化父權的觀念。[18]

理學

　　毫無疑問，宋代不僅經濟繁榮，同時又有著巨大的文化發展，無論是在街頭文化或是美術領域。中國畫在宋代達到了超脫完美的水準（見圖5.2）。宋代最重要的思想發展無疑是儒家復興，我們稱之爲理學。

　　理學運動起源於唐末，在宋代發展成熟，直到二十世紀初一直在東亞文化中占主導地位。儘管英文中廣泛使用「理學」，但實際上並沒有一個標準的中文名稱，而中國人習慣把它稱爲一個學派，其中也分爲個人或群體。迄今爲止，最具影響力的人物是朱熹（1130-1200），宋朝之後也有人把他的理念稱爲道學，學習儒家之道。朱熹的著作帶給人們很大的影響，以至於之後理學成爲現代東亞教育的基準。[19]

　　理學早已不是早期儒學，只有細緻的文字評論，而是提出了更多的哲學問題，並且對形上學和宇宙學產生了新的見解。廣泛的概論可能會產生一些誤解，但大多理學家最初的想法是，認爲宇宙中蘊含著一種有機物體。據他們推測是由宇宙萬物所產生，而它們是由相同的基本物質「氣」組成，根據基本原理，會賦予獨特的形狀，稱爲理。再更進一步闡述，則是源自經典《易經》的思想，即宇宙中所有物質無盡的變化最終都是由一個共同的「核心」掌控（太極，如太極拳，即著名的治療武

[18] P. B. Ebrey, *The Inner Quarters: Marriage and the Lives of Chinese Women in the Sung Period* (Berkeley: University of California Press, 1993), pp. 5-6, 267-27。有關蒙古人在此時期扮演的角色，請參見 B. Birge, "Women and Confucianism from Song to Ming: The Institutionalization of Patrilinealty," in *The Song-Yuan-Ming Transition in Chinese History*, ed. P. J. Smith and R. von Glahn (Cambridge, MA: Harvard University Asia Center, 2003), pp. 212-240。

[19] W. T. de Bary, *East Asian Civilizations: A Dialogue in Five Stages* (Cambridge, MA: Harvard University Press, [1988] 1994), p. 62.

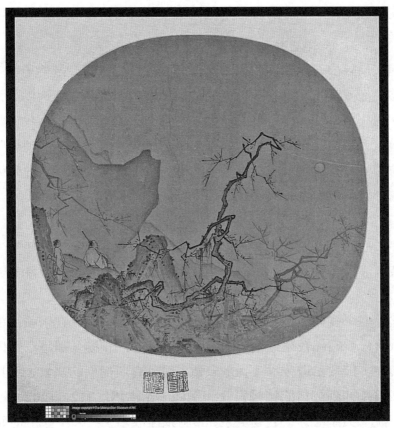

圖5.2　月下賞梅圖，出自馬遠（活躍於1190-1225年）。存於紐約大都會藝術博物館。
© The Metropolitan Museum of Art/Art Resource, New York

術運動）。這些想法產生了著名的「太極圖說」，展示了太極如何產生陰陽交替的關鍵，導致最終產生宇宙中的萬物。

　　理學對宇宙有了新的見解，同時也使佛教和道教受到影響。從宋代開始，農村修建的私立儒家書院，其建築和布局上都類似於佛教寺院。[20] 社區生活、講課風格及尊敬祖先的習俗，也與佛教相似。但如果

[20] L. A. Walton, *Academies and Society in Southern Sung China* (Honolulu: University of Hawai'i Press, 1999), pp. 102-103.

早期的佛教徒試著爭論佛教是中國文明一部分，那麼理學學者會明確反對佛教。[21]

儒家反對佛教是因爲儒家認爲，個人得到的救贖只是爲了追求自身的利益，而放棄了基本的社會責任。相反地，儒家希望能夠爲了大眾而努力。理學巧妙地展現了私慾與大愛的融合，並重新檢視古代經典的短篇書籍《大學》，現今也時常單獨出版及研究。《大學》的理念與個人修養有關，同時也是邁向世界和平的第一步。而個人修養在理學中有一種特殊形式稱爲靜坐，與佛教的禪修類似：

古之欲明明德於天下者，先治其國；欲治其國者，先齊其家；欲齊其家者，先修其身……自天子以至於庶人壹是皆以修身為本。

儘管理學復興，但一般的教科書只傾向於描繪理學在宋朝占主導地位，戰勝先前的佛教和道教，卻沒有描述理學的精髓。但這三者仍然具有影響力，佛教和道教本身就是宋朝上流社會所信仰的宗教，而其他宗教便成爲延伸到鄉村的精神媒介。例如，由洪邁（1123-1202）編寫的志怪小說《夷堅志》，包含大約200個鬼怪故事。[22] 因中國土地面積十分廣闊，難以控管，以至於帝國晚期的中國社會仍然非常複雜。

蒙古席捲而來：成吉思汗（1162-1227）

十二世紀之前，蒙古人並不爲人所知。唐朝的文獻中，有些部落的名字記載不清，儘管其名稱不同，但發音可能類似於蒙古，不能確定該

---

[21] A. Welter , "A Buddhist Response to the Confucian Revival: Tsan-ning and the Debate over Wen in the Early Sung," in *Buddhism in the Sung*, ed. P. N. Gregory and D. A. Getz Jr. (Honolulu: University of Hawai'i Press, 1999), pp. 37, 48-50.

[22] E. L. Davis, *Society and the Supernatural in Song China* (Honolulu: University of Hawai'i Press, 2001), pp. 3-8.

部落是否爲同個群體。[23] 不管怎麼說，直到十二世紀中葉，蒙古人仍然是一個不起眼的草原游牧部落。蒙古傳奇的崛起故事始於領導人的雄心壯志。1167年，蒙古與臨近的韃靼部落產生分歧。此後，蒙古部落暫時分散。死去酋長的兒子鐵木眞和他的母親到山上生活，以打獵和捕撈維生。在經歷數場戰爭後，鐵木眞逐漸建立了一個忠心耿耿的軍隊，據說將士們刺破了手指並讓血液融合，作爲結拜兄弟的象徵。最終，鐵木眞成爲了蒙古部落的領袖，並獲得了成吉思汗的頭銜。

同時，韃靼部落的勢力一直在東部戈壁沙漠地區增長。爲了打倒韃靼，成吉思汗另尋求克烈的幫助並結盟，其中許多人恰好是聶斯脫里基督徒。1198年左右，蒙古和克烈聯軍與韃靼爆發戰爭，成吉思汗終於能報殺父之仇。成吉思汗也在戰爭中成爲非常成功的戰士領袖。到了1206年，成吉思汗帶領的軍隊人數已達到95,000人。同時，同年的忽里勒台大會中，所有與會者都一致認爲成吉思汗是「大汗」。

成吉思汗的手下實際上是說突厥語而不是蒙古語，他們當然不是原始蒙古部落的成員。而隨著成吉思汗的地位急劇上升，蒙古人的身分也開始發揚光大。因此，成吉思汗成爲偉大新帝國的奠基人，並繼續增加大汗偉大的男性血脈，直到林丹汗（1588-1634）1634年去世。後來的像是蒙兀兒帝國、鄂圖曼帝國和滿族都和蒙古有關。

縱觀整個中國歷史，自公元前二世紀漢初以來，游牧騎兵的軍事能力一直廣爲人知。南北朝時期，半游牧皇帝統治了北朝的許多朝代，重新統一的隋唐也是起源於不同的文化背景。甚至有人認爲在中國歷史上，半游牧民族或游牧民族實際上統治著所有王朝。但是，他們幾乎都是中國邊境地區的防衛軍，早已融入中國文明之中，從某種意義上經常被認爲是中國人。但蒙古人和他們不同。

---

[23] Wontack Hong，*Korea and Japan in East Asian History: A Tripolar Approach to East Asian History*（Seoul: Kudara International, 2006），p. 275，頁邊。

　　一般而言，游牧民族的生活方式是以山羊、綿羊、牛、馬和駱駝的移動式飼養爲基礎，與集約定居耕作的生活方式完全不同；此外，在蒙古邊境中，有著草原與肥沃農田的土地形態，兩者差異很大。在歐亞大陸與草原接壤的地區，生態差異不是非常明顯，恰好這裡的游牧民族和農民都是穆斯林，衝突相對較小；相反地，中國邊境的游牧民族和農民之間的對抗非常激烈。但是，並非所有中國人都是農民。中國一直有農牧場經營者和半游牧部落，他們經常向北擴展，同時包括內蒙古。而邊境士兵對保衛國土相當重要，讓中國國內一直保持著專業分工。

　　成吉思汗帶領的蒙古卻是個例外，他們不僅是外族的入侵者而同時他們也無人能敵。蒙古人突然從草原上崛起一直是個難以解釋的歷史難題，一些學者試圖解釋出幾個論點：一是因氣候變化而導致蒙古入侵，剛好在1180至1220年間，平均氣溫下降，而導致生長期縮短，才迫使游牧民族離開草原去尋找更多資源。歷史上也有另一種傳聞，像是偉人說，講述成吉思汗極富野心，同時也是一位積極的領袖，他相信天空之神曾向他下達征服世界的使命，這也許是蒙古積極擴張領土的原因。儘管十二世紀的蒙古總人口大概只有100萬左右，但游牧民族的頑強、馬術及弓術水準使他們無人可擋。

　　成吉思汗鞏固政權後，1210年對中國北方的金朝發動攻擊，而這個朝代是由女眞統治。從第一次進攻到1260年間，蒙古人試圖占領並統治華北的領土，從而造成嚴重破壞。隨後，成吉思汗把目標轉向西方，對中亞發動進攻。1220年，他占領了中亞城市布哈拉。傳說成吉思汗在進入布哈拉的大清眞寺時，就宣稱自己是上帝之鞭。

　　成吉思汗於1227年去世，蒙古人仍然不斷地進攻其他的國家。1234年，成功打下華北金朝；接著在1235年，開始併吞南宋。蒙古並沒有因爲成吉思汗去世而停下腳步。以前游牧騎兵一直被長江、稻田及中國南方普遍溼潤的地形所牽制。爲了征服南宋，蒙古人學習海洋學、攻城戰技術及火藥等中國新技術。此外，蒙古還充分使用策略，從側翼

和西邊進攻長江。1279年，宋朝末代皇帝在中國東南沿海溺死，蒙古人完成了對中國的征服。

蒙古人打下史上最大的土地面積。在西邊占領了波蘭和匈牙利的部分土地，並一直延伸到亞得里亞海。往南突襲印度，儘管當時並未打算占領印度。蒙古人取得東北朝鮮的服從。不過，兩次遠征日本，都因遇上颱風而覆滅，三次南下攻打越南，因難以適應熱帶雨林，加上當地人激烈反抗，最後也無功而返。即使是如此強大的蒙古帝國也有突破不了的極限。在擴張版圖的同時，成吉思汗的孫子忽必烈（1215-1294）在1260年被稱為可汗，並在北京建立一個半中國式的國家——元朝。**24**

元朝（1271-1368）

忽必烈稱呼自己為偉大的汗。他作為蒙古最高領袖，卻遭到了弟弟和堂兄爭位。蒙古帝國開始出現裂縫。從成吉思汗去世後就開始發生改變，當時主要的四個將領都各自擁有自己的領土，後來演變成四個獨立的蒙古汗國：俄羅斯地區的欽察汗國、波斯地區的伊兒汗國、中亞的察合台汗國和東亞的元朝。1295年，蒙古征服南宋的16年後，西方的蒙古人就皈依伊斯蘭教，這可以象徵著蒙古帝國的統一。

成吉思汗不會講中文，也沒有花很多時間在研究中國。相反地，他的孫子忽必烈大部分時間都居住在中國，專心統治元朝。儘管他從未閱讀過中文，但藉著翻譯員，他慢慢能夠用中文對話，甚至他有時還會地糾正那些翻譯員的錯誤。此外，忽必烈經常穿著中國式服裝，並於1266年，在北京建立了宏偉的新中國式首都（當時稱為大都，意為最棒的首都）。此外，忽必烈試圖透過禁止游牧民族在農田放牧牛群，來拉攏他與中國臣民的關係。1271年，他還建國號為「元」（意思是開

---

24 見 M.Rossabi, *Khubilai Khan: His Life and Times* (Berkeley: University of California Press, 1988)。

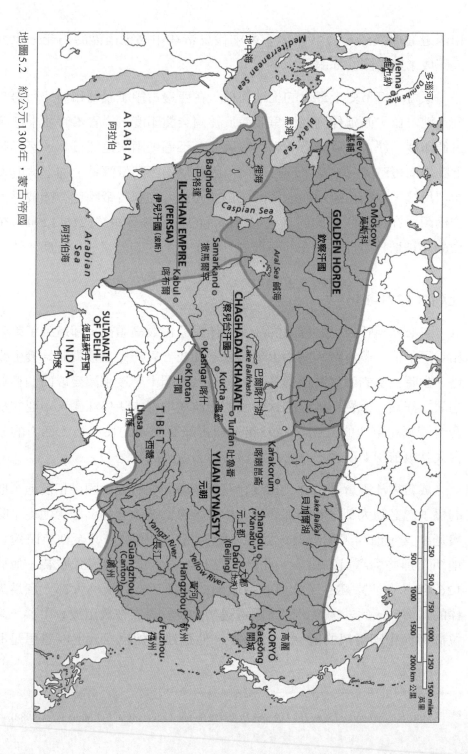

地圖5.2　約公元1300年，蒙古帝國

始）。某種程度上，忽必烈使用中國本土的方式在統治中國。

　　元朝不只有原本的中國土地。例如，蒙古人在1252年征服了西藏，這是第一次中國與西藏喇嘛之間建立起藩屬國關係。中國與西藏關係建立於元朝，時至今日仍然會引起爭議。十四世紀，數以萬計的俄羅斯軍隊駐紮在華北，其中一些人居住在靠近現在的北京，而許多中國人搬到了現在的伊朗西部以幫助發展經濟。1251年，蒙古動員中國砲兵把火藥引入西亞。[25]

　　忽必烈將帝國中多元種族的階級分爲四個等級，蒙古人居於首位。西方人和中亞人（稱爲色目人）占據第二大特權位置，其次是中國北方的前金朝的臣民，被稱爲漢族。具有諷刺意味的是，雖然今天的「漢」一詞在特定意義上指的是華裔，但這些元朝的「漢族」中包括女眞人、契丹人和其他長期居住在北方的人，而南方的南宋人原爲漢族，但南方人卻位居於民族等級制度的最底層。元朝將華北和華南視爲不同的地方。

　　元朝的大多數高層職位都不是漢人。而元朝最後一個皇帝元惠宗（1320-1370，1333-1370年在位）有一名朝鮮妻子，她被稱爲歐亞大陸最有權勢的女人。晚元，元朝與朝鮮的聯繫比與中國南部的聯繫更緊密。[26]元朝很多人都使用蒙古名字，甚至南方出身高貴的人都嘗試說蒙古語，偏愛蒙古人的服裝和髮型。[27]

---

[25] T. T. Allsen, "Population Movements in Mongol Eurasia," in *Nomads as Agents of Cultural Change: The Mongols and Their Eurasian Predecessors*, ed. R. Amitai and M. Biran (Honolulu: University of Hawai'i Press, 2015), pp. 120-123, 130-131, 136.

[26] D. M. Robinson, *Empire's Twilight: Northeast Asia under the Mongols* (Cambridge, MA: Harvard University Asia Center, 2009), pp. 11, 118-129, 287.

[27] J. W. Dardess，" Did the Mongols Matter? Territory, Power, and the Intelligentsia in China from the Northern Song to the Early Ming," in *The Song-Yuan-Ming Transition in Chinese History*, ed. P. J. Smith and R. von Glahn (Cambridge, MA: Harvard University Asia Center, 2003), p. 116.

　　儘管如此，元朝並沒有維持很久。1279年，忽必烈征服南宋時已年近七十。按當時的標準來看，他已算是年邁，而在晚年一直遭受到挫折。例如，他想要建立一種根據藏文所研發的通用書寫系統，但未能獲得世人的認可。同樣地，他兩次入侵日本，最終都宣告失敗。1294年，忽必烈去世，蒙古帝國短短數年之內開始瓦解，其原因是內部發生繼承糾紛。繼承鬥爭在草原民族歷史中相當常見。儘管在游牧民族的繼承傳統中，領導權是傳給同一個家庭的成員，但並沒有規定怎麼選，可以是兄弟，也可以是兒子（不限長幼），導致每當可汗過世，都免不了一場權力鬥爭。

　　此外，1320年代左右，元朝出現鼠疫（類似老鼠的動物，物種仍然有爭議）。沿著新建立的陸上絲路一直蔓延到地中海和歐洲，由此產生的黑死病對中世紀的歐洲歷史影響重大。據估計，中國多達三分之一的人口可能死於鼠疫。對於許多人來說，鼠疫帶走他們的全部。

　　有一些人預言未來彌勒佛將會影響世界，從而去解決這個混沌局面。這時的蒙古因害怕信徒反叛而開始壓制宗教信仰者，卻造成反效果。忠實的信徒開始武裝自己，決定對抗蒙古。同時，一個名叫朱元璋（1328-1398）的十幾歲男孩成為孤兒後，被送入佛教寺院出家。他所居住的寺院被蒙古軍隊摧毀後，他便加入了受宗教啟發的反叛組織，稱為紅巾軍。作為一名反叛者，朱元璋展示了軍事天賦，他迅速晉升，最終成為帝王。1368年，朱元璋40歲時，他的軍隊成功占領了北京並統一中國。朱元璋宣布自己為新朝的開國皇帝，稱明朝。

　　「明」這個字的意思是光明，會選這個名字是因為光的力量代表著勝利。儘管現代民族主義者習慣將明朝視為在黑暗中擊敗外族統治，而恢復的中國人統治的政權，但在當時人們並不認同。許多曾效忠元朝的中國家庭都已認同元朝的法制。當時人們花了好幾年，才完全接受了這個新的「本土漢人」的明朝。朱元璋新增的法令中，也間接承認元朝長

達一個世紀的合法性，儘管他堅持認爲元朝已經結束了。[28]

除了鼠疫之災，蒙古統治下的中國相當繁榮。例如，蒙古人促進了貿易和文化交流，元朝的中國繪畫和戲劇處於黃金時代。阿拉伯旅行家伊本‧巴特和義大利馬可‧波羅長期訪問中國。不僅如此，來自中國的聶斯脫里基督徒與英格蘭教皇還有法國國王見面。義大利商人在北京和泉州進行貿易。[29]蒙古服裝風格的要素有帶有小圖案的面料、背心和毛邊裝飾，從蒙古服裝風格從中國傳到中亞，乃至於印度北部、伊朗、埃及甚至十四世紀的英國。[30]蒙古和平時期（約1250至1350年）可以看到全球貿易，並幫助激發後來歐洲世界的探索時代。馬可‧波羅在遠航中的24年裡，澈底改變歐洲對世界地理的了解。無論哥倫布在航海大發現前是否知道馬可‧波羅的航海故事，敢肯定的是哥倫布對馬可‧波羅有一定的了解。[31]

明朝對西歐的看法與蒙古大不相同，明朝轉爲防禦性的孤立主義。然而，中國和西歐都比伊斯蘭世界更快地從外族征服和黑死病的危機中恢復過來。1258年，蒙古人占領巴格達，代表著人類文明世界中心的中東進入了長期經濟衰退。歐洲、印度和中國成爲世界上主要的新經濟領導國。[32]

---

[28] Hok-Lam Chan, "The 'Song' Dynasty Legacy: Symbolism and Legitimation from Han Liner to Zhu Yuanzhang of the Ming Dynasty," *Harvard Journal of Asiatic Studies* 68, no. 1 (2008): 117。關於名稱「明」的資料，請參見第 123 頁。

[29] N. Di Cosmo, "Mongols and Merchants on the Black Sea Frontier in the Thirteenth and Fourteenth Centuries: Convergences and Conflicts," in *Mongols, Turks, and Others: Eurasian Nomads and the Sedentary World*, ed. R. Amitai and M. Biran (Leiden: Brill, 2005), pp. 403-404.

[30] M. Biran, "The Mongol Empire and Inter-civilizational Exchange," in *The Cambridge World History, vol. V. Expanding Webs of Exchange and Conflict, 500 CE-1500 CE*, ed. B. Z. Kedar and M. E. Wiesner-Hanks (Cambridge University Press, 2015), p. 545.

[31] J. Larner, *Marco Polo and the Discovery of the World* (New Haven, CT: Yale University Press, 1999), pp. 153-160.

[32] P. D. Curtin, *Cross-cultural Trade in World History* (Cambridge University Press, 1984), p. 121.

明初（1368年到十六世紀左右〔-1644〕）

明朝的開國元君朱元璋（明太祖，1368-1398年為皇帝），出於被蒙古統治的記憶，或對自己的血統很敏感，導致朱元璋非常多疑且專制。但是他以自身為榜樣，堅持節儉的生活。他把政策的重心放在眾多半自治農民村莊，降低稅率並以實物支付（即以大米或其他商品而非貨幣形式）。最初，政府機構總數維持在八千左右。人民遷徙也受到限制。在朱元璋的命令下，任何人離家30英里以上都需要有官方證明，未經明文許可而越過明朝邊境，將處以死刑。

儘管明朝孤立主義十分強烈，但明朝一直積極對外發動戰爭。總共發動了308次戰爭，平均每年發動一次以上的戰爭。[33] 這些戰爭大多數是針對蒙古人。但到了1400年代中期，在也先（卒於1455年）的領導下，蒙古已恢復力量。[34] 1449年，也先擄走明朝皇帝，勢力滲透到北京。蒙古的興起導致明朝從進攻的態度轉為防守，帶動長城的重建。

然而，明末因日益繁榮的商業和積極參與國際貿易，使明朝變得更有競爭力。甚至明初，朝廷也參與地理大發現。朱元璋的第四個兒子（明成祖朱棣）於1402年挾持自己的侄子強行占領了王位，成為了明朝第三位皇帝，稱為永樂皇帝（1403至1425年在位）。朱棣有驚人的雄心壯志。最著名的是，朱棣派遣中國穆斯林太監鄭和（1371-1433）下西洋。而在1405年的遠征中，共派出大型艦隊62艘，其中一些艦長約400英尺，載有27,800人。到1433年為止，已經進行了七次下西洋，航行於非洲東部沿海地區，經過霍爾木茲海峽，駛入波斯灣，然後進入紅海，甚至到了麥加。從霍爾木茲、摩加迪沙、孟加拉和其他地方，帶

---

[33] A. I. Johnston, *Cultural Realism: Strategic Culture and Grand Strategy in Chinese* (Princeton University Press, 1995), pp. 27, 184.

[34] P. C. Perdue, *China Marches West: The Qing Conquest of Central Asia* (Cambridge, MA: Harvard University Press, 2005), pp. 57-60.

回豐富的貨物；錫蘭的國王被俘，帶到中國；還引進了像非洲長頸鹿這種異國風情的動物。[35]

　　鄭和海上遠征的規模相當驚人，擁有超過當時歐洲所有國家的海運技術和資源。但是，這並不是探險之旅，因爲他們是依循自羅馬時代就廣爲人知的貿易路線前行。而鄭和的父親是穆斯林，顯然也已經來過麥加朝聖。這次航行並沒有帶來任何重大發現，也沒有打算促進貿易流通，因爲明朝政府對貿易並不感興趣（無論如何，私營商業都是需要自己經營）。下西洋的花費十分龐大，對帝國經濟造成很大的負擔。而儒家官員注重的是在減少稅收和讓人民平安過日子，他們堅信這種遠征並不值得。公元1433年之後，停止一切遠征事務。

　　十五世紀初，明朝擁有世界上最強大的海軍，但在接下來的一百年裡，這個龐大的艦隊逐漸消失。1525年，甚至有法令決定銷毀所有遠洋船隻。然而，諷刺的是，即使明朝政府總是保持保守孤立，但到了十六世紀，中國私人商業反而正進入蓬勃發展的新時代。此時的中國形態向早期現代靠攏。

　　這時也是新學術發展的全盛時期。例如，王陽明（1472-1529）發展出一套新學說，不同於被奉爲儒學正統的朱子學說。王陽明在政府機構和軍隊中都有驚人成就，他堅持知識必須透過行動來實現。舉例來說，不能僅僅透過談話學習孝道，而是必須透過實踐。然而，他的哲學理念是從佛教中得到啟發，並意識到所有眞理都自在人心。因此，理解道理可以簡單地透過內心來思考，不需要外在的東西進行驗證。但朱熹認爲需要先學習知識以便於區別是非，這與王陽明的理論截然不同。王陽明相信人的善惡都存在於良知（孟子的話）中。[36]極端的情況下，這

---

[35] 參見 L. Levathes, *When China Ruled the Seas: The Treasure Fleet of the Dragon Throne, 1405-1433* (New York: Oxford University Press, 1994)。

[36] C. Chang, *The Development of Neo-Confucian Thought*, 2 vols. (New York: Bookman Associates,

種對自省的風氣預告著明末會發展出「禪坐」。禪坐是一種自由思維的
運動，極大地促進中國近代十七世紀的思想多樣化，有時甚至還會發展
出獨特的個人主義。

▍儒家化的朝鮮：高麗（918-1392）和朝鮮早期（1392年 到十六世紀〔-1910〕）

高麗（918-1392）

　　高麗王朝始於918年，起因於王建領導的叛亂。王建來自朝鮮當地
強大的商船和海軍家庭。作為高麗的統治者，歷史上稱王建為神聖大王
（918-943年在位）。但儘管他早在918年建立了王朝，直到935年，新
羅的最後一位國王才退位，朝鮮半島上的後三國之爭終於在高麗的統治
下結束。

　　由名字來看，高麗王朝在某種程度上可能視自己為舊高句麗王朝的
繼承人，高句麗也曾經占領著今天的朝鮮與滿洲邊界。然而，無論高麗
對滿洲有何野心，先後都因游牧強權契丹、女眞、蒙古的崛起而無法實
現。契丹於926年征服部分受到朝鮮影響的渤海國家之後，高麗才發現
國家的土地被侷限在半島上，這便是我們今天所熟知韓國的地理形狀。
而契丹和後來女眞的威脅，可能是韓國鞏固政治和文化的原因。

　　王建藉著中國天命學以及效仿公元前十一世紀周朝擊敗商朝的案
例，順利地建立了高麗王朝。唐朝開始衰落後，高麗的政治、法律和經
濟繼續向上發展。與此同時，高麗在此期間也開始漸漸與中國脫軌，從
某種意義上說，高麗開始發展出自己獨特的民族主義。907年，唐朝滅

1962), pp. 2.35, 2.44, 2.52-55, 2.64-65.（王陽明在這裡用另一個名字來代替，而較早的拼寫是「王守仁」。）

亡後，隨著契丹遼國和女眞金等中間勢力崛起，高麗與中國的連結澈底中斷。高麗時代初期，伴隨著獨立和自信而興盛。另一方面，創始人王建強調高麗獨特的文化和價值觀。[37]

　　高麗的統治方法也代表本土傳統依舊存在。例如，王建尋求與當地貴族聯姻，以加強其地位。他總共娶了29個皇后。在王建的九個女兒當中，王建將兩個女兒嫁給新羅國王，其他的女兒則與他同父異母的兄弟結婚。凡是姓氏相同的人，他們的婚姻在中國就是（無論實際上是否有親屬關係）古老又嚴謹的禁忌，所以此舉可謂是先例。然而早期的高麗並沒有姓氏，表親乃至同父異母的兄弟姊妹之間結婚，並不算少見，至少貴族階級是如此。王建統治時期已有姓氏制度，但仍存在較傳統的婚姻。例如，已婚男人通常會與妻子的家人住在一起，如果一個男人有幾個妻子，她們的地位都是平等的，而不會有小老婆或小妾的區別。高麗婦女仍然擁有繼承家業的權利。

　　資深政治家崔承老（927-989）總結了十世紀末的看法「儘管中國的法治並不難學習，但每個地區都會擁有自己的特點，所以很難改變每個習俗……我們不必所有方面都像中國。」[38] 高麗甚至吸收中國的影響，並轉化成自己的特色。例如，鑑賞家認爲高麗瓷器的做工比中國本土瓷器還要精細。雖然印刷術可能是中國發明，高麗大多數文件都是用中文書寫，但世界上最早使用金屬活字印刷術的是可溯及1234年的高麗。另一方面，佛教從中國傳入高麗後，高麗都是採取教派之間互相融合的態度。以大和尚知訥（1158-1210）爲代表，他是少數幾個未曾在中國學習過的高麗佛教大師，他以頓悟並逐步修養爲準則，同時綜合了高麗佛教經文和冥想。依循這個方式，知訥在佛經與禪宗下了一番功

---

[37] G. Ledyard, "Yin and Yang in the China-Manchuria-Korea Triangle," in Rossabi, *China among Equals*, p. 343.

[38] P. H. Lee, ed., *Sourcebook of Korean Civilization, vol. I: From Early Times to the Sixteenth Century* (New York: Columbia University Press, 1993), p. 284.

夫，面對難以用言語表達的眞理，他努力融合看似無法調和的矛盾。[39]
高麗受東亞影響的同時，也發展現出獨特的創新精神。

高麗建國初期，地方由貴族所控制，不像中國一樣中央集權。貴族
掌控著私人軍隊，而中央政府透過授予其官職頭銜，承認他們的地方權
力。然而，新羅的骨品級制度由新制度所取代。新制度中，能更清楚地
知道血緣關係。伴隨這一變化，姓氏也得到了傳播。

958年，貴族關係緊張，高麗國王推行科舉制度，並有後唐的顧問
協助。儘管考試規模較小，但從長遠來看，大多數高麗官員都是由科舉
選拔。即使不能完全消除貴族，但至少能集權於中央並選賢與能。科
舉制度也鼓勵平民從政而非從軍。高麗時期的貴族演變爲著名的「兩班
制」，分文班與武班。

高麗武臣對重文輕武的制度感到不滿，最終於公元1170年發動政
變。1170年，一位禁軍將領大肆屠殺文臣，罷黜皇帝隨後便殺死皇
帝，此後便進入武人統治時代。高麗的軍事獨裁政權幾乎就像日本的幕
府政權，但高麗的中央、私人、官僚組織狀況都比日本優秀。不過，高
麗的軍人統治也很快因蒙古入侵而結束。[40]

蒙古統治時期（1270-1356）

蒙古於1210年開始攻打中國北方的金朝，並於1231年入侵高麗。
雖然只有零星幾場戰鬥，但蒙古已占領整個半島，並造成嚴重破壞。例
如，初版《高麗大藏經》於戰爭中被焚毀。高麗於華江島上頑強抵抗蒙
古，直到1270年高麗親蒙古政權建立，蒙古讓高麗國王保有統治權。

---

[39] R. E. Buswell Jr., trans., T*he Korean Approach to Zen: The Collected Works of Chinul* (Honolulu: University of Hawai'i Press, 1983), p. 38.

[40] M. J. Seth, *A Concise History of Korea: From the Neolithic Period through the Nineteenth Century* (Lanham, MD: Rowman and Littlefield, 2006), pp. 104-106.

　　1270至1356年間，即便高麗國王繼續統治朝鮮半島，仍屬於臣服於蒙古之下。早期蒙古派達魯花赤赴高麗監督。公元1280年後，改設立征東行省。幾年來，蒙古不只七次推翻高麗國王，蒙古甚至與高麗聯姻。高麗國王的兒子娶了忽必烈的女兒，幾代的高麗王子也於蒙古首都（現今北京）生活，常常擔任大汗護衛怯薛軍，怯薛被譽爲歐亞菁英的訓練場。元朝常稱高麗爲「女婿國」，有數千高麗人居住在蒙古首都、取蒙古名、說蒙古語並著蒙古服裝與髮型。[41]

　　元朝是跨幅遼闊的帝國，而首都大都就是現今的北京。在大都高麗人接觸了理學。1313年，高麗高宣宗在大都生活五年後，退位並設立中韓蒙理學機構，爲萬卷堂。同時，高麗內也重建學院並設立孔廟。著名的儒家學者成爲學院講師，並聚集一群追隨者，拋棄舊有的文本研究，激烈討論經典著作的眞諦。蒙古政權在爲高麗推廣理學上貢獻良多。

　　隨著元朝衰落，高麗恭愍王（1531-1374年在位）與高麗親蒙古派決裂，重申高麗獨立，但隨後又與元軍一同剿亂。起義軍首領朱元璋將蒙古趕出北京，並於1368年建立明朝，但蒙古勢力依然存在於北方草原。雖然恭愍王可以主張並成功讓高麗維持獨立，但他試圖擴大王權，最終失敗，於1374年被高麗貴族所殺。

朝鮮王朝（1392年到十六世紀左右〔-1910〕）

　　隨著蒙古的衰弱，高麗重新獲得獨立，但王朝仍然面臨許多挑戰。一位名叫李成桂（1335-1408）的軍事英雄，曾一舉打擊日本海盜。1388年，他被指派爲高麗軍隊的首領，去取回明朝對北方土地的歸屬權。然而，到達鴨綠江之後，李成桂突然決定折返，一舉推翻了高麗國

---

[41] Robinson, *Empire's Twilight*, pp.100, 275, 282.

王。1390年，他大肆燒毀了所有公私田冊檔並進行了土地改革，這可能有助於削弱高麗貴族。在理學家學者的支持下，他於1392年建立了自己的新王朝。

在明朝皇帝的提議下，重新使用朝鮮作爲新王朝的頭銜。同時，朝鮮王朝也同爲李氏，是採用其統治家族的名字所命名。和以前的高麗王朝的建立者一樣，李成桂也稱爲太祖（1392-1398年在位），意爲偉大的創始人或祖先，並且是東亞朝代創始人的共有封號。實際上，中國明朝的奠基者朱元璋也以同樣封號自稱。儘管我們僅在本章中討論朝鮮早期，但新的朝鮮王朝將持續518年，直到1910年。

十五世紀初，朝鮮的首都從開城遷至今天的首爾。新王朝中，私人武力開始瓦解，最後收復於中央指揮之下。著名的世宗大王統治時期（1418-1450年），朝鮮的北部邊界最終在鴨綠江和圖們江兩岸定下。世宗大王也在1446年正式發布了韓語。與日文假名音節不同，韓語是眞正的獨創字母，有28個符號，並非像日文假名借用漢字。世宗大王也有其他成就，例如，1442年建立了雨量計系統，爲朝鮮提供了世界上最長的降雨量測量紀錄。[42] 十六世紀，朝鮮的鐵甲戰船再次嶄露頭角。

官員是透過科舉制度選拔，考試時考生都必須寫中文。另一方面，男人必須先得審查血統，才能參加考試，此外，朝鮮兩班階級（文官和軍事官員的階級）僅與相同地位的人結婚，與中國晚期的朝政不同，中國是挑選優秀的人才，但朝鮮菁英們的身分仍舊是以世襲爲主，其人數占總人口的10%。在兩班貴族階級之下則是平民，其中大多數是貧窮的農民；再來就是一批人數龐大的世襲奴隸，其人數甚至達到總人口的30%，他們並不是在大型農田裡成群工作，而是自由地耕種著小塊土地，這個形態完全不同於普通農民。

---

[42] Seth, *A Concise History of Korea*, p. 177.

　　熱衷於理學的朝鮮透過對中國古典文學的研究，開始把中國古代視
爲最理想目標。實際上，文學的力量直接影響朝鮮，他們開始在東亞地
區積極重塑中國舊黃金時代樣貌。朝鮮爲了改革，制定一系列法律，其
中包括依儒家父系血脈重建朝鮮家庭、祖先崇拜或是喪葬禮儀。例如，
1390年的一項法律要求朝鮮官員每個季節都要祭祀。[43]

　　直到高麗時代仍舊是男女平等，但在十五世紀，對母系親屬的追悼
形式開始不受重視。慢慢地婦女逐漸失去了繼承權。1402年以後，法
律開始禁止婦女騎馬。長子繼承的觀念得到了越來越多人的認同，代
代由嫡長子繼承，次子和女兒的地位則日漸弱化。小老婆生的兒子最終
沒有資格參加公務員考試，禁止同姓人通婚。儘管所有措施都是慢慢實
行，但至少在兩班貴族中，一直保存著中國式的婚姻和家庭模式。

　　朝鮮早期，政府要求人民必須遵從儒家思想，但到了十七世紀，儒
家價值觀已透過大眾文學和私人學校的興起，而得到了推廣。韓國第一
所理學私立學校成立於1543年。到十八世紀末，已經建立了823家。[44]
其結果讓朝鮮形成一個傳統社會，家庭中擁有尊貴的血緣並有繼承權的
通常是大老婆的長子。到大約十八世紀，韓國已成爲一個完全儒家化的
社會。但是，理學成爲普遍眞理，不一定是受中國影響。實際上，晚期
朝鮮人甚至開始感到，他們比滿族統治下墮落的中國人更像是儒家文明
的守護者。[45]

　　然而，儒家化並不是朝鮮的終極目標。韓國的創新持續發光發熱。

---

[43] M. Deuchler, *The Confucian Transformation of Korea: A Study of Society and Ideology* (Cambridge, MA: Harvard University Press, 1992), p. 134.

[44] Yŏng-ho Ch'oe, "Private Academies and the State in Late Chosŏn Korea," in *Culture and the State in Late Chosŏn Korea*, ed. J. K. Haboush and M. Deuchler (Cambridge, MA: Harvard University Asia Center, 1999), p. 28，表 1。

[45] J. K. Haboush, "The Confucianization of Korean Society," in *The East Asian Region: Confucian Heritage and Its Modern Adaptation*, ed. G. Rozman (Princeton University Press, 1991), pp. 84-86.

女巫師證明了古老傳統的影響力。甚至儒家思想也以獨特的方式在朝鮮發酵。雖然理學輕視佛教，但佛教依然具有影響力。朝鮮將佛教寺廟排除在首都之外，同時失去了政府的支持和免稅的權利。1395年，禁止佛教徒對火化死者的儀式，而採用儒家式葬禮。朝鮮王朝時期，佛教葬禮逐漸被取代，甚至在社會最低層的人也是如此。然而，1592至1598年間，政府軍受到日本的大規模入侵而撤退時（由豐臣秀吉領導），朝鮮佛教僧侶在激烈的游擊抗爭中，起到重要的作用。

▌日本武士：平安時代晚期（〔794-〕十世紀至1185年）、鎌倉（1185-1333）、室町時代（1333-1568）

武士的崛起

從平安時代（794至1185年）的日本文學中，很容易覺得過著精緻生活的首都貴族（現代京都），並沒有了解過首都以外的生活。他們的收入都是來自於各省徵收的稅，但他們對這些省並不了解。和貴族有著相同狀況的還有中央政府，他們對農村地區的實際控制能力也逐漸減弱。最初，地方首長的表現是由其繼任人仔細審核。然而，到了十一世紀，地方首長甚至很少過問他們所屬的省分，而是將地方行政職責轉移給了代表。

同時，在各縣中出現新的強人。日本為了全面重組，七世紀末開始大化革新。八世紀已建立中國式的集權帝國，並且有能力組織龐大軍隊，就像七世紀朝鮮統一戰爭一樣規模。日本引入徵兵制度，並成立了由弓弩武裝的農民步兵軍，直屬於各地方首長。但是，大陸入侵的危機很快就解除。徵兵給普通的農業家庭帶來沉重負擔。792年，廢除了徵兵制度。

　　日本多年來不曾正視另一個棘手的外敵，而外部和平並不代表會減少國內武力需求。另一方面，被稱為「蝦夷」的外族仍然生活在日本的東北部。蝦夷突襲了日本，爆發了一系列的衝突，直到811年才結束。此外，當地的安全（法律和秩序）始終令人擔憂。即使在八世紀最鼎盛時期，徵召農兵也已經由來自農村貴族家庭的騎兵中挑選。日本自五世紀以來，特別是在東部，就一直在練習騎馬射箭，這在當地貴族中有悠久的歷史，騎馬和狩獵都是他們的日常生活。

　　此時，日本士兵並不是我們熟知的那樣。武士這個詞最初是指隨從，在八世紀，它較常用來稱為家傭。到了平安時代早期，這個詞開始用於朝廷貴族的貼身護衛。由於首都的安全問題不斷惡化，貼身護衛也越來越重要。直到十二世紀才使用我們熟知的武士或軍人。早期，日本武士最常被稱為兵。從淳樸的農民戰士發展到熟悉的世襲貴族武士階級，直到十六世紀才逐漸完成。[46]

　　早期的日本士兵尤其是弓騎手，他們的武器大多是箭和馬。到了後期才開始對劍產生興趣。八世紀，日本農兵部隊把十字弓作為主要武器。儘管十字弓相對容易瞄準和射擊，但是很難製造。到了九世紀，十字弓已經被拋棄。相比之下，長弓更容易製造，但需要更多的技巧才能有效使用，尤其是在騎馬時。[47] 但至少如果我們相信日本武士的故事，那騎馬就成為了戰鬥的首選方式。戰鬥將從正式的交流開始，在交流中會宣布戰鬥人員的姓名、年齡、階級和家譜，以便找到合適的對手。接著透過奪取敵人的首級來計算戰士的獎勵。

---

[46] 關於武士，請參見 W. W. Farris, *Heavenly Warriors: The Evolution of Japan's Military, 500-1300* (Cambridge, MA: Harvard University Press, 1992); K. F. Friday, *Hired Swords: The Rise of Private Warrior Power in Early Japan* (Stanford University Press, 1992)；以及 Takeuchi Rizō, "The Rise of the Warriors," in Shively and McCullough, *Heian Japan*。

[47] H.P. Varley, *Warriors of Japan as Portrayed in the War Tales* (Honolulu: University of Hawai'i Press, 1994), p. 5.

最初，日本戰士還有另一個身分是農民，他們加入勢力相對不穩定的農村武裝團體。而東部的戰士開始用溝渠和木柵欄築造家園，並在十一世紀後期，開始組建團體，尤其是與平氏家族或源氏家族。平氏和源氏家族是帝國貴族中的原始分支。日本的皇室家族組織龐大，到十世紀初，大約有700名獲得公眾支持的成員。[48] 但爲了幫助減輕中央政府資源減少帶來的壓力，九世紀天皇的後代開始從皇室的身分降爲僅貴族的身分，並賦予了新的姓氏，像是平氏和源氏家族。（日本皇室沒有姓氏）這些貴族雖不再是皇室成員，但仍享有很高的聲望，尤其是在首都以外的農村地區。

在農村的平氏和源氏家族逐漸形成軍事力量，與此同時，掌握了近兩個世紀朝政的藤原家族，也受到了「院廳」的挑戰。也就是說，凌駕於天皇之上的權力，由長期干政的藤原氏，亦即皇后的父親或兄長，轉移至退位的上皇身上。1068年，第一位天皇登基，而他的母親不是藤原家族的人，這是170年來的先例。從那之後的一個世紀，連續三位天皇退位，接著在他們的家庭之外建立行政單位，成爲退位天皇後，依舊可以從中享受最高權力。例如，白河天皇（1053-1129，1072-1068年在位）於1086年退位，直到1129年才去世。退位天皇帝接受了佛教的洗禮，因此有時也被稱爲太上皇。在1068年和1180年間，有十位天皇，但大部分時間只有三位退位天皇有主導能力。事實證明，退位天皇制度是提高皇室經濟和政治地位的有效手段，同時也製造在位天皇和退位天皇之間的緊張關係。

平氏家族的一個分支透過平息內陸海域的海盜活動，來展示他們的軍事能力，並順勢依附退位天皇之下。1156年，是幾個世紀以來第一次以軍事力量解決皇室內部的爭端。平氏家族領袖平清盛（1118-1181）支持現任後白河天皇（1127-1192，1155-1158年在位），反對一

---

[48] W. H. McCullough, "The Capital and Its Society," in Shively and McCullough, *Heian Japan*, p. 125.

位退休天皇，其武裝力量主要來自源氏家族。他們之間的導火線從未被細分為不同派系的陣營，因為同家族的成員很常與其他成員發生抗爭，平氏與源氏家族之間的激烈鬥爭開始，並且改變日本的歷史。

源平合戰（1180-1185）

在1156年的衝突中，由平氏家族支持的後白河天皇獲勝。然而他在1158年退位，成為退位天皇。在1159至1160年間，發生另一起武力糾紛後（見圖5.3），剩下的源氏家族領導人在後白河天皇的浴池中被暗殺。然而，他的兩個兒子卻意外倖存。其中一個人倖存，是因為平清盛被他母親的美貌所迷住；而另一個人，哥哥源賴朝（1147-1199）倖免，則是因為平清盛的繼母看到他，想到了自己的兒子。而源賴朝的生活很慘淡，他被流放到了遙遠東部的一個半島上，在那裡他度過了20年的流亡生活。包含今日東京的關東大平原將成為他永久的新家。

在首都平安京，平清盛統帥了一支不容小覷的軍隊。儘管長期以來，他一直是退位天皇的附庸，但到了1167年，他晉升到朝廷最高職位。1171年，平清盛策劃他女兒和天皇的婚事，他的女兒生了一個兒子之後，1180年平清盛的孫子成為了在位的皇帝（安德天皇，1180-1183年在位）。在平清盛人生最巔峰的時期，他的家族已經可以影響朝廷。他的家族中總共有六十多個縣、軍區和地區的總督，以及十六個貴族和三十多個朝臣。似乎整個世界都在他的勢力範圍內。[49]

1179年的政變中，平清盛的權力遭到削弱。退休的後白河天皇被解職並軟禁。然而，這是一次政變影響巨大，因為引起了皇室內部的反對。1180年，後白河天皇的兒子反抗平氏。由於平清盛想要幫自己的孫子登上皇位，因此剝奪了王子成為天皇的機會，雖然反叛王子很快就

---

[49] Kitagawa Hiroshi and B. T. Tsuchida, trans., *The Tale of the Heike* (University of Tokyo Press, 1975), p. 18.

圖5.3 《平治物語繪卷》，描繪1159-1160年的平治之亂。鎌倉時代，1185-1333年。存於波士頓美術館。Werner Forman/Art Resource, New York

被殺，但已挑選好皇位候選人，來自遙遠的關東地區的源賴朝。

　　源賴朝宣布關東地方獨立，同時當地武士急切地介入，以取代原本從帝國首都任命的官員。透過從敵人手中沒收土地，或承認他們現有的土地所有權來獎勵他的將士，因而源賴朝得以建立一支龐大的軍隊。不久，他在關東半島南邊的鎌倉建立了總部。東方的源氏與西方的平氏之間的戰爭，稱爲源平戰爭（1180-1185）。這場戰爭在可能是所有日本武士故事中最偉大的故事《平家物語》之中揭示，這本書是由十三世紀四處遊走的僧人口述發展而來。

　　很快地，平氏對關東進行調查，以防止源氏領導反叛。然而，平氏

的部隊被夜晚鳥發出的聲音嚇到，他們錯以爲這是突襲，平氏的部隊甚至還沒參戰就潰逃。接下來的三年裡，源賴朝忙於鞏固對關東的控制權。有一段時間，日本像是劃分爲東西兩邊。十二世紀，日本關東平原和西邊首都附近的另一大平原，共同占據日本總人口的40%。

1183年，戰爭終於正式開始，源賴朝發動了進攻，儘管源賴朝只待在鎌倉，而讓其他人在前線指揮。與此同時，平清盛也在1181年死於熱病。平氏很快被驅逐出首都，並慢慢向西撤退到日本本島最遙遠的地方。1185年，壇之浦之戰爆發，平氏的殘黨被消滅，安德天皇也淹死。源賴朝做了一件了不起的事情，他留在鎌倉，並沒有搬到首都。[50]

鎌倉幕府（1185-1333）

源平合戰被稱爲日本重大的轉捩點。作爲勝利者的源賴朝留在了鎌倉關東總部，該總部後來被稱爲幕府，即軍事帳篷政府。政府依舊在舊都京都（平安京）西邊，離關東很遠。然而，日本並沒有大分裂，至少不是分成兩個部分，而中央政府的權力仍在。源賴朝聲稱僅對自己的附庸武士們擁有直接統治權力。甚至他還聲稱有權任命武士爲各地的地頭及守護以資獎勵，進一步加強對這些武士的控制。但是，京都天皇仍然是合法政府。

1192年，源賴朝從天皇獲得了頭銜，即征夷大將軍，通常簡稱爲幕府將軍。十二世紀的最後幾十年中，日本已經跨越了一些重要的門檻，從平安時代的集中化、平民化、貴族統治時代過渡到幕府時代的軍事統治。1200至1840年間，時代發生了本質上的變化，日本天皇似乎並無握有實權。[51]

---

[50] 見 J. P. Mass, "The Emergence of the Kamakura Bakufu," in *Medieval Japan: Essays in Institutional History*, ed. J. W. Hall and J. P. Mass (Stanford University Press, 1974)。

[51] H. Ooms, *Imperial Politics and Symbolics in Ancient Japan: The Tenmu Dynasty, 650-800* (Honolulu:

　　這些變化在當時並不會視爲進步，而是退步。佛教徒說，當佛陀的教義已經到了人類衰敗的最後階段時，同時也進入了末法時代。風格感傷的《平家物語》，主要講的是粗狂的東方戰士戰勝了朝廷勢力雄厚的平氏。日本武士依舊帶著武器或是騎馬，依舊是相當質樸的人。而宮廷貴族仍然是精緻文化和社會聲望的縮影。馨子內親王之所以能夠登上王位，是因爲他有高大身材，更多是因爲他的血統，而不是因爲他擁有任何特殊的戰士能力。

　　鎌倉時代也有積極發展的一面，其中包含透過廣爲人知的佛教講道，經常口述武士故事，想要藉此縮小精緻文化與普通百姓之間的鴻溝。此外，日本還有一種特別吸引人的習俗——定期泡澡。最早出現於十三世紀，在寺院中出現了公共澡堂。十三世紀，當地市場開始傳播一種新型農業，將膳餘的產品出售，導致日益貨幣化的現金經濟。[52]

　　大量中國的銅幣流入，成爲交易用的現金。直到十六世紀，日本才再次鑄造硬幣。儘管幕府和武士時代的日本，在歷史上具有獨特的風格，但與東亞其他地區的交流仍然很重要。實際上，日本武士社會的道德價值觀受到儒家思想的影響，很可能比過去的平安時代更深。例如，戰爭故事從儒家的忠誠觀念出發，強調了武士與主人之間的關係。就連佛教「末法時代」的觀念也是最先於中國發展的。

　　在此期間，日本佛教的重要發展常常是由中國文化的延伸。例如，法然（1133-1212）是比叡山上偉大天台宗寺院的日本和尚。比叡山是日本高山，從山上可以俯瞰東北的京都。因爲他生活在源平戰爭時期，使他更容易相信末法時代就在眼前，只有信仰菩薩之人，才能拯救這個時代。法然開始透過阿彌陀佛來傳揚普世救贖而又激勵人心的理念，他承諾讓淨土中的信徒重生，只需要眞誠地念誦「我相信阿彌陀佛」。雖

University of Hawai'i Press, 2009), pp. xvi, 269n5.

52 參見 Souyri，*World Turned Upside Down*，第 6 章。

然法然因1207年的爭議被驅逐出比叡山，不過在他旅行去首都傳教途中，進一步傳播了他的信仰。他去世後，雖然阿彌陀佛和淨土的信仰早已在整個東亞傳播，但法然的信徒建立獨特的淨土眞宗派，該教派最終成爲了日本最大宗的佛教派。

鎌倉幕府特別歡迎禪宗，希望能透過禪宗，提升關東粗獷武士的修養。鎌倉時代末期，有二百多名中國僧侶居住在日本，成百上千的日本僧侶也曾來過中國。[53] 如今我們認爲充滿日式風情的詩、庭園造景、茶道、單色畫、建築，大多深受禪宗影響。

日本持續在與東亞大陸交流，值得一提的是，他們依舊保持著日本文化，此外，日本文化目前正在朝著獨創路線發展。令人好奇的是，在某些方面來說，日本的發展更像中世紀西歐而不是中國。日本諸島仍沒有與東亞大陸接觸。然而，儘管日本成功地擊退1274和1281年的蒙古人入侵，但也說明日本並非孤立。此後，日本人開始再次活躍於海上。

最初，大部分都是海盜活動，首當其衝的是朝鮮半島。1350年，100艘日本海盜船在朝鮮靠岸。同年，日本海盜往返朝鮮的次數增加了五倍。1392年日本海盜的行爲，也讓朝鮮更積極建立帝國。蒙古人入侵也引起了許多不滿，因爲勇士擊敗了蒙古卻得不到任何戰利品。畢竟，趕走蒙古並沒有得到新的土地。

源賴朝於1199年去世，他的妻子（北條政子）獨自生活了25年，而此期間，她掌握了朝政大權。有人稱她爲尼將軍，而她十分殘酷。1219年，涉嫌謀殺源賴朝的直系血親並殺死自己的小兒子。源氏直系血脈斷絕後，北條氏逐漸掌握鎌倉幕府政權，並成爲攝政王。而鎌倉的其他首領都反對北條氏家族的統治。

---

[53] 同上，p. 79。

室町時代（1333-1568）

對於天皇來說，這種叛變並不常見，但卻真實上演了。皇室的兩個分支之間發生了繼承糾紛，並達成協議在公元1290年後兩個派別之間交替王位。但是，1331年，後醍醐天皇（1318-1339年在位）決定反叛，而不是讓位給他自己家族的另一個分支。鎌倉幕府原本要用武力來遏制叛變，但很多的武士轉而支援帝國。甚至鎌倉自己的一些主將也叛逃，其中包括足利尊氏（1305-1358）。他的母親來自鎌倉攝政皇后家族，他聲稱自己是源氏家族的一個分支的後裔。由於遭到很多附庸的反對，1333年鎌倉市被燒毀，北條氏一家及其忠實的追隨者大規模自殺，鎌倉幕府宣告結束。

後醍醐天皇的抱負不僅僅是皇位，他還想要實現真正的帝國復興，將幕府將軍的實權移交給中央管理。因此，他還建立了自己的幕府將軍，並將以前分開的文職和軍職合併為新的機構，由天皇而非幕府任命。將軍自然不滿意帝國的安排，但是武士之間的競爭也在朝廷上造成了裂痕。1336年，足利尊氏強行將天皇從京都驅逐，親自選舉新天皇，並於1338年成為幕府將軍。因此，足利尊氏成為了足利幕府中的第一位將軍。這個足利幕府時代也被稱為室町時代，是以足利幕府總部的京都地區命名。

但是後醍醐天皇並沒有退縮。離開京都後，他在京都市南吉野町避難。現在有兩個朝政，這些南北朝之間的零星戰爭持續半個多世紀，直到1392年。軍人們各自打著為天皇效忠的名號出兵、奪取領土，原先是為政權合法性而戰，後來卻演變成滿足個人野心。1351年，足利尊氏甚至投靠南朝，因為他的兄弟在京都占了上風。足利尊氏擊敗並殺死了他的兄弟後，他再次改變了立場，改為扶持北朝。足利尊氏的崛起歷經三次背叛，分別是鎌倉、後醍醐天皇和他的兄弟。家臣背叛主君、推翻政權的情況變得屢見不鮮，日本進入了動盪不安的時代。

　　足利尊氏將權力歸還首都京都，他要確保眞正的權力掌握在幕府將軍手中，而不是天皇。京都再次繁榮，足利幕府進入持續進步的城市商業經濟。到1392年南北朝政統一時，第三代幕府將軍足利義滿（1358-1408）統治下，幕府的大部分收入來自於貿易：航運稅、關稅、市場稅，以及實力雄厚的借款人和釀酒商。不僅如此，足利義滿還與中國貿易，1401年他請求與中國恢復友好關係。明朝將貴重的禮物視爲貢品，1403年明朝授予足利義滿「天皇」稱號（此舉激怒現代日本民族主義者，因爲它無視合法的日本天皇）。正是這種商業繁榮，使足利義滿可以在1397年建造了金閣樓（金閣寺），在京都西北郊區的鍍金隱居勝地（見圖5.4）。

圖5.4　金閣寺，始建於1397年，但在二十世紀被燒毀和重建。於日本京都市。Werner Forman/Art Resource, New York

　　但是，即使在鼎盛時期，足利幕府也無法有效控制京都遠郊地區。
爲此，足利氏曾試著改變，任命自己的親戚擔任地方首長或警備人員，
但是在這個時代，甚至連家人都不能信任，地方首長或負責人想要擁
有自己的獨立領土。1441年，第六個足利幕府將軍被暗殺後，幕府將
軍的權力將澈底終止了。正如足利義政（1435-1490）在1482年所說，
「大名會隨心所欲，不遵從命令。這意味著不可能有政府。」[54]

　　「大名」是一個相對較新穎的詞，直到十九世紀後期，日本大名都
占據著重要的位置。從字面上看，指的是許多稻田的持有者。平安時代
和鎌倉時代的舊貴族所擁有的莊園分散在各地，同時涉及到複雜的生產
階級制度，這些情況出現在宏偉的宮廷或是寺廟，大名合併土地，並由
軍閥主導。

　　接任幕府將軍的問題，使細川家族和山名家族發生了爭執，導致
1467年的應仁之亂（1467-1477）。這場戰爭持續了十年，涉及成千上
萬的武士，戰爭大多在京都的街道上，而幕府將軍和天皇並沒有參與。
在戰鬥中，京都被縮減爲兩個獨立的圍牆和護城河營地，相距約半英
里。京都大部分都焚毀。正如當時的人所記錄：「在我們這個燒焦的土
地上，所有的人類痕跡都被抹滅。街道盡頭的鳥類是唯一能證明生命存
在的標誌。」[55]

　　應仁戰爭爆發後，足利義政並沒有成功處理好戰爭問題，因而退
位，回到了他在京都東山區的別墅。他在那邊培養藝術感，並建造一個
鄉村銀閣（銀閣寺），並於1483年搬進銀閣寺。儘管稱爲銀閣寺，但
並沒有鍍銀。這種疏忽加劇與在城市另一側的金閣寺的華麗對比。

　　足利義政是一個失敗的領袖，但他卻是一個傑出的藝術代言人。實

---

[54] Hayashiya Tatsusaburō, "Kyoto in the Muromachi Age," in *Japan in the Muromachi Age,* ed. J. W. Hall and Toyoda Takeshi (Berkeley: University of California Press, 1977), p. 22.

[55] M. E. Berry, *The Culture of Civil War in Kyoto* (Berkeley: University of California Press, 1994), p. 29.

際上，足利義政幫助建立許多傳統的日本文化風格，包括樸素鄉村風格的審美觀。足利義政的銀閣成為傳統日本房屋的樣板，包括地板上的榻榻米墊（僅在十五世紀才開始廣泛使用）、稱為障子的可滑動紙面隔板、用於展示裝飾（凹間）的特殊壁櫥，以及交錯的牆壁擱板。此時期更加重視原本就有的文化，包括能劇（在較早的娛樂活動中於十四世紀末至十五世紀初發展）、花藝設計（華道）、枯山水和連句（連歌）。儘管茶是在幾個世紀以前從中國引進，但日本人首次於1469年使用茶道這個詞，而日本特有的茶藝也在足利義政時期成熟。[56]（還有其他傳統的日本文化最近才開始出現，例如歌舞伎劇院、藝妓、武士道，以及天婦羅和壽司等烹飪風格。）

京都遭受了應仁戰爭的摧殘，在戰爭之後，地主及其戰士們回到了各縣，留下束手無策的幕府將軍和天皇。儘管直到1573年，才將最後的足利幕府將軍從京都趕出去，但早在1467年之後，日本就已根本沒有有效的中央政府。應仁戰爭後通常稱為戰國時期。這是一個充滿衝突和分權化的世紀。地方首長發現無法控制下屬，下屬常常不願服從規定。正如歐洲觀察家1580年的報導，「日本一直飽受內戰和叛國摧殘，日本沒有任何穩定的主人。這就是為什麼日本從來不是一個主體，政權總是一直在交替。因為他今天是一位偉大的君主，明天也許就變成一文不值的人。」[57]

同時，農村社會從分散的農舍改建為集中式村莊，最初是為了抵禦外敵。儘管武士本來是朝廷貴族的貼身護衛，但如今許多持有刀劍和土地，以及與一些領主有附庸關係的富裕農民也開始自稱武士。至少在一些地方，武士可能占農村人口的20%。

---

[56] D. Keene, *Yoshimasa and the Silver Pavilion: The Creation of the Soul of Japan* (New York: Columbia University Press, 2003), esp. pp. 145-146.

[57] Father Alessandro Valignano，引用於 C. R. Boxer, *The Christian Century in Japan, 1549-1650* (Berkeley: University of California Press, 1967)，p. 75。

　　然而，十六世紀初地方分權已達頂峰，但還是有兩三百位有名的大名想要扭轉局面，加強對各自土地和武士的控制。一些大名開始進行一系列的土地調查，以將其領域轉換為更緊密整合的經濟單位「國」。附庸的收入逐漸開始以「國」進行計算，隨著大名開始將他們的武士撤出，作他們城堡的駐軍，當作永久住所，這將使武士有了固定薪水。十六世紀，一些大名甚至開始發行自己的貨幣，而經濟的日益貨幣化促使大名動員了更多的武裝部隊，並建立了更多的防禦工事。1568年，一個名叫織田信長（1534-1582）的大名進入京都後，日本再次統一的偉大時代來臨。

! 延伸閱讀

牟復禮（Frederick W. Mote）：*Imperial China: 900-1800* (Cambridge, MA: Harvard University Press, 1999)，對中國整個晚期帝國進行了出色的綜合研究。有關這一時期頗有見解的論文集，也可參閱 Paul Jakov Smith and Richard von Glahn, eds., *The Song-Yuan-Ming Transition in Chinese History* (Cambridge, MA: Harvard University Asia Center, 2003)。

關於宋代中國和後期主要的帝國文化、社會、經濟和知識分子的轉變，請參見包弼德（Peter K. Bol）的 *"This Culture of Ours": Intellectual Transitions in T'ang and Sung China* (Stanford University Press, 1992); John W. Chaffee, *The Thorny Gates of Learning in Sung China: A Social History of the Examinations*, new ed. (Binghamton: State University of New York Press, 1995); Edward L. Davis, *Society and the Supernatural in Song China* (Honolulu: University of Hawai'i Press, 2001); Dieter Kuhn, *The Age of Confucian Rule: The Song Transformation of China* (Cambridge, MA: Harvard University Press, 2009)；以及 Linda A. Walton, *Academies and Society in Southern Sung China* (Honolulu: University of Hawai'i Press, 1999)。對於帝國末期的女性，可以參考 Patricia Buckley Ebrey, *The Inner Quarters: Marriage and the Lives of Chinese Women in the Sung Period* (Berkeley: University of California Press, 1993)。

關於宋朝的外交關係，請參見 Morris Rossabi, ed., *China among Equals: The Middle Kingdom and its Neighbors, and its Neighbors, 10th-14th Centuries* (Berkeley: University of California Press, 1983); Naomi Standen, *Unbounded Loyalty: Frontier Crossing in Liao China* (Honolulu: University of Hawai'i Press, 2007)；以及 David Curtis Wright, *From War to Diplomatic Parity in Eleventh-Century China: Sung's Foreign Relations with Kitan Liao* (Leiden, Netherlands: Brill, 2005)。

在繪畫和精細藝術方面，在宋代達到了很高的完美境界，可參見 James Cahill, *Chinese Painting* (New York: Rizzoli, [1960] 1985)，以及 Sherman E. Lee, *A History of Far Eastern Art*, 5th ed. (New York: Prentice Hall, 1994)。

關於蒙古時期，請參見 Herbert Franke and Denis Twitchett, eds., *The Cambridge History of China, vol. VI: Alien Regimes and the Border States, 907-1368* (Cambridge University Press, 1994)。另外 John W. Dardess, *Conquerors and Confucians: Aspects of Political Change in Late Yüan China* (New York: Columbia University Press, 1973); David M. Robinson, *Empire's Twilight: Northeast Asia under the Mongols* (Cambridge, MA: Harvard University Asia Center, 2009)；以及 Morris Rossabi, *Khubilai Khan: His Life and Times* (Berkeley: University of California Press, 1988)。

關於明初，請參見 Edward L. Farmer, *Early Ming Government: The Evolution of Dual Capitals* (Cambridge, MA: East Asian Research Center, Harvard University, 1976)，以及 Louise Levathes, *When China Ruled the Seas: The Treasure Fleet of the Dragon Throne, 1405-1433* (New York: Oxford University Press, 1994)。

關於韓國在十到十六世紀，參見 Robert E. Buswell Jr., trans., *The Korean Approach to Zen: The Collected Works of Chinul* (Honolulu: University of Hawai'i Press, 1983); Martina Deuchler, *The Confucian Transformation of Korea: A Study of Society and Ideology* (Cambridge, MA: Harvard University Press, 1992); Kichung Kim, *An Introduction to Classical Korean Literature: From Hyangga to P'ansori* (Armonk, NY: M. E. Sharpe, 1996)；以及 Michael C. Rogers, "National Consciousness in Medieval Korea: The Impact of Liao and Chin on Koryŏ," in *China among Equals: The Middle Kingdom and Its Neighbors, 10th-14th Centuries*, ed. Morris Rossabi (Berkeley: University of California Press, 1983)。

Pierre François Souyri, *The World Turned Upside Down: Medieval Japanese Society*, trans. Käthe Roth (New York: Columbia University Press, [1998] 2001) 中對日本進行了出色的總體概述。有關更詳細更有趣的案例研究，請參見 Mimi Hall Yiengpruksawan, *Hiraizumi: Buddhist Art and Regional Politics in Twelfth-Century Japan* (Cambridge, MA: Harvard University Asia Center, 1998)。

關於日本武士階層崛起，請參見 William Wayne Farris, *Heavenly Warriors: The Evolution of Japan's Military, 500-1300* (Cambridge, MA: Harvard University Press, 1992); Karl F. Friday, *Hired Swords: The Rise of Private Warrior Power in Early Japan* (Stanford University Press, 1992); Rizō Takeuchi, "The Rise of the Warriors," in *The Cambridge History of Japan; vol. II*, Heian Japan, ed. Donald H.

Shively and William H. McCullough (Cambridge University Press, 1999)；以及 H. Paul Varley, *Warriors of Japan as Portrayed in the War Tales* (Honolulu: University of Hawai'i Press, 1994)。

日本鎌倉時代的英語權威是 Jeffrey P. Mass，請參見 *Yoritomo and the Founding of the First Bakufu: The Origins of Dual Government in Japan* (Stanford University Press, 1999)。關於室町時代，請參閱 Mary Elizabeth Berry, *The Culture of Civil War in Kyoto* (Berkeley: University of California Press, 1994); Kenneth A. Grossberg, *Japan's Renaissance: The Politics of the Muromachi Bakufu* (Ithaca, NY: Cornell University Press, [1981] 2000)；以及 John Whitney Hall and Toyoda Takeshi, eds., *Japan in the Muromachi Age* (Berkeley: University of California Press, 1977)。

有關日本機構的歷史，請參閱 Martin Collcutt, *Five Mountains: The Rinzai Zen Monastic Institution in Medieval Japan* (Cambridge, MA: Council on East Asian Studies, Harvard University, 1981)，以及 John W. Hall and Jeffrey P. Mass, eds., *Medieval Japan: Essays in Institutional History* (Stanford University Press, 1974)。

對於這一時期的日本文化，強烈推薦以下書籍：Donald Keene, *Yoshimasa and the Silver Pavilion: The Creation of the Soul of Japan* (New York: Columbia University Press, 2003)，和 William R. LaFleur, *The Karma of Words: Buddhism and the Literary Arts in Medieval Japan* (Berkeley: University of California Press, 1983)。

六　東亞近代早期（十六至十八世紀）

▌中國王朝晚明（〔1368-〕十六世紀至1644年）和清（1644年至十八世紀〔-1912〕）

晚明消費文化

　　東亞是否有近代早期甚至仍有些爭議。「現代」（*modern*）這個詞來自後拉丁語，而「現代」的完整概念最早則出現在歐洲史的特定內容中。[1] 此外，不可否認的是西歐（及其殖民地的後代，包含美國）對現在所認爲的現代有不小的影響。人們多認爲西方以外的文明近乎一成不變，直到與西方接觸後才開始現代化（通常等同於西化）。東亞歷史通常以十九世紀的某個時期作爲分歧點，分爲前現代和現代兩個部分。然而矛盾的是，紙幣、印刷、火藥、市場商業化、複雜的行政管理和賢能統治的社會，都使中國宋代（960-1279）在一千年前便看起來異常地現代。不管如何，不變的東亞都只是空想，而這種空想源於歷史知識的缺乏。

　　如果非西方國家有漫長的歷史變遷，另一種常見的假設是，它定是經歷了歐洲歷史的三階段：古代、中世紀和現代。這是公認並制式化地套用在東亞歷史上。事實上，日本的情況恰巧與歐洲發展最爲相似。

---

[1] A. Woodside, *Lost Modernities: China, Vietnam, Korea, and the Hazards of World History* (Cambridge, MA: Harvard University Press, 2006), pp. 3-4.

日本在古代和現代間，確實經歷了封建時期，這讓人聯想到歐洲中世紀。[2] 然而，無論是中國、韓國還是越南，都不符合歐洲發展三階段。雖然全球的歷史發展中有許多共通點，特別是持續有所交流的歐亞大陸，但通用公式並無法套用在所有個案。每個文化都獨一無二，而認為所有情況都按同一個套路走是很自以為是的想法。

儘管如此，也許是因為跨文化間持續地交流，因此能在歐亞舊世界中發現些許共同的痕跡。舉例來說，十六世紀初的西歐、日本及中國，都是近代早期歐亞大陸的一部分。相似的地方是，它們之間有明顯的交會和實質的接觸這兩點。中國象徵著近代早期的跡象有明末的消費文化，以及清朝建立的巨大新「火藥帝國」。

傳統觀點認為明初極度孤立。明朝初代皇帝的統治下，要在國內旅行超過五十公里，需要批准特殊文件，而未經官方許可出國則會被判處死刑。明代早期應該也經歷了市場萎靡和都市化，而其中一項有力的解釋認為，這是長期限制接觸外國和科技創新止步的開始。[3] 事實上，中國儒家、道家多譴責明朝後期日益商業化的趨勢，他們認為，商業化將嚴謹建立起的明初推向衰敗。然而，不管政府和儒家贊同與否，私營企業確實在明末發展起來。

正因為政府不理解也不允許，晚明企業大多活躍於政府監督範圍外。因此，明朝的商業化某種程度上可說是放任發展。然而在某些情況，政府甚至是刻意為之。例如，一位晚明官員在1580年代的紀錄中誇耀，商業稅率降低不僅增加貿易，也增加了稅收。[4]

---

[2] 見 P. Duus, *Feudalism in Japan*，第 2 版（New York: Alfred A. Knopf, 1969）。

[3] R. von Glahn, "Towns and Temples: Urban Growth and Decline in the Yangzi Delta, 1100-1400," in *The Song-Yuan-Ming Transition in Chinese History*, ed. P. J. Smith and R. von Glahn (Cambridge, MA: Harvard University Asia Center, 2003), pp. 205-211. Elvin, *Pattern of the Chinese Past*, pp 203-204 中假設的高層均衡陷阱。

[4] T. Brook, *The Confusions of Pleasure: Commerce and Culture in Ming China* (Berkeley: University of California Press, 1998), pp. 211-212.

　　基於中國土地龐大，大部分的貿易都在國內。明朝政府在無意間，靠著重新開放和維護大運河促成了境內貿易。大約12,000艘政府貨船藉由運河，將穀物從南方運往北方的首都北京，而同樣利用這條人工渠道及南方運河的私人船隻也不占計其數。地區生產專業化進一步刺激了國內貿易。舉例來說，長江下游地區爲了紡織業而集中種植棉花，造成當地糧食缺乏，但是靠上游運來的稻米解決了問題。1730年代，貨物年運輸量已超過10億磅。[5]明朝發明的算盤，也成爲商業化的另一個象徵。便利的交通同樣帶動規模逐漸擴大的休閒旅遊業。到了明末，人們經常在抱怨旅客到處都是，還有紀念品店破壞了旅遊景點。[6]

　　明朝近海一天內會有多達1,200艘的船隻。[7]雖然沿海運輸多用於國內，對外貿易量卻也不小。然而，由於明朝政府對海外貿易仍有疑慮，因此包含走私和海盜活動，很大部分的貿易行爲仍屬違法。貿易量增加與政府限制兩者間的矛盾，在「日本海盜」（日文稱作*Wakō*，中文爲倭寇）襲擊明朝沿岸的時期達到了巔峰，特別是1540至1550年代。雖然這些海盜中確實有日本人，但更多的其實是中國和韓國人。

　　明朝與日本足利義滿的官方貿易始於1401年，但比例相當少，沒有官方許可的商人卻可能比想像中多更多。與明朝的貿易中，他們發展出繁榮的走私貿易。從日本進口的奢侈品成爲明朝的時尚代表，特別是漆器和金屬製品。除了從日本進口的產品外，還有更多異國商品，例如來自印度尼西亞東部和澳大利亞的食用海參，甚至是來自美國的火雞。[8]

---

[5]　W. T. Rowe, *China's Last Empire: The Great Qing* (Cambridge, MA: Harvard University Press, 2009), pp. 123-124.

[6]　C. Clunas, *Empire of Great Brightness: Visual and Material Cultures of Ming China, 1368-1644* (Honolulu: University of Hawai'i Press, 2007), p. 67. 關於算盤請見 p. 119。

[7]　R. Huang, *1587, a Year of No Significance: The Ming Dynasty in Decline* (New Haven, CT: Yale University Press, 1981), p. 163.

[8]　C. Clunas, *Superfluous Things: Material Culture and Social Status in Early Modern China* (Honolulu:

　　火雞在中國一直被視爲珍稀物種，但另一樣源於美洲的香菸，卻早在十七世紀便開始流行。明朝最初的142年裡，唯一合法承認的對外貿易，是以正式的外交使團進行（雖然有時只是僞裝，並且時常非法進行），但在1509年，廣州合法開放給來自附庸國的商人。接著在1567年，福建省的一個港口也開放給中國民間的商人。[9]自那時起，葡萄牙在中國東南海岸就占有一席地位。形勢出現重大變化，中國第一次被眞正捲進歐洲近代早期地理大發現開闢的全球貿易路線中。

　　葡萄牙人第一次登上中國南海岸可能是在1513年（雖然最早葡萄牙人是作爲乘客登上亞洲船隻，而第一艘歐洲的船可能到1517年才抵達）。因爲對彼此有所誤解，葡萄牙人一開始與明朝的關係很差，但在1557年，葡萄牙在澳門（一個靠近廣州河口的小半島，位在後來被英國統治的香港的另一邊，見第十四章圖14.2）有了基地。澳門直到二十世紀末都受葡萄牙人管制。1560年代，明朝官方開始放寬海外貿易的限制，西班牙人很快地跟上葡萄牙的腳步，1571年在菲律賓的馬尼拉建立據點。

　　十六世紀，葡萄牙人大多數的收益來自亞洲境內的運輸，而不是歐亞間的貿易。歐洲在與東南亞、印度、阿拉伯、波斯、中國等的競爭中，憑藉航海技術和強大的海上火力，在海上貿易中取得優勢。但當時歐洲人還未占據主導地位，至少在數量上是如此。舉例來說，1543年，日本向乘坐中國船的三位葡萄牙人引進葡萄牙槍枝，甚至都無法確定那些槍是歐洲製還是中東製。第一個將基督教傳入日本的傳教士，聖方濟・沙勿略（1506-1552），也不是靠歐洲船而是乘坐中國船到

University of Hawai'i Press, [1991] 2004), pp. 58-59. 關於海蜃蝓請見 B. W. Andaya, "Oceans Un-bounded: Transversing Asia across 'Area Studies,'" *Journal of Asian Studies* 65, no. 4 (2006): 675-676。

[9] L. E. Eastman, *Family, Field, and Ancestors: Constancy and Change in China's Social and Economic History, 1550-1949* (New York: Oxford University Press, 1988), p. 124.

日本。[10]

　　明代早期的政策阻礙了進入中國的外商船隻，這導致穆斯林貿易商撤出中國，並減弱印度洋和南海間（即東南亞）的貿易聯繫，當中甚至包含支配蒙古時發展的印度東南部商業。但早明的限制也促成意想不到的結果，那就是中國人幾乎壟斷了中國海上對外貿易。自唐末以來，中國人就一直活躍在東南亞貿易中，公元1500年後，活躍程度更盛。[11] 這些華裔商人通常與官方沒有關係（例如，滿族在十七世紀征服明朝時的逃亡者，在南越歷史中占有重要地位），但他們在南亞極其活躍，並且通常會保留身為中國人的認同感。1571至1600年間，西班牙統治的馬尼拉每年平均有7,000名中國訪客，而統治當地的西班牙人及墨西哥人，數量卻不到一千人。[12] 一個中國移民的兒子甚至成為泰國國王（鄭昭），雖然他建立的王朝並沒有持續很久。日本在1639年左右實施嚴格的鎖國政策前，日本人在海上貿易也很活躍，特別是與越南的貿易。

　　貢德・弗蘭克最近極力主張，近代早期的大航海時代，歐洲並沒有將其他國家納入以歐洲為中心的經濟體系中，至少在最初沒有。「取而代之的是，歐洲很晚才加入……一個早已退出世界的經濟體系」，如果有任何地方可以在公元1800年稱作「中心，那一定是中國」。此外，近代早期的歐洲，除了錢以外並沒有商品能持續輸入中國。但就金錢而

---

[10] 關於火器請見 M. J. Chaiklin, *Cultural Commerce and Dutch Commercial Culture: The Influence of European Material Culture on Japan, 1700-1850* (Leiden, Netherlands: CNWS, 2003), p. 149。關於聖方濟・沙勿略請見 C. R. Boxer, *The Christian Century in Japan, 1549-1650* (Berkeley: University of California Press, 1967), pp. 36-37。

[11] Yasuhiro Yokkaichi, "Chinese and Muslim Diasporas and the Indian Ocean Trade Network under Mongol Hegemony," in *The East Asian "Mediterranean": Maritime Crossroads of Culture, Commerce and Human Migration*, ed. A. Schottenhammer (Wiesbaden: Harrassowitz Verlag, 2008), pp. 73-102. Pin-tsun Chang, "The Rise of Chinese Mercantile Power in Maritime Southeast Asia, c. 1400-1700," *Crossroads: Studies on the History of Exchange Relations in the East Asian World*, 6 (2012): 205-230.

[12] P. D. Curtin, *Cross-cultural Trade in World History* (Cambridge University Press, 1984), p. 150.

言，歐洲人是幸運的。1492至1800年間，世界約85%的白銀和70%的黃
金，都來自歐洲在美洲的新殖民地。[13]明朝的錢就是白銀，而當時的歐
洲人便用他們在新大陸獲得的白銀來買進中國的奢侈品，例如瓷器、絲
綢、漆器和（晚期的）茶葉。

十七世紀，荷蘭東印度公司是當時最大的公司，並且成爲太平洋地
區最活躍的歐洲企業。儘管他們的貿易主要是在印尼，荷蘭人仍企圖
與中國進行貿易。十七世紀前半，荷蘭人向歐洲輸入約300萬件中國瓷
器，並成功在臺灣建立前哨站。臺灣是荷蘭人在亞洲的第二大要塞，他
們在那裡購買中國絲綢，然後在日本兌換成白銀。[14]

諷刺的是，荷蘭人在臺灣待了近40年（1624-1662），而這也鼓勵
了「臺灣人」（與早已在那裡的原住民不同）的祖先從中國大陸移居
這個島。然而，1662年，荷蘭人被一個名爲鄭成功的海盜強行趕出臺
灣，這個由中國基督徒和日本人生下的男人，也在後來成爲臺灣第一位
漢人統治者。[15] 1690年代後，荷蘭人甚至停止與中國的貿易，他們發
現這能更容易讓中國人與葡萄牙商人到荷蘭基地爪哇（現在的印尼）進
行貿易。

因此十七世紀，歐洲人是中國海外貿易的對象之一，但他們卻不占
主導地位。即便如此，歐洲人對中國已開始產生影響。例如，1590年
代左右發明的望遠鏡，1618年便被引進中國。[16]義大利天主教的傳教士

---

[13] A. G. Frank, *ReOrient: Global Economy in the Asian Age* (Berkeley: University of California Press, 1998), pp. xxiii, 5, 142-143.

[14] L. Blussé, *Visible Cities: Canton, Nagasaki, and Batavia and the Coming of the Americans* (Cambridge, MA: Harvard University Press, 2008), pp. 23-24.

[15] T. Andrade, *Lost Colony: The Untold Story of China's First Great Victory over the West* (Princeton University Press, 2011). J. E. Wills Jr., "The Seventeenth-Century Transformation: Taiwan under the Dutch and the Cheng Regime," in *Taiwan: A New History*, ed. M. A. Rubinstein (Armonk, NY: M. E. Sharpe, 1999).

[16] 張春樹和駱雪倫，*Crisis and Transformation in SeventeenthCentury China: Society, Culture, and Modernity in Li Yü's World* (Ann Arbor: University of Michigan Pressm, [1992] 1998), p. 289。

利瑪竇（1552-1610）於1584年，繪製了一幅歐洲風的世界地圖，並以
中文命名。這份地圖很快被中國人拷貝並印製，修訂版甚至被掛在北
京皇宮。除了這項貢獻外，利瑪竇於1607年與中國學者徐光啟（1562-
1633）合作翻譯歐幾里得的著作。[17]徐光啟在後來擔任明朝最高職位，
並受洗成爲一名基督徒，取名爲保羅。

　　利瑪竇是一名耶穌會教士。耶穌會教士是在十七世紀羅馬天主教反
改革下，接受過最好教育的一群人。耶穌會士會接受爲期九年的課程，
包括數學、天文學、古典哲學、藝術、人文科學及基督教神學。第一
位耶穌會傳教士來自日本，於1552年抵達中國。同年，西班牙（巴斯
克）傳教士方濟・沙勿略抵達東南海岸的一個島嶼，而他在那年便過
世，並沒有到達中國大陸，但有其他傳教士來接手。1601年，利瑪竇
成爲自蒙古時代以來，第一位允許在北京定居的歐洲傳教士。利瑪竇也
可能是首位學會說漢語的歐洲人。利瑪竇博學多聞且待人隨和，給許多
中國人留下良好印象。耶穌會在中國取得一定的成就，而截至十七世紀
末，中國或許有將近20萬人成爲基督教信徒。

　　然而有爭議的是，中國傳教士的報告對歐洲的影響，和他們的傳教
活動對中國的影響一樣大。利瑪竇利用中國人和歐洲人給的資料繪製他
的世界地圖，而當時的歐洲人對中國和日本當地的地圖非常感興趣。[18]
近世的歐洲人莫名對傳說中，在大洪水來臨很早前便存在的中國古代文
化感到好奇。歐洲人也對龐大的中國和架構嚴謹的政府組織印象深刻。
而中國和孔子思想，對於歐洲啟蒙運動的重要人物也有明顯影響，如萊
布尼茲（1646-1716）、伏爾泰（1694-1778），和十八世紀的法國先驅
經濟學學派（重農學派）等。此外，中國藝術品在歐洲也流行了很長一

---

[17] J. D. Spence, *The Memory Palace of Matteo Ricci* (Harmondsworth, UK: Penguin Books, 1983), pp. 96, 149, 152.

[18] Boxer, *Christian Century*, pp. 134-135.

段時間，「中國藝術」風格也對英國的園藝風產生不小的影響。[19]

十七世紀，是中國思想開放的時代。例如，「中國第一位職業作家」李漁（1611-1680），他的稱號爲「靠著創作來盈利」。李漁以創作短篇故事和劇本聞名，但他同時也是園藝和室內設計的權威、劇院經理、評論家和出版商（與他的出版公司合作），還發明了冬天用的發熱椅。他的作品中奇妙地含有頗具現代特色的觀點，例如女權主義者所謂的男女平等。他的小說中，將小偷、乞丐、妓女和同性戀描寫成普通人，有別於以往對這類人的道德批判。[20]

十五世紀中期的商業新世代，成爲富人炫耀性消費的基礎。如一位明代作者在1570年代觀察到的「長裙、寬腰帶、寬領口和褶皺，突然成爲人們的時尚」。[21] 世界的最新時尚透過鑑賞能力和禮儀指導的書傳遍中國，裡頭甚至描寫了水果的擺盤方式，還傳到農村平民百姓中。（十七世紀中國男性的識字率約在40%到50%。）[22] 人們對不斷變化的時尚感到擔憂，而這也爲廉價仿冒品開啟巨大的商機。對於那些沒有能力辨別贗品的消費者來說，那些有名的工匠和工坊所用的商標成了最早的「品牌」。

這些看起來都特別現代，並讓人聯想到西方的發展。中國新富商希望成爲有品味的人，然而他們的收藏品多源於學術研究，包含書寫工具如：毛筆、墨和硯（研磨墨必備的東西）。這種時尚反映了學者爲上的中國特有風氣。富人們都爭相仿效學者的生活方式。其他時尚的收藏品

---

[19] 見 W. W. Appleton, *A Cycle of Cathay: The Chinese Vogue in England during the Seventeenth and Eighteenth Centuries* (New York: Octagon Books, [1951] 1979); D. E. Mungello, *The Great Encounter of China and the West, 1500-1800* (Lanham, MD: Rowman and Littlefield, 1999)，4-5 章；A. Reichwein, *China and Europe: Intellectual and Artistic Contacts in the Eighteenth Century*, trans. J. C. Powell (New York: Alfred A. Knopf, 1925)。

[20] Chang and Chang, *Crisis and Transformation*. 引用自 p. 2。

[21] Brook, *Confusions of Pleasure*, p. 220.

[22] Chang and Chang, *Crisis and Transformatio*, p. 273.

圖6.1　中國蘇州拙政園的曲廊。於1509-1513年建立，十七至十八世紀修建。這是中國晚明的特色，宏偉園林的例子之一。Vanni/Art Resource, New York

還包括圖畫、書法、樂器、古銅器和各式各樣的古董。也許，明末的品味和商業財富的最佳體現，便是逐漸增加的精美園林住宅，以蘇州最為聞名（見圖6.1）。

　　如果晚明在某些方面令人驚訝地看起來很現代，或許那就是近世中國的特色。歐洲文化的影響是潛移默化的，而歐洲貨幣（以銀為主）仍在中國經濟占據著主導地位。儘管繁榮，明朝政府仍在世紀中葉瓦解。1644年，中國被滿族征服後，逐漸走向保守。而李漁十七世紀充滿現代感的小說，也因違背道德倫理在十八世紀被禁止。1644年後，滿族將中國帶往另一個局面。

滿清「火藥帝國」（1644年至十八世紀〔-1912〕）

近代早期，一些偉大的帝國並不是西歐國家。例如鄂圖曼帝國（1300-1919），1453年占領君士坦丁堡，並分別於1529年與1683年兩度攻占維也納、波斯的薩法維王朝（1501-1722）、印度的蒙兀兒帝國（1556-1707年建立），以及俄羅斯帝國。莫斯科在1460年代才完全擺脫蒙古人的統治，接著便開始急遽擴張，最終使俄羅斯成爲當時最大的國家。這些近代早期的帝國以使用新式槍砲而聞名，因此也被稱爲「火藥帝國」。儘管近世的西歐帝國以航海探險爲主，其他帝國多爲陸國。無論是直接還是間接，他們也經常聲稱與成吉思汗有某種聯繫。在所有近代早期的帝國中，最有成就的則是滿族人在中國建立的王朝。

十七世紀前根本沒有滿族人。最早使用「滿」來稱呼是在1613年，而直到1635年才正式採用滿族這個名稱。[23] 滿族，是一個具有身分的嶄新群體。然而，這個新興的滿族其實是更久遠的女眞人。幾世紀以來，女眞人一直居住在現在稱之爲滿洲的地方，而滿語實際上也是女眞語的別名。女眞語是通古斯語系，與東西伯利亞語有關，可能也包括更遙遠的所謂阿爾泰語系的突厥語、蒙古語，甚至是韓語及日語。

十六世紀末至十七世紀初，滿洲人煙稀少，總人口不到50萬，分割成不同部落，其中一些部落在多數的中國人投降很久之後，才屈服於新滿洲國。從第一個朝代開始，滿洲南部的部分地區，陸陸續續地被中國王朝歸入版圖內，但同時也以長城爲界與中國隔開。滿洲的南部邊界是長城，但北部邊界在十七世紀末前，是一片崎嶇的邊疆之地，大多住民都以柵欄作爲防禦，一直處在開放和難以準確定義疆域的狀態中。當地有一個強者名爲努爾哈赤。努爾哈赤建立後來的滿洲血統（愛新覺羅），並建立新帝國。雖然最初只有幾百人，但多年後他便成了明朝進

---

[23] F. Wakeman Jr., *The Great Enterprise: The Manchu Reconstruction of Imperial Order in Seventeenth-Century China* (Berkeley: University of California Press, 1985), vol. I, p. 42, n43.

貢的對象。

努爾哈赤引進數種顏色的旗幟作為整頓組織的工具（滿語：
gūsa），用以斷絕對舊部落的忠誠並壯大自身的權利。漢語中，滿洲人
更常被稱作「旗人」。這種旗幟制度便於軍事和政治動員，十七世紀聚
集了各種各樣的人，包括中國人、韓國人、蒙古人、突厥人和藏人，甚
至有些許俄羅斯後裔，及以女眞人為主的群體。然而八旗制一成立，便
成了封閉的世襲制。旗人在髮型和服裝等方面具一致性，並且都被要求
說滿語，很快就產生民族認同。[24]

1635年，努爾哈赤的繼承者正式採用滿族這個稱呼。不久後，他
也為他的國家取了漢語的朝代名「清」（有純淨的意思）和「皇帝」的
稱呼（雖然在滿語，統治者被稱為「可汗」），如同以往的那些邊疆民
族，滿族人隨著中國歷代皇帝的腳步，建立一個滿洲王朝。

但這個清帝國不單只有中國人，甚至不只東亞人。清帝國代表著
中國內部和東亞統一的最後一個階段，建立穩定且強大的帝國。1800
年，清朝可能有多於歐洲兩倍的人口，並為現今中共地圖定下基礎，制
度和文化的混合相當高。[25]滿族人並非草原游牧民族，但最初他們就與
東蒙古人有密切來往。努爾哈赤家族經常與蒙古貴族通婚，早期滿族法
庭中經常使用蒙古語。而十六、十七世紀發展起來的滿族文字系統也源
自蒙古語。1635年，獲得蒙古國國徽也讓滿族皇帝光明正大地宣稱，
他們是成吉思汗的正統繼承人。

同時，1640年代，基於部落間的聯姻、藏傳佛教的共同信仰和新

---

[24] 見 P. K. Crossley, *The Manchus* (Oxford: Blackwell, 1997)。

[25] E. S. Rawski, "Presidential Address: Reenvisioning the Qing: The Significance of the Qing Period in Chinese History," *Journal of Asian Studies* 55, no. 4 (1996): 838, 842. 關於人口請見 M. C. Elliott, *The Manchu Way: The Eight Banners and Ethnic Identity in Late Imperial China* (Stanford University Press, 2001), p. 21。

蒙古法規的通用，西方蒙古人再次建立了強大的蒙古帝國，這一次被稱爲準噶爾汗國。準噶爾蒙古人的根據地是新疆北部伊犁河地區的草原，位於現今中國西北的偏遠地帶。他們的崛起對當時在東北崛起的滿清王朝來說，明顯是一個威脅。但藏傳佛教將兩國聯繫在一起。1578年，一個東部的蒙古可汗，賦予了西藏佛教改革派的領袖新的頭銜「達賴喇嘛」。達賴原本是蒙古語而非藏語，與藏語 gyatso 同義，意爲「海洋」。因此，西藏達賴喇嘛和蒙古可汗之間，從最初就有著重要的合作關係。由於達賴喇嘛在精神方面的支持，1680年，西北的準噶爾蒙古人向外擴張，直至控制整個新疆。

同時，東北滿族統治者也將自己視爲藏族喇嘛的代言人（見圖6.2），作爲藏傳佛教在滿族的象徵，北京的滿族皇宮裡，最終有三十五多座專爲此教搭建的建築，以及十多處藏傳佛教神殿。[26] 達賴喇嘛繼承權爭議中，滿洲國很快便智取準噶爾汗國，並將藏傳佛教帶入清朝作爲滿族的保護傘。1720年，一支清軍進駐西藏首都城關區，雖然人數很快便減少到僅剩百人和兩名高階軍官，但目的只是監督達賴喇嘛領導（1751年後）的鬆散西藏社會和政府。[27] 清朝對西藏的影響相對穩定，因此隨後便對西蒙展開一系列軍事行動，並於1759年澈底摧毀準噶爾汗國。

比起與清朝的戰爭，更多準噶爾人死於蒙古人極易罹患的天花。北疆大草原人口減少，有些人逃到俄國和哈薩克，少數倖存者則淪爲清朝奴隸。[28] 準噶爾人消失，游牧民族愛打仗的性格，也在三分之一的蒙古

[26] P. Berger, *Empire of Emptiness: Buddhist Art and Political Authority in Qing China* (Honolulu: University of Hawai'i Press, 2003), p. 97.

[27] 見 Zhang Fan, "Grass-root Official in the Ideological Battlefield: Reevaluation of the Study of the *Amban* in Tibet," in *Political Strategies of Identity Building in Non-Han Empires in China*, ed. F. Fiaschetti and J. Schneider (Wiesbaden: Harrassowitz Verlag, 2014), pp. 225-253。

[28] P. C. Perdue, *China Marches West: The Qing Conquest of Central Asia* (Cambridge, MA: Harvard University Press, 2005), p. 285.

圖6.2　中國乾隆皇帝（1735-1796年在位）清朝滿族的肖像，作為密宗文殊菩薩，風格
　　　　為藏式唐卡，但面部由義大利人郎世寧（1688-1766）繪製。存於華盛頓特區史
　　　　密森尼學會的佛利爾美術館，用匿名捐款及博物館資金購買，F2000.4。

人成爲崇尙和平的僧侶後逐漸淡化。蒙古貴族被授予清皇權，其他蒙古部落則發配了獨立牧場以限制行動。蒙古與外蒙古被併入清朝版圖。

新疆也併入清朝，並在十八世紀末首次正式稱爲新疆（意爲新的邊疆）。滿洲族展開新計畫，記錄新疆歷史及民族誌。然而，清朝是間接統治新疆，因此在清政府鬆散的監督下，這份工作由稱作「貝格」（維吾爾土耳其語中「貴族」）的土耳其官員完成。滿洲人統治新疆和蒙古的方式類似於內亞的可汗，而因其之前爲蒙古人，因此推崇藏傳佛教。

清朝持續由八旗制管理，蒙古族、維吾爾族、藏族則是由地方殖民政府而非隸屬中央的官方機構監督。然而，絕大多數人都是由該官方機構管轄，因爲那時的清朝版圖也包含中國本土。滿族開始擴張的同時，明朝也正面臨瓦解。明末有許多經濟困難，只有少數人能享有財富。因爲西班牙從美洲獲得的白銀急劇下降，西班牙自1620年後開始減少與明朝貿易。1639年後葡萄牙人被逐出日本，葡萄牙人也停止當中日貿易的中間人。因此，十七世紀中期明朝便完全破產。外交斷聯、政府機構空置且部隊無薪可發。1644年，一名民變首領（李自成，約1605-1645年）占領了明朝首都北京。

然而統領長城入海東北戰略關口的明朝將領拒絕投降，並寄信向滿人尋求支援。這個緊要時刻是一位年輕男孩掌權，努爾哈赤第十四個兒子多爾袞（1612-1650），他同意協助並發動攻擊，將反叛者逐出境。1644年6月5日，滿軍入駐北京。之後他們立即宣布減稅、風光埋葬明朝最後一位皇帝，並宣稱中國天命正式由他們繼承，滿族以這些行動獲得了中國人民的支持。

迅速征服華北地區並占領北京後，滿族對華南的侵略變得困難。對方的抵抗有時非常頑強。據說，南方城市揚州毀滅後，有近80萬具屍體被燃燒殆盡。1683年征服臺灣後，滿族在中國的統治才得以穩固。即便如此，「反清復明」的口號仍在三合會等祕密結社中流傳。滿族的

統治從來都不穩定，清朝皇帝總是懷有疑心並擔心叛亂。這也是清朝的文字獄比歷代任何一個朝代都來得興盛的原因。

雖然就另一方面而言，統治者對他的人民不熟悉是很正常的。例如公元1066年後，講法語的諾曼貴族統治英國。1714年，德國漢諾威家族占據了英國的王位。這種情況層出不窮。更重要的是，中華文化最初便是多民族融合，自三千年前周朝征服商朝以來，許多不同的民族都自認為天命的繼承者。只有在民族國家和代表自治的近代，「外國統治」才開始令人反感。因此滿族在1644到1912統治的中國，無論是以世界還是中國傳統來看都相當正常。

然而，滿人確實將他們自己定位成中國的統治者。八旗士兵駐軍在帝國超過90個要塞。滿族人多住在北京，十八世紀中葉，旗人與其家屬可能已經占北京總人口的一半。北京的華裔居民受限在南郊，但到十九世紀，大量漢人已搬進（滿族的）內城。[29] 旗人最初只允許擔任士兵或官員，並定期從政府獲得津貼。政府高層職位幾乎都是由滿人擔任。旗人一直以騎射技術和國語（滿語，非漢語）區隔開來。事實上，騎射已成為滿人的主要象徵。一位英國觀察家表示，1905年騎射取消後（那時，此項技術已失去軍事價值），引起北京旗人的極大憤慨。[30] 滿人多音節的名字，以及婦女不纏足的方面也與漢人不同。滿人與漢人之間也以禁令分離，禁止通婚而漢人也禁止移居滿洲。

清朝是一個龐大的多民族帝國。十八世紀，清朝可能統治了超過世界總人數40%的人口。清朝有三種官方語言，滿語、蒙古語和漢語，藏語也有不少人使用。據說，十八世紀的乾隆皇帝（1736-1796年在位）

---

[29] Elliott, *The Manchu Way*, pp. 116, 118.

[30] E. J. M. Rhoads, *Manchus and Han: Ethnic Relations and Political Power in Late Qing and Early Republican China, 1861-1928* (Seattle: University of Washington Press, 2000), pp. 89-90. 關於滿族和漢族的差異請見 pp. 52-63。

會說滿語、蒙古語、漢語、藏語、維吾爾語和西夏語。十七世紀，滿族語仍占據主要地位，甚至在十八世紀依然廣泛使用在重要會議上。但是，滿人只占帝國總人口的1%左右，許多人為了保有自己的語言而抗爭。漢語逐漸盛行，而今滿語已近乎名存實亡。

儘管如此，直到1912年清朝終結為止，滿人也一直維持著統治者地位。滿族文化也對帝國的種種標準產生了些許影響。法律嚴格規定男性髮型，滿族旗袍諷刺地成為當今許多人認為的傳統中國女裝。至少在清朝初期還意外地開放且國際化。

康熙皇帝（1661-1722年在位）因通婚而同時擁有滿族、中國和蒙古血統。他對狩獵和軍事開發的熱情反映滿族的習性，但他也促進了中國的文學發展，並初次與西藏的達賴喇嘛建立特殊主雇關係。同時，康熙皇帝還向耶穌會傳教士學習拉丁語，並蒐集歐洲鐘表。與日本的德川幕府（1603-1868）不同，公元1639年後，相較日本嚴苛的排外政策，1644年的清朝並沒有試圖切斷與歐洲的聯繫。

正好相反，清朝早早便利用歐洲最先進的製圖專家（研發出精確測量經緯度方法的人）來達成計畫，就如同許多歐洲政府。清朝實際上早於法國與俄羅斯，完成了近世的地圖。[31]1644年，滿軍首次進入北京不到兩個月，德國耶穌會傳教士湯若望（1591-1666）便預測九月的日蝕。他得出的結果比使用傳統方法計算的中國更為精確，因此被任命為清朝的欽天監監正。湯若望甚至成為年輕滿洲皇帝尊敬的長輩。1664年，他的運勢突然大跌，遭指控是間諜後一直被軟禁到1666年去世。然而，比利時傳教士南懷仁（1623-1688）在湯若望死後，又以另一項驚為天人的天文發現為湯若望打抱不平，而他也成了清朝的欽天監監

---

[31] L. Hostetler, *Qing Colonial Enterprise: Ethnography and Cartography in Early Modern China* (University of Chicago Press, 2001)，第 2 章。

正。[32] 到了十八世紀，歐洲人爲清朝北京郊區設計皇宮，並爲清宮廷繪製一幅肖像（見圖6.2）。

然而，來到中國的耶穌會傳教士依舊不多，他們並不願透過任命中國人爲神父來增加傳教士，導致服務大量中國基督徒成爲一個艱鉅的任務。此外在十八世紀，耶穌會在歐洲備受抨擊。東亞耶穌會士有意識地融入當地文化，以使自己更容易爲東亞人所接受，這稱作文化適應（見圖6.3）。中國耶穌會把孔孟思想視爲民俗哲學，而非宗教信仰，因此他們認爲儒學與基督教可相互包容。他們的觀點是，對於優秀的基督徒來說，閱讀《論語》不該比向柏拉圖或亞里士多德等偉大的非基督徒哲學家學習差。所以傳統上中國人會在牌位前供奉食物，並且遵循《論語》的禮節，也單純被視爲社會責任，而非異教行爲。

然而天主教會的其他教派，特別是道明會與方濟各會，對於耶穌會容忍儒學感到憤怒。1640年代開始嚴厲批評耶穌會的做法，八位以上的教皇參與爭論。1704年，梵蒂岡頒布禁令禁止儒家禮儀，1715年的教宗詔書（*Ex illa die*）更進一步加強這個決策。1773年，耶穌會甚至完全被羅馬天主教會壓制（一段時間）。曾經非常有前途的耶穌會傳教團瓦解，象徵著歐洲與中國文化間有極大的差異。

1644年清朝建立後，儘管荷蘭、葡萄牙、俄羅斯、梵蒂岡等國的大使紛紛前來中國，但最後建立正式外交的卻很少。然而，私人貿易再度興盛。當時歐洲的主要貿易商是英國，據說在1664年，首度進口了兩磅能作爲藥用的奇特中國樹葉。中國東南當地的某個方言中，英國人覺得這聽起來像「茶」。與英國的茶葉貿易很快變得頻繁。到1830年代初，英國每年從中國進口3,000萬磅茶葉，徵收的茶葉稅約占「英

---

[32] J. D. Spence, *To Change China: Western Advisers in China 1620-1960* (Boston: Little, Brown, 1969，第1章。

圖6.3　彼得・保羅・魯本斯（1577-1640）。為穿著中國服裝的比利時耶穌會傳教士尼
　　　　古拉・特里戈（漢名金尼閣，1577-1628），所繪製的畫像。存於紐約大都會藝
　　　　術博物館。© The Metropolitan Museum of Art/Art Resource, New York

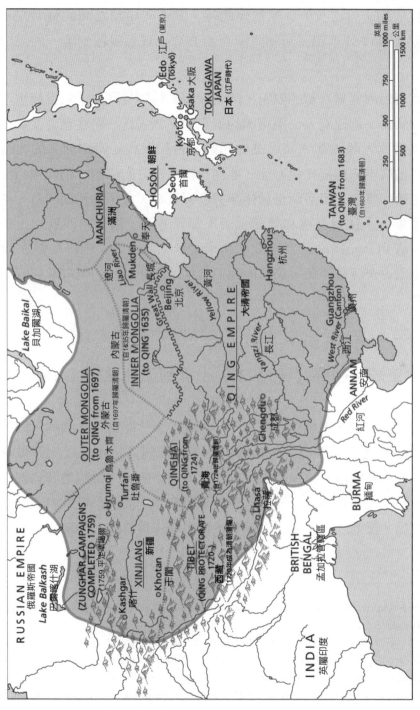

地圖6.1　公元1800年，東亞

國總稅收的十分之一」。[33] 然而此時,歐洲與中國之間的貿易有了新的限制。自1757年起,清朝將所有西方海上貿易限縮到唯一的港口:廣州。

儘管對歐貿易有新的限制,清朝並沒有特別封閉,十八世紀也沒有明顯的衰落。創建龐大火藥帝國的過程中,滿人或許將注意力從東南海岸分向西北大陸內部,而這讓他們對蒙古和藏族比對歐洲人的興趣更大。在推廣中國傳統文化方面,他們也重申保守的價值,例如強調儒家遺孀守節的概念。但清朝仍積極參與世界貿易,在平均預期壽命、商業發展水準、合法財產權和總體生活水準等方面,清朝與西歐相比仍具優勢,直到公元1800年英國北部開始發展工業革命。但即使是在1800年,中國占全球總產值,仍可能超過包括俄羅斯在內的所有歐洲國家總和。[34]

▌隱士王國:朝鮮(〔1392-〕十六到十九世紀〔-1910〕)

韓國在近世才剛適應了所謂的「傳統」。[35] 從1392年朝鮮早期的體制改革開始建立「傳統」的韓國,並花了幾個世紀才完成。與韓國相比,歐亞大陸並沒有特別的近世化。取而代之的是,韓國遵循其獨特的歷史軌跡,在與歐洲人交流、世界貿易和商業化並沒有近世中國或日本那樣突出。然而,如果難以將朝鮮半島後期視為定義上的現代早期,那

---

[33] M. Greenberg, *British Trade and the Opening of China, 1800-42* (Cambridge University Press, [1951] 1969), p. 3.

[34] R. B. Marks, *The Origins of the Modern World: A Global and Ecological Narrative from the Fifteenth to the Twenty-First Century*, 2nd ed. (Lanham, MD: Rowman and Little field, 2007), p. 106; Bairoch, "International Industrialization Levels from 1750 to 1980," p. 296,表 10。

[35] 見 B. Cumings, *Korea's Place in the Sun: A Modern History* (New York: W. W. Norton, 1997), p. 48。

麼這便提醒了我們，不該將歷史隨意地貼上標籤。

　　由於朝鮮王朝後期的歷史通常與早期分開看待，因此，我們不僅是爲了將後朝鮮與中國和日本的歷史放在同一時間線，這裡還簡要地總結了後朝鮮王朝的歷史，儘管後朝鮮王可能看起來並不像「早期現代」。1592年，日軍入侵將朝鮮王朝漫長的歷史（五百多年）劃分出一個分歧點。

　　經歷地方分權極其嚴重的時代後，日本在十六世紀末由陸續出現的三大軍閥重新統一，特別是以豐臣秀吉（1536-1598）爲首的軍閥。征服日本後，豐臣秀吉吹噓說他將要征服中國。入侵中國必須先經過朝鮮，1592年，豐臣秀吉派出兵力超過158,000人的大軍，自朝鮮半島東南端登陸。朝鮮沒預料到這場奇襲，於是三週內兇悍的日本武士便成功占領首都首爾。朝鮮朝廷逃到北部邊境的鴨綠江，而日本武士幾乎占領了整個半島。然而，一位足智多謀的朝鮮海軍上將李舜臣（1545-1598）利用世界上第一艘鍍鐵甲艦（又稱作龜船）擾亂日本的航運，並接二連三爲海戰奪得勝利。與此同時，中國明朝也遲來地派遣5萬人的部隊援助朝鮮，在許多朝鮮農村展開抗日游擊戰。

　　在這些壓力下，日本侵略者被迫回到東南海岸的據點並進行談判。1597年，交涉停滯，豐臣秀吉於是下令第二次入侵，但這一次朝鮮準備充分，日本人並沒有得逞。豐臣秀吉於1598年去世，日本武士很快地從朝鮮半島撤離。但此時，七年的血戰已讓韓國元氣大傷。然而更糟的是，日本軍人將朝鮮人與中國人的鼻子作爲戰利品，（比武士以往蒐集的戰利品更能攜帶過水）堆在位於京都的耳塚。[36]因此儘管打贏戰爭，朝鮮也已被入侵者摧毀，並埋下與日本長期敵對的種子。

---

[36] K. M. Swope, *A Dragon's Head and a Serpent's Tail: Ming China and the First Great East Asian War, 1592-1598* (Norman, OK: University of Oklahoma Press, 2009), pp. 3-4.

　　根據推測，面對日本的侵略，晚期朝鮮成爲東亞孤立主義最明顯的國家。西方人後來將其形容成一個「隱士王國」。[37]儘管朝鮮與中國保持朝貢關系，但禁止與鴨綠江對岸進行私人貿易。1609至1870年代間，透過對馬島島主恢復與日本貿易，但每年僅限21艘船。此外，在朝鮮日本商人只限在釜山的一個建築內活動，基本不允許進一步接觸。

　　即使是與中國的關係也很快地產生變化。十七世紀初，清朝崛起，於鄰近朝鮮鴨綠江的滿洲地區開始發展。由於朝鮮與明朝已維持長久的朝貢關係，早期清朝人要求朝鮮支持，使朝鮮相當尷尬（更別提明朝與他們共同對抗豐臣秀吉）。因此清朝於1627年和1637年兩度入侵韓國，挾持朝鮮王儲八年，並將該國降級成清朝的附屬國。這都發生於1644年滿洲人占領北京並在繼承王位前。儘管朝鮮此後一直是清朝的附屬國，但許多朝鮮人都輕視清朝，視他們爲野蠻人。

　　隨著長期的世界文明中心中國遭野蠻的滿族人踐踏，許多朝鮮人開始將自己的國家視爲正統（儒家）文明的唯一倖存者。正如朝鮮英祖（1724-1776年在位）所說的，「中原（中國）散發著野蠻人的惡臭，我們的青山（朝鮮）如此孤獨。」[38]儘管朝鮮是清朝的附屬國，但朝鮮人繼續使用明朝而非清朝曆法，並在服裝和髮型方面也沿用明朝風格（即便中國男性被迫穿著滿族服裝和髮型）。在滿族征服中國之前，一些朝鮮人就已經反對明朝中國人朱熹的新儒學（如王陽明思想）。明朝滅亡後，朝鮮將自己視爲儒學的最後堡壘。矛盾的是，這卻使朝鮮人對自己的身分產生認同並爲此自豪。

　　除了繼續使用以文言文的儒學作品外，十七和十八世紀，也大量使

---

[37] 此說法來自 W. E. Griffis, *Corea, the Hermit Nation* (New York: Scribner, 1882)。

[38] J. K. Haboush, "Constructing the Center: The Ritual Controversy and the Search for a New Identity in Seventeenth-Century Korea," in *Culture and the State in Late Chosŏn Korea*, ed. J. Kim Haboush and M. Deuchler (Cambridge, MA: Harvard University Asia Center, 1999), p. 70.

圖6.4　摔跤，朝鮮王朝後期（十九世紀），金弘道（約1745-1806年）死後留下的《日常畫作》。存於倫敦大英博物館。© The Trustees of the British Museum/Art Resource, New York

用朝鮮本土語言諺文，尤其是在小說中。朝鮮王朝後期，藝術也得到豐富的滋養，並且也帶動經濟的發展。十七世紀，由於灌溉技術進步和推廣水稻秧苗移栽技術，農業產量增加。先在一個小苗床上播種後轉移幼苗，讓優秀的幼苗在同一片田地裡較快成長。農業的民生供給減少，更多的是輸出給商業市場。硬幣也開始廣泛流通。1801年，雖然朝鮮的奴隸制度直到1894年才完全廢除，但多數官方奴隸都獲得了自由。然而，儘管有了這些發展，朝鮮的商業發展仍然比中國或日本要落後得

多。首爾仍是朝鮮唯一的大城市,十九世紀初人口約20萬。

商業化低的部分原因是缺乏方便的水上運輸。朝鮮並沒有如中國那般擁有密集的河渠網,或像日本有內海。貴族和儒家菁英對商業的蔑視,以及官方的封閉政策,無疑也帶來一定的影響。然而,即使是朝鮮這個隱士王國也沒有完全脫離世界。例如當時主要的經濟作物菸草,便是十七世紀從美洲引進。辣椒也從美洲引進,而它完全改變了韓國料理。如果沒有辣椒的話,難以想像如今的韓國菜會是如何。而早在1631年,一架歐洲望遠鏡和時鐘也從中國被帶到了朝鮮。

1784年,一名朝鮮人受洗成為天主教基督徒後,從大使館返回北京。即使在沒有歐洲傳教士的情況下,許多朝鮮人透過閱讀中文的天主教經典,成為天主教徒。令人驚訝的是,只有義大利、法國和西班牙的天主教徒數量超過朝鮮。但是,儘管儒家通常對不同的宗教信仰抱持寬容態度,但並不包含違背最根本道德義務的宗教行為。1790年起,朝鮮天主教徒了解到天主教禁止行祭祖儀式,一名韓國教徒便燒毀了祖先牌位,他因違反哀悼的法律而被捕並處決。[39]特別是進入十九世紀後,朝鮮的基督徒陸續遭受到嚴重的迫害。

1866年,一艘名為舍門將軍號的美國商船,為了強迫進行貿易駛向平壤。由於遇到退潮而擱淺,這艘船因此遭到圍攻,船員全部被殺。同年,為了先前被處決的九名法國傳教士,派遣一支由七艘法國軍艦組成的遠征隊,法軍登陸,並與大量朝鮮軍隊交戰,而後法國撤退,朝鮮人認為他們獲勝。1871年,五艘美國軍艦組成的中隊抵達,要來追究舍門將軍號被毀事件。朝鮮人拒絕談判,美國便對江華島進行轟炸並摧毀朝鮮的砲台。然而,美軍最終撤退使朝鮮再次相信,他們在軍事上占上風。在英國海軍迫使清朝為西方貿易開放新的港口(1842年),和

---

39 D. Baker, "A Different Thread: Orthodoxy, Heterodoxy, and Catholicism in a Confucian World," in Haboush and Deuchler, *Culture and the State*. 關於聖人請見介紹 p. 13。

日本在美國海軍准將培理（1854年）的領導下開放後，朝鮮仍認爲他們能夠強制將外國人驅逐出境。

日本的統一（1568-1600）與德川幕府（1603-1868）

三個統一者

　　如果清朝是近世火藥帝國的典型例子之一，當時的日本或許也算，但就某些方面來說，日本肯定是例外。1543年，擱淺的葡萄牙人意外將槍械引入日本南部的種子島後，日本人立即意識到這項致命科技的實用性，於是日本工匠迅速複製這些新武器。槍砲在戰爭中的地位舉足輕重，而火繩槍也成了日本軍事統一的重要工具。爲了將兵力擴展到日本之外，並建立一個多民族帝國，豐臣秀吉侵略朝鮮，然而卻沒有成功。在幕府的監視下，日本的天皇並沒有實權，而日本很快地開始實行嚴厲的鎖國政策。所以日本是近代早期帝國一個罕見的例子。然而，日本確實歷經過重要的經濟發展，在當代初期，中央政府的掌控迅速擴大，這絕大部分得歸功於槍械，而歐洲人的影響也不小。

　　十六世紀，日本自歐洲引進的不只有槍枝。他們還引進了其他東西，比如菸草，引進後便迅速開始在國內栽種。近代早期的日本有菸癮的人相當普遍。另一個受歐洲影響的可能是稱爲天婦羅的料理，麵糊包裹的海鮮和蔬菜炸物。日文中的*tempura*被認爲源自葡萄牙語*temporada*，或「季節」，指的是天主教徒禁吃肉的時期。基督教也同樣由歐洲傳入，曾在短時間造成很大的影響。

　　耶穌會傳教士方濟·沙勿略，於1549年登陸日本九州西南部的一個島。或許是因爲十六世紀的歐洲和日本之間，有些許驚人的相似之處，比如區域統帥和住在皇宮的世襲軍人，以及對濟世宗教的信仰（基督教最初甚至被日本人誤會是佛教的其中一種）。日本人和歐洲人在

最初的接觸中彼此尊重。日本長崎港是1568年後特別了爲歐洲貿易而發展，耶穌會傳教士也於1571年建立了長崎，此後幾年都由傳教士管理。有一段時間，日本很流行穿戴十字架或念珠。十七世紀初的巔峰時期，日本基督教信徒可能多達30萬。

葡萄牙人的到來也加強了對外貿易。十六世紀，日本白銀產出量空前地多，而由於葡萄牙人位在澳門的基地是以白銀交易，因此葡萄牙作爲中間人，使中國和日本之間發展出繁榮的貿易。這同時促成了日本藝術史上的黃金時期。新的財富也幫助領主建造防禦工事，並部署更多的軍隊。此外，槍枝意味著士兵單打獨鬥的舊時代結束，而山上的城堡也不再安全。大量配戴槍枝的士兵、護城河和能夠抵擋砲火的堡壘變得不可或缺。在優勝劣汰的激烈競爭中，地方分權的情勢開始扭轉。

十六世紀中葉，日本劃分爲大約120個領地，每個領地實際上都是獨立的國家。其中一個相對較小的領地位在日本中心尾張，屬於織田信長（1534-1582）。織田家族自從擔任某一省軍事統領的副手後便小有名氣，並於戰後（1467-1477年）完全控制了該區域。1560年，織田信長在大雨中澈底擊潰強大的鄰藩，一戰成名。1568年，一位將軍爲了恢復幕府對京都的掌控，向織田請求援助，而織田信長在那年進入首都或許也象徵著日本的統一。

織田信長並不打算只是爲室町幕府提供軍事支援，他企圖掌權，並於1573年將最後一位幕府成員驅逐出境。後來，織田信長也並未接任幕府將軍，該位呈現空缺。他看不起法治，僅僅滿足於軍事力量。正如一位歐洲觀察家在1569年所說「織田信長對日本所有國王和王子都抱著輕蔑的態度，像對待下級一樣和他們說話。」[40]

---

[40] Luis Frois，引用自 G. Elison, "The Cross and the Sword: Patterns of Momoyama History," in *Warlords, Artists, and Commoners: Japan in the Sixteenth Century,* ed. G. Elison and B. L. Smith (Honolulu: University of Hawai'i Press, 1981), p. 66。

　　織田信長掌權的過程中，他最強勁的敵人是在大阪建立石山本願寺的淨土眞宗（一向一揆）信徒。日本戰國時期，集團會以共同防禦爲目的而相互結盟，而非單由一位大名統治。同盟者會宣誓，並把名字以鮮血簽在一個圓圈裡，便不會有排名的疑慮。然而，這些集團大多很快就解散或者轉變成普通的大名領地。此時，淨土眞宗本身也不再與大名領土有區別，除了是宗教外。織田信長與這個佛教教派交鋒十年，直到1580年，石山本願寺被摧毀。

　　由於佛教相當排斥織田信長的命令，織田信長在攻擊他們時也特別無情。例如，1571年，織田摧毀天台宗的大本營。數以千計的修道院被燒毀，居民也都成刀下亡魂。

　　1576年，織田在京都東邊的琵琶湖岸邊，造安土城作爲大本營。雖然護城河和城牆是火藥時代最有效的防禦，但那個時期的日本城堡通常也有高聳的中央塔樓。安土城的塔高約42公尺，頂部鍍金下層漂白，內部則以屏風畫作裝飾。1582年，織田控制了日本三分之一的土地。然而在同一年他到京都本能寺喝茶時，遭家臣背叛並謀殺，而他建的安土城也被摧毀。

　　織田的城堡被毀的幾乎一點不剩，但他打下的功績依然能成爲他人的墊腳石。織田死後，豐臣秀吉上位。他出身卑微，甚至連姓氏都沒有（後來皇帝授予豐臣）。當時武士階級還沒有明確的界定，但他的強大實力讓他在農民戰士中崛起。當豐臣秀吉得知織田信長被殺後，他迅速找出刺客並在11天內將其處死。接著他繼承織田信長的統一大業，八年後成功統一日本。

　　豐臣秀吉不僅完成日本的軍事統一，而後壽終正寢。對於他的驚人成就，部分的解釋是織田信長已打贏些許艱難的戰爭，而豐臣秀吉也比織田信長更願意妥協。[41] 他許多強勁的敵人，最終只是轉變成他的家

---

[41] 關於此人生涯的研究，M. E. Berry, *Hideyoshi* (Cambridge, MA: Harvard University Press, 1982)。

臣。然而，豐臣秀吉也爲這種成功的方法付出代價，不僅是許多長老級的大名依然存在，並且有些逐漸壯大，因爲許多獎賞往往必須賞給具影響力的藩領。

例如，豐臣秀吉最重要的盟友德川家康（1542-1616），爲豐臣秀吉最大的敵人，關東地區小田原城的北條氏1590年被擊潰後，便分配到該地區。德川家康後來成爲日本最大的土地擁有者，擁有2,402,000石的土地，甚至超過了豐臣秀吉自己的土地。不可避免地，德川家康對豐臣秀吉構成嚴重的威脅，但至少在短期內，豐臣秀吉讓德川家康遠離京都，並且德川家康還得面對暗藏威脅的關東地區。德川家康搬到關東，在一個名爲江戶（現爲東京）的城池建立了基地。

由於豐臣秀吉出身卑微，他沒有資格獲得需要源氏血統的「幕府」頭銜。於是，他計畫讓古代的貴族世家藤原恢復往昔的地位，並讓藤原家族收養自己。豐臣秀吉接著對大名（daimyō）訂下規定，調查整個日本的農田，並在1588年通過刀狩令，解除農民的武裝。這是第一次，農民與武士之間有了明確的劃分。1591年，頒布法令修復了日本階級制。

在征服日本後，豐臣秀吉吹噓說他將征服中國，並兩度對朝鮮發動大規模侵略。然而，豐臣秀吉不僅沒有成功征服中國，建立的王朝也沒持續多久。主要是因爲他的繼承人在他死時還太過年輕，無法控制國家大權。豐臣秀吉第一個兒子死得很早。由於沒有繼承人，豐臣秀吉指定一個侄子作爲他的繼承人。然而老年時，卻意外生下另一個兒子豐臣秀賴（1593-1615）。豐臣秀吉隨後便無情地除掉了侄子。1598年豐臣秀吉去世時，豐臣秀賴只有5歲。豐臣秀吉臨終前設法保住了繼承權。他任命五位長老組成一個委員會，在他兒子成年前擔任監護人，豐臣秀吉認爲這五位長老會相互牽制，這樣就沒有人會成爲掌權者。然而，這最可靠的一位長老於1599年去世後，計畫便失敗了，權力迅速傾向德川家康。反德川幕府的聯盟倉促地集結，但因爲在戰場上紛紛叛逃而潰

散。1600年，德川家康在關鍵的關原一戰中獲勝後，從絕對的軍事霸權中崛起。

自他發誓要保護豐臣秀吉的兒子以來，儘管他在軍事上取得了勝利，德川家康仍然覺得有必要讓豐臣秀賴繼續在大阪的城堡裡，過著舒適的生活。不過，憑著聲稱是源氏的遠親，德川家康於1603年受封幕府將軍，創立了德川幕府政權。1614年，德川家康終究找到理由，聲稱豐臣秀賴修築的京都方廣寺梵鐘，鐘上的銘文是對他的不敬，還指稱豐臣秀賴招募浪人到大阪城，於是德川家康率軍包圍大阪城。城堡固若金湯，但仍最後在1615年陷落，而豐臣秀賴和他的母親則被迫自殺。1615年，大阪城被毀，這便是日本兩個半世紀以來最後一次重大的軍事衝突。

德川幕府（1603-1868）

德川幕府持續很長一段時間的和平，除了1637-1638年日本基督徒在長崎島原市的叛亂。這場基督教叛亂，無疑使德川幕府更加堅定禁止所有外界影響的決心。一個半世紀戰爭不斷，讓作為軍事政權的德川幕府致力於維持秩序。鞏固內部的方法便是限制外部干預。為此，1635年，開始禁止日本人出國旅行。基督教似乎是外在影響中特別不穩定的來源，對於宗教有越來越多的禁令和迫害（最早在1587年豐臣秀吉的統治下開始）。1624年，西班牙人全部被趕出日本，繼基督教在島原的叛亂之後，葡萄牙人也在1639年被驅逐出境。從那時起，所有的日本人都必須到佛教寺廟登記，並確認他們不是基督徒。1639年後，荷蘭是唯一獲准進入日本的歐洲國家，而在1641年，連荷蘭人也只限於長崎港的出島活動。

荷蘭人雖然並未遭驅逐，但白天需要通行證才能出入，晚上則在被牆包圍的島上由士兵看守。因此，荷蘭和日本之間的交流非常有限。儘管十七世紀初，每年有多達22艘荷蘭船駛往日本和臺灣，但到了十九

世紀初每年平均只有一艘前往日本。[42] 但即便日本澈底鎖國，這幾個世紀裡日本也依舊沒有完全脫離世界。例如，日本並沒有放棄火器。美國海軍遠征隊在1854年結束日本鎖國時，長崎已經有137座大砲。1854年，美國人引進的精密懷表技術也引起日本的興趣，因為日本已經很常使用懷表。[43]

如果西方發展都能夠滲透到日本德川幕府，那麼與東亞其他地區的聯繫自然更為密切。事實上有人聲稱德川幕府比以往政權都深入中國古典文化[44]（見圖6.5）。日本高等教育主要是以學習漢字和儒家經典為主。德川家康也建立孔子學院。和平時代的武士開始思考如何突顯他們的特權，導致一些武士在十七世紀形成武士道，軍人的紳士方法，例如山鹿素行（1622-1685）認為，武士們透過閒暇時培養儒家的思想和經世濟民的價值觀，並為人民樹立榜樣，就能證明他們的生存價值。

圖6.5　由中國（福建省）出生，在日本宇治（離東京不遠）的萬福寺的禪宗僧侶南根，於1669年所作。直到1740年代晚期，所有住持皆來自中國。私人收藏。
Werner Forman/Art Resource, New York

---

[42] Blussé, *Visible Cities*, pp. 24, 48.
[43] Chaiklin, *Cultural Commerce*, pp. 102, 149-172.
[44] M. B. Jansen, *China in the Tokugawa World* (Cambridge, MA: Harvard University Press, 1992), p. 4.

德川幕府時期實際上是日本公認的儒家黃金年代。據說，林羅山（1583-1657）在公開講授宋明理學時，吸引了很多人。西日本的商業城市大阪，95%的人口不是武士，懷德堂（擁抱美德的禮堂）學院向所有階層的日本人介紹儒家價值觀，但大多數，尤其是商人，對於如何利用儒學製造商機更感興趣。[45]

然而可以預見的是，也有一些本土主義者對儒家思想提出反對。一所國家教育學校爲強調日本獨一無二的傳統應運而生。這些國學教育者中最偉大的是本居宣長（1730-1801），他畢生致力於研究日本最古老的歷史，即《古事記》，以尋找不曾受華人影響，更純粹的日本民族特質。

比起排除國外的不穩定因素，對德川家康來說，更重要的是維持國內和平的新方法。德川幕府並沒有試圖消滅大名，或去除他們的權力。1868年德川幕府末期，仍有276位大名擁有不同程度的財富和權力。但是德川幕府的將軍試圖讓大名藉由宣誓效忠而服從幕府。德川聲稱有權確認大名財產或者將其轉移到其他領土（這在早期經常發生），管控政治聯姻，並限制各大名持有兵力和城堡。最重要的是，實行參觀交代制度，所有大名都被必須每兩年到江戶觀見一年。這使所有的大名都在將軍的掌控下，他們留下重要的家族成員在將軍城堡裡作爲人質，大名爲了維護各自的領土和江戶的昂貴建設而消耗巨大。促進國民經濟一體化的過程中，也有助於架設道路與江戶中心的聯絡網。商人也聚集在江戶和其他城池，以滿足大名對武士的需求。

十六世紀初，大多數武士仍居住在農村，他們徵稅、維護秩序、掌管地方權力。然而，十六世紀後半葉的統一戰爭中，大名爲鞏固自身政權，建造巨大的新城堡並派武士駐守。武士不再靠自己的土地養活自

---

[45] 見 Tetsuo Najita, *Visions of Virtue in Tokugawa Japan: The Kaitokudō Merchant Academy of Osaka* (University of Chicago Press, 1987)。

己，而是靠領主支付的生活津貼過活。商人、工匠也被招來協助建設大型軍事設施，建造出新的城池。日本的許多現代化城市，都是1580到1610年自城池轉變而成，江戶（現爲東京）便是其中一個典型的例子。

十八世紀初，巴黎人口超過50萬，是當時歐洲最大城市，而當時江戶人口則有百萬以上。[46]位在西日本的大阪也成爲大城市，但大阪是以商人爲主的城鎮，並作爲商業中心興盛。江戶是幕府所處的城市，有一半人口是武士。所有大名都必須花一半的時間在江戶，作爲幕府將軍的護衛，未經允許不得離開城堡20公里以上。因此，有一大批被拘禁的戰士需要糧食、空間、服裝和娛樂。幕府將軍、大名和武士專注於培養傳統文化時，城市的町人衍生出了新的流行文化。這是日本第一個眞正一個爲市場增添產值的文化。

例如，町人喜愛的華麗歌舞劇，幾乎可以追溯到德川幕府初期。[47]但由於違背道德，幕府很快便禁止婦女上台（就如同莎士比亞所在的英國），而女性角色則由男性扮演，稱爲女形。與日本德川幕府的大多數職業相同，演員很快地也開始世襲，演員們通常來自戲劇世家，並扮演與祖先成名時相同的角色。歌舞伎的布景、服裝和妝容都很華麗，甚至引入旋轉舞台來快速改變場景。

令人驚訝的是，德川幕府時期頂尖的劇作家更喜歡爲木偶劇院（文樂或淨琉璃）寫劇本，導致一段時間劇院間的激烈競爭。木偶有時會做得有一兩公尺大，需要三名操偶師來操縱。這些木偶明顯是人類無法呈現的特別技藝。當時最著名的劇作家近松門左衛門（1653-1725），便

---

[46] J. L. McClain and J. M. Merriman, "Edo and Paris: Cities and Power," in *Edo and Paris: Urban Life and the State in the Early Modern Era*, ed. J. L. McClain, J. M. Merriman, and U. Kaoru (Ithaca, NY: Cornell University Press, 1994), pp. 12-13.

[47] 見 D. H. Shively, "Bakufu versus Kabuki," in *Studies in the Institutional History of Early Modern Japan*, ed. J. W. Hall and M. Jansen (Princeton University Press, [1955] 1968)。

觀察到木偶戲是「遊走於眞實與虛幻之間」的藝術。[48]

　　最受歡迎的德川幕府時期戲劇是由三位作家共同完成，名爲「忠臣藏」（忠臣的寶藏），是關於47位浪人的故事。最早於1748年上演。完整演出《忠臣藏》需要11個小時，但故事的大綱不長，源自1701至1703年發生的眞實事件。在江戶的城堡裡，一位大名去接待帝國使者，但由於他並沒有給予指導他的人足夠的禮物，指導者不願告訴他接待使者的禮儀，導致他不知道如何履行職責。在恥辱與憤怒中，他最終拔劍砍傷指導者。在幕府城堡裡拔劍的結果唯有一死，而大名當晚便被迫自殺。隨著他的死，他的家臣們成了浪人。因武士的忠誠和責任，他們決定復仇，但爲了讓敵人放下戒心，他們先假裝變得頹廢，接著在某天夜裡，他們襲擊指導者的豪宅並殺了他。這些浪人們完成武士應盡的職責和義務，但不幸的是，他們也同樣犯下不可饒恕的謀殺罪。幕府讓這47位浪人有尊嚴地自殺，將他們塑造成悲劇英雄。

　　德川幕府試圖通過立法，嚴格區分菁英文化和大眾文化。禁止町人演出能劇，武士則不准參加歌舞伎。然而實際上，即使許多必須偷偷上劇院，武士依舊成了歌舞伎的狂熱粉絲。同時，商業流行文化也在某種程度上，反映出宋明理學的價值觀。例如，德川幕府時期的劇本中，永不退流行的主題便是責任（義理）與人的情感（人情）之間的衝突，最著名就是因愛上錯誤的人而自殺的故事。

　　由現代日文而非文言文撰寫的書突然大量出版。現代日文的書受眾相較廣泛，並包含家事管理指南、小說和各種娛樂書籍等等。大約有七千多本書在1692年於京都陸續出版。[49]

---

[48] D. Keene, *World within Walls: Japanese Literature of the Pre-Modern Era, 1600-1867* (New York: Grove Press, 1976), p. 266.

[49] M. E. Berry, *Japan in Print: Information and Nation in the Early Modern Period* (Berkeley: University of California Press, 2006), p. 31.

　　幕府認爲娛樂爲必要之惡，雖然允許但必須加以管制。幕府因此指
定了專門的娛樂場所，通常被稱爲「浮世」（浮世繪），爲茶館、劇
院和妓院的聚集地。1650年代發生了火災後，江戶的劇院聚集在日本
橋（日本的橋梁，據說此處可以通達日本各地）附近的區域，而其他娛
樂場所則被轉移到城市東北部，現爲淺草。藝妓（表面意思是「藝術
家」），擅長跳舞、唱歌、音樂、談話技巧的女性表演者，便是這個浮
世的主體。

　　娛樂場所流行的木版印刷藝術，稱爲浮世繪，意爲「漂浮世界的繪
畫」。在當時幾乎不被視爲藝術，但很受現代西方歡迎，主要以描繪藝
妓、歌舞伎演員、相撲選手等娛樂界人士。然而，許多頂尖的浮世繪都
是描繪風景，如歌川廣重（1797-1858）和葛飾北齋（1760-1849）的浮
世繪印刷。據說北齋在一生中，創造出35,000種不同的設計，而他最著
名的是《富嶽三十六景》，其中包含了著名的「神奈川沖浪裏」（見圖
6.6）。

翻轉的世界：現代早期的經濟發展

　　德川幕府成立的第一個世紀，日本的人口翻了一倍之多，城池規模
也隨之擴大。然而後來人口停止增長，從1721到1846年，人口維持在
大約2,600萬左右。許多城池的人口甚至減少了。穩定的人口數似乎是
每個家族刻意爲之，例如限制每代只有一個兒子能結婚以保持家族的完
整性。但與此同時，技術逐漸進步，教育也慢慢普及，農村生產和貿易
也在增長，人均收入因此增加，但中心卻從城池轉移到了農村。這一轉
變的可能因爲政府在禁止壟斷、徵稅和管制城外價格等方面甚是無能。
正如日本十八世紀晚期有人抱怨「從城池來的人都去鄉村購物」。[50]

---

[50] T. C. Smith, *Native Sources of Japanese Industrialization, 1750-1920* (Berkeley: University of Califor-
nia Press, 1988), p. 25.

圖6.6　葛飾北齋（1760-1849）的「神奈川沖浪裏」取自《富嶽三十六景》，存於紐約大都會藝術博物館。日本浮世繪，約完成於1830-1832年。Mrs. H. O. Havemeyer於1929年遺贈。The Metropolitan Museum of Art, New York. © The Metropolitan Museum of Art/Art Resource, New York

　　德川幕府末期，一些農村家庭的非農副業收入占總收入的一半以上。除了副業生產紡織品和農場的其他生產，還有許多農村產業興起，如釀造清酒或醬油、生產陶瓷和鋼鐵。這些都是以兼職或短期勞動為主的工作，導致其中一個結果便是，日本已經為十九世紀末現代工業化，做好了充分的準備。

　　然而，另一個結果卻是使戰場菁英的地位逐漸下降。武士的地位是世襲且固定，並且有配戴兩把劍和獲得姓氏的特權。武士也由領主定期發放津貼。然而武士是個相對較大的群體，大約占總人口的7%。在長期和平的時代，他們能大展身手的機會顯然非常有限。一些武士會作為地方官員侍奉領主，但多數武士實際上沒有太多事可做（見圖6.7）。

圖6.7 1864-1865，日本橫濱的一位武士。由Felice Beato（1832-1909）拍攝。存於紐約
大都會藝術博物館。© The Metropolitan Museum of Art/Art Resource, New York

　　與此同時，大名利用運送到大阪和江戶的稻米稅收支付各區域的費
用。透過這一貿易，許多商行應運而生，貨幣經濟也開始蓬勃發展。然
而，公元1700年後，土地稅率相對平穩，支出卻持續增加的情況下，
大名有時被迫得向富商借錢，一些領主則因此負債累累。商人和其他普
通市民在法律上禁止獲得武士身分，但就算沒有官方賜予的地位，他
們日益增強的經濟實力，在某種程度上也改變了武士為上的社會。為
了節省開銷，許多大名減少了武士的津貼（就算情況好一點，也只能
維持），通常減少約30%到40%。導致許多地位較低的武士變得極度貧
困，並造成武士不滿。

　　因此矛盾的是，儘管德川幕府時期的現代早期經濟成長，有助於日本十九世紀工業化，卻同時也在破壞理想的社會。到了十九世紀，已經有許多證據顯示出人民對既有權威的輕視。十九世紀早期一位作家觀察到「幕府的公告和法令被稱爲『三日法』，沒有人重視它們。……一段時間後它們就被忽略了。」[51] 在這個發展中，最不滿也是遭剝奪得最嚴重的莫過於地位較低的武士。

! 延伸閱讀

關於中國、韓國和日本在近世關係的不同看法，請見 Evelyn S. Rawski, *Early Modern China and Northeast Asia: Cross-Border Perspectives* (Cambridge University Press, 2015)。

現代早期歐洲與東亞的接觸，請參考 Tonio Andrade, *Lost Colony: The Untold Story of China's First Great Victory over the West* (Princeton University Press, 2011); Charles Ralph Boxer, *The Christian Century in Japan, 1549-1650* (Berkeley: University of California Press, 1967); Reinier H. Hesselink, *Prisoners from Nambu: Reality and Make-Believe in 17th-Century Japanese Diplomacy* (Honolulu: University of Hawai'i Press, 2002); David E. Mungello, *The Great Encounter of China and the West, 1500-1800* (Lanham: Rowman and Littlefield, 1999)；以及 Jonathan D. Spence, *The Memory Palace of Matteo Ricci* (Harmondsworth: Penguin Books, 1983)。1793 年，英

---

[51] T. Makoto, "Festivals and Fights: The Law and the People of Edo," in McClain et al., *Edo and Paris*, p. 404.

國使者在中國所遇見的最後的「傳統」，請見 James Louis Hevia, *Cherishing Men from Afar: Qing Guest Ritual and the Macartney Embassy of 1793* (Durham: Duke University Press, 1995)。

明末的文化、商業和政治發展的結合請參照 Timothy Brook, *The Confusions of Pleasure: Commerce and Culture in Ming China* (Berkeley: University of California Press, 1998); Chun-shu Chang and Shelley Hsueh-lun Chang, *Crisis and Transformation in Seventeenth-Century China: Society, Culture, and Modernity in Li Yü's World* (1992; Ann Arbor: University of Michigan Press, 1998); Craig Clunas, *Empire of Great Brightness: Visual and Material Cultures of Ming China, 1368-1644* (Honolulu: University of Hawai'i Press, 2007); Craig Clunas, *Superfluous Things: Material Culture and Social Status in Early Modern China* (1991; Honolulu: University of Hawai'i Press, 2004); Ray Huang, *1587, a Year of no Significance: The Ming Dynasty in Decline* (New Haven: Yale University Press, 1981)；以及 David Johnson, Andrew J. Nathan, and Evelyn S. Rawski (eds.), *Popular Culture in Late Imperial China* (Berkeley: University of California Press, 1985)。Andrew H. Plaks 在 *The Four Masterworks of the Ming Novel: Ssu ta ch'i shu* (Princeton University, 1987) 提到十六世紀見證了中國散文小說的發展。

關於清朝，請見 Pamela Kyle Crossley, *The Manchus* (Oxford: Blackwell, 1997); Mark C. Elliott, *The Manchu Way: The Eight Banners and Ethnic Identity in Late Imperial China* (Stanford University Press, 2001); Laura Hostetler, *Qing Colonial Enterprise: Ethnography and Cartography in Early Modern China* (University of Chicago Press, 2001); Evelyn S. Rawski, *The Last Emperors: A Social History of Qing Imperial Institutions* (Berkeley: University of California Press, 1998); William T. Rowe, *China's Last Empire: The Great*

Qing (Cambridge: Harvard University Press, 2009)；以及 Frederic Wakeman, Jr., *The Great Enterprise: The Manchu Reconstruction of Imperial Order in Seventeenth-Century China* (2 vols., Berkeley: University of California Press, 1985)。有關清朝藝術、宗教、文化和權力的研究，請參照 Patricia Berger, *Empire of Emptiness: Buddhist Art and Political Authority in Qing China* (Honolulu: University of Hawai'i Press, 2003)。

關於朝鮮晚期，請參見 JaHyun Kim Haboush and Martina Deuchler (eds.), *Culture and the State in Late Chosŏn Korea* (Cambridge: Harvard University Asia Center, 1999); James B. Palais, *Confucian Statecraft and Korean Institutions: Yu Hyŏngwŏn and the Late Chosŏn Dynasty* (Seattle: University of Washington Press, 1996)；以及 Michael J. Seth, *A Concise History of Korea: From the Neolithic Period through the Nineteenth Century* (Lanham: Rowman and Littlefield, 2006)，第 8 章。

Conrad D. Totman, *Early Modern Japan* (Berkeley: University of California Press, 1993) 中有對近世日本的歷史進行全方位的討論。

關於德川幕府建立前的現代早期日本，請參照 Mary Elizabeth Berry, *Hideyoshi* (Cambridge: Harvard University Press, 1982)；以及 George Elison and Bardwell L. Smith (eds.), *Warlords, Artists, and Commoners: Japan in the Sixteenth Century* (Honolulu: University of Hawai'i Press, 1981)。

關於德川幕府時期可能有助於日本現代化和工業化的解說，請參照 Masao Maruyama, *Studies in the Intellectual History of Tokugawa Japan*, trans. by Mikiso Hane (Princeton University Press, 1974); Tetsuo Najita, *Visions of Virtue in Tokugawa Japan: The Kaitokudō Merchant Academy of Osaka* (University of Chicago Press, 1987)；以及 Herman Ooms, *Tokugawa Ideology: Early Constructs, 1570-*

1680 (Princeton University Press, 1985)。關於德川時期的文學，請見 Donald Keene, *World within Walls: Japanese Literature of the Pre-Modern Era, 1600-1867* (New York: Grove Press, 1976)。Mary Elizabeth Berry 在 *Japan in Print: Information and Nation in the Early Modern Period* (Berkeley: University of California Press, 2006) 一書描述德川時代印刷知識傳播的革命性變化。涵括德川時代廣泛主題的文章，請參見 John W. Hall and Marius Jansen (eds.), *Studies in the Institutional History of Early Modern Japan* (Princeton University Press, 1968)。

欲了解有益於後來的日本現代化與工業化的德川文化，請參見 Robert Bellah, *Tokugawa Religion: The Cultural Roots of Modern Japan* (1957; New York: The Free Press, 1985); and Thomas C. Smith, *Native Sources of Japanese Industrialization, 1750-1920* (Berkeley: University of California Press, 1988)。

七　大越（十九世紀以前的越南）

　　阮朝（1802-1945）建立於公元1802年，在此之前，越南從未存在過任何一個王朝，也沒有我們今天所謂的越南。到了阮朝，此地區才第一次正式被稱為「越南」。[1] 在現今任何一個越南地圖上，都能夠看出越南有特別的區域配置，一部分的原因是阮朝的政治因素，另一部分則是自然環境，也就是越南的地理位置。越南有兩大人口集中區，一個是位於北方的紅河三角洲，另一個則是南方的湄公河三角洲，這兩個三角洲加上中間細長的沿海岸，組成了越南的國土面積，坐落於山海之間。越南獨特的人文與自然因素，造成國家的種族多元。現今的越南由54個不同的少數民族人口組成（雖然種族多樣性並非越南獨有，但越南的少數民族確實構成了絕大部分的人口）。然而，除了發展較晚，從其他方面來看，越南的確是一個古老國家。

▎越南文明起源

　　紅河流域可能在公元前2500年就發展出了溼地稻米農業（可能起源於北方的長江流域，也就是今日的中國地區）。而紅河流域的青銅冶金大約出現於公元前1500年。東山文化是（約公元前600年至前200

---

[1]　K. W. Taylor, "Surface Orientations in Vietnam: Beyond Histories of Nation and Region," *The Journal of Asian Studies*, 57.4 (1998): 966.

圖7.1　約公元前500年至公元300年，越南，刻有四隻青蛙的東山銅鼓。存於大都會藝術博物館。© The Metropolitan Museum of Art/Art Resource, New York

年）由現代考古學家依據越南北部的遺址類型命名，約公元前500年，東山文化開始製作具有獨特風格的黑格爾I型銅鼓，表現出相當的文化成熟度（見圖7.1）。東山文化發展的時期，紅河地區也同時進入了鐵器時代。雖然大家普遍認爲這些漂亮的東山銅鼓發源於越南，不過由於許多東南亞洲地區也都挖掘出了東山銅鼓，至今也無法確定此銅器的發源地是位於今日紅河流域中的越南境內，還是中國西南方的雲南省內。此外，發現最多銅鼓的地區（發現的銅鼓爲較晚出現體積也較大的黑格爾II型銅鼓）爲中國南方的廣東和廣西省。[2] 從中國東南方至東南亞一整塊區域，也發現了一種以繩索標記作爲裝飾的獨特陶器，源自於新石器時代早期（石器時代晚期）。

---

2 C. M. Churchman, *Between Two Rivers: The Rise and Fall of the Bronze Drum Chiefdoms*（Lanham: Rowman & Littlefield，即將出版）。

　　關於這令人驚訝的史物分散情況，最簡單的解釋就是，今日長江以南的中國東南方，於史前時代晚期，無論是在文化還是語言方面，相較於中國本土，其實是與東南亞較爲相近。越南的「越」這個字（現代中文發音爲Yue）似乎起源於一個中周時代戰國時期的國家，位於現今浙江附近，此地在當時位於中國文化邊界的南緣。「越」（越南語：Viet）後來在中文裡用來稱呼東南方地區，除中華民族外，在浙江（今日中國境內）至紅河區域（今日越南境內）內，所有史前種族的統稱。今日的福建省地區（與臺灣島相隔一座海峽）內的各個非中華民族國家，直到公元前110年都尙未被中國的漢朝所征服，而福建在公元八世紀以前也未完全被中國占領[3]，雖然最後福建也被中國同化。此地也是新儒學大師朱熹（1130-1200）的故鄉。與此同時，中國西南部的雲南省經由紅河與越南直接相連，十三世紀時是中國本土中，最後一個被蒙古帝國所征服的省分。

　　史前的越民族以種植溼地的水稻維生（而非中原北部的「中華」民族以種植乾燥的小米維生），他們會紋身、居住於高腳屋、以船代步並且有嚼食檳榔（一種溫和的興奮劑，直到現在還十分常見於臺灣）的習慣。[4] 這些越（越南）民族種族紛雜，因此中國官方稱他們爲「百越」。最南邊的越地區，包括現今的廣東、廣西與越南北部，即使是公元前三世紀被最初的中國政權征服，四個半世紀後公元231年，這些百越民族的服飾也沒有統一，語言也不相通，因此他們需要仰賴翻譯人員，才能互相溝通。[5]

---

[3] H. R. Clark, *The Sinitic Encounter in Southeast China through the First Millennium ce* (Honolulu: University of Hawai'i Press, 2016), pp. 130-131.

[4] 見 Le Tac, *Annam chi luoc*（越南概略編年史）（公元 1340 年）（Beijing: Zhonghua shuju, 1995），1.41。也可參閱 H. A. Peters, *Tattooed Faces and Stilt Houses: Who Were the Ancient Yue?, Sino-Platonic Papers, 17* (Philadelphia: University of Pennsylvania, Department of Oriental Studies, 1990)。

[5] K. W. Taylor, *The Birth of Vietnam* (Berkeley: University of California Press, 1983), p. 75.

根據越南的傳說，從神話中的古代黃帝在中國的統治期間，到公元十四世紀，就有15個部落居住於越南北部的紅河流域。公元前七世紀時，來自其中一個部落的一個男人使用魔法征服了其他部落，建立了文朗國，此王國後來由鴻龐氏延續統治了18世。根據十五世紀的越南歷史，可以將傳說中的這些國王起源追朔至公元前2879年，統治範圍也向北方擴及至現今湖南及四川地區。根據另一個重要的傳說（記錄於公元十四世紀），貉龍君和美麗的女山神媧姬生下了100個卵，最終貉龍君帶著50個卵到南海，媧姬則帶著剩下的50個卵到北部的紅河三角洲，他們的孩子就是後來的鴻龐氏國王雄王。[6] 這個傳說中的南北海陸婚姻，正好代表了越南獨特的文明精隨。

現代越南民族主義者，會理所當然地將文朗國和鴻龐氏國王們視為越南的起源。越南的史前文化的確深深地影響著現今的越南，然而，越南就像其他的國家一樣，並非從古至今都一成不變，而是有著不斷變化的歷史。最近的考古證據似乎能夠證實，紅河三角洲在青銅時代，有過相當程度的古文明，而此文明與位於現今雲南及廣西地區的其他社會文明緊緊相關，那些文明似乎由一些「相對獨立」的村莊所掌管。這些古文明在東山文化發展時期被合併成了更大的酋邦。公元前300年時，北方中原地區正值戰國時期，激烈的戰爭連帶讓紅河三角洲產生第一個真正的國家。[7]

越南的史前文化約於公元前258年漸漸有了可靠的歷史紀錄，當時一位統治者（據說來自於今日的四川）推翻了文朗王國，並在紅河三角洲建立了甌駱國。他於現今河內附近建造了一個巨大的首都，因呈螺旋

---

[6] Dieu Thi Nguyen, "A Mythographical Journey to Modernity: The Textual and Symbolic Transformations of the Hung Kings Founding Myths," *Journal of Southeast Asian Studies* 44, no. 2 (2013): 315-337.

[7] Nam C. Kim, *The Origins of Ancient Vietnam* (Oxford University Press, 2015)，著重於 pp. 235, 281, 283。

狀，而被稱爲「古螺城」（Co Loa）。大約公元前179年（確切的日期不確定），甌駱國被歷史更爲悠久的王國南越（普通話：南越）征服並吸收，隨著其首都擴張至現在的廣州地區。雖然古螺城廢墟保留了下來，但還是無法代表真的有這個傳說中的王國，也無法確定此城市是否真的是以廣州爲據點的南越政體（其本身不該認爲是中國的政體，南越獨立於漢朝，只是部分中國化）。[8] 此時，隨著中國文字的傳入，也有了關於此地區的文字紀錄。

▎中國帝國邊境

從早期中國的歷史來看，與中國息息相關的地區並不是現在的越南，而是中國人所稱的「嶺南」（山脈南部），包括廣東和廣西以及越南北部。整個嶺南位於中國古代文化圈之外，但公元前214年，秦始皇被嶺南的犀牛角、象牙、翠鳥羽毛和珍珠的價值所吸引，據說率領了50萬人進入嶺南並征服此地。秦始皇去世後，秦朝開始迅速解體，一個名叫趙佗的當地秦朝官員（越南語：Trieu Da；生年不詳），在公元前207年宣布自己爲南越國國王，並定都在廣州。南越國爲秦帝國的分支，而其第一位國王趙佗，據說生於中原北部，但深受當地風俗影響，像當地人一般接待漢朝使者。[9]

南越國在公元前111年被漢朝征服之前，維持了近一世紀的獨立，甚至有時還會引用中國式的皇室頭銜。南越國可以細分爲九個行政區，

8　Kim, *Origins of Ancient Vietnam*, pp.150, 152, 272-273.
9　占屋和髮型都和百越文化沒有關聯，而 E. F. Brindley 認爲這則故事並不符合事實，可能是因漢文化的刻板印象造成的結果。見 E. F. Brindley, *Ancient China and the Yue: Perceptions and Identities on the Southern Frontier, c. 400 BCE-50 CE* (Cambridge University Press, 2015), pp. 155-157, 161-164。

其中有兩個行政區位於海南島上，三個位於現今越南的邊界上。南越國
的本土文化與社會似乎都受到漢朝的影響，也擴及現今的中國與越南邊
境。公元40年，徵氏姊妹，徵側和徵貳為紅河流域一位雒越族軍人的
女兒，因與漢朝官員產生糾紛，憤而起義。今日廣西南部至越南中部地
區的土著居民也跟著加入徵氏姊妹的抗爭，而徵側總共奪取了65座城
池，被推舉為「徵王」。[10]漢朝於公元43年成功抑制暴亂，並開始大力
執行漢朝法律，且建立了漢文化的標準。大量來自北方的殖民者也在這
時抵達此地，考古證據證實漢朝的磚墓逐漸取代紅河流域的東山文化形
式墳墓。

公元前111年，漢朝征服南越王國之後，將整個嶺南地區組織成一
個行政單位，稱為交趾郡（越南語：Giao-chi）。漢朝原本將政府設
立於紅河流域，也就是現今的越南，不過公元前106年，漢朝將政府
向北移至今日的廣西地區。此時的紅河可能是漢朝海上貿易最重要的
終點站。公元2年的紅河三角洲登記人口已大大超過廣州附近地區的人
口。[11]

公元187年，漢朝開始進入軍閥主義和政治分裂，一位名叫士燮
（137-226）的人被任命為紅河下游領地或次區域的負責人。雖然據說
他的祖先來自於北方，且他曾在漢朝首都讀書，但由於他的家人在嶺
南生活了七代之久，因此他在某種程度上也算當地人。接下來的幾十年
裡，因他和他的家族非常成功地管理整個嶺南地區，使該地區能夠成為
北方飽受戰爭蹂躪難民的避風港，甚至有時還被稱呼為「王」。儘管如
此，小心謹慎的士燮仍向新興的三國東吳（中國南部，嶺南北部，其首
都位於今日的南京）朝貢，最終甚至將兒子作為人質獻給東吳。

---

[10] 范曄，《後漢書》（公元 445 年）（北京：中華書局，1965），86.2836-2837。

[11] J. Holmgren, *Chinese Colonization of Northern Vietnam: Administrative Geography and Political De-velopment in the Tongking Delta, First to Sixth Centuries AD* (Canberra: Australian National University, 1980), p. 64.

公元226年，東吳利用士燮的死，將嶺南直接置於中央控制之下，首次將該地區劃分為現在中國的樣子，即廣州（意為「廣東省」，也就是今日廣州這個城市名稱的由來，中國早期以此名稱作為此地幾個行政區域的統稱）與今天的越南紅河地區，當時稱為交州。因士燮的兒子對東吳的統治做出反抗，而家族遭到屠殺之後，廣州和交州經過短暫的重新統一，但公元264年，此二地又分裂至今。東吳和隨後的中國南方王朝試圖完全支配嶺南，以便發展南海貿易。227年左右，東吳還派出了幾次海軍探險隊，探索海南島與其他的島嶼，以及更南方的占婆和高棉地區。可以看出東吳企圖占領南海（如地圖7.1）

然而，從五世紀中開始，紅河地區自主性越來越強，甚至因其三角洲地形，而被稱為「一個完全孤立的島嶼」。[12] 公元541年，一個名為李賁（越南語：Ly Bi；卒於548年）率兵反抗中國政權。雖然李賁祖先來自中國，但他在中國南朝首都卻一直無法任官。544年，他自稱為「南越帝」。李賁548年被殺，但在他繼任者的統治下，此區域在他死後的半個世紀（共61年）仍保持獨立，直到602年中國北方的隋朝將此地征服。605年，隋朝不滿足於紅河三角洲，並向南入侵至占婆地區，也就是今日越南中部地區，但隋朝的軍隊因不敵熱帶地區的高溫，傷亡慘重。

隋朝與唐朝的統治之下，紅河三角洲又再成為中國的一部分，不過到了七世紀時，整個嶺南地區（包括現在的廣東、廣西和紅河流域）都不算是在中國的自然邊界內。[13] 907年唐朝滅亡時，嶺南大部分的區域仍然相當偏僻、不發達，居住者為非中華民族的原住民。只有嶺南地區兩個主要行政區中的兩個首都港口都市較為發達，也就是廣州（現代廣州市）和交州（近現在的河內）。由於繁榮的南海貿易，這兩個港口城

---

[12] 蕭子顯，《南齊書》（公元 537 年）（北京：中華書局，1972），58.1017。
[13] 狄仁傑（607-700），引用自歐陽修和宋祁《新唐書》（公元 1060 年）（北京：中華書局，1975），115.4210。

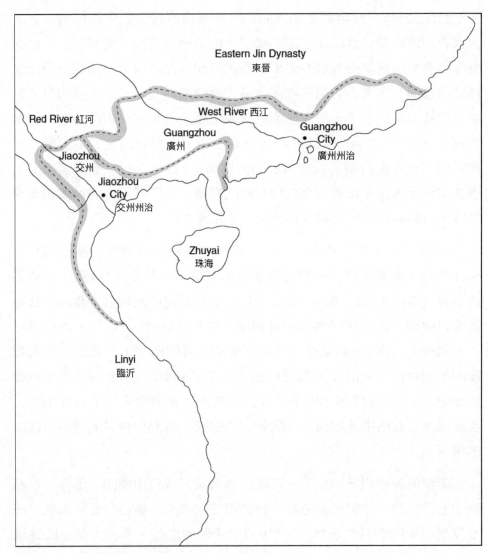

地圖7.1　嶺南，約公元400年

市成為了中國重要的城市。正如一個七世紀的歷史紀錄裡寫道，「去那裡的商人往往變富。」[14]

---

[14] 魏徵，《隋書》（公元 636 年）（北京：中華書局，1973），31.887-888。

漢朝時，紅河三角洲是比廣州更重要的海上貿易中心，總人口數也
比廣州多很多，但到了唐朝，情況漸漸互換，現在廣州遠比紅河三角洲
重要。推測這種轉換受到以下幾項發展的影響。其一，從大約四世紀
開始，海運的行駛路線從沿著海岸行駛（此路線使紅河成爲中國的第一
個，也是最後一個停靠港口），大膽地轉變爲直接越過海洋。其二，廣
西南部和廣東這兩個高原地區內，紅河流域與中國被強大的非中華民族
原住民酋邦隔離開來。其三，中國從四世紀開始的大規模人口南遷，
主要是遷向現在的中國東南部（而不完全是向南到現在越南地區）。
其四，位於今日南京地區的南朝中國首都，比起紅河流域，更重視廣州
地區。

679年，唐代交州（紅河地區）改置爲安南都護府（越南語：An-
nam），意思是「安撫南部」。此後，安南至今仍是越南的通用名稱。
大約同一時期，也設立了安西、安東、安北都護府，並指派都護在這些
邊境區域安撫、控制、巡視外族。[15] 安南都護府的設置意味著，紅河地
區被視爲在唐朝統治下偏遠而又不完全算是中國邊境的地區。唐代中
期，安南的都護爲一名中亞商人，名叫阿倍仲麻呂（約698-770年）的
日本人，他以遣唐留學生的身分來並常居於此，後來成爲唐朝的高級
官員。[16]

到了九世紀末，唐朝對安南的控制已經減弱，紅河地區則由當地大
家族把持。公元907年後，唐朝已不復存在，中國陷入了另一個分裂時
期，即五代（北方，907-960）和十國（南方，907-979）。其中一個南
方政權，位於廣州的南漢（917-971）試圖將紅河三角洲納入版圖。從
廣州的角度來看，整個嶺南在地域上依舊是同一個地區。然而，儘管
此政權喚起了神聖的中國王朝漢朝，但統治南漢的家族並不屬於「漢

---

[15] 杜佑，《通典》（公元 801 年）（北京：中華書局，1984），32.186b。

[16] C. Holcombe, "Immigrants and Strangers: From Cosmopolitanism to Confucian Universalism in Tang China," *T'ang Studies*, 20-21 (2002-2003): 72-78.

族」，而是南部的土著部落酋長。[17] 931年，一位當地將軍將南方漢族軍隊驅逐出安南。938年，南漢入侵並試圖再一次征服安南，但遭吳權（卒於944）殲滅。吳權在939年自稱爲吳王。

大越

安南在吳權的統治下維持獨立，但吳權於944年去世後，安南迅速瓦解爲分裂的軍閥主義，在963年由丁部領（924-979）重新統一。968年，丁部領援引中國皇權稱號，由王晉升爲帝王（普通話：皇帝；越南語：*hoang de*），並稱他的新王朝爲大瞿越國（Dai Co Viet）。「大」這個字是當地的漢字發音，意思是「偉大的」，而「瞿」是一個非中文土著語言，意思基本與「大」相同，因此這個字是多餘的。公元1054年，捨棄了瞿，改成簡單的大越。

中文稱號「皇帝」代表著至高無上。理論上來說，每一段特定的時期，全世界都只能有一個合法的皇帝。新起的宋朝統一了大部分中國後，宋朝理所當然地不會承認越南帝國的主張。但是，宋朝在960年建國後至971年之間，並沒有征服位於廣州的獨立南漢政權。971年後，宋朝終於將其勢力擴展到今日中國最南端。975年，宋朝認爲位於安南的丁部領爲紅河三角洲行政區域內的附庸國王，以交趾（越南語：Giao Chi）這古老的漢族名稱稱呼該地諸政權。

宋朝因不滿丁部領的政權，980至981年間，宋朝試圖入侵且澈底吞併紅河地區，但因未完善規劃而失敗。入侵失敗後，宋朝和大越形

---

[17] H. R. Clark, "The Southern Kingdoms between the T'ang and the Sung," in *The Cambridge History of China, vol. V, Part 1. The Sung Dynasty and its Precursors, 907-1279*, ed. D. Twitchett and P. J. Smith (Cambridge University Press, 2009), p. 153.

成了一個名義上的附屬關係，其中大越實際上是獨立的（由內部政權來看，大越是由其主權皇帝統治），但是出於外交目的，而稱爲中國皇帝的附庸國王。而後大臣以當地氣候炎熱、盛行瘟疫，將士在戰爭前就會病死，且即使成功拿下安南，也難以掌控，不符合效益爲由，說服了宋太宗放棄出兵。[18] 1174年，宋朝將其越南附屬國稱號提升爲安南國王（Annam quoc vuong）——即從行政區晉升爲一個「國家」（普通話：國；越南語：*quoc*）。

低地紅河地區的史前土著居民很可能是南亞語系之一，此語言與東南亞大陸的其他語言有關，但與中文完全無關。然而，中國統治的千年裡，同個時代下中國與越南之間最明顯的區別不是「中國人」和「越南人」，而是「文明」的帝國和原住民部落。[19]十世紀獨立之後，那些原住民也沒有回到長期被中國壓制的越南人身分，並接管獨立的大越；相反地，中國人成爲統治此地的世家大族。獨立時，大越地區內的世家大族能使用中文的分支語言，不過，此地原住民的漢語水準較低，仍然使用古老的語言。不久之後，這些世家大族也轉而使用當地語言，並引用了大量的漢語詞彙和特徵，從而創造了我們今天所知的越南語。（類似的事情發生在1066年之後講法語的諾曼人征服英國時，他們最終轉而使用英語，但爲英國帶來了許多法語詞彙。）[20]

十九世紀前，中文字仍然是越南書寫的主要語言。雖然十三世紀開始使用新創的字體和喃字，也就是根據音而不是其意義來編寫的本土越南語。到了十七世紀，越南本土文學中，已出現極具當地特色的字體。二十世紀時，法國在越南的殖民統治澈底消滅了漢字。因此今日的越南

18　Le Tac, *Annam chi luoc*, 16.381.

19　M. Churchman, "Before Chinese and Vietnamese in the Red River Plain: The HanTang Period," *Chinese Southern Diaspora Studies*, 4 (2010): 25-37.

20　J. D. Phan, "Re-Imagining 'Annam': A New Analysis of Sino-Viet-Muong Linguistic Contact," *Chinese Southern Diaspora Studies*, 4 (2010): 3-24.

語與中文無關，且用歐洲羅馬字母書寫，但估計仍然有60%甚至更多的詞彙與中文相通。[21]

丁部領被視爲第一位越南皇帝，於979年去世，留下了一個子嗣作爲繼承人。面對中國宋朝的入侵，一位名叫黎桓（941-1005）的將軍廢除了這名小皇帝並與其母親結婚，成爲新的皇帝。他擊退宋朝，並創立了前黎朝（980-1009）。[22] 黎桓去世後，其家族成員兩次短暫統治安南地區，但最後一位統治者於1009年死亡，沒有成年的繼承人。一位名叫李公蘊（974-1028）的帝國衛隊指揮官藉機奪權，並遷都至現今河內（當時稱爲昇龍）。在他新李朝（1009-1225）的統治之下，越南北部的獨立國家終於實現了穩定（如地圖7.2）。

李公蘊小時候爲一名孤兒，由一位佛教僧侶撫養長大，他從中獲得了李姓。作爲皇帝，他與佛教徒建立了密切的關係，佛教僧侶組織了越南早期的大部分經濟活動。越南佛教廣泛存在於東亞地區，但因陀羅等印度神靈在東亞其他地方更爲有名，早期的統治者也將非佛教本土信仰和精神融入其中以鞏固權力，使該政權與越南當地風俗融合。

大越開始積極與爪哇島和東南亞其他地區的進行海上貿易，並且在與宋朝的戰爭之後，大越北部與中國的邊界在1088年也已重新修復，且仍然留存至今。公元1070年，供奉周公旦和孔子的神殿建造於大越首都，此神殿後來被稱爲文廟（Van mieu），爲越南第一所大學。1075年，大越首次採用中國考試方式，範圍涵蓋了佛教、道教及儒家知識。儘管吸收了中國文化，但李政權的官僚體系和集權程度仍不如中國。李朝統治期間，一些自治區領導人透過個人關係或以動物血宣誓效忠。

---

[21] M. J. Alves, "What's so Chinese about Vietnamese?," in *Papers from the Ninth Annual Meeting of the Southeast Asian Linguistics Society*, ed. G. W. Thurgood (2001), section 2, pp. 221-242.

[22] 越南前現代的朝代名都是用統治家族的名字，而不像中國每個朝代都有國家名，韓國也和中國一樣，雖然最後一個韓國朝代有時候以統治家族的名字聞名，而日本因爲只有一個朝代，所以不需要名字。

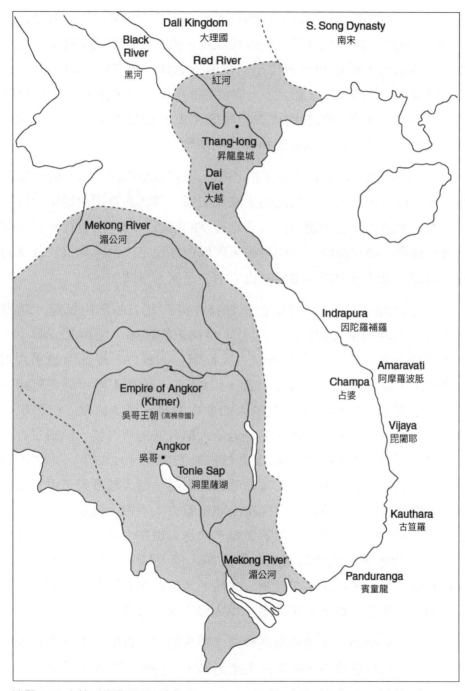

地圖7.2　大越，約公元1200年

　　李朝的君主們受到母親家庭的重大影響，其中影響最深的就是位於紅河沿岸地區，擁有大片莊園的陳氏家族。最後一位李朝皇帝與一名陳氏女子結婚後，於1224年傳位給幼女並引退到一座寺廟（他在1226年被迫自殺）。他的女兒（雖然有一個姓陳的母親）之後嫁給了同樣姓陳的人，兩個月後禪位給她的丈夫。她的丈夫於1225年成爲第一任陳氏君主，創立了從1225年延續至1400年的陳朝。

　　爲了避免重蹈李朝母系統治的覆轍，陳朝皇帝經常與自己的家族結婚。其中有四代統治者與自己的表姊妹結婚。陳朝甚至採用退位給成年繼承人，並讓退位皇帝繼續保有一定程度的權威，同時兩位統治者來確保繼承穩定。儘管採取了這些措施來確保內部穩定，但陳朝很快就受到外部威脅，陳朝統治期間遭到蒙古人至少三次入侵此地。

　　公元1258年1月，一支蒙古軍隊首先從西北方的雲南抵達大越邊境，蒙古企圖利用大越作爲從南方入侵南宋的路線，並藉此征服中國（直到1279年，南宋才完全被蒙古人征服）。蒙古入侵部隊遭遇大越皇帝抵抗，雖然蒙古人占領了首都，但9天後，他們不敵疾病與飢餓被迫撤回了雲南。1283年，一支龐大的蒙古海軍入侵並掠奪了位於現今越南中部的占城，位於大越南部，但是大越表態支持占城，拒絕蒙古軍隊從陸路通過，並將蒙古軍隊孤立於占城的南部。1285年，大蒙古國皇帝忽必烈的兒子，領軍從北方陸地入侵大越，而大越遭到了兩支蒙古軍隊的南北夾擊。大越首都第二次淪陷至蒙古人手中，但蒙古人又很快地因疾病和惡劣的熱帶氣候被迫撤離，大越人也在六個月內奪回首都。然而，1287年蒙古從陸路及海陸第三次入侵大越，但在一部分的蒙古補給船沉沒後，蒙古又再次撤軍。此後，大越向忽必烈獻貢，而忽必烈於1294年去世後，蒙古放棄了進一步入侵大越的計畫。

　　陳朝統治時期，大越英勇地擊退了蒙古的三次攻擊，但從十五世紀儒家化越南的角度來看，陳朝的王室通婚，以中國的標準來看是令人無法接受的亂倫；陳朝的身分紋身，是一種古老的越南傳統，但在中國

人眼裡是非常奇怪的行為，以及賭博、酗酒等其他與儒家規範相馳的習俗，都十分不妥。[23] 到了十四世紀後期，陳朝發生受到乾旱、瘟疫、農作歉收和叛亂問題。1400年，一位名叫胡季犛（1336-1407）的攝政王篡位。陳氏家族求助於明朝討伐這位篡位者，於是明太祖（這位有著雄心壯志的皇帝，就是贊助鄭和下西洋的皇帝）於1406年開始干預大越地區的政權以恢復陳朝勢力。然而，陳朝的皇位繼承者去世後，明朝試圖將越南地區重新納入版圖，並恢復此地舊的行政名稱交趾（越南語：Giao-chi）。明朝甚至實施政策，以銷毀或去除中國所有非正統書面資料，其中包括用越南本土語寫的書籍，導致只保留下少數幾本十五世紀以前的越南書籍。

直接將大越重新納入版圖，造成明朝帝國資源的損耗。然而，明朝官員的貪汙也造成了政府與當地人民疏遠。人民抵抗的情緒累積了好幾年，在黎利（1385-1433）的領導下，終於在1418年於藍山鄉發起游擊戰。1424年明朝皇帝駕崩後，入侵大越失去皇帝的支持，1428年，黎利驅逐明軍，並建立了新的王朝（稱為後黎朝；1428-1527，包括中斷與分裂時期，此王朝存在的時間為1428-1788）。1431年時，明朝也認定黎利為王。

十四世紀後期，因農作歉收引發人民對佛教忽視世俗義務的不滿，以及貴族對平民生活漠不關心的批評，進而促使儒家思想的傳播。雖然科舉制度早在十一世紀就流傳至越南，但是大越大部分的高級官員還是出身於貴族家庭。直到十五世紀的後黎朝，才開始向大多數人開放考試，並開始引用中國式的儒家文化。十五世紀時，大越開始將其領土擴展到南部，於1471年占據了位於中南部海岸占婆的毘闍耶市。

---

[23] S. McHale, "'Texts and Bodies': Refashioning the Disturbing Past of Tran Vietnam (1226-1400)," *Journal of the Economic and Social History of the Orient* 42, no. 4 (1999): 494-518; O. W. Wolters, "What Else May Ngo Si Lien Mean? A Matter of Distinctions in the Fifteenth Century," in *Sojourners and Settlers: Histories of Southeast Asia and the Chinese*, ed. A. Reid (Honolulu: University of Hawai'i Press, 1996), pp. 94-114.

▌占婆

　　占婆人是航海的南島語系人，在語言上與後來的馬來人有關，其中一些人的祖先在大約公元前500年定居於現今的越南中部。此地是大約公元前500至100年的史前文化，與北部的東山文化爲同時代，以其罐子墓葬而著名，且考古證據顯示了此地與中國、印度，甚至可能菲律賓、泰國和緬甸還有紅河三角洲的東山有過貿易。[24]根據中國紀錄，鄰近現今順化地區有個稱作林邑的國家建立於192年左右，當時漢朝陷入混亂，最南端的縣內，一名當地小官的兒子殺了縣長並自立爲王。

　　目前尚不確定中國所稱的林邑，是否與後來的占婆爲同一政體，中國書面紀錄繼續使用林邑這個名稱。758年，林邑才被別的名稱取代。直到875年才出現一個發音像「Champa」的中文名稱，也就是「占婆」。此時，現在已知關於占婆最古老的名稱，出現於六世紀後期的銘文上，此銘文發現於一個距現今峴港不遠的地方。[25]中國早期對林邑文化的描述表示，此地區的人民在書寫於樹葉上、赤腳走路、穿著圍裙且重女輕男。還有人說，他們崇拜釋迦牟尼佛，並使用印度文字，甚至有所謂的婆羅門。[26]（見圖7.2）

　　公元早期幾世紀，印度次大陸的商人到達東南亞大部分地區，帶來受過教育的佛教僧侶和印度教的婆羅門。梵語成爲整個東南亞地區的法院和神聖儀式所用的語言（儘管梵語是否眞的爲日常生活用語仍值得懷疑）。現今越南中部的占婆有目前已知最早的銘文，推測爲二至九世紀

---

[24] Kim, *Origins of Ancient Vietnam*, pp. 65-66.

[25] I. Glover and Nguyen Kim Dung, "Excavations at Go Cam, Quang Nam, 2000-3: Linyi and the Emergence of the Cham Kingdoms," in *The Cham of Vietnam: History, Society and Art*, ed. Tran Ky Phuong and B. M. Lockhart (National University of Singapore, 2011), p. 54.

[26] 見王欽若，《冊府元龜》（歸檔的絕佳典範）（公元 1013 年）（臺北：中華書局，1981），959.11287-11288；李延壽，《南史》（公元 659 年）（北京：中華書局，1975），78.1949。

左右製作，銘文都是以梵文書寫
（只有四世紀的一部銘文是以占
婆語寫成，是目前已知東南亞語
中最古老的版本）。法國殖民主
義者後來稱之爲「印度支那」。
印度人對此地的影響十分顯著。
占婆國王豎立林伽石，代表著
宇宙之王溼婆和其他印度神靈，
占婆人經常一起崇拜這些印度神
靈、佛教和土著神靈。

占婆的地理環境缺乏有利
於早期國家建設的大規模農業平
原。最近一些學者不再將占婆理
解爲一個權力集中的王國，而是
「多民族、多中心」的王國。[27]
占婆似乎有一個鬆散的河流中心
網絡以種植水稻，用鹽和其他物
品與高地人交換犀牛角、象牙、
檀香和樟腦，並從事海上貿易。

圖7.2　採取如意坐姿的占婆菩薩，九至十
世紀。越南峴港占婆雕刻博物館。
圖片來源：History/David Henley/
Bridgeman Images

此時，印度人帶來的影響逐漸消退。十一到十三世紀之間，梵語銘
文逐漸被占語取代。十三世紀後，所有的銘文都是以占語書寫而成。
占婆頻繁與北方大越交戰，正值伊斯蘭和阿拉伯積極從事貿易。直到
1471年占婆中心的毘闍耶市被攻陷之前，大越和占婆都沒有取得長久

27　B. M. Lockhart, "Colonia land Post-Colonial Constructions of 'Champa,'" in *The Cham of Vietnam: History, Society and Art*, ed. Tran Ky Phuong and B. M. Lockhart (National University of Singapore, 2011), p. 28.

的軍事霸權，因此通常被視爲大越征服占婆的象徵。十五世紀，大越軍
隊在軍事上占有優勢的原因可能爲大越使用的是中國式火槍和火砲（此
項優勢於十七世紀因引入歐式火槍而更爲明顯）。儘管如此，占婆南部
的賓童龍仍延續至1832年，而最後一個占婆的附庸國王直到1835年才
被廢位。今天，數量相對稀少的占婆人成爲了越南的少數民族之一。

▌越南延伸至湄公河

高棉族爲現今越南的另一個少數民族。公元早期幾世紀，中國文本
中稱爲扶南的古國出現於南部湄公河三角洲的下游。扶南像占婆一樣，
廣泛地採用了印度文化，而且，扶南也不是一個眞正中央集權的王國。
幾世紀以來，扶南扮演歐亞貿易中至關重要的角色。扶南遺址中發現羅
馬、波斯、希臘和印度的文物。隨著五世紀馬六甲海峽海上貿易路線的
發展（此貿易路線取代了跨越馬來半島的陸路運輸），東西向的航運繞
過扶南，導致扶南水稻種植取代沿海貿易，扶南這個名稱也從中國的文
獻中消失，並在大約六世紀後被別的名稱取代。九世紀，著名的高棉吳
哥出現於今日柬埔寨湄公河上游地區洞里薩湖的西北岸。然而，十七
世紀以前湄公河三角洲的下游，仍然處於高棉國（即柬埔寨）的控制之
下。此外，此地區的人口也十分稀少。

公元1623年，大越南部的阮氏家族領主獲得了高棉國王的許可
（在泰國聲勢日益增長之下，高棉國王以此換取該地區的支持），在
今日胡志明市的地區建立一個哨所。1679年，大約三千名明朝的擁護
者，因滿族統治了中國，而定居於湄公河下游，並進一步發展了國際
貿易。十七世紀後期，廣東的中國移民鄭玖（普通話：Mo Jiu；1655-
1735）在高棉國王的幫助下，定居在位於今日柬埔寨與越南沿海邊界
的暹羅灣。1708年，他轉而效忠於大越南部的阮主，並將他的港口置

於阮主的控制之下。1779年，阮氏家族的統治範圍幾乎涵蓋了整個湄公河三角洲的下游地區。

此時，大越一直內部分裂。1527年，一位帝國衛兵莫登庸（1483-1541）篡位，迫使黎恭帝自殺。然而，黎氏家族的支持者流亡到現今寮國一段時間，仍然聲稱後黎朝為合法政權。1593年，他們終於擊敗了莫氏家族並恢復了後黎朝，但兩個支持後黎朝的家族已經形成了強大的勢力，這兩個家族分別為鄭家和阮家。後黎朝名義上繼續統治時，鄭氏家族實際上控制了北方的朝廷，而阮氏家族成為了南部地區的總督，將總部設在順化，並於十七世紀向南擴張至湄公河三角洲。1630年，阮氏家族在鄭氏和阮氏的領土之間，在山脈到海邊的垂直距離僅6英里的地方建造了圍牆。1627到1672年間，兩個政權經常交戰。1744年，儘管此時後黎朝仍名義上為合法政權，阮氏家族的領主仍將自己的頭銜提升為王。

歐洲天主教傳教士在十七世紀抵達越南時，他們找到了這兩個交戰中的獨立國家。他們稱北方的鄭國為東京（一個後黎朝歐洲化的名稱，也就是現今河內的東京，意為「東方首都」），南方的阮國則被稱為交趾支那（源自中國古老的行政地名，歐洲人從馬來人、阿拉伯人和交趾人那裡聽來的，諷刺的是，此名稱最初指的是大越的北方，但現在指的是南方，加上「支那」兩字用以區別也稱作交趾的印度國家）。[28] 南部的阮氏政權與日本、東南亞、中國和歐洲的海上貿易頻繁。第一個阮氏領主甚至把一個日本商人當作養子。相較之下，北方的鄭氏政權的商業規模較小。

第一艘葡萄牙船於1535年抵達峴港附近，而天主教則是於1615年開始傳教。雖然第一批傳教士是葡萄牙人和西班牙人，但最終法國外交

---

[28] K. W. Taylor, *A History of the Vietnamese* (Cambridge University Press, 2013), p. 272.

使團協會的傳教士最具有主導地位。歐洲國家早期在大越很難獲取利益，因為大越的組織過於強硬，不容易屈服於殖民者，且缺乏中國或香料群島（現今的印度尼西亞）的豐富商機。雖然基督教仍努力傳教，但十七世紀末，大越大部分的歐洲商業（也就是「工廠」）都已倒閉。

▍最後一個王朝

1746年，用於製造硬幣和轉換為鋅幣的銅價值上升，造成十八世紀通貨膨脹，重創大越南部經濟，而北方本就從未有什麼商業活動。南方阮氏廣南國通過增加對外航運的稅收來因應通貨膨脹，這對在廣南國首都以南的順化市會安港口產生了相當大的影響。該港口有淤積的問題，因此停靠港從會安變成偏遠的湄公河南部。因此，廣南國中部區域經濟問題特別嚴重，並於1771年爆發暴力事件。當時來自西山村的阮氏三兄弟（大約在順化和湄公河三角洲之間），在高地的少數民族和占婆的支持下反叛，史稱為西山起義。1776年，其中一名反叛者稱王。阮氏家族大部分的人被殺，最後一位阮王的年輕侄子阮福映（1762-1820），逃到了位於泰國灣或南中國海的島嶼，最終抵達泰國。

北方，鄭國的領主也敗於叛亂分子。阮氏三兄弟的大哥與後黎朝皇帝的女兒結婚，聲稱要統治後黎朝。然而，黎皇帝向北京求援，北京於1788年派出軍隊進行干預。最終叛亂分子廢除黎皇帝，建立新王朝，並成功驅逐清朝援軍。後來，清朝稱西山領導人為王，1790年，西山王被迫親自到北京大使館，祝賀乾隆皇帝的80歲生日。有趣的是，西山王派了一個替身前往北京，而非親自前去。[29]

---

[29] L. C. Kelley, *Beyond the Bronze Pillars: Envoy Poetry and the Sino-Vietnamese Relationship* (Honolulu: University of Hawai'i Press, 2005), pp. 178-180.

　　與此同時，難民王子阮福映正過著跌宕起伏的人生。之後得到了一位當地法國傳教士（百多祿主教；1741-1799）的支持，後於1787年將阮福映的長子帶到巴黎。百多祿於法國簽訂了一項法越條約，但沒有任何實際的援助（此時法國正遭遇嚴重的財政危機，政府瀕臨破產，並於1789年發生革命），因此，1788年，百多祿在印度籌集了資金，獲得兩艘法國船隻和一小群法國冒險家。多虧了他們的援助，阮福映於1788年重新奪回西貢，並於1802年首次統一大越。

　　阮福映成為阮朝（1802-1945）的嘉隆帝（1802-1820年在位），並將首都建於順化，位於兩大人口中心紅河和湄公河三角洲之間。自十七世紀以來，順化一直是阮氏家族的根據地。西山叛亂分子試圖將白話越南語作為官方的書寫語言，但現在官方的書寫語言仍是中文。目前為止，我們所謂的越南「傳統」文化中的許多特徵都已臻成熟。

　　越南皇帝和其官員在各方面都與中國和東亞相似，然而農民卻與東南亞較為相像。[30]十五、十六世紀以來，村落生活以越南特色的社區為中心，強調以村莊為基礎的溼地水稻種植，加深了平地越南人和高地少數民族之間的差異。不同於占婆和東南亞的許多島嶼，越南擁有根深蒂固的農業文明，相對較少從事海上貿易。雖然法國幫助阮國的建國，但由於沒有得到法國政府的直接支持，阮國皇帝並不覺得有必要向法國做出讓步。事實上，第一個阮朝皇帝去世後，其繼任者對歐洲人懷有疑心。然而，十九世紀初的阮軍已經有一些歐式裝備和訓練。[31]在某些方面，「前現代」的越南已經現代化。

---

[30] A. B. Woodside, *Vietnam and the Chinese Model: A Comparative Study of Nguyên and Ch'ing Civil Government in the First Half of the Nineteenth Century* (Cambridge, MA: Harvard University Press, 1971), p. 199.

[31] Lieberman, *Strange Parallels*, vol. 1, p. 454.

! 延伸閱讀

關於前現代越南的資料並不充足。關於早期越南的重要文獻為 Keith Weller Taylor, *The Birth of Vietnam* (Berkeley: University of California Press, 1983)。由考古學的觀點出發的文獻為 Nam C. Kim, T*he Origins of Ancient Vietnam* (Oxford University Press, 2015)。關於中國統治時期的越南,請參閱 Jennifer Holmgren, *Chinese Colonization of Northern Vietnam: Administrative Geography and Political Development in the Tongking Delta, First to Sixth Centuries AD* (Canberra: Australian National University, 1980)。關於阮朝統治時期的越南,請參閱 Alexander Barton Woodside, *Vietnam and the Chinese Model: A Comparative Study of Nguyên and Ch'ing Civil Government in the First Half of the Nineteenth Century* (Cambridge, MA: Harvard University Press, 1971)。

關於最全面的越南歷史,請參閱 Keith Weller Taylor, *A History of the Vietnamese* (Cambridge University Press, 2013)。另一個值得參閱的文獻為 Vu Hong Lien and Peter D. Sharrock, *Descending Dragon, Rising Tiger: A History of Vietnam* (London: Reaktion Books, 2014)。

關於占婆,請參閱 Trần Kỳ Phương and Bruce M. Lockhart, eds., *The Cham of Vietnam: History, Society and Art* (National University of Singapore, 2011)。

東南亞的前現代越南概述,請參閱 Nicholas Tarling, ed., *The Cambridge History of Southeast Asia, vol. I. From Early Times to c. 1800* (Cambridge University Pres, 1992)。關於前現代越南與歐亞體系之間的關係,請參閱 Victor Lieberman, *Strange Parallels: Southeast Asia in Global Context, c. 800-1830*, 2 vols. (Cambridge University Press, 2003-2009)。

八 十九世紀文明的到來

▎工業化與新興強權的崛起

十九世紀，工業革命和科學革命等勇於創新的新力量，讓世界澈底改變。輪船、鐵路和電報（中歐之間的電報聯繫始於1871年）等現代運輸和通訊科技，讓世界更緊密地相連。相較於非工業化國家，新的軍事科技，包括鐵甲蒸汽戰艦和機槍，帶給工業化國家前所未有的軍事優勢。在早期工業化核心以外的人，察覺到現代化為未來趨勢之前，雖然有一段時滯，甚至多數人都有些排斥工業化，但工業化國家的權力和財富仍有很大的吸引力。1860到1914年間，鐵路網遍布了全世界，隨之而來的政治、金融和工程技術也不斷發展，然而，非西方國家中卻只有日本表現出對鐵道建設的熱忱。即使是日本，也直到1872年才有第一條18英里的鐵路（見圖8.1）。[1] 中國的第一個短鐵路縣道，是由一間英國建設公司建於1876年，且在隔年被當地政府收購並拆除。

雖然起步較晚，但十九世紀結束前，西化的浪潮便開始席捲全世界。西式穿著與髮型逐漸成為主流時尚，尤其上流社會更是如此。舉例來說，1870年代的日本武士捨棄了他們傳統的頭飾，並開始著西式服裝。1900年，據說大部分的日本男人都至少擁有一套西裝和帽子。

---

[1] D. R. Headrick, *The Tentacles of Progress: Technology Transfer in the Age of Imperialism, 1850-1940* (New York: Oxford University Press, 1988), pp. 49, 90.

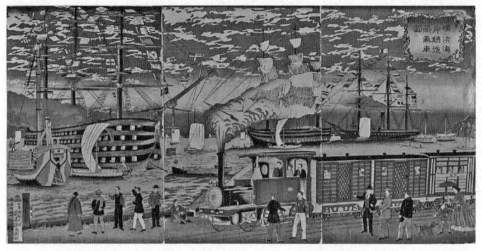

圖8.1 《蒸汽火車駛經橫濱海濱》，約1874年的日本木版畫，廣重三世（1843-1894）所作。存於華盛頓特區史密森尼學會，亞瑟‧M‧薩克勒美術館，Daval Foundation 捐贈，為Ambassador and Mrs. William Leonhart的收藏，S1991.151a-c

二十世紀末，代議制民主政治似乎也成爲不可抗的時代潮流。1890年，日本制定現代西式憲法並選出國會議員。進入二十世紀後不久，就連中國也通過了正式憲法並舉出省議會。1912至1913年間，中國施行了第一次全國民主選舉。

　　這波十九世紀的西化浪潮，在許多方面爲二十世紀末和二十一世紀初的全球化打下基礎。運輸和通訊不僅變得更加快速也更標準化，各地新建設的鐵路都遵循相似的形式以及標準的軌距。國際電報聯盟成立於1865年，1875年成立了萬國郵政聯盟，基於共享科技和管理技術，還出現了全球現代商業文化。十九世紀末，已發展出完整的全球資本市場、電報即時通訊、易腐食品的冷凍運輸技術和咖啡、香蕉、橡膠、銅、錫交易的新興全球市場。事實上，（英國的）國際資本流動占國民生產毛額的百分比，在二十世紀初達到頂峰，就從未再次達到同樣水準，而國際貿易占總產出的百分比，直到1980年代才回到1913年（即

第一次世界大戰前）的水準。[2]

　　有人認爲國際經濟一體化能使已開發國家之間保持和平，1914年爆發的第一次世界大戰不只證明了此推論大錯特錯，也給了相互依存的國際金融體系一大重擊，對歐洲影響尤其大。1930年代經濟大蕭條和法西斯與共產主義的興起，宣告了全球化早期階段結束，但世界幾乎已澈底改變。東亞的西化高峰直到二十世紀初才開始，但這些變化背後的力量早在以前就已滲透東亞。

　　工業化是根本的原因。雖然歐洲科學革命早期的成就不凡，但單就科學對早期工業化的貢獻而言，仍具爭議。技術突破以及早期大規模生產也未必是工業革命的直接因素。舉例來說，中國東南方景德鎮的近現代瓷器工作室，僱用了七萬多名勞工，被稱作「十八世紀前，世上最大的工業園區」。十七、十八世紀，中國光是對歐洲就出口了超過一億件瓷器，[3]中國也很早就會以煤炭作爲燃料，也能做出蒸汽引擎的零件，例如雙作用活塞、氣缸陣列以及將旋轉轉換成線性運動的方法，[4]然而工業革命並非始於中國，而是英國。十九世紀初，英國集齊必要因素，並應用於工業革命。

　　除了相對廉價又豐富的煤礦，早期燃煤蒸汽引擎性能差到幾乎是沒有利用價值，蒸汽引擎最初是用於將煤礦裡的水抽出，以方便深層開採。引擎變得更實用之後，也用來將地下的煤炭運到地面。1825年，英國北部建造出了第一條可營運的鐵路。十九世紀，歐洲燃料短缺，英

---

[2]　H. James, *The End of Globalization: Lessons from the Great Depression* (Cambridge, MA: Harvard University Press, 2001), p. 12.

[3]　C. Clunas, *Superfluous Things: Material Culture and Social Status in Early Modern China* (Honolulu: University of Hawai'i Press, [1991] 2004), p. 66; F. Dikötter, *Exotic Commodities: Modern Objects and Everyday Life in China* (New York: Columbia University Press, 2006), p. 34.

[4]　K. Pomeranz, *The Great Divergence: China, Europe, and the Making of the Modern World Economy* (Princeton University Press, 2000), pp. 61-62.

國便以歐洲大量的燃煤儲量爲由，鼓吹改以煤炭作爲燃料。當時的英國也享有高度商業化和便利的水利運輸，以及具相當機械知識和創業精神的人。[5]

轉用化石燃料是工業革命中一個重要的時期，但是英國全球貿易網絡和英國本土的初期發展也不容忽視。殖民地、美洲以及各地的貿易夥伴，都是英國製造業和糖、棉花等原料必需品的市場。全球貿易發展也爲合股制等大型企業形式試驗提供了框架。

早在1795年，大衛‧戴維斯就英國工人階級飲用含糖茶飲的習慣評論說：「很奇怪的是，使用兩件地球相反兩側進口的物品，成爲歐洲一般民眾都應有的權利，甚至成爲他們的飲食習慣。」[6]確實，那時英國所有的茶葉都來自中國，而糖來自加勒比海地區，這證明了英國商業驚人的全球影響力。

十七世紀，一種新的私人特許貿易公司已經成爲歐洲人在亞洲商業活動的前沿，其中以最初創立於1602年的荷蘭東印度公司（或稱東印度公司）最爲重要。荷蘭人於1619年在巴達維亞（現在的雅加達）的島嶼上設立基地，不久後便壟斷了現在印度尼西亞島嶼之間至關重要的香料貿易。更由於日本德川幕府的鎖國政策，1639年後荷蘭人也完全獨占和日本之間的事業。同時，法國東印度公司全力與英國對抗，希望能占領印度，但1757年普拉西戰役和1760年本地治里戰役都由英國勝出，英國東印度公司就在印度有了主導權，後以印度爲基地，英國東印度公司開始侵入中國的計畫。

1599年，一群倫敦商人從伊莉莎白女王手中接下皇家特許狀後，便成立了英國東印度公司（EIC）。英國東印度公司享有好望角以東的

---

[5] Marks, *The Origins of the Modern World*, pp. 108-112.

[6] 引用自 S. W. Mintz, *Sweetness and Power: The Place of Sugar in Modern History* (New York: Viking, 1985), p. 116。

所有英國貿易壟斷權，並很快成爲英國境外最大的特許公司，名稱中的「東印度」最初指的是現在的印度尼西亞，但是被荷蘭人驅離，之後東印度公司的焦點就轉移到印度。十九世紀初期，遠東的所有英國進口物品都必須交由東印度公司存放和出售。該公司在倫敦僱用了5萬名員工，擁有大約115艘船，並且有亞洲最大的常備軍團。事實上，1830年代，東印度公司的軍隊人數比正規英國政府軍還多了兩倍，皇室給予了東印度公司製鈔和執法的權力，並且一開始統治印度的實際上是東印度公司而非英國政府。

十九世紀初，拿破崙戰役勝利後，英國海軍確立了勢不可擋的優勢，加上作爲當時機械化工業的先鋒，讓英國成爲十九世紀超級大國，甚至是史上最強大的帝國。英國的成功刺激了各大國相繼效仿，然而不久之後，第二波工業化國家出現，包括美國、德國、俄羅斯和日本，特別是美國及德國的發展，在二十世紀初遠遠超越了原本領先的英國。這些國家（和法國，雖然現在相比較弱，但當時仍是大國）成爲了新的土力，而他們很快地陷入了瘋狂競爭。1876和1915年間，世界上有四分之一的地區，都被這大約十二個主要的現代大國殖民[7]，許多以前的強國都變得黯然失色，中國王朝和鄂圖曼帝國甚至滅亡，先後成爲所謂的「歐亞病夫」。

▌十九世紀對中國的衝擊

十八世紀，中國享有類似西方的生活水準。根據估計，當時的中國每人吃的糖比歐洲更多，紡織品的產量也和歐洲不相上下。1789年，西歐的土地、勞工和市場和大部分的中國地區比起來，中國地區更臻

---

[7]　E. J. Hobsbawm, *The Age of Empire, 1875-1914* (New York: Vintage Books, 1989), p. 59.

成熟。[8] 誇張地說，如果不按人均計算，中國可能到十九世紀還是世界上最富有的國家，擁有全球約三分之一的總產量。歐洲觀察家認為，即使進入十九世紀，中國的情況也不一定會衰弱。以福鈞（Robert Fortune）為例，他是東印度公司派到中國的植物學家，他在1857年仍堅稱：「雖然中國的農場都很小，農夫可能也比英國農夫還貧窮，但是他們依然過得很好，穿著樸素、勤勞且無憂無慮。我覺得世上應該沒有比中國農民更快樂的人。」[9]

然而，1900年，中國占世界的產值降到只剩下6%。這不是中國經濟走下坡，而僅僅是全球工業化經濟的爆炸性成長。不過對許多陷入恐慌的中國人來說，中國正被邊緣化，貧窮且被積極擴張領土的帝國所包圍。先前附屬於中國的鄰國也一一被新竄出的外國占領。1886年緬甸被割讓給英國；1815年尼泊爾成為英國保護國；法國於1862至1885年間，分階段取得越南、寮國和柬埔寨；日本於1878年成功奪取Ryūkyū（中文：琉球）島鏈，並於1895年拉攏韓國、殖民臺灣。除了臺灣和北部邊境地區，中國實際領土沒有直接地遭現代帝國殖民，但許多中國人最終得出的結論是，在所謂的商埠制度下，中國已淪為半殖民地。商埠制度指的就是依照正式的外交條約開港，始於1842年的《南京條約》。

鴉片戰爭

1757年，所有西方商業活動都受限於清朝僅開放廣州這一港口。廣州是河港，沿著大約80英里的珠江與大海相連，自古就是重要港口。事實上廣州港原本位於海上，但是十四世紀後，由於海灣淤塞而形

---

8   Pomeranz, *Great Divergence*, pp. 17, 121-122, 138-142.

9   R. Fortune, *A Residence among the Chinese: Inland, on the Coast, and at Sea* (Taipei: Ch'eng Wen, [1857] 1971), pp. 98-99.

成了現今的珠江三角洲。[10]歐洲船隻只能由單一港口進出並不是傳統，而是中國的邊境政策，近期也證實此政策能有效抵禦西北游牧民族。[11]另外，雖然這項政策不適用於來往北京的俄羅斯人和出入境相對自由的中國商人，但西方船隻受限於廣州公行，公行是由一群中國商人共組的壟斷組織，負責處理西方商人各方面的合約。

　　西方商人之中最主要的是英國人，他們相當中意中國茶葉，並開始大量進口。即使在廣州，西方人也不許進城。六個月的貿易期，只允許在珠江附近的十三行區活動。英國一再努力針對貿易限制協商，但都遭清朝拒絕，最著名的是1793年由喬治·馬戛爾尼爲特使的使節團。

　　雖然西方人以許多不同商品來換取茶葉、絲綢、瓷器和漆器，他們收入卻不能打平，盈虧和剩下的貨物必須用金錢（中國的銀幣）來補足。例如，當時美國人估算，1805到1825年間，共有6,200萬美金從美國流入中國，[12]因此西方商人自然而然想要找到能讓他們賺錢的商品。十八世紀晚期，他們想到了鴉片。[13]

　　鴉片是一種麻醉藥，由罌粟的花汁製成。鴉片自古就爲人所知，甚至古埃及都有。新穎的是吸食鴉片的技術，這似乎是現代吸菸的起源，雖然吸食鴉片一開始只是將菸草和鴉片混合，但後來不是直接將鴉片點燃後，吸食冒出的煙，而是將鴉片放入特殊的管子裡並加熱直到冒煙，最後吸入蒸汽。而後中國盛行吸食鴉片，但中國也是全球第一個取締此

---

[10] R. B. Marks, *China: Its Environment and History* (Lanham: Rowman and Littlefield, 2012), pp. 156-161.

[11] P. C. Perdue, *China Marches West: The Qing Conquest of Central Asia* (Cambridge, MA: Harvard University Press, 2005), pp. 552-555.

[12] A. P. Dudden, *The American Pacific: From the Old China Trade to the Present* (New York: Oxford University Press, 1992), pp. 5-6.

[13] 見 P. W. Fay, *TheOpium War, 1840-1842: Barbarians in the Celestial Empire in the Early Part of the Nineteenth Century and the War by Which They Forced Her Gates Ajar* (New York: W. W. Norton, 1975)。

行為的政府，早在1729年就禁止鴉片用於非醫療用途。二十世紀前，鴉片根本和違法沾不上邊。事實上，十九世紀，英國人都會讓自己的孩子施打一種以鴉片製成的藥酒，稱為鴉片酊。

　　起初中國並沒有很多鴉片，只於1729年進口了200箱，國內種植的量也非常稀少。不過1770年，印度東北部孟加拉發生饑荒，東印度公司向議會求援，1773年議會通過茶法案，允許東印度公司在英國殖民地免稅出售其產品。這激怒了麻薩諸塞州波士頓的殖民者。1773年12月，波士頓人民憤怒地將東印度公司的茶葉倒入大海，史稱波士頓茶葉事件。1773年，印度饑荒也讓東印度公司壟斷孟加拉的鴉片買賣和製造，球狀鴉片貼上東印度公司的標誌並販售於中國。1780到1790這十年中，印度鴉片向中國的進口增加了四倍。十九世紀初期，普遍認為鴉片是最有價值的經濟作物。

　　利潤豐厚的鴉片貿易在其他地方都合法，單單在中國違法，對英國明顯是個問題，但礙於清朝的施壓，英國東印度公司在1800年同意不再向中國出售鴉片。然而，這並沒有改變什麼，東印度公司在印度合法地生產和買賣鴉片，再賣給私人企業，由他們將鴉片運到中國。東印度公司只壟斷英國與遠東的鴉片貿易，並未影響亞洲各港口之間的交易，因此中國進口鴉片的數量並未下降。

　　1834年，東印度公司壟斷貿易的合約過期並沒再更新。英國就像當時歐洲各國，贊成重商主義或保護貿易，但十九世紀初，自由貿易的思潮興起。1776年，亞當・斯密在《國富論》中提到了著名的「看不見的手」，商品透過市場力量自由買賣是發展經濟最為有效的方法。1817年，大衛・李嘉圖以葡萄牙葡萄酒生產事業為例，將比較利益概念更進一步詮釋，而同樣的概念可以延伸到英國布料與共同利益。十九世紀英國古典經濟學家相信政府干預市場機制的弊大於利，主張自由放任和自由貿易，而英國工業產量迅速成長證實了這點，至1840年，英國占約三分之一的世界貿易總額，於此，英國堅定朝向自由貿易發展。

　　1834年，東印度公司專賣合約到期，便是往自由貿易踏出一步，英國貿易的增長，但也相應地增加鴉片的銷售量。1830到1836年間，英國管制的印度鴉片運往中國的年總量從18,956箱增加為30,302箱，中國對英國的貿易變為逆差，造成白銀大量外流。經濟、犯罪、道德問題嚴重，考量各方面意見後，清朝決意禁止鴉片。1839年，欽差大臣林則徐（1785-1850）前往廣州禁菸。

　　林則徐3月抵達廣州，逮捕與鴉片有關一千七百餘人等，並查緝七萬餘管鴉片。走私商人發現已無可能再販賣鴉片。林則徐包圍洋行，命商人繳出所有鴉片。英國貿易總督處於一個尷尬的狀況，他的權力不大，也等不到英國的指令，因為要六個月才能收到回覆。而後他承諾英國政府會補償所有損失，商人便悉數上繳，共計21,000箱，重達2,500,000磅鴉片，之後林則徐把這些鴉片小心地溶解在特別挖掘的戰壕中。

　　由於英國政府不願意賠償被沒收的鴉片，因此巨額財務損失成為問題。除此之外，林則徐不甘於只沒收市面上的鴉片，因此要求有意在中國做生意的商人簽約，如果再帶鴉片到中國就處死刑。英國人則是集體拒簽，表示不信任清朝落後的司法制度。萬一遭到指控，不論真假都有可能遭到敲詐、虐待甚至判死。1840年，一支英國艦隊抵達以維護英國利益，中英開戰。

　　清朝完全沒有海軍，然而英國有世界上最強大的海軍，英國還收購鐵蒸汽戰艦，因此海戰一面倒，但英國陸軍數量不足以對抗強大的清朝。最終，英國艦隊設法到長江，並阻斷南北糧食運輸的大運河。1842年8月，清朝被迫同意並簽署《南京條約》。《南京條約》對英國的貿易加開五個港口，包括當時規模不大，只有幾千人口的上海，以及將香港割讓給英國（包含原租借的新界周圍，自1898年開始，為期99年，香港於1997年回歸），而清朝也同意賠款2,100萬美元。

戰後，鴉片在中國仍屬違法，而英國合法銷售額不盡人意。隨著英國工業化發展，英國商人認為中國有世界最大的市場潛力，但是這樣的想法並未實現。十九世紀末，中國進口的英國商品還是少於荷蘭商品，[14] 造成此現象的原因複雜，英國的「中國通」傾向於將責任歸咎於中國持續不平等的貿易限制，這不完全是無理取鬧。英國還是不能進入廣州城、只有五個通商港口，而且英國進口產品稅收不一致，因此英國商人向政府施壓，希望能採取更有力的手段，打開廣大的中國市場。

1856年10月，中國政府在廣州逮捕了「亞羅號」的船員，這艘船為中國所有，被逮捕的也都是中國人，該船的英港執照已在11天前過期，但是船長是英國人，而據說英國國旗被扯落。駐香港的英國政府趁機進一步要求中國開放更多限制，就此揭開了第二次鴉片戰爭的序幕。英國聯合因傳教士在中國遭處決而加入戰爭的法國，但因印度民族起義（1857-1858）而推遲。最終在1860年，一支陣容浩大的英法聯軍自北塘登陸，擊敗清軍後進軍北京，將圓明園洗劫一空並燒毀。咸豐帝逃往避暑山莊，隔年駕崩。而後5歲的同治皇帝登上了瀕臨崩潰的王位。

內亂

清朝在1840至1860年間輸了兩場與歐洲列強的戰爭，同時也面臨多場內亂，有些甚至帶來大規模的破壞。其中最嚴重的是太平天國之亂（1850-1864），起因和各國列強在中國東南沿海的活動有關。鴉片戰爭後，開放其他港口通商，造成廣州港不再壟斷與列強的貿易，不久後廣州的地位漸漸被上海取代。加上其他原因，廣州經濟失調、民不聊生、竊盜頻傳。為因應盜匪猖獗，民眾組成自衛組織對抗。

中國南端有著人口龐大的少數民族，包括苗族、瑤族和壯族。華人

---

[14] F. Welsh, *A Borrowed Place: The History of Hong Kong* (New York: Kodansha International, 1993), pp. 310, 318-319.

中也有顯著的次族群差異，包括船民職業團體（一生都在海上漂流），還有最重要的，廣東當地人（拼音*bendi*或*punti*）和客家民族之間的分歧。這些客家人無庸置疑是中國人（1980至1990年代，中國、臺灣和新加坡的三位領導人都是客家人），他們說方言，較晚移居南方，因此十九世紀經常被分配到邊緣的農地，受當地多數廣東人歧視。[15]

太平天國的創始人是廣東客家人洪秀全（1814-1864）[16]，洪秀全在1827至1843年間，為了參加科舉考試，四次從家鄉走三十多哩路到廣州，雖然他通過了初試，結果依然落榜。1836年，他第二次到廣州時，街上的基督徒向他傳教，並發給他有關耶穌基督的書。第三次考試失敗後，罹患神經衰弱並看到幻覺，據說他夢到一位老人給了他一把神劍。1843年，第四次考試失敗的他終於讀了那些基督教的書，並根據那些書得到了一個結論。他自認為上帝是「天父」，耶穌是「天兄」，而他們派他下凡到中國傳福音。

雖然洪秀全確實1847年花了兩個月的時間，在田納西州伊薩查爾・羅伯茨（羅孝全）牧師的廣州南方浸信會代表團學習，而當時也有聖經的中文譯本，但他在基督神學的學習明顯受限，而他自創一套有點古怪的信仰形式。洪秀全對基督教的熱忱無庸置疑，但他也很大程度受到傳統中國思想的影響。舉例來說，太平（偉大的和平）這個名字就是出自中國道教的宗教文本。1849年，他到鄉村傳福音，號召了一萬多名信徒，大多數都和洪秀全一樣是客家人或其他少數民族，他們組成拜上帝會，實行洗禮和會眾崇拜，並嚴格遵守十誡。

---

[15] M. S. Erbaugh, "The Secret History of the Hakkas: The Chinese Revolution as a Hakka Enterprise," in *China Off Center: Mapping the Margins of the Middle Kingdom*, ed. S. D. Blum and L. M. Jensen (Honolulu: University of Hawai'i Press, 2002), pp. 186-188. 關於客家起源請見梁肇庭，*Migration and Ethnicity in Chinese History: Hakkas, Pengmin, and Their Neighbors*, ed. T. Wright (Stanford University Press, 1997)。

[16] 見 J. D. Spence, *God's Chinese Son: The Taiping Heavenly Kingdom of Hong Xiuquan* (New York: W. W. Norton, 1996)。

　　拜上帝會成員與廣東自衛民兵發生衝突，一開始的勝利啟發了洪秀全以廣西瑤族原住民地區的薊山爲基地，於1851年反清，是爲天王。太平軍隊一路從南方突破清軍包圍網向北進軍，並沿途招募新兵。太平軍一直很有紀律，嚴禁抽菸、喝酒、搶劫或性生活。1853年，清軍無力抵抗，太平軍攻陷南京並以其爲首都。

　　一開始許多西方人都對中國基督徒起義感到很新奇，特別是這場叛亂還很有可能推翻清朝政府。然而1853年，早期英國在南京研究團發現，天王洪秀全是「掌管全世界的神，身爲上帝的次子，所有的人都必須尊崇並追隨他⋯⋯。他不只是中國的主，也是你的主。」[17]這傲慢的態度想當然地不爲西方人所接受，基督教傳教士對於洪秀全聲稱自己是耶穌的弟弟尤其感到厭惡。1853年成功奪取南京後，太平軍似乎勢不可擋，但此後他們的攻勢停滯。1856年，太平天國內部權力鬥爭並相互殘殺。1856年後，太平軍的凝聚力和熱情消散，清朝開始反攻。

　　這場內戰中，西方列強迅速採取了中立姿態。1860年，英法在第二次鴉片戰爭中勝利後，甚至公開支持清朝。一名叫飛特烈・湯森德・華爾（華飛烈，1831-1862）的美國僱傭兵，雖然原本夢想著成爲太平王子，後來卻代表清朝組織一支西式「常勝軍」。華爾死後，他的職缺由英國正規軍官查爾斯・戈登（1833-1885）替補。雖然西方人的貢獻不少，但實際上對清朝鎮壓太平軍作用不大。1864年，清朝收復南京，花費相當多心力去清除所有太平天國之亂留下的痕跡。太平天國起義最終宣告失敗，造成兩千多萬人死亡和他們的家人傷心欲絕，但是由於最終鎮壓太平軍的是地方軍而不是中央軍隊，造成清朝權力分散，而太平天國起義也成爲二十世紀中國革命運動意識的啟發。

　　太平天國之亂只是十九世紀中期最大民亂。1864年，西北省新疆

---

[17] S. Y. Teng, *The Taiping Rebellion and the Western Powers: A Comprehensive Survey* (Taipei: Rainbow-Bridge, 1972), pp. 212-213.

回變，回應早期在甘肅、寧夏和陝西的穆斯林叛亂。帕爾瑪山脈對面的伊斯蘭浩罕汗國，派遣阿古柏（約1820-1877年，「柏」在土耳其維吾爾族語中意思是神聖的）帶領68人的軍隊穿過群山，並很快地控制了新疆南部的塔里木盆地。當浩罕汗國因俄羅斯帝國的擴張而衰敗後，阿古柏成爲了一支獨立的軍隊。爲了保持獨立自主，阿古柏接受了鄂圖曼帝國的「埃米」（意爲酋長、首領）稱號，並獲得了鄂圖曼大量的軍事援助。英國人希望阿古柏可以作爲英俄之間的緩衝，也在外交上承認阿古柏，並允許他在倫敦設立大使館。

　　阿古柏將自己塑造成穆斯林守護者的形象與中國的異教徒對抗，並嚴格執行伊斯蘭教法，要求女性蒙面，也禁吃豬肉、喝酒。由於阿古柏的部隊主力來自帕米爾山脈另一邊的人，加上清教徒嚴格的規定以及與中國貿易停擺，使得最初支持阿古柏的新疆人心生不滿。同時，清朝投入相當多資源，決心奪回新疆。大約15年後，於1877年底，清朝終於重新征服新疆（除了西北方一個被俄羅斯占領的小地區外）。[18] 這場戰爭後來成爲清朝最後一個重大勝仗。

同治中興（1862-1874）

　　十九世紀中期，清朝發生多次嚴重的叛亂。作爲一個外族王朝，又只由少數的菁英世襲統治，清朝在中國的地位本就不穩。1793年，第一次英國外交使團出使中國，喬治・馬戛爾尼伯爵得出清朝統治是「少數韃靼人獨裁統治超過三億中國人」，甚至還預言清朝不可避免的滅亡，且有可能就發生在他有生之年。[19] 然而，清朝不僅比喬治・馬戛爾尼伯爵長壽，還撐過了十九世紀中期所有的戰爭與叛亂，甚至改革變

---

[18] I. C. Y. Hsü, *The Ili Crisis: A Study of Sino-Russian Diplomacy, 1871-1881* (Oxford University Press, 1965), pp. 12-15, 18, 22-44.

[19] 引用自 P. K. Cheng, M. Lestz, and J. D. Spence, eds., *The Search for Modern China: A Documentary Collection* (New York: W. W. Norton, 1999), pp. 100-103。

新，史稱同治中興，以新皇帝的年號（1862-1874）命名。[20]

從1860年代開始，中國相對和平，清朝開始對十九世紀晚期世界發生的劇烈變化，進行務實的改變。雖然與當代日本的明治維新（1868-1912）相比，同治中興在將中國轉變為現代化國家和工業化方面明顯不太成功，但與非西方世界的其他國家相比，已算相當有效。[21] 中國對於西方列強的應對方法與日本不同，可能是因為最初中國更專注於撫平內亂。當時正處現代民族主義時期，中國人民不像日本，難以在皇帝的統治下舉行愛國集會，因為清朝皇帝不是漢族，而是滿族。而中國對西方的開放也不像日本那樣乾脆，則是因為中國國情難以預測，所以才慢慢開放。

中國不只開放速度不同於日本，第二次鴉片戰爭結束後，實際上是列強占據中國首都。清朝當時還在專注鎮壓太平天國，只好與列強妥協。英法聯軍於1860年進入北京，皇帝撤退到滿洲，丟下他的弟弟恭親王奕訢來對付外國人，恭親王奕訢也確實做得很好。

1861年，清朝成立了第一個處理外交事務的政府機構（總理衙門）。兩次鴉片戰爭都以戰敗收場，更加突顯現代化軍隊的重要性。清朝開始了自強運動，不僅購買先進的外國武器，還建造西式軍火庫和造船廠。革新人士認為，西方軍事優勢在於數學和科學，而不是傳統儒家考試，因此1860年代開始培養相關人才。

外國語學院（同文館）於1862年開設，教授英語、法語、俄語和德語等不同的西方語言。洋務派在翻譯西方書籍方面付出了相當大的努力，並且於1872年，培養了第一批中國留學生共120名，前往康乃狄克

---

[20] M. C. Wright 的經典研究，*The Last Stand of Chinese Conservatism: The T'ung-Chih Restoration 1862-1874* (Stanford University Press, 1957)。

[21] 見 P. A. Cohen, *Discovering History in China: American Historical Writing on the Recent Chinese Past* (New York: Columbia University Press, 1984), p. 39。

州的哈特福德進行現代西方教育,然而,該計畫受到保守派的批評,並於1881年廢棄。截至1879年,只有163名學生就讀於同文館,就中國這麼大的國家來說,學生人數相當少。

然而,中國的現代化速度其實並不算緩慢。中國第一條短途鐵路是一家英國公司建於1876年,不久後由當地華人收購並拆除,因為英國公司獲准建造的是公路,而不是鐵路,結果該公司公然地越線。這個故事很容易誤導人,問題應該是在維護主權和正當程序,而不是一味地拒絕現代化。一般的中國百姓都支持鐵路建設、蒸汽船和電報,清朝實際上也意識到鐵路的價值,但也擔心外國的控制和「鐵路帝國主義」的危險。[22]

清朝的成功改革足以讓他們在1883至1885年間的越南戰爭中,重創法國軍隊(雖然在福州港停泊的清朝船艦遭法國襲擊摧毀)。但清軍最大的缺點就是不團結,清朝沒有政府軍,只有幾近獨立的地方軍(還有過時的軍旗)。現代化的清朝海軍分成四個不同的艦隊,在與法國的戰爭中,最強大的北洋艦隊一直保持中立,而十年後在與日本的戰爭中,南洋艦隊撤退並不參戰。[23]清朝因缺乏國家向心力和軍事戰略技巧,與同一時期的日本明治維新形成明顯對比。

中國人表現出了相當的商業實力和資本主義企業。一位英國官員在1865年評論此事:「外貿有九成都由中國人控制、擁有。」1890年代,據估計中國人擁有大約40%的西方航運、棉紡和銀行企業的股份,並持有駐中國所有外國企業約60%的股份。甚至1880年的英國殖民地香

---

[22] R. Bickers, *The Scramble for China: Foreign Devils in the Qing Empire, 1832-1914* (London: Penguin Books, 2011), pp. 284-285.

[23] S. C. M. Paine, *The Sino-Japanese War of 1894-1895: Perceptions, Power, and Primacy* (Cambridge University Press, 2003), pp. 141-145.

港，納稅最多的前十八個人裡，只有一人不是中國人。[24] 雖然絕大多數中國人還是貧困的農民，但農業也大部分都是以市場為導向，可見中國商人的勤勞。

然而，廉價充足的勞動力形成了家庭代工，大規模企業的風險和不確定性，也降低了商人購買機器取代人力或建造大型、昂貴工廠的慾望，商業法不成熟，加上缺乏現代經濟必要的基礎設施。清朝晚期可能也因收益遞減而進行自由放任。由於中央政府不再修路、維安、統一度量衡，甚至發行國家貨幣只有小面額的銅幣（在幾個世紀前，中國可是第一個發行紙鈔的國家）。政府的不作為拖慢了中國現代化發展。

現代工業科技逐漸傳至中國。中國第一家蒸汽船公司成立於1872年，除政府軍火庫外，還建造了一批棉紡廠和其他現代化設施。但是，除西方控制的商埠外，這些長期被孤立的基礎建設並非全部取得成效。直到1933年，現代製造業、採礦業、運輸業和公用事業部門的總產量，僅占中國國內生產總值的7%。[25]

商埠

1842年第一次鴉片戰爭結束後，中國被迫簽定《南京條約》，並向英國開放了五個港口。這五個港口開放後，也陸續開放其他港口（因為和其他國簽訂了類似的條約）。到了二十世紀初，共有92個商埠，其中包括海港、河港和內陸鐵路樞紐。然而，商埠的真正意義在於，條約簽訂國的公民可以在中國居住並開展事業。此外，大多數的商埠很少有外國人往來，但是一些較重要的商埠成為了西方商業活動的中心。其

---

[24] R. Murphey, *The Outsiders: The Western Experience in India and China* (Ann Arbor: University of Michigan Press, 1977), pp. 122, 192; Welsh, *A Borrowed Place*, p. 235.

[25] L. E. Eastman, *Family, Fields, and Ancestors: Constancy and Change in China's Social and Economic History, 1550-1949* (New York: Oxford University Press, 1988), p. 184.

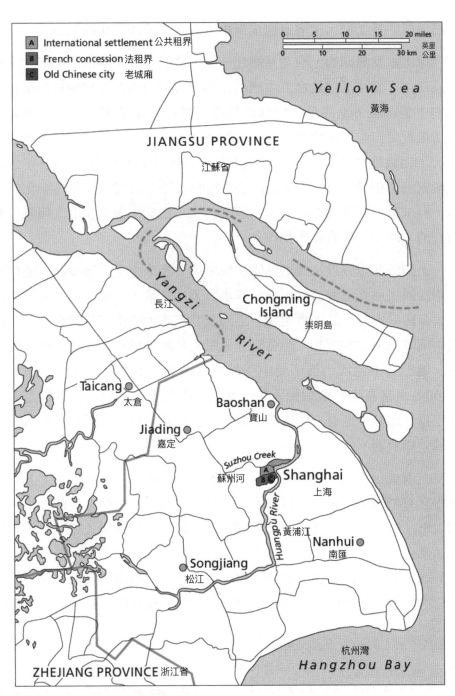

地圖8.1 約1930年的上海和鄰近地區

中最重要的是上海，上海迅速成爲中國最大、最現代化的城市。

原本默默無聞的上海突然崛起，是因爲其位於中國沿岸中部，又靠近長江口，而長江口是進入中國內陸的主要商業路線，也靠近茶葉和絲綢的主要產區。上海是以貿易爲基礎的城市，由英國人主導，或者更確切地說是出生（或僑居）在印度的英國人。其中還包括相當數量的印度人，因爲他們以英國殖民地印度爲基地大規模地經商。1881年估計英國貿易占中國對外貿易總額中的77.5%。[26]上海成爲完全國際化的城市，有來自世界各地的居民，出版了英文、法文、德文和俄文報紙，並爲外國人的子女建立專門學校。

上海公共租界最初僅供外國居民使用，後來太平天國動亂，造成許多中國難民逃到上海公共租界內尋求庇護。此後，中國人占上海公共租界大多數的人口。二十世紀初，上海公共租界內的中文日報數量甚至超過中國其他地方的總和。[27]然而，上海公共租界仍然是一個外國特許地區，屬於在中國境內但不受中國控制的商業自治共和國。每年由大約2,700名最富有的外國納稅人選出九人，擔任市政委員會來管理上海公共租界。此外，還有一個由法國直轄的法租界，只有郊區和舊城區屬於中國管轄範圍。

上海成了全球大城市之一（見圖8.2）。到了十九世紀末，上海公共租界有柏油路、路燈、自來水、電話、電力。上海靜安寺路上出現外國大班（地區性俚語意爲「大老闆」）的豪宅、網球場及花園。西方娛樂活動包括俱樂部、戲劇、高爾夫、馬術和板球。富裕的外國人在上海的舒適生活、有保障的人身安全和經濟機會，像磁鐵般吸引了許多雄心勃勃的中國人。1870年左右，一些中國的外國企業代理商，已經開始

---

[26] Hsü, *The Ili Crisis*, p. 14.
[27] N. R. Clifford, *Spoilt Children of Empire: Westerners in Shanghai and the Chinese Revolution of the 1920s* (Hanover, NH: Middlebury College Press, 1991), p. 68.

圖8.2　1932年上海外灘或海濱的全景。圖片來源：History/Bridgeman Images

投資自己的企業，在上海形成現代中國商業階層的核心。

　　然而，上海成功的背後也有黑暗面，上海的繁榮是建立在鴉片貿易上。二十世紀初，上海市內有多達80家鴉片專賣店以及1,500個供人吸食鴉片的區域。[28] 二十世紀初，法租界內的幫派老大同時也是中國警察局的總督。外國人在上海公共租界和法租界內的管制，也侵犯了中國民族主義。1928年，上海市議會才出現首位中國議員。

---

[28] F. Wakeman Jr., *Policing Shanghai, 1927-1937* (Berkeley: University of California Press, 1995), pp. 34-35.

圖8.3　1903-1905年清朝慈禧太后與外國使節的妻子。存於華盛頓特區史密森尼學會的佛利爾美術館和亞瑟·M·賽克勒美術館典藏。Negative # SC-GR 249

義和團之亂（1898-1900）

　　同治皇帝於1874年去世，他的母親慈禧太后（1835-1908）又得到了替未成年皇帝執政的機會，光緒皇帝（1875-1908年在位）登上王位。作爲眞正的掌權者，慈禧太后平衡了保守派和改革派之間的對立，她最關切的就只是保護好她的王朝（見圖8.3）。儘管同治年間發起了自強運動，但1894至1895年間，中國因朝鮮問題與日本爆發甲午戰爭，清軍的規模幾乎是日軍的六倍，海軍的數量是日軍的兩倍，但仍然戰敗，並被迫向日本支付賠償金，金額相當於當年日本國民生產總值的15%，這一筆賠償金助長了日本工業化，同時也給中國一大重擊。

　　戰後，中國與朝鮮結束宗藩關係，甚至割讓臺灣給日本，日本最初還想進一步侵入中國東北，但俄羅斯、法國、德國介入並阻止日本奪取中國東北。三年後，西方列強開始從中國奪取租賃權。1898年，俄羅斯在遼東半島建立名為亞瑟的海軍基地；德國在山東半島收購了青島港；法國在中國南方租了一個港口；英國在山東（威海衛）租了一個港口，並在香港新界簽署了99年的租約。俄羅斯在滿洲建造鐵路，儘管上海的條件是所有商埠中最好的，但總居住人口和外國居民比例最高的城市很快就變成哈爾濱；哈爾濱成立於1898年，位於滿洲正中央的俄羅斯鐵路城市。[29]哈爾濱的巔峰時期人口有一半以上都是俄羅斯人，城內有俄羅斯的大學、學校、法院和教堂。

　　光緒皇帝對西方列強強占中國領土感到擔憂，決意力求革新，於1898年推動百日維新，然而，顧名思義，百日維新以失敗告終。守舊派大臣反對，慈禧太后發動了政變，將光緒皇帝軟禁於頤和園，處決六君子，放逐其他人，並下詔攝政。

　　1899年，中國北方發生嚴重乾旱。一個名叫義和拳的神祕團體認為基督教讓人放棄中國原本的信仰，老天不下雨正是給世人的懲罰。義和團源自於中國鄉下的各大宗教和武術團體，成員中有許多小孩。1900年，駐北京的美國高級外交官向國務卿說明：「義和團領導人走遍全國，聚集並組織各個村莊的年輕人，指導神打、咒語，號稱能刀槍不入。」[30]

---

[29] 見 D. Wolff, *To the Harbin Station: The Liberal Alternative in Russian Manchuria, 1898-1914* (Stanford University Press, 1999)。

[30] J. Davids, ed., *American Diplomatic and Public Papers: The United States and China, Series III-The Sino-Japanese War to the Russo-Japanese War, 1894-1905* (Wilmington, DE: Scholarly Resources, 1981), vol. V (Boxer Uprising), document 15, p. 40. 關於義和團請見 P. A. Cohen, *History in Three Keys: The Boxers as Event, Experience, and Myth* (New York: Columbia University Press, 1997)，和 J. W. Esherick, *The Origins of the Boxer Uprising* (Berkeley: University of California Press, 1987)。

　　義和團不僅反對基督教、仇視外國人，他們對清朝政府也頗有微詞。1900年6月21日，慈禧太后下詔宣戰，號召軍民對抗境內侵略者，一開始看起來並不魯莽，因爲清軍和義和團占領了北方港口城市天津的沿海通道，可以合理地理解爲是對清朝宣戰做出的回應。[31]

圖8.4　1901年，義和團運動遭到鎮壓之後，美國陸軍第九步兵師在北京的皇宮前整隊。Library of Congress, LC-USZ62-68813

[31] D. J. Silbey, *The Boxer Rebellion and the Great Game in China* (New York: Hill and Wang,, 2012), pp. 90-102.

義和團包圍北京大使館和天津租界,當時天津租界內有未來的美國總統赫伯特・胡佛和900名左右的外國百姓。然而,義和團和清朝官僚一樣組織渙散,大多數清朝的官員,包括整個中國南方的官員,都選擇不參戰。諷刺的是,義和團在西方勢力強的地區,都反而不太活躍。遭到殺害的絕大多數都是在偏遠的西北山西省和內蒙古地區少數的外國人(更多的是中國基督教徒)。

1900年8月,八國聯軍進軍北京,瓦解義和拳對租界的圍攻(見圖8.4)。義和團被鎮壓,清朝被迫簽訂《辛丑條約》,其中包括支付相當於清朝近兩倍年稅收的賠償金。此後,甚至連慈禧太后也意識到改革的必要性。二十世紀後,清朝開始有了快速現代化的想法。

▌十九世紀韓國的開放

十九世紀初,韓國唯一接觸的外國政權是清朝和日本德川。朝鮮自認為是中國的藩屬國。這意味著韓國國王應該使用中國曆法,並尋求中國皇帝(當時的中國皇帝是滿族而不是漢族)冊封,而中國也向韓國發布宣言。清朝統治期間,首爾每年平均派出三個大使到北京。韓國人稱之為「為偉大的人服務」。然而,明朝在豐臣秀吉的入侵時,向朝鮮提供援助,朝鮮對明朝更加忠誠,並且相當藐視清朝這個外來統治者。清朝與朝鮮的邊界由柵欄建成,兩國之間禁止船隻通行(因此朝鮮的漁夫被限制在沿海水域),僅透過大使館聯繫。

儘管朝鮮屬於中國的藩屬國,實際上除了強制性朝貢外,朝鮮完全自主國內、外事務。[32] 朝鮮與中國特殊的關係,早期甚至成為拒絕西

---

[32] M. Deuchler, *Confucian Gentlemen and Barbarian Envoys: The Opening of Korea, 1875-1885* (Seattle: University of Washington Press, 1977), p. 27.

方列強的便利藉口。1845年，英國人試圖與朝鮮貿易，但這是不可能的。朝鮮不能開放中國貿易，因爲它不是中國的一部分，而且也無法開放自身貿易，因爲朝鮮不是獨立國家。[33]

韓國與日本的關係也有些複雜。豐臣秀吉未能入侵韓國，加上隨後日本建立了德川幕府，1609年日本透過貿易協議恢復了與韓國的聯繫。韓國人認爲德川幕府與他們自己的國王地位相同，少數韓國大使被派往位於江戶的城堡，但沒有任何日本大使前往朝鮮，朝鮮與德川幕府的直接接觸於1811年結束。反而是位於日本本島和朝鮮半島之間的一個小島嶼，也就是對馬島上的大名，而不是德川將軍（或日本天皇），壟斷了對韓貿易。這位大名同時作爲日本德川幕府的附庸，也作爲朝鮮國王下屬，由朝鮮授予官位。每年有大約一千名來自對馬島的人前往朝鮮旅遊，但是他們在日本政府的嚴格監控之下，只能在釜山港進出。

1860年代是東亞回復的十年。中國進行同治中興，日本進行明治維新，而韓國的皇室復位。（然而，越南在1860年代法國殖民統治之初，並沒有維新的跡象。）中文和日文單詞皆由英文「復興」翻譯（而韓國根本沒有這樣的詞彙），並且這些詞彙在細節上有明顯的差異，但也有一些相似之處。這些相似之處可以解釋爲，中、日、韓的統治階級都受孔子影響，並面臨相同的挑戰。1860年代，這三個國家都有年輕的新君主。

1864年，朝鮮高宗（1864-1907年在位）於12歲時登基（見圖8.5）。朝鮮高宗的父親興宣大院君仍然在世（他自己從來沒有當過王），並且從1864到1873年，以他的兒子的名義成爲非正式的攝政王。身爲攝政王，興宣大院君試圖透過減少腐敗、低效率和兩班的貴族特權來增強的朝鮮君主制。與此同時，興宣大院君還加強了對基督教的

鎮壓，以及抵禦西方的方法。
1866年，朝鮮成功駕駛一台
法國艦艇。1871年，美國海
軍中隊讓韓國人相信這能夠用
於軍事上。如果日本的德川幕
府對中國鴉片戰爭的結論是，
抵抗現代西方軍事力量是白費
工夫，韓國的興宣大院君得出
了相反的結論，避免羞辱的方
法是堅持立場，拒絕所有外國
貿易。

　1868年，日本明治維新
以及德川幕府倒台後，日本新
的西式帝國於1871年對對馬
島的大名和朝鮮之間的關係實
行管制。然而，朝鮮政府拒絕
接受。此外，朝鮮反對日本穿
著西式服裝的官員，但最重要

圖8.5　高宗（1852-1919），皇帝／前韓國國王，約西元1904年。Library of Congress, LC-USZ62-72798

的是，朝鮮拒絕承認日本天皇。這是因為東亞的帝王為最高掌權者，因此作為清朝的藩屬國，朝鮮人無法承認另一位皇帝。再說，承認日本天皇代表日本天皇優於較低級的朝鮮國王。事實上，許多明治維新的領導人都積極地希望日本恢復帝制，他們相信這會「恢復」他們認為（神話中）古代朝鮮對日本的從屬關係。

　朝鮮拒絕承認日本激起了許多日本愛國人士的憤怒，希望立即對朝鮮開戰。雖然冷靜的那一方最初占了上風，但是在1875年，一艘日本海軍軍艦在朝鮮的江華島海岸附近，試圖派小船上岸尋找淡水，這讓朝鮮發射了幾發僅用來作為警告的子彈，但日本向朝鮮回擊並派出部隊。

1876年，日本藉由向朝鮮派遣三艘戰艦、四艘運輸車和800名士兵表明其強烈的宣戰意圖，與此同時，年滿21歲的朝鮮高宗宣布親政，在1873年結束了大院君的攝政。高宗在反對外國事務方面不如大院君堅決，又面對日本迫在眉睫的侵略威脅。1876年，高宗根據中國建議，與日本簽署了現代西式條約（《江華島條約》），該條約承認朝鮮爲獨立國家（澄清了其與中國的模糊主權關係），並授予日本各種類似商埠的特許權。

雖然朝鮮保守派希望中國能夠平衡不斷增長的日本影響，但一些現代主義者卻與日本站在同一陣線。1884年，少數的韓國改革者在首爾與日本部長協商，策劃政變。12月4日，在現代郵局開幕的宴會上發動政變，七名韓國官員被暗殺，日本大使館的守衛將朝鮮君王和王后「保護性」拘留，並成立新朝鮮政府，發表現代化改革。然而，中國軍隊立即向宮殿進行反擊，奪回國王。這個失敗的政變只持續了兩天，其結果是玷汙了改革和親日立場的聲譽。

與此同時，清朝支持朝鮮自主現代化，並於1882年代表朝鮮，與美國、英國和德國交涉條約內容。這打破了中國與朝鮮互不干涉的傳統。1885年，清朝任命駐朝鮮的全權代理官員（一名叫袁世凱的人，後來成爲中華民國第一任非臨時總統）。1885年，中日在朝鮮的緊張局勢，在撤軍協議下暫時消退。然而，這得來不易的和平在1894年因爲宗教團體起義而畫下了句點。

1850年代，一位名叫崔濟愚（1824-1864）的朝鮮人，因爲他的母親再婚，沒有資格參加公務員考試，接受了他所宣稱的天皇啟示。這激發了他創造出新的宗教，融合了傳統的東亞思想，被稱爲東學（東方學習），反對西方外來觀念。雖然崔濟愚於1864年被處決，但東學黨的信仰繼續在朝鮮農村醞釀。1894年，由於民眾對重稅和高利率的不滿，東學黨起義席捲了整個朝鮮西南部，成爲朝鮮歷史上最大規模的叛亂。焦慮的朝鮮高宗請求中國提供軍事援助，而清朝則派遣了一小批士

兵，日本則是部署了比東學黨更大規模的軍力來應對。朝鮮當局對兩個的外國軍事力量感到不安，迅速地向東學黨議和，但日本仍然不撤軍。7月23日，日本步兵團占領了朝鮮宮殿，1894年8月1日，中日正式宣戰。

接下來的九個月裡，日軍很輕易地就將中國軍隊趕出朝鮮，占領滿洲，甚至在中國沿海地區建立據點。事實證明，清軍組織渙散，受到官員腐敗的影響，又被派系和地方主義分裂，有很大一部分的清朝海軍拒絕參加與自己毫無關聯的戰爭，日本輕易打贏甲午戰爭（1894-1895）。甲午戰爭在日本期刊上成為重大頭條，卻給中國帶來了巨大的衝擊和驚醒。由於戰後簽訂了《馬關條約》，中國被迫將臺灣割讓給日本（以及遼東半島，但在俄羅斯、法國和德國的干預下，強迫日本歸還），並支付日本相當於日本國民生產總值約15%的巨額賠款。此外，中國正式承認朝鮮獨立，意味著日本在朝鮮有更大的影響力。

甲午戰爭期間，日本迅速占據朝鮮主導地位，爭取在朝鮮半島建設鐵路，並為朝鮮內政提供顧問。即使仍在與中國戰爭，親日的朝鮮官員重組了政府，在1894到1895年間進行澈底的現代化改革（稱為淄博改革）。韓國官方文件裡，中國日曆被摘除並以新的韓國日曆取代，廢除儒家公務員考試制度、奴隸制度和貴族兩班，並強行推廣西式服裝和髮型。共有208條新法律，最終於1895年1月頒布新憲法。

儘管日本打贏甲午戰爭，朝鮮卻暫時免於成為日本保護國，部分原因是日本對朝鮮政策中，同時要統治朝鮮和推動朝鮮從中國朝貢體系中獨立的明顯矛盾。為了提倡現代化，朝鮮政府要求所有朝鮮男人捨棄傳統的頭飾，並採用西方髮型，引起了民眾極大的不滿。1895年10月，日本支持的政變使朝鮮女王遭到暗殺，並恢復了親日官員的權力，這觸怒了朝鮮人民。1896年2月，朝鮮高宗試圖逃離日本的控制，藏於一名宮女的轎子中，並由俄羅斯海軍陸戰隊員帶領出宮，高宗在俄羅斯大使

圖8.6　韓國首爾的西門，約於1904年，展示了一輛美國電動纜車。收藏於Library of Congress，LC-USZ62-72552

館避難長達兩年的時間。[34]

　　藉由俄羅斯對抗日本的野心，就像中國對抗日本一樣，高宗成功地讓韓國保留一定程度的獨立。1897年，高宗返宮並稱帝（韓語：*hwangje*），主張自己與中國和日本的君主主權平等。高宗在接下來的幾年裡，組織現代軍隊、發行郵票，並在首都引進電車和電燈（見

[34] 見 P. Duus, *The Abacus and the Sword: The Japanese Penetration of Korea, 1895-1910* (Berkeley: University of California Press, 1995), pp. 101, 108-118。

圖8.7　1919年，韓國女人和轎子。Library of Congress, LC-USZ62-72675

圖8.6），改國名爲大韓帝國。1902年，韓國甚至還有了西式的國歌。
同時，基督教於東亞的推展在韓國最爲成功，現代西方式教育對韓
國產生深遠影響。《獨立新聞》於1897年出版第一份完全韓文字母
（*han'gŭl*）書寫的報紙。同一時期也開始出現韓國現代民族主義的新
思潮，希望能夠將韓國轉變爲一個獨立、現代、西化的民族國家。[35]然
而，物質層面的現代化程度仍然有限（見圖8.7），而且在二十世紀初
期，隨著日本的逐漸掌控韓國統治權，獨立只是一個不切實際的妄想。

---

[35] 見 M. E. Robinson, *Cultural Nationalism in Colonial Korea, 1920-1925* (Seattle: University of Wash-
ington Press, 1988)，第 1 章。

▌明治維新（1868-1912）：日本「走出」亞洲

十九世紀初，與日本的接觸僅限於每年平均一艘荷蘭船往返兩地。荷蘭人在日本被限制在長崎港口，他們完全被隔離在小島上，周圍是高高的圍欄，頂部有鐵釘，還有一座連接到岸邊的橋。然而，即使如此，日本也並非完全鎖國。1716年後，日本對西方書籍的研究再次獲得官方許可，其中以醫學和軍事科學最為熱門，並發展成為專門的學習形式，稱為荷蘭研究（蘭學）。1811年，德川幕府成立了翻譯特定荷蘭書籍的機構。1840和1850年代，甚至在黑船來航之前，一些大名（日本封建時代的大領主）就已經各自建造現代西式彈藥的鑄造廠。

美國海軍准將馬修・佩里與日本的開放（1853-1854）

因為當時日本相當貧窮，不太可能從歐洲大量的購買任何商品，也沒有出產任何歐洲市場所需產品的能力，加上日本的位置偏僻，完全偏離歐洲商船的航線，英國和其他主要的歐洲大國就讓日本持續處於鎖國狀態。然而，太平洋地區的市場吸引了美國和俄羅斯這兩個新興的現代大國，使得日本貿易開放變得更加重要。十八、九世紀，俄羅斯人一再努力與日本建立關係，但沒有進展；而美國則是在1848年收購加利福尼亞後，已將其勢力擴展到太平洋沿岸。美國捕撈船從加利福尼亞到廣州的航程中，經常會穿過日本的領海範圍，而1840年代前的美國捕鯨者經常進入日本海域。帆船時代的沉船事故非常普遍，美國政府對美國船員在日本遭遇海難的應對感到非常擔憂。此外，隨著蒸汽導航的重要性日益增加，更迫切需要廣泛且具有戰略意義的煤炭站，因此促進了日美交易。

培理准將的艦隊到來之前，無論是官方還是私人，美國至少有25次指派船隻前往日本，試圖建立關係。1846年，根據華盛頓官員所說，貝特爾准將因沒有給日本人留下足夠強大的印象而任務失敗。因

此，於1851年再次派遣另一支探險隊，並改由馬修・卡爾布萊斯・培理准將指揮（1794-1858）。

那時日本絕大部分資訊都未知，培理准將蒐集了他所能找到的資料，謹慎地接近日本。1853年7月，培理准將帶領著四艘駭人的黑色戰艦抵達現在的東京灣，其中包括強大的蒸汽巡防艦密西西比號和薩斯喀那號，旗艦密西西比號安裝了八門8英寸大砲和兩門10英寸大砲。日本官員並不是完全不了解外界的發展，深知中國在鴉片戰爭中被擊敗的恥辱，這些大砲彷彿還歷歷在目。培理准將抵達後留在他的小屋內，拒絕與初級日本官員見面，要求將菲爾莫爾總統的國書親自送到高級官員手中。

由於美國人不清楚征夷大將軍的日本軍事制度，美國總統把信寫給了日本天皇。事實上，因將軍本人臥病在床，根本不知道美國人來，而日本天皇則是無實權，因此由大學頭林復齋負責。美國人帶著裝滿子彈的武器上岸，而日本則在接待室樓下暗藏著武士，雙方皆為衝突做了準備。由在中國生活時學過幾句日語的美國傳教士擔任翻譯，但實際上大多數都用荷蘭語進行。提出開國要求後，培理便離開了日本，並承諾明年春天將與一個更大的艦隊返回日本，屆時再聽取答覆。

武力抵抗似乎是徒勞無功，但若屈就於外國的要求將失去幕府的聲望，所以幕府轉而尋求大名的建議。十九世紀中期，日本分為約276個大名地域，儘管每位大名都承認德川幕府，但每個域都保留了各自的政府、部隊，甚至是貨幣。由於大多數大名都要求德川幕府不要屈服於外國，但也反對戰爭，尋求大名的建議只讓幕府處於更尷尬的立場。德川幕府也沒有任何資金。此時，幕府還受到邊遠地區經濟復甦的威脅。雖然大多數大名，就像幕府一樣負債累累，但一些特定地區的大名已成功地重組並穩定自身經濟，其中包括日本本島西端的長州藩和九州南部的

薩摩藩。[36]以薩摩爲例，因其南部氣候，薩摩藩在日本取得了糖的壟斷販賣。

1854年2月，培理帶著10艘戰艦回到日本，德川幕府被迫並與美國簽署條約（《神奈川條約》）。不久之後，與其他國家也簽署條約，類似之前在中國建立的商埠制度。1859年開始，允許外國人在江戶（德川幕府的主城鎮，現代的東京）居住，長崎、橫濱、神戶等港口開放，賦予了標準商埠的治外特權（外國豁免於當地法律），並建立了對外進口貨物的固定低稅率。過程中，人民都能察覺到幕府的軍事權力空洞。由於幕府除了軍事之外，沒有其他正統的實權，地位變得十分危險。

明治維新（1868）

十八世紀，國立學習學院，其最著名的代表是本居宣長（1730-1801），重新喚起了人們對古代日本神話和文學的興趣，特別是最古老的日本帝國神話——《古事記》。德川幕府政權從一開始就被認爲是天皇權力的下放，現在在外國威脅之下又顯得如此脆弱，「尊敬天皇並驅逐野蠻人」的口號（尊皇攘夷，更確切地說，「尊敬國王」，因爲這是前帝國時代的中文字），開始集結愛國人士，反對外國人的特權，還有以忠於日本天皇的名義反對德川幕府。

來自長州藩的武士吉田松陰（1830-1859），試圖將培理的船隻藏起來，以了解更多有關外國人的資訊，後被逮捕。出獄後，他建立了一所有影響力的愛國學校。吉田指責幕府沒有驅逐外國人，並決定推翻德川幕府。1858年，他策劃在帝國首都京都暗殺一個幕府使者，但又一次被逮捕，這次遭到斬首。然而，吉田松陰成爲許多日本愛國者的英雄。此外，1860年，幕府大老實際上是在進入江戶城時，遭到水戶藩

---

36 見 M. B. Jansen, *Sakamoto Ryōma and the Meiji Restoration* (New York: Columbia University Press, [1961] 1994), pp. 41-43。

和薩摩藩的藩士暗殺。

在簽署第一批外國條約之後的幾年裡，武士透過暴力行為發洩憤怒，爆發了幾次愛國主義恐怖攻擊。1859年，兩名俄羅斯船員被殺。美國領事的荷蘭翻譯於1861年遭到謀殺。1862年，薩摩藩的大名向德川幕府發出命令，要求德川幕府親自到京都報告。這位大名回程途中，在橫濱附近的路上遇到了一小群英國人，他們沒有下馬表示對大名的尊重。憤怒的武士隨從襲擊了這群外國人，造成一死兩傷。1863年，江戶的英國大使館被燒毀（縱火者包括後來成為日本領導政治家之一的伊藤博文）。

1863年，極端分子已經控制朝廷並強迫幕府定下攘夷的日子。也就是1863年6月25日。雖然日本大部分地區未採取任何行動，但是在長州西部的堡壘開始對來往的船隻開火。1864年，英國、法國、荷蘭和美國為了復仇，聯合起來襲擊這些堡壘並將其摧毀。1863年，一個英國中隊還砲擊了薩摩藩的主城，以報復之前在橫濱附近的道路上對英國人的攻擊。日本完全無法抵抗現代兵器。

此後，攘夷已被視為白費力氣，「豐富國家，加強軍隊」（富國強兵，這四個字最初也是來自古代戰國時期的中國）的新愛國口號開始取代「尊敬皇帝並驅逐野蠻人」。1860年代後期，情況已經從愛國日本人和外國人之間的衝突，轉變為日本不同群體之間的競爭，每個群體往往都有自己的外援。例如，幕府傾向於法國，而薩摩藩和長州藩則是與英國人交往。

1862年，德川幕府改革，要求參勤交代，大名則離開江戶回到自己的藩領。1864年，激進派系在長州藩獲得主導權，並上奏朝廷。在7月份的暴亂中，長州藩將京都化為灰燼，朝廷命令幕府遠征長州藩。遠征得到了其他藩領的支持，並且在一開始取得成功，但是當1866年第二次長州征討時，許多藩領卻保持中立。薩摩藩和長州藩在3月達成祕

密協議，以便雙方相互支持，這兩個藩領成爲了兩個最強大的藩領，並且在第二次長州征討中擊敗幕府。此時的德川幕府搖搖欲墜。

1866年，因德川家茂過世（21歲，死因爲腳氣病），幕府與長州藩停戰。但不久之後，天皇命令長州藩和薩摩藩一起對德川幕府進攻。在這個關鍵時刻，土佐藩（位於南部的四國島）戰勝德川幕府，要求德川幕府大政奉還。令人驚訝的是，這位將軍於1867年11月請求天皇接受將幕府的權力歸還。然而，德川幕府保留了廣大的土地所有權，且其身分仍然是一個強大的大名。因此，反德川的勢力並不滿意。1868年1月3日，大部分來自薩摩藩的一群武士占領了皇宮並宣布帝國復辟，史稱王政復古。雖然前幕府將軍出兵平亂，但他的軍隊在四天戰爭後被帝國軍隊擊敗。前幕府將軍很快地投降，並被慷慨地對待，最終甚至被賦予最高級別貴族的地位。11月，年輕的明治天皇離開了日本西部的古都京都，並居住於江戶的德川幕府城堡，現在被稱爲東京（東方首都）。

經過幾個世紀德川幕府的不正當統治後，這是正統日本帝國以傳統儒家的名義復甦。明治維新的早期，甚至還恢復了一些古代宮廷的職位。此外，領導明治維新的中階武士，多年來一直對壟斷德川財富和權力的幾千個世襲家族的無能感到憤慨，對於人數更多且極度貧困的低階武士而言，他們缺乏出人頭地的機會。某種程度上，這種革命性變革背後的菁英主義理想與傳統的儒家思想一樣，既是現代的，也是西方的。[37]

然而，儘管有這些傳統甚至過於保守的層面，明治維新算也是一個相當革命性的突破。1868年4月明治天皇發布的五條御誓文寫道「破除舊有陋習……廣求知識於世界，大振皇國之基業」，正如一位歷史學家所說「傳統與改變相融合的完美典範」。應該廣泛地接納國外的新思

---

[37] T. C. Smith, *Native Sources of Japanese Industrialization, 1750-1920* (Berkeley: University of California Press, 1988), p. 11，和第 7 章。

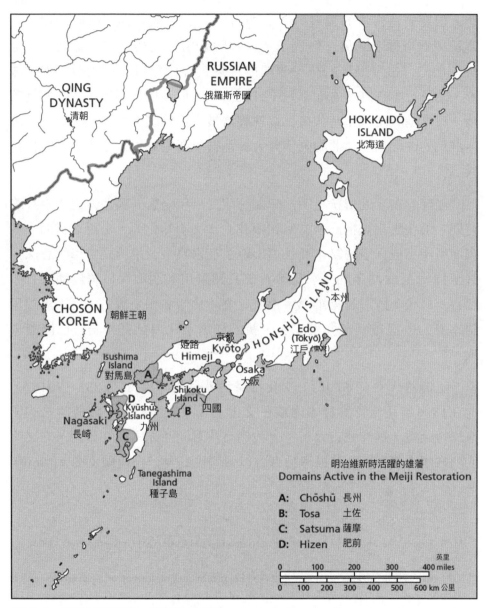

地圖8.2　日本德川幕府，約西元1860年

想，但要支持日本的天皇。[38] 1870年代，日本現代西式國歌成爲了將傳統與新奇融合的另一個例子，日本國歌由德國樂隊的大師製作，他將十世紀《古今集》的詩句改編成音樂。現代化日本民族國家就此成形，此時日本在許多方面都是十分現代化，但人們普遍還是認爲相當落後。日本進入現代化時代後，以前經常被視爲外國人的民族，如南部琉球群島的沖繩人和遠北的阿伊努人，都被重新定義爲倖存的古老原住民族。[39]

儘管有古老的傳統，明治時期的前二十年是對外國西方思想崇拜的時期，這些思想被稱爲「文明和啟蒙」（文明開化）。是否在書面中放棄使用漢字成爲爭論點，而且還出現了在書寫中改用西式字母的想法。甚至1872至1873年間，一位教育部長建議用英語取代日語爲國家官方語言。最後，既沒有拋棄漢字也沒有廢除片假名和平假名（更不用說日語本身），但是到十九世紀末，新的標準現代白話官方語言已漸漸形成。[40]

這個時代最有名的西方文化推廣者就是福澤諭吉（1835-1901），他在1885年甚至認爲日本應該在文化上「離開亞洲」，並與落後的國家保持距離。福澤諭吉寫道：「我們應該離開亞洲國家的行列，向文明的西方國家學習。」[41] 福澤諭吉曾以留學生的身分在荷蘭生活。1860年

---

[38] M. B. Jansen, *The Making of Modern Japan* (Cambridge, MA: Harvard University Press, 2000), pp. 337-339.

[39] T. Morris-Suzuki, "A Descent into the Past: The Frontier in the Construction of Japanese Identity," in *Multicultural Japan: Palaeolithic to Postmodern*, ed. D. Denoon, M. Hudson, G. McCormack, and T. Morris-Suzuki (Cambridge University Press, 1996).

[40] 見 D. Keene, "The Sino-Japanese War of 1894-95 and Its Cultural Effects in Japan," in *Tradition and Modernization in Japanese Culture*, ed. D. H. Shively (Princeton University Press, 1971), pp. 169-172。

[41] H. M. Hopper, *Fukuzawa Yūkichi: From Samurai to Capitalist* (New York: Pearson Longman, 2005), pp. 121-122.

代，他拜訪了歐洲和美國，並根據他的個人經驗，在1866年出版了一本稱爲《西洋國情》的暢銷書。

福澤諭吉是日本民族主義者，但在西化政策上持相對開放的態度，而保守派此時對於明治政府的憤怒似乎更勝舊德川幕府對外國人讓步。因此，明治維新的領導人與那位曾經提出以英語取代日語的教育部長，都成爲了攻擊的目標。據說那位教育部長因於1889年在伊勢神宮中做出不敬的行爲，遭到刺殺而死。[42]

明治現代化

在明治維新之後，日本的機構不斷改變，行政的模式從美式、英式、法式或德式不斷地轉移。正如福澤諭吉所說，1870年代，日本「有政府，但沒有國家」。直到1880年代後期，日本的民族意識才逐漸抬頭。[43]實際上，自1868年以來，新政府並不明顯。這與東北藩領7月份的叛亂和前去平亂的長州藩、薩摩藩有關，甚至與土佐藩、佐賀藩也有些微關聯。叛亂最終遭到鎮壓，而基本上長州藩和薩摩藩仍然不是眞正的政府軍隊。

雖然領導明治維新的四個地區僅占日本總人口的7%左右，但到了1890年，他們組成了約30%的中央政府官員，並且占了約一半的高層職位。[44]儘管明治時期提倡「天皇親政」，但眞正的權力卻被少數高級官員藉天皇之名掌握。因此明治時期發展出了由僅僅二十多人掌權的寡頭統治。作爲年長的政治家（元老），這些寡頭統治者在二十世紀前主導著日本政治。儘管如此，明治政府確實有明確的目標，就是將日本變成

---

[42] I. P. Hall, *Mori Arinori* (Cambridge, MA: Harvard University Press, 1973), pp. 3-6, 189-195.

[43] C. Gluck, *Japan's Modern Myths: Ideology in the Late Meiji Period* (Princeton University Press, 1985), pp. 23, 27.

[44] M. B. Jansen, "The Ruling Class," in *Japan in Transition: From Tokugawa to Meiji*, ed. M. B. Jansen and G. Rozman (Princeton University Press, 1986), pp. 89-90.

一個強大的現代化集權民族國家。

　　1869年7月，所有大名都被命令將領地轉移給中央政府。大名最初得到很好的補償和作為當地首長的政府頭銜。然而1871年，未經通知便拔除大名的首長頭銜，且辭退大名到東京都。德川幕府統治的幾個世紀以來，已經出現區域一致性，也成功實施一定程度的現代官僚集權，使得政治體系從貴族的地方分治，平穩地轉向中央集權體系。同年，新的帝國政府足夠穩定，半數的寡頭領導者開始出使西方，但竟出朝鮮拒絕承認日本頭銜的外交危機。明治政府中興起征服朝鮮的言論，但明治政府對朝鮮採取較謹慎的應對方式後，西鄉隆盛（1827-1877）、板垣退助（1837-1919）和其他人在1873年辭職抗議。

　　西鄉隆盛曾是明治維新的英雄之一，在這之後又回到薩摩藩，成為武士階級的領導人。1871年廢除大名的頭銜後，中央政府承擔了支付所有武士薪俸的責任。然而，這是一項巨大的財務支出，大約占了政府三分之一的收入，顯然地這樣的支出無法持久。1876年永久停止武士津貼，取而代之的是有息債券；同年，禁止武士佩戴兩把劍。逐漸地，所有武士特權都被廢除。1870年，平民被授予姓氏；1871年，允許平名騎馬、自由旅行、與武士通婚；1873年，新的徵兵法要求平民在軍隊服役。雖然平民曾被禁止攜帶武器，但此時卻被要求從軍，為新日本服務。

　　1876年，禁止武士攜帶兩把劍、政府未能報復朝鮮、對快速變化感到不安和西化，都令武士和諸藩倍感失望，在主導明治維新的地區尤其明顯。薩摩藩並未確實實行禁止帶劍和消除武士津貼。1874年佐賀藩及1876年長州藩發生了著名的武士叛亂，而1877年西鄉隆盛也在薩摩藩發起叛亂。

　　一年前，中央政府在薩摩藩的寡頭大久保利通（1830-1878）的統治下，派人攻擊政府軍的軍火庫。當地民眾逮捕一名攻擊者，他在酷刑

下「供認」，他曾被派去暗殺西鄉隆盛。1877年2月，西鄉隆盛稱他有問題要問中央政府，並率領了一萬五千多名武士前往東京都。他們從未離開九州的西南島，他的武士憑藉其忠誠，終究不敵中央政府的現代軍隊，但政府軍仍需要六個月的時間才能平亂。9月，西鄉隆盛因叛亂失敗，切腹自殺。從某種意義上來說，整個武士階級都與他同歸於盡。雖然大久保利通在第二年遭到暗殺，但在1878年，武士階級再也沒有對明治政府構成嚴重威脅。

明治憲法

像西鄉隆盛一樣，寡頭板垣退助也因朝鮮問題而辭職，但與西鄉隆盛不同的是，他採取了一種不同於政見的做法，不基於武士懷舊，而是基於現代西方自由主義。板垣退助開始遊說建立一個代表大會。這就是日本民眾權利運動的起源。1870年代，十年內他向天皇提交了至少130份請願書，呼籲建立有代表性的自治政府。自治政府似乎是西方文化不可抗拒的潮流，甚至連明治政府也鼓勵民眾參與。然而，大久保利通採取了保守的立場。在他的監督下，1875年的新聞法強制實施，嚴格審查政治批評。

1878年，大久保利通遭到暗殺後，明治政府很快地做出讓步，公開承諾在1890年前建立書面的西式憲法和民選議會。因此，第一批日本政黨於1881年開始形成。由於代議政府的趨勢勢不可擋，明治政府寡頭得出的結論是，他們最好迅速擬定保守的現代憲法，否則政府外部對自由主義的期望會超過可接受的範圍。1881年，發布憲法草案，其中包括新的憲法應由天皇授予，如果當選議會拒絕通過擬議預算，則去年的預算將自動生效（因此，即使稱不上是否決權，選舉出的立法機關至少仍保有財政權力）。

1882年，伊藤博文（1841-1909）前往歐洲直接研究各種現代憲法的模式（見圖8.8）。伊藤博文在英國停留了一段時間，且一名官員還

圖8.8　伊藤博文（1841-1909），首任日
本內閣總理大臣。取自國立國會圖
書館網站

去了法國，伊藤博文也在德國待
了七個月，而明治政府似乎從一
開始就偏向德國憲法。德國是皇
帝和鐵血宰相奧托・馮・俾斯麥
（1815-1898）新統一的帝國，儘
管此政府對代議制自治政權做出
了重大讓步，但也保留了中央的
控制權。回到日本後，由伊藤博
文負責起草新的明治憲法。

　　爲了對英美自由民主思想有
進一步對策，1884年，因德國的
影響與東亞傳統，形成了一個新
的日本貴族，旨在建立一個平衡
民選的下議院的世襲上議院。此
時明治政府法律是以德國法律爲
框架，但這個新的貴族大多數成員都是由前德川大名或以前貴族所組
成，而實際上這個新貴族的頭銜來自於古周代的中國。[45]內閣或稱現代
西式行政部門，成立於1885年（在第一屆立法選舉之前），只對天皇
負責而不需對立法機關負責。伊藤博文成爲首任日本內閣總理大臣。

　　同時，伊藤博文與其助手於東京帝國大學與德國法律顧問協商後，
制定了憲法草案。1889年2月11日，正式頒布新的明治憲法。以德國法
律的模式爲準，此憲法是天皇給人民的禮物，天皇仍高於雲層之上。此
外，陸軍和海軍大臣只需對天皇負責，不對人民負責。明治政府有意加
強帝國的象徵。1888年，明治天皇的雕像設立於所有公立學校和官方

---

[45] D. H. Shively, "The Japanization of the Middle Meiji," in *Tradition and Modernization in Japanese Culture*, ed. D. H. Shively (Princeton University Press, 1971), p. 85.

建築內，使明治天皇的形像在整個日本國內無所不在。1890年，發布了教育敕語，敦促學生「一旦緩急，則義勇奉公，以扶翼天壤無窮之皇運」[46]，日本學童被迫向明治皇帝的雕像鞠躬，並聽取定期背誦的教育敕語。又一次的日本傳統統治形態與現代國家建構混合。

這個新成立的下議院（國會）第一次選舉於1890年舉行。由於選舉權僅限於富裕的納稅人所有，只有1%的人有投票權，而明治政府仍然由少數的明治寡頭以皇帝的名義統治。儘管如此，日本仍然成爲蘇伊士以東，第一個擁有現代化西方憲法與民選立法機構的國家。明治憲法很快就用於日本帝國擴張，無庸置疑憲法是日本現代化的象徵。此外，日本也努力成爲第一個工業化的非西方國家。

工業化

十九世紀，日本現代化成功的一個主要原因，是明治政府清楚地認識到局勢緊迫，並迅速採取必要的措施，來維護其國家安全。雖然他們最緊迫的問題是學習他國的現代西方軍事力量，但人們也迅速意識到，現代軍事力量建立在現代化的經濟生產力。明治政府設法使其新國民經濟建立於好的基礎上，藉由保持外債最小化，並取消武士津貼。1871至1872年間，建立了以日元的新標準化貨幣體系，並以美國聯邦準備系統爲藍本，實施了現代化銀行體系。1882年，日本中央銀行成立。

最初，一些日本領導人認爲僅靠貿易和商業就能成使國家富強。1870年代，明治政府意識到機械化工業是能讓生產力成指數增長的關鍵。因此，明治政府認爲必須快速工業化，不僅是軍事考量，還是爲了防止日本陷入貧困並淪爲工業化國家的材料供應商。早期提倡私人投資現代化工業的結果並不成功，部分原因是保守的舊商行厭惡冒險的新興

---

[46] "Imperial Rescript on Education," in *The Japan Reader 1: Imperial Japan, 1800-1945*, ed. J. Livingston, J. Moore, and F. Oldfather (New York: Pantheon Books, 1973), p. 154.

圖8.9 蠶絲工廠,建於1872年日本群馬縣富岡市(木版畫)。Snark/Art Resource, New York

產業,另一部分原因則是工業化所需的資本金額實在太大。明治政府還無法透過對外國進口貨物徵收高額稅收,來保護國內的工業發展,因為進口稅被條約中的低稅率牢牢綁定。因此,明治政府決定由政府來促進國內工業化。以明治政府於1872年興建的富岡蠶絲工廠為例,工廠既可以提供就業機會,也可以透過展示來鼓勵私人機械化工業(見圖8.9)。因此,日本第一批的現代化工業大多是由政府自行建造與管理。[47]

明治政府甚至從1876年開始支持札幌,國內第一個西方酒精飲料(啤酒)品牌發展。(另一家由外國企業經營的釀酒廠早在橫濱成立,但後來被日本人收購,於1907年成為麒麟啤酒。)[48] 然而,明治政府主導的工廠都明顯以

[47] T. C. Smith, *Political Change and Industrial Development in Japan: Government Enterprise, 1868-1880* (Stanford University Press, 1955), pp. 26, 30-31, 34-53, 102-103; E. H. Norman, *Japan's Emergence as a Modern State: Political and Economic Problems of the Meiji Period* (New York: Institute of Pacific Relations, 1940), pp. 117-133; E. S. Crawcour, "Economic Change in the Nineteenth Century," in *The Economic Emergence of Modern Japan*, ed. K. Yamamura (Cambridge University Press, 1997), pp. 41-44, 48-49.

[48] J. W. Alexander, *Brewed in Japan: The Evolution of the Japanese Beer Industry* (Honolulu: University of Hawai'i Press, 2013), pp. 6-7, 31-41.

發展戰略性的軍事為目標。現代軍火工業最初由政府經營，雖然私營的
輕紡製造業很快地興盛並在外貿中占有更加重要的地位，產生了政府
急需的外匯，但私人紡織品的部分生產技術仍源自於軍事用品。例如，
1880年代，日本絕大多數的私人棉紡織廠，都是由政府軍工廠生產的
蒸汽機提供動力。「事實上，日本的每一家大型企業都受益於明治軍事
工業發展計畫……包括由明治軍方直接創建的東芝和尼康。」[49]

　　另一方面，日本工業化成功也很大程度上歸功於德川時代晚期發展
起來的技能、態度和商業慣例，工業經濟起飛則是由小規模的私營紡織
製造業所帶起。[50]而且，政府的舉措對技術借貸和大規模重工業（最初
通常是無利可圖的）的早期發展至關重要，而政府本身的資源十分有
限。由於進口稅受條約限制，只能向進口貨物徵收低額稅率，而明治政
府也為避免招致任何外債而深感擔憂，政府資金的主要來源是土地稅，
1870年代，土地稅占了政府收入的90%左右。

　　明治政府面臨的嚴重經濟制約導致了1880年代的緊縮政策，在實
施上遇到了很多困難，但也提升了日本的整體經濟。到1880年代中
期，明治政府在經濟上已具有償付能力。同樣在1880年代，明治政府
開始將其剛建立的工廠轉移至私人營運。以富岡政府建造的絲綢廠為
例，此工廠於1893年出售給私營的三井企業。札幌啤酒於1887年被也
私營企業收購。

　　由於明治初期，政府無法承受航運業營運初期的高額花費，經過幾
次失敗後，政府轉以官方政策支持私營企業。在航運業中的私營企業是
三菱。三菱在1866年以別的名稱作為土佐藩地區的工業促進機構，但
後來又被重組為私人企業，並於1873年更名為三菱。1874年，明治政

---

[49] R. J. Samuels, *"Rich Nation Strong Army": National Security and the Technological Transformation of Japan* (Ithaca, NY: Cornell University Press, 1994), pp. 84-88.

[50] Smith, *Native Sources of Japanese Industrialization*, pp. 42-46.

府對出兵臺灣，三菱提供軍事運輸後，政府向三菱提供13艘大型蒸汽船，並向其提供年度政府補貼。此外，政府補貼使得三菱能夠迅速地採用西方的會計技術。三菱在政府的支持下繁榮發展，也滿足明治政府在戰爭中所需的運輸需求，使日本能與西方競爭。由於西方航運長期主導日本的國際貿易，因此明治政府相當關切航運發展。[51]

　　三菱成爲日本著名企業之一，稱爲財閥。明治維新和第二次世界大戰之間的幾年裡，主導日本經濟。財閥可被寬泛地翻譯爲「財富領主」，與軍閥意思相近。在二戰前的日本，有四個特別有權勢的財閥，分別是三菱、住友、安田和三井。雖然三井早在德川時代就已存在，但是財閥是新型的商業模式。在某種程度上，財閥僅僅反映十九世紀晚期全球對大企業發展的普遍趨勢。當時的商業模式就是合併、壟斷、信託、財團和企業聯合。例如，1880年，標準石油控制了美國90%的石油。然而，日本的財閥很少壟斷一個特定的市場，而是透過多樣化的方式相互複製和競爭，這些財閥包括製造業、銀行業和貿易業。

　　日本成爲第一個成功實現工業化的非西方國家，但日本現代經濟的起飛並非一蹴而就。1880年代，日本的對外貿易仍然只占中國的四分之一左右，且日本大部分的外貿仍由西方商人控制。到了1900年，日本從事工業人口和中國從事工業人口比例相當。[52]傳統型企業爲日本國內市場生產大部分的商品。1898年，從事農業人口占總人口82%，當時的日本相當貧窮。雖然進行明治維新，但對於大多數人來說，十九世紀下半葉的生活方式並沒有發生巨大的變化。人力車是由人類拉動的兩輪車。實際上，人力車遠非古東亞傳統，是日本明治維新之後才發明，而

[51] W. D. Wray, "Shipping: From Sail to Steam," in Jansen and Rozman, *Japan in Transition*, pp. 249, 254-259.

[52] Akira Iriye, *China and Japan in the Global Setting* (Cambridge, MA: Harvard University Press, 1992), p. 20; W. G. Beasley, *Japanese Imperialism, 1894-1945* (Oxford: Clarendon Press, [1987] 1991), p. 25.

且明治皇帝1871年才第一次乘坐（現代日本前的道路發展很差，輪式車輛很少見）。第一條短線鐵路從東京接續到附近的橫濱，1872年才開始運營，而東京於1887年才開始使用電燈。[53]

然而，日本已經在軍事上變得強大。1880年，日本正在生產其自行設計的第一個現代化設施。1899年，與英國重新交涉的條約生效，結束了自1850年代以來，許多不利於日本發展的內容（儘管日本在1911年之前，沒有獲得對進口貨物徵稅的權利）。1895年，日本在戰爭中擊敗了中國。1902年，日本正式成為英國的盟友。1905年，日本在戰爭中擊敗了現代大國俄羅斯。此時，日本已經成為了現代大國。

法國殖民地——越南

十九世紀初，越南的阮朝採取反基督政策，促使天主教徒呼籲法國政府採取更多措施積極支持傳教士。由於越南的商業吸引力，以及不想被其他國家奪走亞洲殖民地，法國向越南派遣了14艘法國戰艦（因為法國參加了第二次鴉片戰爭，這些法國船隻已經在亞洲水域），並於1858年登陸在阮帝國首都順化附近的峴港。法國的據點遭到越南軍隊圍攻，且受到霍亂和斑疹傷寒的襲擊，然而半年就放棄了峴港。此後，法國軍隊向南航行，並在1859年初占據了西貢。

法國人最初希望湄公河可以提供從越南南部到中國南方的貿易路線，雖然湄公河起源於青藏高原，並且流經中國的雲南省，但途中有太多的急流和瀑布，不容易航行。湄公河從柬埔寨流入越南，法國遠征柬

---

[53] S. B. Hanley, "The Material Culture: Stability in Transition," in Jansen and Rozman, *Japan in Transition*, pp. 463, 467-469; E. Seidensticker, *Low City, High City: Tokyo from Edo to the Earthquake* (New York: Alfred A. Knopf, 1983), pp. 42-44, 47-48.

埔寨很快就贏得了勝利。1867年，整個湄公河三角洲都處於法國控制之下。

此時，越南北部的紅河提供了通往中國西南的航道。1872年，法國西貢總督派遣了一艘軍艦探索這條河。法國軍方在那與法國商人冒險家進行交易，這位法國商人帶將軍從紅河到雲南，以換取鹽和大米。一次與越南當局發生摩擦的過程中，西貢派遣一名法國船長去解決問題，但他反而攻擊並占領了河內的城堡。越南軍隊與一支被稱為黑旗（三合會和前太平天國的成員）的中國叛亂分子反擊，法國船長被殺。此次的衝突後，1874年簽訂條約，條約承認法國對越南南方的控制權，並允許法國在紅河貿易。

然而，紅河地區的動盪繼續擾亂著法國的貿易。1882年，一支由最初只有233名人組成的法國小隊占領了河內。清朝認為有義務干預以保護其傳統的越南藩屬，儘管中法戰爭雙方僵持不下，結果沒有定論，但在1885年，清朝被迫簽訂條約，承認越南為法國保護國，並授權法國建造一條從河內通往雲南的鐵路。雖然直到1913年，越南的武裝抗爭才結束，但實際上越南在此時已完全為法國統治。

在法國的控制下，越南分為三個部分，南部的交趾支那，此為一個徹頭徹尾的法國殖民地，北部的東京為法國的保護國，位於中心的安南，名義上仍由阮皇帝統治。然而1885年，這位皇帝改由法國任命，並在西貢、河內和順化各自成立了法國駐地長官。1887年，法國政府組建法屬印度支那，該聯盟由越南的三個法國分支和柬埔寨組成。1893年，又加入寮國。此外，交趾支那、東京和安南之間的來往需要護照，以便區分越南地區內的法屬印度支那。

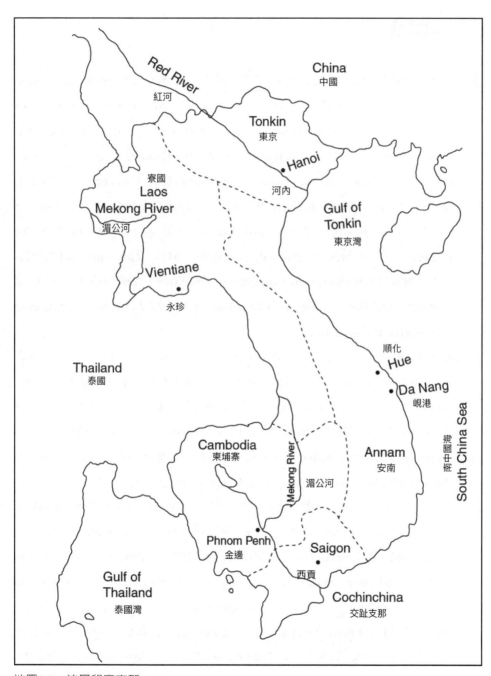

地圖8.3　法屬印度支那

! 延伸閱讀

關於比較中國與歐洲的工業化與經濟發展，請參見 Lloyd E. Eastman, *Family, Fields, and Ancestors: Constancy and Change in China's Social and Economic History, 1550-1949* (New York: Oxford University Press, 1988), esp. chaps. 6-8; Andre Gunder Frank, *ReOrient: Global Economy in the Asian Age* (Berkeley: University of California Press, 1998); Robert B. Marks, *The Origins of the Modern World: A Global and Ecological Narrative from the Fifteenth to the Twenty-First Century*, 2nd ed. (Lanham, MD: Rowman and Littlefield, 2007)；和 Kenneth Pomeranz, *The Great Divergence: China, Europe, and the Making of the Modern World Economy* (Princeton University Press, 2000)。

關於鴉片戰爭，請參閱 Peter Ward Fay, *The Opium War, 1840-1842: Barbarians in the Celestial Empire in the Early Part of the Nineteenth Century and the War by Which They Forced Her Gates Ajar* (New York: W. W. Norton, 1975)，和 Harry G. Gelber, *Opium, Soldiers, and Evangelicals: England's 1840-42 War with China, and Its Aftermath* (New York: Pal-grave Macmillan, 2004)。

對於太平天國和其他十九世紀的中國內亂，請參閱 Albert Feuerwerker, *Rebellion in Nineteenth-Century China* (Ann Arbor: Center for Chinese Studies, University of Michigan, 1975); Philip A. Kuhn, *Rebellion and Its Enemies in Late Imperial China: Militarization and Social Structure, 1796-1864* (Cambridge, MA: Harvard University Press, 1970); Franz Michael, in collaboration 與 Chung-li Chang 合著, *The Taiping Rebellion: History and Documents*, 3 vols. (Seattle: University of Washington Press, [1966] 1972); Elizabeth J. Perry,

Rebels and Revolutionaries in North China, 1845-1945 (Stanford University Press, 1980)；和 Jonathan D. Spence, *God's Chinese Son: The Taiping Heavenly Kingdom of Hong Xiuquan* (New York: W. W. Norton, 1996)。

同治中興的經典研究請參閱 Mary Clabaugh Wright, *The Last Stand of Chinese Conservatism: The T'ung-Chih Restoration, 1862-1874* (Stanford University Press, 1957)。

商埠與中西聯繫請參閱 Robert Bickers, *The Scramble for China: Foreign Devils in the Qing Empire, 1832-1914* (London: Penguin Books, 2011); John King Fairbank, *Trade and Diplomacy on the China Coast: The Opening of the Treaty Ports, 1842-1854* (1953; Stanford University Press, [1953] 1969); Michael Greenberg, *British Trade and the Opening of China, 1800-42* (Cambridge University Press, [1951] 1969)；和 Rhoads Murphey, The Outsiders: The Western Experience in India and China (Ann Arbor: University of Michigan Press, 1977)。上海成熟的商埠系統最後階段，請參閱 Nicholas R. Clifford, *Spoilt Children of Empire: Westerners in Shanghai and the Chinese Revolution of the 1920s* (Hanover, NH: Middlebury College Press, 1991)。

關於義和團叛亂，請參閱 Paul A. Cohen, *History in Three Keys: The Boxers as Event, Experience, and Myth* (New York: Columbia University Press, 1997)，和 Joseph W. Esherick, *The Origins of the Boxer Uprising* (Berkeley: University of California Press, 1987)。

關於韓國傳統秩序的結束，請參閱 Martina Deuchler, *Confucian Gentlemen and Barbarian Envoys: The Opening of Korea, 1875-1885* (Seattle: University of Washington Press, 1977); Peter Duus, *The Abacus and the Sword: The Japanese Penetra-tion of Korea, 1895-1910* (Berkeley: University of California Press, 1995)；和 Key-Hiuk

Kim, *The Last Phase of the East Asian World Order: Korea, Japan, and the Chinese Empire, 1860-1882* (Berkeley: University of California Press, 1980)。

關於日本明治維新的重要資訊,請參閱 Marius B. Jansen, *The Making of Modern Japan* (Cambridge, MA: Harvard University Press, 2000),和 Marius B. Jansen, *Sakamoto Ryōma and the Meiji Restoration* (New York: Columbia University Press, [1961] 1994)。關於明治維新前的詳細敘述,請參閱 Conrad D. Totman, *The Collapse of the Tokugawa Bakufu, 1862-1868* (Hono-lulu: University of Hawai'i Press, 1980)。西鄉隆盛的武士叛亂,請參閱 Ivan I. Morris, *The Nobility of Failure: Tragic Heroes in the History of Japan* (New York: Holt, Rinehart, and Winston, 1975),第 9 章。對於明治寡頭重要的研究,請參閱 Roger F. Hackett, *Yamagata Aritomo in the Rise of Modern Japan, 1838-1922* (Cambridge, MA: Harvard University Press, 1971)。

關於日本民族自我形象的變化,請參閱 Carol Gluck, *Japan's Modern Myths: Ideology in the Late Meiji Period* (Princeton University Press, 1985)。因東亞的前現代文化受日本快速現代化嚴重影響,導致 1870 至 1880 年代中國人對日本看法的變化,關於這方面的審視,請參閱 D. R. Howland, *Borders of Chinese Civilization: Geography and History at Empire's End* (Durham, NC: Duke University Press, 1996)。

對於明治日本早熟的經濟現代化,請參閱 Johannes Hirschmeier, *The Origins of Entrepreneurship in Meiji Japan* (Cambridge, MA: Harvard University Press, 1964); Byron K. Marshall, *Capitalism and Nationalism in Prewar Japan: The Ideology of the Business Elite, 1868-1941* (Stanford University Press, 1967); Thomas C. Smith, *Political Change and Industrial Development in Japan: Govern-*

ment Enterprise, 1868-1880 (Stanford University Press, 1955)；和 Kozo Yamamura, ed., *The Economic Emergence of Modern Japan* (Cambridge University Press, 1997)。Mikiso Hane 所著的 *Peasants, Rebels, and Outcastes:The Underside of Modern Japan* (New York: Pantheon Books, 1982) 提供一窺現代化對普通日本人造成的影響難得的機會。

關於十九世紀的越南，請參閱 Joseph Buttinger, *The Smaller Dragon: A Political History of Vietnam* (New York: Frederick A. Praeger, 1958)；和 Alexander Barton Woodside, *Vietnam and the Chinese Model: A Comparative Study of Nguyên and Ch'ing Civil Government in the First Half of the Nineteenth Century* (Cambridge, MA: Harvard University Press, 1971)。

九 西化（1900-1929）

▌帝國終結──中國共和主義革命

　　於甲午戰爭（1895）戰敗後，衝擊了中國傳統思想的本位。即使在中國現代化以前，傳統思想已迅速失信於民。康有為（1858-1927），身為變法領袖之一，於1891與1897年出版了兩本書，提倡現存的儒家經典因一世紀以來諸多的偽造，已遭扭曲；再者，孔子在當時也是改變傳統的先驅，而非傳統守舊之人。[1]以上兩點極具爭議，試圖以古老學術的外衣來推動西學，事實已背棄了傳統思想。

　　1898年，一位重要的官員主張在積極的變化過程中，必須同時保有學習中國傳統思想。然而，在1898年後，此溫和的做法逐遭遺棄，此時最迫切需要的是更加極端的現代化。[2]於1895年敗給日本，早已給了中國人警訊，而1900年緊接而來的義和團運動，讓清朝政府也意識到中國急需積極的改變。昔日的強大帝國早已被冠上軟弱之名──東亞病夫。此時需揮別沉浸在過去，接受現代世界的現實。始於庚子後新政，「新」成了十九世紀初最時髦的字眼，「新政」、「新學校」，接

---

[1]　M. Elvin, "The Collapse of Scriptural Confucianism," in *Another History: Essays on China from a European Perspective* (Canberra, Australia: Wild Peony, [1990] 1996), p. 355.

[2]　Tze-ki Hon, "Zhang Zhidong's Proposal for Reform: A New Reading of the Quanxue pian," in *Rethinking the 1898 Reform Period: Political and Cultural Change in Late Qing China*, ed. R. E. Karl and P. Zarrow (Cambridge, MA: Harvard University Asia Center, 2002), pp. 78-79, 86, 91-98.

著是五四運動的「新文化」,尤其以當時最著名的雜誌《新青年》最能詮釋當時的風氣。[3]

　　1902年,慈禧頒布發令廢除纏足、科舉制度,相較於廢除纏足漸進式的影響,廢除科舉直接影響了科舉制度下的滿族菁英。1905年,派遣大臣至日本、美國、歐州,研究立憲政體,並於1908年頒布《欽定憲法大綱》,計畫以九年時間籌備憲法。於1909年舉辦各省諮議局選舉,並承諾逐漸推行地方自治。

圖9.1　中國帝國的最後一天,中國北方明朝陵墓的孤獨騎士,攝於1907年。Library of Congress, LC-USZ62-56190

---

[3] 李歐梵,*Shanghai Modern: The Flowering of a New Urban Culture in China, 1930-1945* (Cambridge, MA: Harvard University Press, 1999), p. 44。

　　然而，即便是種種改革，看來也是相當不足夠。「新學校」不過是廟宇或私塾改造而成，也並非人人可就讀，與現代化前的情況相去不遠；而1909年的各省諮議局選舉，有效選民不及總人口的0.5%。[4]再者，清朝政府偏好當時日本與德意志帝國的君主立憲體制，而非改革領袖們支持的英美式體制，以維持帝國政府的權力。除此之外，皇族的皇子逐漸打破以往的情況，取得政府高階職位，並活躍於此。即使當時滿族人口只占中國人口數的1%，1906年十三位大臣中有八位是滿族人，1907年九位總督中有五位是滿族人。[5]

　　如此情況相當不理想，因爲當時正逢民族自決的風潮。在超過兩世紀的統治後，許多中國人覺醒了，意識到自己遭外族統治之久，是時候將滿族人的統治推翻，貫徹新的中國民族主義。

　　民族是自古就存在的概念，不過在當時現代化前的中國各地，甚至是其他各國，都由當地菁英治理，而非人民。現代民族主義源自十六世紀的英國，當時開始有了正當主權源自人民的構想。直至印刷技術成熟到能標準化民族語言，多種族社會中的閱讀人口開始對民族主義有了新的領悟。[6]

　　東亞首先有民族概念爲日本明治時期的自由民權運動，不過當時日本對民族概念的解讀只是一群體人民，直到十九世紀末，對民族的解讀

---

[4]　E. P. Young, "China in the Early Twentieth Century: Tasks for a New World," in *Historical Perspectives on Contemporary East Asia*, ed. M. Goldman and A. Gordon (Cambridge, MA: Harvard University Press, 2000), p. 190.

[5]　E. J. M. Rhoads, "The Assassination of Governor Enming and Its Effect on Manchu-Han Relations in Late Qing China," in *China's Republican Revolution,* ed. Etō Shinkichi and H. Z. Schiffrin (University of Tokyo Press, 1994), pp. 3, 6, 12, 22-23n29.

[6]　L. Greenfeld, *Nationalism: Five Roads to Modernity* (Cambridge, MA: Harvard University Press, 1992), pp. 6-7, 47. B. Anderson 相當具有影響力的研究，*Imagined Communities: Reflections on the Origin and Spread of Nationalism* (London: Verso, [1983] 1991)。

才漸漸轉為一共同語言、文化、歷史的群體人民。[7]民族在這樣的解讀下，自然將不同特色的人民區分開來，甚至開始自治管理，之後的分界便演變成歐洲各個民族國家，而1871年的德意志統一就是當時民族國家的典型例子。

圖9.2 孫文夫妻，攝於廣州1926年1月14日。收於胡佛研究所圖書檔案館，出自Paul Myron Wentworth Linebarger papers

「國家」這個詞和其他歐洲術語的日文翻譯一樣傳入中國，也讓民族的概念更快速、好理解地從歐洲傳到了日本，再從日本傳到了中國，[8]結合了人民主權及人民群體，終結了滿族長年以來以世襲統治中國的帝制。民族畢竟是在西方萌芽的概念，因此，當時中國的民族主義者多為接受西方教育、西方思想的知識分子，而中國最著名的民族革命運動主要領導人孫文也是如此。

孫文1866年生於廣東，1879前往夏威夷拜訪其兄，後在當地的學校當寄宿生，造就日後流利的英文，也成了一名基督徒。之後在香港接受了正式西醫教育，直至46歲前大部分時間都不在中國。[9]因為西方思想的啟

---

[7] T. Morris-Suzuki, "A Descent into the Past: The Frontier in the Construction of Japanese Identity," in *Multicultural Japan: Palaeolithic to Postmodern*, ed. D. Denoon et al. (Cambridge University Press, 1996), p. 88.

[8] L. H. Liu, *Translingual Practice: Literature, National Culture, and Translated Modernity-China, 1900-1937* (Stanford University Press, 1995), appendix B, p. 292.

[9] M.-C. Bergère, *Sun Yat-sen*, trans. J. Lloyd (Stanford University Press, [1994] 1998), pp. 6, 31.

蒙，孫文希望建立民族國家走向共和，尤其以美國的例子爲藍圖。

辛亥革命

　　1894年，孫文於夏威夷成立興中會，1895年發起廣州起義，當時中國正逢甲午戰爭戰敗，應爲推翻清朝的最佳時機，不過由於準備不足，起義延遲了兩天，進而導致計畫暴露，最終導致48人遭逮捕、205支手槍充公。此時孫文逃至香港，再到日本，直到1911年革命成功前，在中國的時間只有一個晚上。

　　孫文大部分的時間都待在日本，化名爲中山樵，也成了日後爲人所知的孫中山。孫文也曾到越南，也曾爲了募款到美國和英國，1896年，孫文在倫敦公使館遭綁架，然而在機緣下他有幸將消息傳給了一位英國朋友，並透過英國媒體幫助自己釋放，這次的事件也讓他在國際上聲名大噪，即使如此，在二十世紀初以前，中國大多數人可能都還不知道孫文與其革命運動。1905年，同盟會成立於東京，孫文爲領導人物之一。

　　同盟會接著幾年幫助了幾起武裝起義，最後都宣告失敗，一連串的失敗之後，革命運動逐漸轉爲恐怖攻擊，包括放置炸彈、暗殺等等。1911年10月9日，革命軍於武漢共進會總部製造炸彈時，不愼引爆了炸藥造成方屋倒塌，引來了警察，最後逮補了幾十名革命軍。10月10日處決了三名革命軍，引發了駐防地的暴動，暴動群眾最後占領了軍械庫，總督敗逃。10月11日，當地諮議局代表與革命人士會面，並表態支持革命，開啟了辛亥革命的開端。

　　清朝政府訓練新軍原是爲了挽救王朝，沒想到最後卻遭其推翻，看來格外諷刺。前四個省的起義皆由新軍發起，新軍的支持也在後續幾

個省參與革命之後，扮演了重要的角色。[10]不久後，已有15個省宣布獨立，而其多半也在中國南方，獨立省當地皆有激烈抗爭，不過在一個月內就形成僵局，將於上海舉行談判。同時，孫文正在丹佛往堪薩斯的火車上看著報紙，才知道這突如其來且未經策劃的革命行動。最後，孫文從美國回到了中國，並獲選為中華民國臨時大總統，擔任45天後便辭職，將大總統之位讓給了袁世凱。

袁世凱原為清政府訓練新軍，因為北洋新軍及其掌軍能力，讓他成了當局的核心人物，不過在革命人士的誘導下，袁世凱倒戈。在革命後四個月，1912年2月12日，中國最後一位皇帝——溥儀退位，接受民國政府的照料和津貼，也獲准許繼續住在紫禁城內，而袁世凱成了中華民國正式大總統。就在溥儀退位三日後，孫文來到了明朝開國皇帝——朱元璋的陵墓，宣告滿族橫跨三個世紀的異族統治已結束。

五四運動：科學與民主

清朝滅亡不只代表了異族統治結束，也代表了中國長達兩千年的帝制終結。白話文取代了文言文，到了1921年所有的小學教材皆以白話文編寫，傳統的中國已成過去；現代中國的形成，也是在向中國的傳統道別。舉例來說，孫文堅持立即推行西曆，而此改革突顯革命的成功。[11]1912年，許多人剪去了辮子，留著西式的髮型，西式服裝也隨處可見，可見當時中國巨大的改變。

有別於中國過去故步自封的形象，中國其實早已是世界貿易的一分子，十九世紀末中國人早已開始接納新事物，尤其是港口大城市的人

---

[10] E. A. McCord, *The Power of the Gun: The Emergence of Modern Chinese Warlordism* (Berkeley: University of California Press, 1993), p. 46.

[11] J. W. Esherick, "Founding a Republic, Electing a President: How Sun Yat-sen Became Guofu," in Et and Schiffrin, *China's Republican Revolution*, p. 146.

民，已經開始接觸新科技，例如電扇、照相等等，甚至是鄉下的農人都已經在使用現代煤燈、機器製的洗臉盆、量產的廉價鏡子。到了1935年，多達一半的中國農村村民都在使用進口的煤油，即使中國的進口量持續下降，但原因不在中國人不接收外國品，而是國貨開始取代外國品。外國品的能見度在1901年達到了高峰，在鎮壓義和團之後，就算是在內陸城市，隨處都能看到外國煤油、時鐘、美國的罐裝蔬菜水果、歐洲的啤酒。除此之外，還有更多外國品的例子，1897年中國第一次播放動畫；1902年中國第一輛汽車是獻給慈禧的賓士；1909年中國有了第一台私家車；1911年中國獲得了兩架飛機；最經典的例子就是1925年一位美國記者來到中國，映入眼簾的居然是口香糖的廣告，讓他對異國的想像全幻滅了。[12]

對很多人來說，辛亥革命一掃了舊思想，然而卻不是人人都是這樣想。當時魯迅發表的〈狂人日記〉就是如此說道：「我翻開歷史一查，這歷史沒有年代，歪歪斜斜的每頁上都寫著『仁義道德』幾個字。我橫豎睡不著，仔細看了半夜，才從字縫裡看出字來，滿本都寫著兩個字是『吃人』！」[13]不同於西方活躍的現代化世界，中國正處於舊時代尚未結束，新時代政來不及到來的窘境。

此時，中國的陋習如纏足、吸鴉片、媒妁之言、買賣丫鬟、缺乏衛生、隨地吐痰、迷信等，開始遭到譴責。尤其是中國的民俗信仰，對於中國的知識分子來說，是中國落後的象徵。二十世紀初，中國約有100萬間廟宇，而來到了1930年代已有一半關閉。[14]所謂進步是指在傳統上

---

[12] F. Dikötter, *Exotic Commodities: Modern Objects and Everyday Life in China* (New York: Columbia University Press, 2006), pp. 1, 4, 10, 30-31, 56, 90, 104, 111, 178, 252.

[13] Lu Hsun (Lu Xun), "A Madman's Diary," in *Selected Stories of Lu Hsun*, trans. Yang Hsien-yi and G. Yang (Peking: Foreign Language Press, [1918] 1972), p. 10.

[14] V. Goossaert, "1898: The Beginning of the End for Chinese Religion?" *Journal of Asian Studies* 65, no. 2 (2006): 308.

改良而演變，然而中國的傳統如此失信於民，只因這些陋習造成中國軟弱、貧乏的事實。由於工業革命，1913年，歐洲和美國的製造業占了世界的88.6%，而中國被削弱到只占了世界的3.6%，[15] 就結果而論，富裕且強大的西方，讓年輕的知識分子體認西化的必要。

當時中國已有一些西化的產物，不過還是得符合當時中國人口味，因此產生了將新舊、中西合併的混合體。1902年，英美菸草公司將美國的廣告帶到了中國，而中國人對其反應都很困惑，直到英美菸草公司在1905年於上海安裝了最先進的印刷機之後，開始製作由中國人設計的廣告，這些廣告雖然仍是異國的產物，不過符合中國人的口味，在當時帶了一陣風潮，成功傳遞到中國各個地方。[16]

1912年之後傳統髮型和服裝都已經不常見，接著是1920年代中山裝引領的新時尚風潮，這是由現代學生制服改變而來的服裝，既不忠於傳統，也不盲目追隨西式服裝，創造了中國獨有的現代文化。雖然當時也已經引用西曆，且每週日休假，舊有的農曆仍在使用，用來計算節慶日期，例如新年。[17] 另外也產生了民國年的計算，並非耶穌生年的西元元年開始計算，而是1912年開始的民國元年。

同樣在西化過程中衝擊性的產物還有五四運動。1919年，由於當時中國於第一次世界大戰加入協約國，最後得以以勝利國的一方參與巴黎和會。此時，中國的學生受美國總統威爾遜所提出的「民族自決」所影響，希望能藉由這次會議收復德國在山東的勢力，然而中國政府的外交失敗，德國在山東的權益最後居然轉讓給日本，從而引發了1919年5月4日上千名學生聚集於天安門示威的五四運動。

---

[15] Bairoch, "International Industrialization Levels from 1750 to 1980," p. 296，表 10。

[16] S. Cochran, "Transnational Origins of Advertising in Early Twentieth-Century China," in *Inventing Nanjing Road: Commercial Culture in Shanghai, 1900-1945*, ed. S. Cochrane (Ithaca, NY: Cornell University East Asia Program, 1999).

[17] H. Harrison, *China: Inventing the Nation* (London: Arnold, 2001), pp. 158-160.

圖9.3　1925年，北京正陽門正門。Library of Congress, LC-USZ62-137036

由愛國學生發起的五四運動，也延續了新文化運動，帶來了新思潮的時代。在這個時代的「新青年」中，科學和民主成了他們推崇的口號，有些人甚至希望全面西化。1919至1921年，美國教育家，約翰·杜威訪問中國，至各地演講：1920年，英國著名哲學家，伯特蘭·羅素受邀至北京大學演講，西方的新事物和觀念大量引入中國，相關的報章雜誌也相繼出版，現代化的思潮正衝擊著父權、儒家思想的社會，取而代之的是自由與平權，1910至1920年代成了中國個人主義、女權主義等西方思想盛行的時代。

二十世紀初，現代化最成功的國家非日本莫屬。日本擺脫仰賴商埠系統，並於1905年日俄戰爭中戰勝俄國：1914年已有自產鐵路機車，而當時世界只有英、美、法、德、日五國有此能力。[18]因此日本成了當時中國學習現代化最佳的地點，1906年已有13,000名中國學生赴日學習，不僅如此，孫文、蔣介石也都曾赴日學習。

第一次世界大戰期間，很多中國人已將日本視為帝國主義的侵略者，不過日本強大的背後，所採用的西方思想是中國人想學習的，是「西方」引發了五四運動青年的嚮往：說得更具體一點，那就是法國大革命的政治思想，是中國革命者、改革者心中所青睞。舉例來說，陳獨秀約在1907至1910年拜訪法國，其創辦的雜誌《新青年》就以法文《La Jeunesse Nouvelle》作為外文刊名，而不是更為普遍的英文，還替法文刊名寫了《法蘭西人與近世文明》作為註解。[19]而陳獨秀後來成為中國共產黨1921年成立時的第一位領導人。

許多中國共產黨初期的領導人都曾於一戰期間參與勤工儉學運動

---

[18] M. B. Jansen, *The Making of Modern Japan* (Cambridge, MA: Harvard University Press, 2000), p. 531.

[19] Tse-tsung Chow, *The May Fourth Movement: Intellectual Revolution in Modern China* (Stanford University Press, 1960), pp. 35-40, 42n.

留法，其中包括周恩來、鄧小平、李立三、蔡和森。周恩來1920至1922年期間於法國加入共產黨，後成為中華人民共和國國務院總理，地位僅次於毛澤東；鄧小平1920年至1926年期間於法國加入共產黨，後來在毛澤東之後繼任中華人民共和國領導人；李立三1919至1921年期間於法國加入共產黨，在毛澤東崛起以前，於1927年受共產國際指派領導中國共產黨；毛澤東青年時代的學友及戰友蔡和森也於1919至1921年留法。曾任中華人民共和國外交部部長的陳毅也於1919至1921年留法。事實上中華人民共和國成立十年內的領導，有四分之一都曾於一戰期間留法。[20]

圖9.4　1920年，鄧小平16歲在法國留學。New China Pictures, Magnum Photos

　　不同於上述的例子，朱德（1886-1976）1922年在德國加入共產黨，發明了游擊戰訣，後為第一個中華人民共和國元帥。[21] 其實在這些革命領導中，最為特別的應該就是毛澤東了，因為他沒有國外留學的經驗，也不精通任何外語，直到1949年以中國共產黨領導人身分到莫斯科，才第一次走出中國。雖然毛澤東只不過畢業於省立師範學校，讀過許多西方書籍的譯本，在五四運動如火如荼進行時人剛好在北京，最終他崛起成為中國共產革命的最高領導人。1920年，他接受了馬克思

[20] J. P. Harrison, *The Long March to Power: A History of the Chinese Communist Party, 1921-72* (New York: Praeger, 1972), p. 23.

[21] W. Wei, "'Political Power Grows Out of the Barrel of a Gun': Mao and the Red Army," in *A Military History of China*, ed. D. A. Graff and R. Higham (Boulder, CO: Westview Press, 2002), pp. 231, 234-236.

思想。[22]

中國西化最主要的成果可能是共產主義興起。年輕的中國知識分子走向西化，是相信人類進步的模式，而非一股腦兒吸收歐洲國家的思想文化，從封建走到資本，再從資本走到共產。共產主義來自現代的西方，看似科學，事實馬克思經常抨擊帝國主義，讓深受其害的人得到慰藉，而共產組織也提供了嚴整計畫，使共產主義相較於其他思想更為有效、可行，把共產主義塑造得更為吸引人，如同無政府主義。

當時中國共產黨以社會主義為目標，先是利用工人，後為了策略考量，再利用農民，使得在中國共產黨最後取得國共內戰勝利之後，有多數黨員為農民，然而中國共產黨建政，並稱之為「解放後」之後，而他們所謂的「解放」只是讓農民全成了下等人。[23]

在共產主義下的中國，多數的利益全掌握在中國共產黨知識派系手裡，不過在這之前，必須先面對經濟大蕭條、法西斯主義、1930到1940年代間的戰爭。儘管當時許多中國知識分子嚮往個人主義、民主主義等五四運動期間的西方思想，在意識到中國其實脆弱、不堪一擊，不管是國民黨或共產黨，人人都想以中央集權的方式再度團結中國人的民族力量。如同當時孫文檢討革命失敗所說：「中國人像一盤散沙，必須團結。」[24] 而團結二字在革命成功後尤其重要，因為中國即將進入軍閥割據的時代。

---

[22] E. Snow, *Red Star Over China* (New York: Grove Press, [1938] 1968), p. 155.

[23] 見 M. L. Cohen, "Cultural and Political Inventions in Modern China: The Case of the Chinese 'Peasant,'" in *China in Transformation,* ed. Tu Wei-ming (Cambridge, MA: Harvard University Press, 1994); B. I. Schwartz, *Chinese Communism and the Rise of Mao* (Cambridge, MA: Harvard University Press, [1951] 1979), pp. 197-199。

[24] J. Fitzgerald, *Awakening China: Politics, Culture, and Class in the Nationalist Revolution* (Stanford University Press, 1996), p. 163.

軍閥時期：1916-1928

　　二十世紀初期，自治似乎是現代文明不可抵擋的風潮。辛亥革命之後，1912年便爲中華民國國會大選舉辦全國性票選活動，在這次帶有實驗性的民主活動中，有四千萬名男性有投票權，將近五分之一的男性人口，最後相當然爾國民黨贏得了選舉。[25]然而中華民國的第一位大總統袁世凱，並不是透過選票當上總統，而是透過交涉來的。1913年，袁世凱遭懷疑涉嫌暗殺年輕的國民黨領導人，之後下令解散國民黨，並於1914年解散國會。

　　1915年，袁世凱稱帝，此舉遭各方反對，引發護國運動，最後當了83天的皇帝被迫宣布取消帝制，並於1916年逝世，於是政權崩裂，北京政權在不同時期由北洋軍閥中的不同派系所控制，且各地擁兵自重，時而與外國勢力交涉，進入軍閥割據時期。

　　上海爲中國最大的城市，租界時期也是最大的租界，由於當時三個租界的官方管轄互不相干，上海成了現代組織犯罪的溫床，尤其在1919年鴉片再度遭租界禁止之後，不法勾當不斷冒出。其中最出名的應爲青幫的大老杜月笙（1888-1951），其生於現上海浦東，起初爲水果行店員，隨後加入幫派販毒，最後建立了販毒集團，持續進行諸多犯罪行爲，不過他也因爲慈善活動而出名。曾是紅十字會副會長、上海市地方協會會長、上海證券交易所理事長，杜月笙或許上海最具色彩的人物。[26]

　　1923年，山東一群土匪打劫了一火車，挾持20名洋人，其中一位

[25] J. H. Fincher, Chinese Democracy: *The Self-government Movement in Local, Provincial, and National Politics, 1905-1914* (New York: St. Martin's Press, 1981), 223.

[26] F. Wakeman Jr., *Policing Shanghai, 1927-1937* (Berkeley: University of California Press, 1995), pp. 124, 259; P. M. Coble Jr., *The Shanghai Capitalists and the Nationalist Government, 1927-1937* (Cambridge, MA: Harvard University Press, [1980] 1986), p. 39.

為洛克菲勒家族的成員，引起了國際關注，這起事件最後以給予土匪軍隊階級來解決，而其土匪首領最後成為准將。在當時軍隊和土匪通常界線模糊，而且很少軍隊是受政府所控制。

十九世紀末期清政府訓練現代化的新軍，卻未將各地軍隊整頓統一令人匪夷所思，民國初期這些軍隊為各省獨立軍隊，更在1916年有效政權崩潰後各地擁兵自重，而這些勢力則稱為軍閥。

在眾多軍閥之中，或許就屬奉系的張作霖（1875-1928）最為成功。張作霖出身綠林，於辛亥革命時受清政府招安，打擊革命黨，於1911年掌握滿洲。1922年，大清滅亡之後，便宣布滿洲獨立，在日本的庇護下鞏固其地位。1928年，張作霖軍中有約50位的日本顧問，但他也聘請了英國、美國、法國和白俄羅斯的顧問。[27]身為愛國軍人，張作霖認為自己能重建中國，而於1924年掌控北洋政府。1928年，遭日本人暗殺。

孫文在袁世凱政權下流亡日本，直到1917年袁世凱逝世才回到廣州組織軍政府，一百三十餘名遭袁世凱解散的國會代表加入孫文，此外還有海軍總司令及其麾下15艘軍艦。儘管如此，當時國民黨勢單力薄，且各地軍閥逐漸對其產生敵意，孫文只好再度尋求外援，而這次的外援即是蘇聯。

1917年俄國十月革命的成功，並與帝國主義對立，再加上中國與俄國共享世界最長的鄰國界線，很自然地吸引了中國人，即使孫文不支持共產主義，在1923年仍正式與蘇聯達成協議。莫斯科當局認為中國尚未準備好發展共產，並承諾協助國民黨革命，而孫文則承諾共產黨員能夠加入國民黨，毛澤東就曾擔任過國民黨宣傳部部長。

---

[27] G. McCormack, *Chang Tso-lin in Northeast China, 1911-1928: China, Japan, and the Manchurian Idea* (Stanford University Press, 1977), pp. 120-122.

　　由於統一軍閥割據的必要，國民黨決定成立新的軍隊。1924年黃埔軍校成立，由莫斯科當局提供大量資金，以蘇聯政委為模組，為當時中國概念獨特的「黨軍」。[28]因此，國民黨中必須有人受指派為軍隊指揮官，並到莫斯科受訓數月，而這個人即是蔣介石。

　　1925年孫文逝世，蔣介石接任其國民黨領導人，並於1926年於廣州展開北伐。當時約翰‧普拉特於1928年2月英國皇家國防研究學院發表一文，預期中國在一兩個世代內，不會發展出擁實權的中央政府，然而在1928年底，蔣介石北伐至長城，成功統一中國。[29]

　　由於1923年的協議，共產黨藉由加入國民黨迅速發展，活躍於勞工階級與政治團體中。北伐期間國民黨左派掌控了上海，搶先蔣介石一步，引發其不滿，然而1927年4月，蔣發起清黨，全面逮捕、殺戮共產黨員及勞工組織，估計於行動第一個月殺害約25,000人，使蔣成為反共代表人物。

　　1928年底北伐結束，蔣介石領導反共的國民黨，於南京政府重建中華民國。不過，事實上中國各地仍不受實權政府治理，且此時的中華民國被視為是一黨專政的黨國。孫文生前的建國大綱需要經過三個步驟，軍政、訓政、憲政。然而1928年後禁止政黨成立，延遲了第二階段的進行，雖然一開始禁止政黨為六年期限，但中華民國到了1987年才第一次成立合法政黨。儘管蔣於1927年大肆清除共產黨，仍舊不滅共產黨的五四精神；而國民黨仍自稱現代革命政黨，且在蔣介石的新政府還記錄著「革命尚未成功」。[30]

---

[28] Jui-te Chang, "The National Army from Whampoa to 1949," in Graff and Higham, *Military History of China*, p. 195.

[29] M. Atkins, *Informal Empire in Crisis: British Diplomacy and the Chinese Customs Succession, 1927-1929* (Ithaca, NY: Cornell University East Asia Program, 1995), pp. 15, 22.

[30] R. Mitter, *A Bitter Revolution: China's Struggle with the Modern World* (Oxford University Press, 2004), pp. 149, 155.

韓國日據時期：1905-1945

　　韓國國王得以暫時維持韓國獨立，係藉由俄國撐腰，對抗日本勢力。直到1905年日俄戰爭，俄國戰敗，如此局勢也順勢破滅。從日本的角度來看，韓國半島距離日本海岸最短約莫80公里，以戰略位置來說是具有相當的威脅。1891年俄國正在建造西伯利亞鐵路，1898年於遼東半島旅順港建立海軍基地；與此同時，日本剛結束甲午戰爭，爲了面對俄國勢力，不僅沒有將軍隊復員，還擴大編軍至兩倍之多。

　　俄國首要利益放眼於滿洲；日本則爲韓國，不過雙方皆對兩地以外野心勃勃。日本爲了抵擋俄國勢力，與俄國最大的敵人——英國簽了英日同盟，承諾對方如遇兩國以上的敵人就必須幫助，這讓日本能夠專注於對付俄國。日俄兩國於1904年2月6日展開談判，四日後正式宣戰，然而日本在正式宣戰的前一晚偷襲了旅順港，以魚雷擊中俄國兩艘戰艦、一艘巡航艦。

圖9.5　仁川海戰浮世繪，由右田年英（1863-1925）在1904年所繪。存於華盛頓特區史密森尼學會，亞瑟‧M‧賽克勒美術館，Gregory and Patricia Kruglak捐贈，S2001.37a-c

相對才剛工業化並崛起的日本，俄國擁優越的潛在資源，足以承擔敗仗並繼續征戰；反觀日本雖然打贏了幾場勝仗，卻都不是些緊要的戰役，還得承擔戰後驚人的死傷數及債務。因此，1905年5月27日，日本在打贏對馬海峽戰役之後，迫切地想與俄國談判，取得理想的條件。對馬海峽一戰，俄國11艘軍艦航行了半個世界準備到太平洋幫助戰局，卻在日韓間的對馬島遭日本5艘軍艦攔截，當時日本以丁字戰法在45分鐘內就在俄國艦隊殲滅。

1905年9月在美國總統羅斯福的調停下，雙方簽署《樸茨茅斯條約》結束戰爭，俄國讓出南滿洲並放棄在韓國利益。日本雖然打了勝仗，卻沒有在此戰中從俄國手中得到任何賠款，引發了日本民眾不滿，後導致日比谷縱火事件，多間派出所遭破壞，日本當局緊急實施戒嚴令，逮捕了二千多名暴動者。

日俄戰爭一開始，韓國想保持中立，而日本在占領首爾之後，強迫韓國接受了日本顧問，左右韓國內閣事務。戰後，韓國淪為日本的保護國，日本首任內閣總理大臣伊藤博文，受指派為首任韓國總督府總督。韓國高宗曾於1906、1907年呼籲國際聲援，甚至派密使至海牙的萬國和平會議求援，最後都以失敗收場。

此時日本的統治已勢不可擋，1907年韓國高宗讓位給其子，導致韓國國家高層重大事項都得先經過總督同意。而韓國軍隊已遭解散，這些退役軍人便到鄉間組成游擊隊。據日本的數據顯示，1907至1910年間有2,819起游擊隊發起的武裝衝突，1907年一支相對大型的游擊隊甚至曾攻至首爾外兩公里處，不過最後都不敵現代化的日本軍隊。[31] 期間日本在韓國人口迅速成長，1900至1910年間日本人口成長了十倍之多，在釜山甚至有一半的人口是日本人，大部分的釜山城鎮也由日本人

---

31 Ki-baik Lee, *A New History of Korea*, trans. E. W. Wagner (Cambridge, MA: Harvard University Press, 1984), p. 317.

所建。[32]

　　韓國成爲日本的保護國之後，總督以創立銀行業、建造道路的名義，向日本貸款給韓國政府，使韓國負上龐大債務。之後藉此與伊藤博文遭刺殺爲藉口，於1910年將韓國正式納入日本殖民地，大韓帝國正式滅亡。

　　二十世紀初爲新帝國主義的全盛時期，世界多處都淪爲殖民地，而日本在韓國的殖民地卻相當不同，因爲其在韓國爲數眾多的日本居民，以及全面侵入的殖民政權。到了1930年代，在韓國一位日本警官約管制400名韓國人，且在韓國的日本人數爲法國人在越南的二十倍之多。[33] 日本對韓國的統治可謂是相當殘忍，在併吞韓國後，每任韓國總督府總督皆爲在役陸軍大將，除了一名退役海軍大將。1910至1920年間，韓國人禁止辦報紙、政治會議、公共集會，而殖民經濟方針首重開發原料及農業，少有現代商業發展的構想，尤其非日本人經營的事業。

　　受威爾遜主義的民族自決影響，加上韓國高宗逝世，韓國人民仇恨情緒高漲，1919年3月1日展開獨立運動，以公開宣讀《獨立宣言書》展開序幕，期間有100萬民韓國人參與。雖然示威活動最終都遭鎮壓，日本的殖民統治逐漸轉溫和，慢慢開放一些改革，例如一些在地新興商業不再需要日本政府准許，甚至能獲取政府津貼；韓文的報章雜誌也漸漸興起；軍警改成一般警察，再也不是隨身帶著武士刀的軍警，然而表面上警察雖然弱化了，數量卻增加了。[34]

---

[32] P. Duus, *The Abacus and the Sword: The Japanese Penetration of Korea, 1895-1910* (Berkeley: University of California Press, 1995), pp. 319, 328.

[33] M. B. Jansen, "Japanese Imperialism: Late Meiji Perspectives," in T*he Japanese Colonial Empire, 1895-1945*, ed. R. H. Myers and M. R. Peattie (Princeton University Press, 1984), p. 78; C. J. Eckert, "Korea's Transition to Modernity: A Will to Greatness," in Goldman and Gordon, *Historical Perspectives*, pp. 136-137.

[34] M. E. Robinson, *Cultural Nationalism in Colonial Korea, 1920-1925* (Seattle: University of Washington Press, 1988), pp. 43-46.

　　換個角度看，日本的殖民統治某種程度促進了韓國的現代化和西化。雖然十九世紀韓國在非農業經濟發展明顯遜於中國或日本，但到了1945年日本殖民末期，韓國已是除了日本之外，東亞中工業化最澈底的國家。現代西方的消費文化隨著日本統治進入韓國，電影、黑膠唱片、收音機、廣告、雜誌、百貨公司、現代西式服飾皆可在韓國日據時期的大城市中看見。韓國的現代化就順著日化、西化、韓國民族主義等複雜因素慢慢前進。

　　二十世紀初韓國因爲推動現代韓文，韓國民族意識漸漸發酵。1921年韓文語言研究學會成立，旨在標準化韓文文法、漢語拼音、編纂現代韓文字典，而日本殖民政府補貼韓國廣播節目，某種程度強化了首爾方言，幫助成爲標準發音的民族語言。[35]雖然韓文得以推廣，之後日本也因韓文有違與日本同化的概念，在二戰期間逮補了許多韓文語言學家。

　　韓國許多獨立運動延伸至國外，甚至最後流亡他國，例如大韓民國之後的總統，李承晚就曾於1904年流亡夏威夷，並成立了獨立協會。日本殖民政府偏好同化政策，於1910年官方指定日語爲國語，甚至認爲韓國與日本在種族與文化上是相似的，所以也同爲皇民；然而日本對韓國的刻板印象卻是倒退、未開化，展現出日本種族優越的心態，[36]即使日本官方政策旨在同化，韓國人的身分證上還是會標示出韓國人種族的身分。

　　日本的同化政策在1931年滿洲國成爲日圓區後開始加劇，更在1937年二戰爆發後愈加強硬。1935年，日本強制韓國人信奉神道教，

---

35 M. E. Robinson, *Korea's Twentieth-Century Odyssey: A Short History* (Honolulu: University of Hawai'i Press, 2007), pp. 90-91

36 M. R. Peattie, "Japanese Attitudes toward Colonialism, 1895-1945," in Myers and Peattie, *Japanese Colonial Empire*, pp. 96-98.

引來信奉基督教的一神論韓國人不滿；1939年，韓國人必須改用日本名；1937到1939年間韓語遭階段性禁止使用，從政府到公立學校，最後甚至是私下場合。儘管各種脅迫式的同化，直到1942年估計只有20%的韓國人懂日語。[37]

漸增的同化手段也帶來了工業化和經濟現代化，雖然爲一些韓國企業帶來利益，這些工業化的過程都掌握在日本手裡，大多以軍事目的爲主，1937年後爲推動工業化甚至強制徵召韓國用工。韓國轉入工業化的同時，由於農業產能沒有增加，稻米也多往日本出口，韓國人均米飯食用量也急劇減少。[38]

1943年韓國男人開始被徵召入日本皇軍，甚至還有超過10萬名女人被徵召爲慰安婦。日本爲應付二戰的工業化與徵召使韓國跳脫了原本的農業社會，戰後也造成許多韓國人離開了故鄉，甚至移居國外，有些到滿洲、有些到日本。[39] 韓國人在日本爲軍事目的的手段中被迫離鄉、生活艱辛、遭受歧視，種種怨恨造成日後韓國仇視日本的心態。

▌日本：大正民主

西方傳來的事物在明治時期早期蔚爲風潮。例如橫向左至右的書寫、政府機關裡的椅子（日本人多坐在榻榻米上）；而二十世紀初開始有百貨公司、商業廣告。棒球在明治初期時傳到了日本，並於1896年時第一次舉辦國際賽，日本校隊甚至在這場比賽贏了來自美國的隊

---

[37] E. I-te Chen, "The Attempt to Integrate the Empire: Legal Perspectives," in Myers and Peattie, *Japanese Colonial Empire*, p. 242n3.

[38] W. G. Beasley, *Japanese Imperialism, 1894-1945* (Oxford: Clarendon Press, [1987] 1991), pp. 152-153.

[39] B. Cumings, *Korea's Place in the Sun: A Modern History* (New York: W. W. Norton, 1997), p. 175.

伍。[40]啤酒也於明治初期從歐洲傳到了日本，且到了二戰前都仍保持西式，尤其偏向德式的風格。日本皇軍也在二十世紀初時接觸了西方食物，例如牛肉壽喜燒。日式咖哩也是由一戰時期流行的仿印度咖哩演變而來，還有現今隨處可見的日式炸豬排都在當時出現。這些外來的事物在一戰期間開始慢慢融入日本民眾的日常生活中。[41]

　　日本於1887年開始西化發展，儘管如此仍有爲捍衛民族文化的反

圖9.6　1911年，日本三越乾貨商店的展示間。取自國立國會圖書館網站

[40] E. Seidensticker, *Low City, High City: Tokyo from Edo to the Earthquake* (New York: Alfred A. Knopf, 1983), pp. 95, 101, 110-113, 166.

[41] S. B. Hanley, "The Material Culture: Stability in Transition," in *Japan in Transition: From Tokugawa to Meiji*, ed. M. B. Jansen and G. Rozman (Princeton University Press, 1986), pp. 460, 463.

圖9.7 1937年，多田北鳥的日本麒麟啤酒的廣告。圖片來源：History/ Bridgeman Images

對聲浪，[42]傳統日本藝術、文學、歷史，甚至儒學都開始復興，並時而宣揚日本長久以來神聖的「國體」。而到了1910至1920年代間，不管在日本或是在中國，西化熱潮以不同形式達到了高峰。

日本工業經濟也是這時候才進入成熟階段。1901年政府的大型煉鋼廠於八幡市開業，然而前十年皆為虧損狀態，到了1914年也只能生產日本國內鋼鐵需求量的三分之一。一戰爆發後，日本政府在世界現代經濟的投資資本維持在30%至40%，[43]因為戰爭為日本的工廠帶來了訂單，也導致歐美各國退出競爭，為日本開啟了亞洲和非洲的新市場。戰爭期間，日本的出口量在四年內成長了三倍，國民生產總值每年提升9%。

期間日本工廠的員工成長了兩倍，也導致勞工短缺、物價上升。食物價格成長三倍，也引發了1918年的米騷動，共有100萬人參與，25,000人遭逮捕，最後首相被迫下台。一戰結束後，歐美各國重新加入市場競爭，造成日本不景氣，隨後日本股市於1920年崩盤，許多公司破產；此外，農產品價格也暴跌，造成鄉村貧困，如此情況也造成日本

---

[42] D. H. Shively, "The Japanization of the Middle Meiji," in *Tradition and Modernization in Japanese Culture*, ed. D. H. Shively (Princeton University Press, 1971), p. 77.

[43] E. S. Crawcour, "Industrialization and Technological Change, 1885-1920," in *The Economic Emergence of Modern Japan*, ed. K. Yamamura (Cambridge University Press, 1997), p. 52.

城鄉發展差距更甚。[44]而當時的工作環境也相當糟糕，以紡織業爲例，倚靠廉價勞工且多爲女性兼職，工時多達12小時。

　　1923年日本關東大地震，破壞了五十萬以上的房屋，造成105,000人死亡；1927年金融恐慌，全國11%銀行存款被提出，許多主要的銀行機構倒閉，其中包括日本皇室所經營的銀行，總共有32家銀行關門大吉。雖然日本1920年代經歷了經濟危機，1913至1938年日本的實質生產毛額卻大於美國，跨越了工業化國家的高牆，或許如此的發展也預告了日本二戰後的經濟奇蹟。[45]

　　除了工業化經濟成熟之外，日本的議會民主也在一戰後有了成長，從原本的寡頭政治，到產生了首屆眞正的政黨內閣。明治天皇於1912年逝世，大正天皇繼位，開啟了日後稱爲「大正民主」的時代。從1918至1932年間的日本首相都由政黨黨魁身分被選入國會，而1925年開始25歲以上的男子獲選舉權。

　　明治時期的太政官制使行政權高於政黨政治，在二十世紀初期經過代代內閣修正後，太政官制廢除，內閣都必須在議會取得政客的支持，1905年後沒有任何一位首相能在政黨不支持的情況下治理國家。期間伊藤博文加入議會裡的領導陣營，並於1900年組政友會。1918年米騷動導致內閣垮台，這些明治時期寡頭政治遺留下來的政客轉向投靠政友會黨魁原敬，並於1918年9月組成日本史上第一個眞正的政黨內閣。雖然原敬爲武士後代，卻放棄其身分，且拒絕爵位，爲日本第一位「平民首相」。

　　1921年原敬於東京車站遭刺殺身亡。隨後接任的四代內閣中有三

---

[44] M. Hane, *Peasants, Rebels, and Outcastes: The Underside of Modern Japan* (New York: Pantheon Books, 1982), p. 34.

[45] T. Nakamura, "Depression, Recovery, and War, 1920-1945," in Yamamura, *Economic Emergence of Modern Japan*, p. 118.

代非政黨內閣，直到1924年才重回政黨內閣狀態，並減少軍事預算、解編四個師團。1925年3月普選運動成功，賦予年滿25歲以上男子選舉權，大正民主於此時達到高峰。大正天皇於1926年逝世後，昭和天皇繼位，在位期間曾拜訪歐洲，受西方文化影響，尤其對海洋生物學、高爾夫有極大興趣。

1920年代為摩登時代，西方時尚在日本蔚為風潮。高樓層的百貨公司鋪著西式的地板，擺放著現代化的商品，像是資生堂的化妝品等等，結合了娛樂和商業；還有街上閃爍的霓虹燈、1927年通車的東京地鐵。

1890年代初期日本開始有電影播放，不過要到了1920年代戲院才開始普遍，日本女人開始模仿電影明星的髮型，例如格洛麗亞·斯旺森、葛麗泰·嘉寶。1922年日本開始播放一些實驗性的廣播節目，東京放送也於1925年開始營運。日本漫畫也在1920年代開始出版，甚至是西方前衛藝術也在這個時候開始發展。當時閱讀人口相當多，不管是學術性質或娛樂性質。一戰初期，日本出版的書是美國的兩倍。[46]此外，現今的日本可能是美式爵士樂迷平均人口數最高的國家，而在1920年代的日本樂手也經常以美式風格演奏。[47]個人主義、女性主義也在這個年代扎根，新婦女協會也於1920年成立，致力於爭取女性選舉權。1920年代被稱為「摩登男女」的時代。

進入1930年代，日本開始走向軍國主義和極端民族主義，而絕大部分的原因來自於經濟大蕭條。其他原因還有如先前提過，早在1880年代末期至1890年代，已有一波民族主義運動；1920年代，城市因現

---

[46] C. Gluck, *Japan's Modern Myths: Ideology in the Late Meiji Period* (Princeton University Press, 1985), p. 12.

[47] E. T. Atkins, "Can Japanese Sing the Blues? 'Japanese Jazz' and the Problem of Authenticity," in *Japan Pop! Inside the World of Japanese Popular Culture*, ed. T. J. Craig (Armonk: M. E. Sharpe, 2000), pp. 35, 37.

代化、西化蓬勃發展，而鄉村遭排除在外；以及明治維新以來以軍事擴張為重。即使在大正民主時期，也存在另一股反動力量。例如，開放所有成年男性擁有投票權時，1925年，同時通過《治安維持法》，禁止變更國體行為及否定私有財產制。[48] 1928年3月15日爆發三一五事件，日本政府鎮壓了左派人士及共產主義者，最後逮補一千六百多人，同年五名帝國大學教授，遭以宣傳危險思想為由解除職務。

1924年日本政黨內閣穩定後，美國通過移民法案，禁止一些地區的國家人民移民美國，其中包括日本，[49] 此舉讓日本人深受羞辱，即使是嚮往西方思想的日本人。當時皇軍內有許多人，尤其來自貧困鄉村的人，都在思慮發動政變的必要，目標將權力從迂腐的資本主義者和政客奪回，並歸回天皇，也就是所謂的昭和維新。1920年代日本的大眾媒體已趨於成熟，當時如果要煽動極端民族主義的情緒，或許就如同宣揚民主自由一樣簡單，如此今天的結局可能又不一樣了。

1927年的銀行恐慌導致內閣垮台，一位保守派退役將軍接任首相，看到蔣介石於中國的北伐行動，認為日本在中國的利益會遭到威脅，在1927至1928年間三次出兵介入中國，以保護日本的利益並確保滿洲不會落入中華民國手中；為了刺激經濟，這位首相增加了軍事支出。這位保守派退役將軍同時也是政黨黨魁，1928年他所領導的政府簽了非戰公約放棄以戰爭作為國家政策的手段。此外，1928年張作霖遭日本軍官設計炸死，顯然是要以此為藉口奪取滿洲，然而此舉東京政府全然不知，首相知道後勃然大怒，下令將此軍官逮捕至法庭，不過軍方拒絕合作，如此結果也導致1929年首相被迫請辭。[50]

---

[48] R. H. Mitchell, *Censorship in Imperial Japan* (Princeton University Press, 1983), pp. 196-199.

[49] 見 R. T. Takaki, *Strangers from a Different Shore: A History of Asian Americans*, rev. ed. (Boston: Little, Brown, 1998), pp. 208-210。

[50] W. F. Morton, *Tanaka Giichi and Japan's China Policy* (New York: St. Martin's Press, 1980), pp. 130-134, 149-150, 158-160.

1929年的新政府支持自由派的政策，是第一個支持女性選舉權的政府，不過未成功通過法案賦予女性選舉權，新的首相也於1930年遭右翼分子槍殺，因爲政府簽署《倫敦海軍條約》，限制了日本的戰力。日本的政治氣候瞬間轉寒，在經濟大蕭條、日軍奪取南滿洲，還有一代沒什麼效的自由派內閣之後，1931年一位更加保守的首相就任，上任五個月後便遭海、陸軍軍官槍殺。在他之後日本再沒有來自政黨的首相，日本開始進入軍國主義與戰爭的黑暗。

▍「我們的祖先是高盧」：法屬印度支那

十九世紀的越南，因爲法國殖民，基督教隨之而傳入越南，爲越南的宗教帶來轉變，不過更加強烈的改變不是宗教，而是法國人的帝國及商業野心。到了十九世紀末，法國人開始相信「文明使命」，認爲應將現代文明的利益帶入落後地區，樹立殖民的正當性。「我們的祖先是高盧人」在法國殖民下，許多代的越南、非洲孩子都是被這麼教育的，也對這句話毫不質疑，[51] 然而「進步」在越南也不是沒有，1920年代法國正帶入大量資金進入越南投資，和當時的中國、日本一樣，此時的越南是現代化和西化的高峰，不管是好萊塢電影，甚至是馬克思主義都傳入了越南。1924年，當時第一屆由河內法律大學畢業的越南學生還以《馬賽曲》來慶祝。[52]

越南人的自我意識在戰間期產生了巨大的改變，因爲1920年代知識正爆炸性地傳播，期間出版了許多越語的歷史人物傳記，包括孫文、

---

[51] M. Dietler, "'Our Ancestors the Gauls': Archaeology, Ethnic Nationalism, and the Manipulation of Celtic Identity in Modern Europe," *American Anthropologist,* new series, 96, no. 3 (1994): 590.

[52] Duong Van Mai Elliott, *The Sacred Willow: Four Generations in the Life of a Vietnamese Family* (Oxford University Press, 1999), p. 82.

哥倫布、林肯、列寧、盧梭等人。
1937年，約有39,000多歐洲人居
住在法屬印度支那；1930年，有
1,556名越南人在法國留學。越南
長久以來學習流傳下來的儒學、性
善，但是面對著民族危機，將西方
思想翻譯成越語便有其必要，不過
知識分子認為一味地抄襲並非解決
之道，必須要革新並超越這些西方
思想。[53]

　　在法屬印度支那大部分人都會
說法語，不過要到了1903年法語才
成為交趾支那的官方語言，法國官
方甚至宣導以羅馬拼音書寫越語。
其實十七世紀時就已經存在越語羅
馬拼音系統，是天主教傳教士為傳
教而發明；而到了二十世紀初很快

圖9.8　越南民族主義的諷刺畫，歐化的
越南人打羽球。圖片來源：His-
tory/Bridgeman Images

就取代了中國文字；二十世紀中，越語羅馬拼音已成正規書寫方式。

　　打著「文明使命」的名義進行殖民，法國人陷入該賦予越南人自
治權還是持續統治越南人的兩難。1920年代中期，越南學齡人口大約
只有10%就學，[54]法國鼓勵工業化越南人也不買單。到了1939年，越南
90%的投資資本只集中在三個企業組織，再加上一些為數不多的法國企
業，支配著越南現代產業的經濟。[55]因此，即使後來越南議會成立，參

---

[53] D. G. Marr, *Vietnamese Tradition on Trial, 1920-1945* (Berkeley: University of California Press, 1981), pp. 2, 8, 23-4, 40-1, 260, 414.

[54] W. J. Duiker, *Vietnam: Revolution in Transition*, 2nd ed. (Boulder: Westview Press, 1995), p. 33.

[55] N. L. Jamieson, *Understanding Vietnam* (Berkeley: University of California Press, 1993), p. 91.

與的越南人並不多，權力也嚴重受限於法國。這些西方所謂的民主、進步在法國殖民下的越南人眼裡，不過是一場虛幻。

對於法國殖民的仇恨，在這些越南菁英心裡尤爲深重。法國鼓吹著自由、平等、博愛，而這些菁英即使受過教育、會說法語，卻怎麼也無法爬上社會上層。1927年越南國民黨參照中國國民黨於河內成立，1930年策動起義遭法均迅速鎮壓，其領導人最後被捕並處決。就某種程度，或許法國對這些反殖民團體的鎮壓成就了日後的越南共產黨。

胡志明原於順化國立學校讀書，1911年上了法國貨輪當廚房助手，在海上生活了三年，後來到紐約及波士頓生活一年，到倫敦一家飯店工作了一年，最後到巴黎待了六年。1920年胡志明在法國加入了法國共產黨；1924年到莫斯科，再以共產國際的身分到廣州，參與中國國民黨和中國共產黨的統一戰線；1927年蔣介石與左派分家，胡志明回到莫斯科；1930年胡志明在香港成立越南共產黨。[56] 經過這些發展，越南共產黨充分利用二戰後的局面，鞏固了在越南的地位。

！延伸閱讀

關於辛亥革命，請參閱 Marie-Claire Bergère, *Sun Yat-sen*, trans. Janet Lloyd (Stanford University Press, [1994] 1998); John Fitzgerald, *Awakening China: Politics, Culture, and Class in the Nationalist Revolution* (Stanford University Press, 1996); Edward J. M. Rhoads, *Manchus and Han: Ethnic Relations and Political Power in Late*

---

[56] 關於胡志明早年生活請見 S. Karnow, *Vietnam: A History* (New York: The Viking Press, 1983), pp. 118-127。

Qing and Early Republican China, 1861-1928 (Seattle: University of Washington Press, 2000)；以及 Mary Clabaugh Wright, ed., *China in Revolution: The First Phase, 1900-1913* (New Haven, CT: Yale University Press, 1968)。

中國現代化問題的延伸資料，請參閱 Rana Mitter, *A Bitter Revolution: China's Struggle with the Modern World* (Oxford University Press, 2004)。關於中國二十世紀初的現代轉變，請參閱 Sherman Cochran, ed., *Inventing Nanjing Road: Commercial Culture in Shanghai, 1900-1945* (Ithaca, NY: Cornell University East Asia Program, 1999); Frank Dikötter, *Exotic Commodities: Modern Objects and Everyday Life in China* (NewYork:Columbia University Press, 2006)；以及 Leo Ou-fan Lee, *Shanghai Modern: The Flowering of a New Urban Culture in China, 1930-1945* (Cambridge, MA: Harvard University Press, 1999)。關於五四運動的研究，請參閱 Tse-tsung Chow, *The May Fourth Movement: Intellectual Revolution in Modern China* (Stanford University Press, 1960)。

關於中國軍閥割據時代，請參閱 Edward A. McCord, *The Power of the Gun: The Emergence of Modern Chinese Warlordism* (Berkeley: University of California Press, 1993)，和 Gavan McCormack, *Chang Tso-lin in Northeast China, 1911-1928: China, Japan, and the Manchurian Idea* (Stanford University Press, 1977)。

關於日本統治下的韓國，請參閱 Ramon H. Myers and Mark R. Peattie, eds., *The Japanese Colonial Empire, 1895-1945* (Princeton University Press, 1984)，和 Michael Edson Robinson, *Cultural Nationalism in Colonial Korea, 1920-1925* (Seattle: University of Washington Press, 1988)。

關於二十世紀初的日本，請參閱 Marius B. Jansen, *The Making of Modern Japan* (Cambridge, MA: Harvard University Press, 2000); Tetsuo

Najita, *Hara Kei and the Politics of Compromise, 1905-1915* (Cambridge, MA: Harvard University Press, 1967)；以及 Edward Seidensticker, *Low City, High City: Tokyo from Edo to the Earthquake* (New York: Alfred A. Knopf, 1983)。關於現代對日本傳統的重新想像，請參閱 Stephen Vlastos, ed., *Mirror of Modernity: Invented Traditions of Modern Japan* (Berkeley: University of California Press, 1998)。

關於越南，請參閱第十三章。

十　黑暗深淵（1930-1945）

▌日本極端民族主義的崛起

最初的全球現代化浪潮（由於最初的工業化出現於西方社會，且大部分在西方社會，所以也可以稱作西化）產生於十九世紀末，東亞地區的現代化浪潮在1910到1920年代間，伴隨著中國的五四運動和日本的大正民主達到了高潮。同一時期的越南，在法國的殖民統治下，一定程度上推進了當地西化。而日本在朝鮮的殖民統治，鼓勵當地產生了一種奇妙的結合，由現代化、西化和強制日本化組成。但全球化浪潮隨著1929年美國股市大崩盤由盛轉衰。1930年代，全世界進入了一些日本歷史學家所謂的「深谷」時代。大蕭條之後的美國，1933年實際國內生產總值下降了35%，四分之一的美國工人失業。有人甚至要求新上任的美國總統羅斯福採取專制管理，甚至社會主義在美國也不再是無稽之談。德國威瑪共和國讓位給阿道夫·希特勒。中國國民政府成為專制的一黨制國家，民族工業也隨之發展。日本大正民主則受到了極端民族主義和軍國主義的衝擊。

讓人驚訝的是，日本的工業領域在大蕭條後很快就恢復。這都是多虧了日元匯率的大幅貶值（讓日本商品的出口價格更具競爭力）、低利率以及政府在公共工程與軍備上增加投資。日本的出口額在1930至1936年間翻了一倍。但伴隨著世界上許多國家對大蕭條採取貿易保護主義政策，高稅率和進口配額威脅著日本持續出口的能力。關於日本是

圖10.1　1941年，日本戰列艦大和號正在進行試航。它和它的姊妹艦武藏號是日本建造
　　　　的最大的戰列艦。美國國家檔案館

否需要建立一個屬於自己，並且擁有獨立自主經濟體系日元區的爭論，
漸漸地引起廣泛共鳴。尤其是日本視爲潛在經濟「生命線」的滿洲。

　　一戰的教訓似乎表明未來的戰爭有可能更爲持久且全面，需要盡可
能利用所有可用資源來對付敵人，這同時也爲是否要擁有獨立自主經濟
體系提供了論據。爲了準備這樣的全面戰爭，日本認爲需要建立獨立自
主的「國防能力」。[1]爲了維護利益，日本的軍事開支迅速增長。1934
年，日本撕毀了《華盛頓海軍條約》和《倫敦海軍條約》。1937年，
日本開始建造史上最大的戰艦大和號戰列艦（如圖10.1）。

　　日本的現代公立學校系統把愛國、熱愛軍隊和忠於天皇的理念推廣

---

[1] 見M. A. Barnhart, *Japan Prepares for Total War: The Search for Economic Security, 1919-1941* (Ithaca, NY: Cornell University Press, 1987)。

開來。[2] 日本還將神道教組織化，雖然神道教的制度大致是明治時期的產物，但神道教依然強調天皇是史前神話中天照大神的後裔。而傳說中的神聖皇室血脈就成爲日本獨特的國家政治體系核心（國體），這也爲日本軍國主義披上了一層神聖的外衣。1930年代末，日本教育部出版了二百多萬本《國體本義》（1937年初版），並在成爲日本學校必修課程。[3]

這件神聖的「外衣」也與日本鄉村中的一種浪漫理想「傳統」美德的相吻合，同時也包含大量對貪婪資本家與腐敗政客的批判。英美式「自私」個人主義應該讓位給日本本土的「和諧精神」，這種想法成功打動許多人。然而，這種「日本精神」極端民族主義，與其說是回歸前現代傳統，倒不如說是新氣象。此氣象受到現代大眾傳媒和群眾期望的鼓勵，再加上1930年代初農村經濟危機十分嚴重，助長了更加激進陰謀，日本受到一系列的高層暗殺事件和軍事政變未遂的嚴重打擊。

1930年，日本首相濱口雄幸因支持削減海軍而遭到槍擊，隨後因傷口惡化去世。1931年，由於若槻內閣和平解決滿洲地區的衝突問題，卻未能得到國內民眾支持，加上大蕭條，導致政府倒台。儘管下一任首相犬養毅更偏向於鷹派，1932年5月15日，一群海軍軍官和陸軍士官見習生強行闖入犬養毅的官邸將他射殺。難以置信的是，日本的軍部居然公開贊揚刺殺者無私與赤誠，而憲兵隊司令官則稱他們是愛國者，甚至建議他們應該與憲兵配合行動。同年，一位前財政部長和商人領袖同樣也被暗殺。[4]

暴力和軍隊抗命的浪潮在1936年2月26日最爲激烈，駐紮在東京的

2　Saburō Ienaga, *The Pacific War, 1931-1945* (New York: Pantheon Books, [1968] 1978), pp. 19-32.

3　J. W. Dower, *War without Mercy: Race and Power in the Pacific War* (New York: Pantheon Books, 1986), pp. 221-222, 238

4　B.-A. Shillony, *Revolt in Japan: The Young Officers and the February 26, 1936 Incident* (Princeton University Press, 1973), pp. 32-36.

第一師團發起兵變。叛軍占領了一些重要的政府大樓並且刺殺了前內閣齋藤實（1858-1936）、財政大臣（也是前內閣總理大臣）和陸軍教育總監。天皇侍從武官長鈴木貫太郎（1868-1948）重傷瀕危，叛軍錯把內閣岡田啟介（1868-1952）的妹夫認成他而逃過一劫。但占領皇居的行動，因為皇居警衛有所察覺而失敗。

　　兵變過後叛軍發布宣言，稱他們是義舉並把行動稱為「昭和維新」（日本帝國當時的年號），叛軍希望與十九世紀明治維新的輝煌相呼應。但這次叛亂並沒有受到軍隊中的一致支持，而且還遭到昭和天皇（在日本以外的地方有時會不太禮貌的直呼其名——裕仁）的直接反對，昭和天皇派遣親衛隊包圍叛軍，同時命令叛軍立即返回軍營。2月29日叛軍投降，兩名叛軍領導人隨後自殺，還有17人沒來得及公布他們的資訊就受到定罪並處決。

　　這次事件是日本在二戰前最後一次大規模非法暴力行動。此時平民政治家們明顯感受到威脅，所以支持一些不那麼激進的軍隊領導人似乎是很自然的轉變。1937年的日本內閣，將不會由單一政黨主持，即使在1940年全國政黨最終解散後，仍然透過選舉維持著議會政府的形式。但大正民主時代已經結束，一個極端民族和軍國主義的時代開始。

▎滿洲國

　　直到十九世紀末，滿洲地區雖然在長城腳下，並且長期受到中國的管轄，但除了南部的農業區外，其他大部分仍是地廣人稀的邊疆地區。其部分原因是清政府為禁止中國內地移民開墾滿洲地區而故意為之，以此來保持龍興之地的純潔。與此同時，俄羅斯的哥薩克開拓者在十七世紀時來到這個區域尋找毛皮資源。1689年，清俄兩國簽訂條約沿黑龍江建立了正式的邊界。

　　到了十九世紀，俄羅斯人在遠東北部地區的影響力越來越強。
1858年，俄羅斯在太平洋沿岸建立了一個港口——海參崴（符拉迪沃
斯托克）。1896年，歸功於俄羅斯（以及法國和德國）的干涉，使得
日本在甲午戰爭後奪取遼東半島的計畫失敗，清朝與俄羅斯帝國簽訂
《中俄密約》，允許俄國修建一條橫跨滿洲的鐵路，西伯利亞大鐵路是
連接莫斯科和海參崴的重要捷徑。1898年，俄羅斯人還從清朝獲得了
遼東半島頂端一些領土的租借權，並開始在那裡修建俄羅斯帝國海軍基
地（亞瑟港——旅順口）和民用港口設施，還在滿洲中部修建一條連接
哈爾濱和該港口的鐵路，並且連接俄羅斯主要鐵路網。1900年，義和
團運動失敗後，俄羅斯一度成為滿洲的霸主。

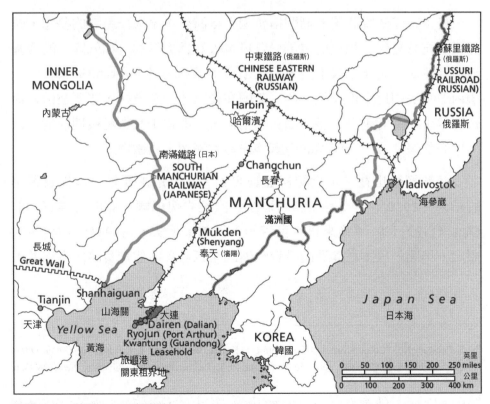

地圖10.1　滿洲，1920年左右

但俄國在1905年的日俄戰爭中敗給日本，戰後日本贏得俄國在滿洲南部的勢力與產業，其中包括遼東半島頂端領土的租借權和自遼東半島往北到長春的鐵路控制權。這條鐵路由南滿洲鐵道公司經營（日本稱為滿鐵），並成為二十世紀早期日本的最大公司。日本政府提供了其初始資本的一半，儘管其他資金來自私人投資者，但仍由政府控制。除鐵路運營外，南滿洲鐵道公司還負責沿線治安、稅收、教育等重要公共職能的管理。第一任南滿洲鐵道總裁（後藤新平，1857-1929）曾擔任日本殖民時期臺灣的民政長官。他在德國學習過醫學，是一位思想進步的管理者，特別關注公共衛生問題。無論二十世紀初的日本帝國主義受到怎樣的批評，它確實促進了現代化進程。例如在二十世紀初，日本殖民統治下的臺灣與朝鮮的人口死亡率顯著降低。[5]

日本在滿洲寄託著他們開拓新國土以減少本土人口壓力的夢想，雖然從未充分實現。相對而言，少有日本人認為去偏遠（和外國）的邊疆地區當農民有足夠的吸引力，而且遷移到滿洲的日本人數量與大量的中國內地移民相比顯得黯然失色。清朝在後來才如夢方醒，想要在俄羅斯帝國越來越強的壓力下穩固滿洲的主權，隨即在十九世紀後期取消了對內地的移民禁令，大規模的中國移民導致滿洲人口激增。

滿洲經濟也在二十世紀初蓬勃發展，儘管這主要是日本投資帶來的結果。1932年，日本在滿洲地區首次建立傀儡國，滿洲工業資本的64%來自於日本。[6] 後來日本投資的步伐越來越快，在1931至1941年的短短十年間，日本在滿洲的投資整整翻了五倍多。儘管實際的產出並不

---

[5] S. Pao-San Ho, "Colonialism and Development: Korea, Taiwan, and Kwantung," in *The Japanese Colonial Empire, 1895-1945*, ed. R. H. Myers and M. R. Peattie (Princeton University Press, 1984), p. 352.

[6] G. McCormack, *Chang Tso-lin in Northeast China, 1911-1928: China, Japan, and the Manchurian Idea* (Stanford University Press, 1977), p. 8，表 1。

完全符合預期，但到二戰結束時，滿洲已成爲中國工業化程度最高的地方。[7]

滿洲的中國軍閥張作霖選擇與對滿洲野心日益增長的日本合作，他在1926年時也把首府遷至北平以對抗逐漸強大的中國國民黨。1928年，蔣介石率領渴望中國統一的北伐軍接近北京南郊，張作霖的日本顧問告訴他，他必須馬上放棄關內撤回滿洲，如果他太遲做決定，日本衛隊就會解除他的武裝。張作霖接受了要求並馬上退回奉天（滿洲地區的首府，中國瀋陽），但日本關東軍軍官私自下令把他炸死在回程的火車上，對他的暗殺大概是爲挑起事端，以助日本關東軍（關東是中國近現代的叫法，意思是山海關的東邊）奪取滿洲的控制權。但這次的事件卻適得其反。天皇和日本首相都感到震驚，張作霖的兒子繼承了他的地位，並很自然地採取敵視日本的態度。他的兒子與蔣介石簽署協議，同意東北易幟並接受國民政府管轄，滿洲再次統一在中國旗下。1931年，中國政府還宣布了要奪回日本在遼東租借地和南滿鐵路的控制權。

東北軍閥與國民黨的結合威脅到日本對滿洲的控制權，經濟大蕭條造成的全球經濟危機以及日本國內的政治變化，都刺激了日本軍方的神經，使得他們在1931年再次挑起奪取滿洲的行動，而這一次十分成功。陸軍中佐石原莞爾（1889-1949），曾在德國留學三年，被許多人認爲是日本最傑出的軍事理論家，他認爲未來會有以日本爲首的亞洲集團與以美國爲首的西方集團之間的「最後之戰」。爲準備最後的決戰，石原認爲滿洲的資源對日本必不可缺。因此他和其他志同道合的官員精心策劃了日本在滿洲的占領行動。[8]

---

[7] W. G. Beasley, *Japanese Imperialism, 1894-1945* (Oxford: Clarendon Press, [1987] 1991), pp. 212-217.

[8] M. R. Peattie, *Ishiwara Kanji and Japan's Confrontation with the West* (Princeton University Press, 1975), pp. 32, 56-58, 96-107, 120-123, 319-320.

1931年9月18日，日本參謀本部的一名高級軍官抵達奉天，奉命制止關東軍進行任何未經授權的行動。雖然早有警告，但一些陰謀家決定在命令下達前先一步下手，這位軍官一到達奉天，就被拉到酒店設宴招待。就在他注意力被分散的時候，晚上十點左右，一顆炸彈炸毀了奉天附近的南滿鐵路。損害很輕微，火車幾乎沒有什麼困難就可以通過。日本方面指責是中國蓄意破壞，關東軍迅速行動，在東北成功控制越來越多的地區。

日本關東軍在設立時僅有一萬人，最初目的是保衛從俄國奪取的遼東租借地。日本媒體此時正鋪天蓋地地熱烈宣傳日本軍隊以少勝多，在滿洲戰勝20萬中國軍隊的偉大事蹟，雖然忽略中國軍隊奉命不抵抗的事實。日本的現代大眾傳媒，特別是新出現的廣播電台，發現民眾對於戰爭新聞的渴望是難得的商機，這也在1931年九一八事變發生後，幫助日本爆發了愛國熱和戰爭熱。[9] 至少當時關東軍在中國的軍事行動，受到日本國內人民的高度支持。

然而，日本侵占滿洲遭其他國家嚴厲譴責，認為此舉違反《巴黎非戰公約》（63個簽約國在1928年簽署，以試圖遏制國家間侵略戰爭）。日本嘗試在國際聯盟合理化侵略行為，日本的理由是中國沒有有組織的中央政府，所以不是真正意義上的主權國家，而且滿洲也不一定是中國的一部分。然而國際聯盟沒有相信日本的辯解，在1933年2月以42票對1票通過譴責日本侵略行為的決議，日本隨後於1933年3月宣布退出國際聯盟。

其後日本沒有選擇直接殖民滿洲，而是在這片土地上建立了一個傀儡國，名為滿洲國。清朝末代皇帝溥儀（1906-1976）被日本請來擔任國家元首。1934年，溥儀的頭銜變成「滿洲國皇帝」。但事實上關東

---

[9] L. Young, *Japan's Total Empire: Manchuria and the Culture of Wartime Imperialism* (Berkeley: University of California Press, 1998)，第 3 章。

軍才是滿洲國真正的掌權者。

日本計畫在滿洲國建成一個現代化的樣本，他們有意防止政治家和大型私人企業的腐敗，希望能成為國家經濟發展計畫的光輝典範。國營、公私合營及私營企業，在經濟體系中有不同的管理辦法。儘管軍隊對大公司仍有些許不信任，但關東軍最後還是覺得應該在滿洲國引入私人投資。軍隊對像日產（Nissan）這樣的新財閥非常熱情，然而大部分的私人投資都進入了國有企業，因為國有企業提供的回報無風險且有保證。

滿洲國的首都是新京（原名長春），新京的改造迅速，新建許多宏偉的公共建築，有寬闊的林蔭大道、大量的公園，還有新穎的室內管網系統。[10] 1934年後，新京與遼東租借地的港口之間，設立了一條快速火車亞細亞號特快車班次，該快車採用流線型外形設計、未來風格的火車頭空調車廂。[11]

日本在滿洲國為自己塑造成把百姓從殘暴軍閥手裡解救出來的偉大形象、儒家「王道」理念的擁護者，以及漢族、滿族、蒙古族、朝鮮族和大和族和諧新秩序的推動者。日本帝國與當時大多數殖民帝國不同的是，日本一定程度上承認東亞地區居民在種族和文化上的共同點。1930年代，「共榮」成為重要的口號。毫無疑問地，許多日本人都受到這理想主義口號的鼓舞。後來在滿洲成立滿洲國協和會後，其目的不僅是為了改變舊式帝國主義對被殖民者的剝削，更多的是為了創造和諧的多民族多元文化新國家，來強制使大眾的現代民族主義觀念一致。但事實上，由於日本內部充斥（且十分矛盾）著大和民族優越理論，這個

---

[10] 關於新京，請見 D. D. Buck, "Railway City and National Capital: Two Faces of the Modern in Changchun," in *Remaking the Chinese City: Modernity and National Identity, 1900-1950*, ed. J. W. Esherick (Honolulu: University of Hawai'i Press, 2000)。

[11] Young, *Japan's Total Empire*, pp. 246-247.

理想計畫從根基就已經被破壞，實際的滿洲國協和會只是淪爲關東軍統治滿洲的另一個道具。[12]

儘管日本在滿洲投入巨量的資本，滿洲這個「生命線」對日本的消耗還是高於產出。爲了讓日本帝國經濟和戰略上自給自足的日圓集團計畫未能實現，反而在1937年中日戰爭全面爆發後，日本的經濟模式轉向戰時經濟。很諷刺的是，日本嚴重依賴從美國和其他國家進口資源。

▍國民黨政府

1928年，蔣介石領導的北伐戰爭順利結束，中華民國在名義上重新統一。南京成爲新首都，這也是中華民國國父孫中山在1912年革命時的想法。不同於北方的北京，南京位於中國的中央而且交通發達，不受北京所代表的「外人」滿族殘餘勢力的影響。南京歷史悠久，曾爲多個中國南方王朝的首都，明初時幾乎是當時世界上最大的城市。還有一個重要的原因是，南京由於在1864年鎮壓太平天國期間遭清軍破壞後，一直未完全恢復，所以還有很多新建築的發展空間。國民政府計畫將南京重建成嶄新的現代化國際級首都，期望與華盛頓和巴黎看齊。不過因爲長期缺乏資金以及很快就爆發的二戰，大部分的構想從未實現。[13]

國民政府設定了極具野心的發展計畫，想要迅速把中國打造成一個現代化、工業化以及科技發達的新中國。透過全國經濟委員會籌措的資

---

[12] Prasenjit Duara, *Sovereignty and Authenticity: Manchukuo and the East Asian Modern* (Lanham, MD: Rowman and Littlefield, 2003), pp. 73, 77.

[13] 見 C. D. Musgrove, "Building a Dream: Constructing a National Capital in Nanjing, 1927-1937," in Esherick, *Remaking the Chinese City*。

金，現代高速公路、鐵路和航空運輸網迅速成長，科學發展和工程建設也在大力推進。但與之前的其他構想一樣，實際完成的遠不及預期。伴隨著日本在1931至1932年間占領滿洲，國民政府感受到威脅迅速逼近，就加大了軍事方面的投資。國民政府希望建設由中央管理的強大國防經濟體系，1942年，在國民政府統治下，超過一半的工業是國營企業。[14]

除了擴大國家對現代經濟部門的控制力外，1928年後重建的中華民國是一黨制國家，不同於1912年清朝被推翻後，不久就倒台的多黨議會制共和國。1928年，禁止反對黨（除了國民政府的執政黨──國民黨），因此在1930年代國民黨統治下的中國，自由資本主義和政治民主都面臨著管制。但如果從1930年代世界發展趨勢的大背景來看的話，國民政府的作為就顯得相當合理。

1930年代是艱難而複雜的時代，國民政府面臨著各種各樣的挑戰、外界影響和壓力。蔣介石的妻子宋美齡（1898-2003，如圖14.3）曾在美國的大學留學，還會說一口流利的英語，她和蔣介石都是基督徒。但蔣介石曾就讀於日本的軍事學校，還訪問過莫斯科。蔣介石其中的一個兒子蔣經國（1910-1988，如圖14.3），在蘇聯待過12年並娶了俄羅斯女人。作為未來領導臺灣的總統（1978-1988），在他父親蔣介石去世後，蔣經國成為推動臺灣向多黨制民主化改革的關鍵人物。另一個兒子蔣緯國（1916-1997），畢業於德國的軍官學校，還在德國擔任過候補軍官，經歷過1938年的德奧合併事件。[15]

1927年，蔣介石與共產黨決裂後，他把蘇聯顧問全都送回國。而

---

[14] W. C. Kirby, "The Nationalist Regime and the Chinese Party-State, 1928-1958," in *Historical Perspectives on Contemporary East Asia*, ed. M. Goldman and A. Gordon (Cambridge, MA: Harvard University Press, 2000), p. 227.

[15] 見 J. Taylor, *The Generalissimo's Son: Chiang Ching-kuo and the Revolutions in China and Taiwan* (Cambridge, MA: Harvard University Press, 2000)。

在其後的十年中，國民政府與德國關係更爲緊密。部分原因是德國在一戰戰敗後，失去在中國通商口岸的特權（對中國民族主義者來說，這是敏感問題）；還有部分原因是，德國希望尋找工業原材料和市場的需求，而中國正尋求儘快現代化的有效方法，兩國互有利益關係。與德國的友誼卻在中日戰爭全面開始後戛然而止。德國選擇與日本結盟後，德國的援助和顧問也於1938年離開中國。此後國民政府選擇加強與美國的關係。[16]

儘管美國日益增長的影響力，可能在1980至1990年代中華民國在臺時期的民主化進程中發揮作用，但在二十世紀中葉，國民政府仍然是專制的一黨制國家，而且高度軍事化。到1935年，國民黨核心領導人43%是軍人。1928年中國名義統一到1937年二戰爆發的十年脆弱和平時期中，33位省主席裡有25位是將軍。[17]

儘管國民政府集權治國，國民政府在許多方面仍然表現得非常脆弱。美國將軍阿爾伯特・魏德邁對蔣介石的評價是「決不是獨裁者，事實上只是一個鬆散聯盟的首領」。國民黨內部派系分裂嚴重，且對中國農村地區的控制力極爲有限。到1944年二戰的高峰時期，國民黨領導的中國政府只能調動大約3%至5%的國民生產總值用於戰爭，而美國則高達47%。[18]中國的一些省份甚至長期發行自己的貨幣，其中山西省建築的鐵路竟然使用與中國其他地方不一樣的軌距。大量的軍隊還是由地方控制而非中央政府。儘管中國在1928年實現了名義上的統一，但許多前軍閥僅僅是宣布效忠中華民國，依舊掌握地方大權，事實上還

---

[16] W. C. Kirby, *Germany and Republican China* (Stanford University Press, 1984), pp. 3-5, 262.

[17] L. E. Eastman, "Nationalist China during the Nanking Decade, 1927-1937," in *The Nationalist Era in China, 1927-1949*, ed. L. E. Eastman, J. Ch'en, S. Pepper, and L. P. Van Slyke (Cambridge University Press, 1991), p. 9.

[18] L. E. Eastman, *Seeds of Destruction: Nationalist China in War and Revolution, 1937-1949* (Stanford University Press, 1984), pp. 10, 41

是個獨立政權。如果中國能保持和平，我們永遠也不會知道之後會如何發展。然而，1937年中日全面開戰卻能讓我們預料到國民黨在中國的命運。

▍毛澤東崛起

「科學和民主」是中國五四運動間提出的口號。1919年底，中國共產黨未來首位領導人陳獨秀仍然主張在中國建立英美式的民主制度。但到1920年，陳獨秀就開始主張他是馬克思主義者。[19]支持五四運動的知識分子深刻感到對於改變時局的幻想破滅。1920年春，共產國際從莫斯科派一名特工來到北京，詳細介紹了布爾什維克主義革命的組織方式。布爾什維克的紀律和組織比任何理論上的馬克思主義都更有效，這也是中國共產黨崛起的原因。[20]1920年，中國的第一批馬克思主義者誕生於北京的馬克思主義研究會。1921年，中國共產黨大約已有50人左右，中國共產黨第一次代表大會也在同年夏天上海法租界的一所女子學校祕密召開。

早期的中國共產黨仍然在莫斯科的直接領導下，由於蘇聯在1923年與孫中山和國民黨達成了協議，兩黨隨後展開短暫的合作。但在1927年4月蔣介石突然開始清洗左派，這給共產黨造成了毀滅性打擊。此後共產黨選擇在數個城市發動起義，但由於錯誤的共產革命經驗，結果卻是災難。根據馬克思主義理論，共產黨應該代表工人階級即無產階級，在城市發動起義是為了維持與城市工人階級間的聯繫。所有的起義

---

[19] Harrison, *The Long March to Power*, pp. 19-20.

[20] A. Dirlik, *The Origins of Chinese Communism* (New York: Oxford University Press, 1989), pp. 253-273.

都失敗，但在最後一場1927年12月的廣州起義中，起義者戴紅領巾或紅臂章作爲識別。起義被鎮壓後，標識可以很快撤下，但任何皮膚上有明顯紅色汙漬的人都被當場處決。[21] 在蔣介石清黨的混亂中，有一次連毛澤東都差點被國民黨士兵抓住，但最終勉強逃脫。[22]

中國共產黨選擇轉入地下活動和在農村間發展。然而這次毀滅性的大清洗，也給了年輕的毛澤東一個機會去嘗試其他實現馬克思主義的路徑，即農村革命。毛對農民革命潛力的信念來源於他腦中的正統馬克思主義想法。從理論上來講，共產主義革命是由客觀的物質條件推動並產生在歷史發展的特定階段，是在現代資本主義經濟最發達時，工人和富裕企業主之間的階級鬥爭。但毛澤東認爲可以把馬克思列寧主義的基本理論與中國的獨特環境相結合，透過發掘農民階級心中強烈的渴望作爲革命力量，就可以建立共產主義政權。甚至趕在物質條件成熟前，使共產主義成爲必然。毛澤東堅信只要有正確的領導和教育，就可以把「無產階級意識」灌輸到農民心中，並最終實現社會主義目標。[23]

1927年的清黨給了毛澤東實驗他的理論的機會，毛澤東帶領著大約2,000人在中國南部的江西井岡山建立共產主義農村革命根據地。毛在井岡山依靠新成立的紅軍，開始試驗透過強制土地再分配來獲得貧困農民支持，他們還開始發展游擊戰的新戰術，以彌補紅軍在常規作戰上的劣勢。中共中央委員會雖然批評農村革命，但毛澤東並不在委員會的管轄內，且毛的實驗也並無風險，就允許他繼續進行嘗試。雖然不清楚其細節，但毛澤東在江西農村的根據地相當成功，共產黨最終擴大到數百萬人。

---

[21] J. T. Dreyer, *China's Political System: Modernization and Tradition*, 4th ed. (New York: Pearson Longman, 2004), p. 66.

[22] E. Snow, *Red Star over China* (New York: Grove Press, [1938] 1968), pp. 165-166.

[23] M. Meisner, *Mao's China and After: A History of the People's Republic* (New York: Free Press, [1977] 1986), pp. 43-47.

　　然而成功總會引起一些不必要的注意，1932年左右，中共領導人從危險的上海基地開始向江西農村根據地轉移，新來的領導人仍然傾向於接受莫斯科的指示，他們批評毛澤東的農村革命理念偏離了正統馬克思主義的道路。不久後毛澤東在共產黨內的決策權就被剝奪。甚至還有傳聞說，毛澤東可能已經被軟禁，儘管這一說法遭到否認。[24]

　　蔣介石也注意到毛澤東的農村改革，國民黨軍隊隨即對中國東南部的共產主義根據地發動了一系列的軍事行動。國民黨第一次進攻就被共產黨的游擊戰術所打敗，但最終在1934年國民黨軍隊完全清除了江西的共產黨根據地。不過共產黨在根據地被摧毀前，大約86,000名紅軍幹部和士兵組成的軍團，於1934年10月成功突破國民黨的包圍網，開始了歷史上著名的長征。起初長征沒有確定要在何處落腳，僅僅是為了逃離國民黨的圍剿，但最後共產黨把目的地定在中國乾旱和貧窮的西北，陝西省有一個已建立的共產黨根據地。雖然長征開始時人數眾多，但在次年即1935年10月到達陝西的人數只有七到八千人。毛澤東把「江西蘇區」反圍剿的失敗歸咎於其他人的錯誤，並且在長征途中首次確立自己為中國共產主義的領導人（如圖10.2）。[25]十分諷刺的

圖10.2　毛澤東在中國北方的一個機場，或許是1936年左右的陝西省。J. A. Fox攝影集。Magnum Photos

---

[24] H. E. Salisbury, *The Long March: The Untold Story* (New York: McGraw-Hill, 1985), pp. 10-11.

[25] J. D. Spence, *Mao Zedong* (New York: Viking, 1999), pp. 82-86.

是，蔣介石對共產黨幾近成功的圍追堵截，卻幫助毛澤東當上中共最高領導人，而其後的日本侵華和二戰則奠定了共產黨勝利的基礎。

▎二戰中的中國

1936年，毛澤東和他的共產黨領導班把總部遷到陝西省的小城延安。與此同時，蔣介石也決心要把共產黨趕盡殺絕，他命令駐守在陝西的將軍剿滅共產黨。但中國國內的輿論普遍認為相較於共產黨，日本逐漸進逼的威脅更大。此外，陝西的國民黨軍隊領袖張學良（1928年被日本刺殺的滿洲軍閥張作霖的兒子）也這麼認為。日本人在滿洲建立傀儡國，並把他逐出滿洲。與此同時，中共也精明地改變了戰略，他們決定與國民黨結束內戰，建立抗日統一戰線。陝西的將軍們違背蔣介石的想法消極剿共，蔣介石親自乘機到陝西的最大城市西安督軍，催促將軍們儘快行動。之後就發生了著名的「西安事變」，蔣介石在1936年12月西安城郊的溫泉被自己的軍隊綁架，他們逼迫蔣介石同意與共產黨談判，並且要他同意建立抗日統一戰線。

西安事變之所以如此重要，是因為它是幾個月後的二戰開端。1937年7月7日夜，一小隊日軍士兵在盧溝橋附近演習，僅僅在距離北京（當時還叫北平，意為「北方和平」，而不是北京「北方的首都」，因為當時國民政府首都並不在此）幾公里的地方。當時有槍聲響起，這本來是相對微不足道的事件，但由於抗日統一戰線形成和蔣介石已經有決心抵抗日本進一步侵略，國民政府就做出回應，向北京地區增兵。日軍也派出增援部隊，到7月25日中日戰爭全面爆發。

由於先前日軍僅以少數兵力就占領滿洲，以及日本人對軍閥割據的中國普遍抱著輕視態度，所以日本預期戰爭很快就會勝利。陸軍大臣向昭和天皇報告，有信心在一個月內結束中日衝突。1937年7月，日本內

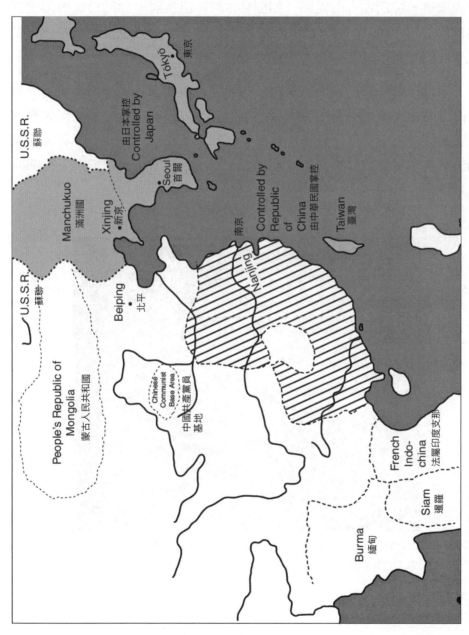

地圖10.2 1937年的東亞

閣只批准了三個師團進行爲期三個月的行動。儘管國民政府軍拼盡全力頑強抵抗，特別在上海地區（如圖10.3），但在同年12月13日首都南京被日軍攻陷。南京的日本士兵與早期的日俄戰爭中表現出的良好紀律相反，他們發動了臭名昭著的南京大屠殺。[26]

　　儘管行動時間比預期的要長一些，但日本人確實很快就占領了中國大部分的重要沿海城市和中國東部重要的平原農業地區。但是國民政府沿著長江向上游撤退，最終把首都定在四川省重慶市——一個群山環繞的天然要塞。儘管日軍長期空襲重慶，但國民政府仍繼續抵抗，拒絕向日本投降。

圖10.3　1937年8月28日，二戰初期一個嚇壞的嬰兒在被日軍轟炸過的上海火車南站。美國國家檔案館

---

[26] 見 I. Chang, *The Rape of Nanking: The Forgotten Holocaust of World War II* (New York: Penguin Books, 1997)。

　　儘管日軍在戰場上不斷勝利，日本人卻發現他們找不到機會給國民政府一次決定性打擊。二戰結束時，日本大約一半的可動用兵力需要在中國駐紮，但即便如此也不足以達成決定性的成功。然而在日本的進攻陷入僵局的同時，蔣介石也幾乎沒有發動反攻的能力。

　　大約有100萬日軍扼守著中國黃金地帶，而大約400萬中國軍隊分散在日軍周圍，通常位於山脈地帶，只有簡陋的道路和少量交通設施連接。中國大部分的工業生產力（雖然本就不大）都被日本人摧毀，國民政府的軍工廠平均每月只能給每位士兵提供大約4發子彈。由於民國的軍閥還有殘留問題未得到解決，蔣介石部隊一度有一半的前線指揮官過去有與他對抗過的經歷。這些原因造成中日戰爭陷入僵局。中國和日本都沒有能力解決這場戰爭。這種持續僵持使得戰爭變得悲觀且奇怪，戰場上充斥著跨越敵戰線間的走私活動和越來越多的貪汙腐敗。[27]

　　國民政府失去了位於沿海大城市的發達經濟區，特別是上海，上海是國民政府的重要稅收來源地，上海淪陷讓國民政府發行的海量貨幣失去信用基礎。這導致了災難性的惡性通貨膨脹。從1937到1945年間，中華民國的平均物價上漲將近兩千多倍。有句話說「通脹比任何其他問題都更能削弱公眾對政府的信心」，這最終導致國民政府失去對中國的控制。[28]

　　日本人原本希望蔣介石很快就會退縮妥協，但蔣介石繼續頑強抵抗。這讓日本政府惱羞成怒，1938年1月日本宣布不再與蔣介石談判。因為國民政府從來沒有真正考慮過是否接受日本的直接管理，所以日本決定尋求其他中國合作者。除了在東北名義上獨立的滿洲國以外，

---

[27] T. H. Whiten and A. Jacoby, *Thunder out of China* (New York: William Sloan Associates, [1946] 1961), pp. 70-72.

[28] S. Pepper, *Civil War in China: The Political Struggle, 1945-1949* (Berkeley: University of California Press, 1978), p. 95.

很諷刺的是，華中地區的主要合作者是原國民黨著名領袖——汪精衛
（1883-1944）。

1910年，清朝滅亡前夕，汪精衛曾經刺殺清朝攝政王載灃未遂後
被捕，本來鐵定會被處死。然而清朝並沒有準備創造一個革命烈士，而
是將死刑改判爲終身監禁。1912年辛亥革命成功後，汪精衛以英雄的
身分凱旋。1925年孫中山逝世時，汪精衛甚至短暫接替孫中山成爲國
民黨領導人。但是，當以蔣介石爲首的國民黨黃埔軍校學員在1926年
突然採取行動，在沒有徵求汪精衛意見下，結束了在廣州長達9個月的
省港大罷工，汪精衛接受失敗只能辭去職務前往巴黎。

1938年日本停止與蔣介石談判後，在南京建立了屬於他們的傀儡
——改組中華民國政府。1940年，日本人把汪精衛推到了僞中華民國
政府領導人的位置。雖然從歷史上看毫無疑問汪精衛在戰時與敵人勾
結，但他似乎並非是個單純的投機分子。汪精衛看起來眞心認爲，當時
與日本合作才是保護中國利益的最佳途徑。在戰後的戰爭罪審判中，汪
精衛的遺孀（汪精衛已經去世）仍在極力維護她的丈夫，贏得了法庭觀
眾的掌聲，她認爲汪精衛沒有放棄任何一寸中國領土，他已經竭盡所能
捍衛去中國的領土主權。[29]

在亞洲的其他地方，例如那些前歐洲國家殖民地，在與日本人合作
過程中讓他們產生內部民族主義思潮。比如說在荷屬東印度（如今的印
度尼西亞），二戰時有與日本合作經歷，蘇加諾作爲民族英雄的聲譽並
沒有受到損害。而在中國，讓民族主義者憤怒的不是西方帝國主義，而
是日本。除了諸如南京大屠殺和其他總共導致兩千萬人死亡的恐怖暴行
以外，還有平日裡的羞辱，比如中國被占領的沿海城市的街道上需要向
日本哨兵鞠躬。這些戰爭中的記憶給中國帶來了長久的傷痛。

---

[29] J. H. Boyle, *China and Japan at War, 1937-1945: The Politics of Collaboration* (Stanford University Press, 1972), pp. 351-352, 361-362.

日本對戰爭的感受也差不多，這場戰爭進行得不太順利，迅速又簡單地贏得這場戰爭愈發不可能。即使珍珠港事件還未發生，美國和其他同盟國還是加強了對日本的防衛力量，日本在中國已經有185,000人為這場戰爭獻出生命，日本的經濟已經處於嚴重的壓力之下。日本戰略家對深陷中國這一「泥潭」感到越來越惱火的情況下，開始把目光投向更遠的南方。

▌二戰中的太平洋

中日戰爭的消費巨大，這與日本急切想加快讓本國軍事自給自足的戰略野心相結合，日本從1930年代初大蕭條後，令人稱奇的強勁出口導向型經濟復蘇，到本年代末變為嚴重依賴重工業進口。1936年後日本的軍事支出增長導致通貨膨脹，這提高了日本產品的成本，降低其出口競爭力。政府對進口原料的管制傾向於具有軍事價值的原料，而不是如棉花這樣可用於生產出口紡織品的原材料。政府控制也讓新的投資大多流向軍事工業，而非消費或出口導向型企業。讓人感到諷刺的是，日本追求軍事上自給自足的代價是，變得極其嚴重地依賴諸如機床、鐵和石油等進口貨物。[30]

1938年2月提出的《國家總動員法》將日本的所有經濟資源置於政府控制之下，最早的影響之一是實行配給制和其他資源緊縮措施。從1938年起汽油的供應就嚴格受限，到1940年，大米、火柴、糖和木炭也被列入配給品清單。1940年5月，日本的商店被禁止出售任何非生活必需品。女性不僅拿不到西式服裝，甚至傳統日本和服也被卡其色的

---

[30] Barnhart, *Japan Prepares for Total War*, pp. 91, 95-96, 101-104.

「人民制服」和農村長褲所取代。[31]

　　1905年日俄戰爭勝利後，日本就一直提防著俄國報復，俄羅斯的共產主義革命讓戰爭看起來迫在眉睫。一些將領反對介入長城以南的中國事務，特別是策劃奪取滿洲的主謀石原莞爾，因為這將損耗重要的資源，分散日本與俄羅斯對抗的注意力（他希望先解決俄國再和美國進行最終決戰）。日本事實上的確於1939年夏，在蒙古和滿洲交界的一個叫諾門罕（日本稱）的地方，與蘇聯展開過一場鮮為人知但卻激烈的小戰役。然而真實的情況是，蘇聯裝甲部隊在這一戰役中表現得讓日軍感到震驚，日本遭受到重大損失。蘇聯在諾門罕痛擊日本的同時，1939年8月，蘇聯與德國簽訂互不侵犯條約。日本早在1936年就與德國簽署反共產國際協定（反對共產主義無需特別提及蘇聯），並於1940年與軸心國的德國和義大利正式結盟，1941年時同蘇聯簽訂《日蘇中立條約》。儘管希特勒背叛了與史達林的協議，並在不久後發兵入侵蘇聯，但蘇聯與日本之間的協議並未失效。蘇聯在二戰太平洋戰場一直保持中立，直到二戰結束前的最後幾個月。

　　日本希望加入與德國和義大利的軸心同盟，會讓其他勢力（例如美國）對干擾日本的亞洲戰略有所忌憚。為了切斷國民政府的補給線，日軍在1941年7月占領法屬印度支那殖民地（越南）。法國人此時已被德國擊敗，被迫與希特勒在歐洲合作，所以法國人在越南並沒有抵抗日軍，但美國、英國和荷蘭對日本實施極其嚴厲的經濟制裁，包括禁運石油和廢金屬材料。經濟制裁十分具有威懾力，1940年時日本石油供給的80%來自美國。[32] 日本對美國石油的主要替代是來自荷蘭的殖民地爪哇（現在為印尼）的石油，因此日本如今的處境變得相當困難。

---

[31]　T. R. H. Havens, *Valley of Darkness: The Japanese People and World War Two* (Lanham, MD: University Press of America, 1986), pp. 16, 18, 50.

[32]　Mikiso Hane, *Modern Japan: A Historical Survey* (Boulder, CO: Westview Press, 1986), p. 297.

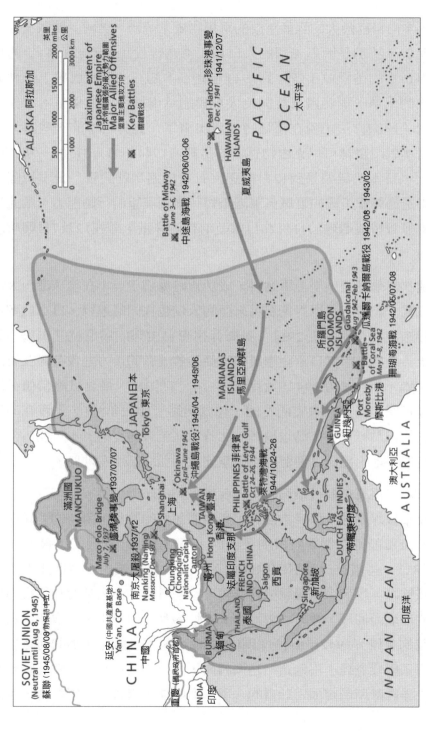

地圖10.3 二戰太平洋戰場

　　日本向自己最大的且最重要的軍事物資來源國（美國）開戰，似乎不太明智，特別是因為美國的人口和工業化程度也遠高於1941年的日本。但日本的選擇並不多，到1941年底日本的石油儲備已經下降到非常危險的水準，而美國已經開始大規模的軍備擴張。如果日本有任何能贏過美國的方法，現在都是時候用出來了。此外日本的一些將領相信，日本戰鬥精神可以克服物質上的劣勢。1941年11月5日的一次帝國會議上，日本決議如果到12月前還沒有達成協議就開戰。日本帝國海軍計畫透過襲擊美國的夏威夷軍港來暫時癱瘓美軍的行動能力。為此日本一支航母特遣艦隊於11月26日啟航前往珍珠港，並在12月7日襲擊珍珠港。

　　這次襲擊完全出乎美軍意料，成功暫時癱瘓了美軍在珍珠港內大部分的戰艦。此時，日軍對英屬馬來亞的入侵也在同時進行。日軍於聖誕節當日攻克香港；12月29日，美屬菲律賓自由邦的馬尼拉宣布為不設防城市。在馬來半島日軍穿越叢林，從防禦薄弱的後方進攻英國在新加坡的要塞，新加坡在1942年2月8日淪陷。3月9日，最具戰略價值荷屬爪哇島投降，島上有豐富的石油、橡膠和錫。1942年5月，美軍在菲律賓最後的據點科雷吉多島也投降。此時，甚至有傳言稱日本可能入侵英屬印度殖民地，更流言稱盟軍將撤離澳大利亞北部所有地區。

　　日本只需要再取得幾場勝利，就可以完成防禦島鏈，為可預料到的盟軍反擊做好準備，但日本沒有等到他們想要的勝利。所有的美國航空母艦都奇蹟般地在襲擊時離開了港口，得以逃過珍珠港的屠殺。1942年5月8日，美國航母特遣部隊攔截了一支前往紐幾內亞摩斯比港的日本入侵艦隊，爆發海軍艦載機的空戰。戰爭發生在澳大利亞和紐幾內亞之間的珊瑚海海域，雙方均未取得決定性勝利，但日軍被迫取消了對摩斯比港的入侵。1942年6月，日軍成功在美國本土阿拉斯加的阿留申群島進行了兩棲登陸。不過這只是個誘餌，其目的是為吸引並擊沉殘餘美國太平洋艦隊所制定周密計畫的一環。但好運卻降臨在美軍這邊，美國

破獲了日本的通訊密碼，這讓美軍可獲取日軍的情報，現在輪到美軍給日軍一個驚喜了。1942年6月4日的中途島海戰中，4艘日本航空母艦被擊沉，美國僅損失1艘，中途島戰役成爲太平洋戰爭的關鍵轉捩點。

事實證明日本帝國在太平洋戰場的防禦並非密不透風，而是漏洞百出。美國潛艇部隊在日本控制的水域幾乎暢通無阻，美軍隨機頻繁對日軍運輸線發動襲擊，切斷從爪哇島和其他地方到日本本土工廠的基礎原材料輸送。這使得日本的工業經濟停滯，日本也越來越難對戰爭中損失的艦船與飛機進行補充。日本把占領的太平洋島嶼打造成軍事要塞，但在盟軍的反攻中，盟軍決定避開這些硬骨頭，由此發明了一個叫做「跳島」的戰略以繞過或跳過日軍島嶼。

1942年8月，盟軍從登陸所羅門群島的瓜達爾卡納爾島開始反攻。瓜達康納爾島的激烈爭奪戰持續大約六個月，直到1943年2月盟軍才最終把日本人趕出瓜達爾卡納爾島。從此開始，日本帝國在太平洋受到兩線反攻，盟軍陸軍（由道格拉斯・麥克阿瑟將軍指揮）從南方的紐幾內亞向菲律賓進攻，海軍則從馬里亞納群島跨越中太平洋直逼沖繩。

與此同時，美國工業馬力全開，準備以工業的鋼鐵洪流衝擊日本帝國。1943年底時，美國太平洋艦隊還從來沒有同時擁有超過4艘航空母艦，但到1944年末，美國海軍已經有近百艘航空母艦（包括全球範圍內的小型護航航母）投入戰爭。[33] 1944年10月，麥克阿瑟將軍聚集了一支大約700艘艦船組成的龐大艦隊，準備兌現很久之前許下的要返回菲律賓的承諾。日本派出最後的軍艦防禦菲律賓，其後世界史上最大的海戰——萊特灣海戰中，日軍大敗。在失敗的絕望中，日軍開始使用自殺式戰術（神風——來源於十三世紀摧毀蒙古入侵艦隊的颱風）攻擊盟軍船隻。

---

[33] M. Hastings, *Retribution: The Battle for Japan, 1944-45* (New York: Alfred A. Knopf, 2008), p. 26.

1944年11月，從馬里亞納群島起飛的B-29長程轟炸機開始轟炸日本本土。總共約66個日本城市被夷爲平地，燃燒彈大量點燃多爲木製的日本房屋。日本的主要城市中，只有古老的帝國首都京都倖免於難。沒過多久，盟軍幾乎完全掌握了日本的制空權。同盟國在1943年的卡薩布蘭卡會議上通過要求日本無條件投降的要求，此時日本當局仍然拒絕接受。一些日本領導人仍舊寄望於透過贏得一次決定性的重大戰役，並在戰役中給予盟軍重創來扭轉當前不利的戰局。對許多日本當權者來說，至少要維護皇室制度在國家政治中的地位。

1945年5月德國戰敗後，日本發現自己正孤身一人對抗整個世界。1945年夏，日本徒勞地請求蘇聯介入調停以結束戰爭，但日本還未意識到史達林已在當年2月份的雅爾達會議上承諾，在德國投降後俄羅斯將參加對日戰爭。8月6日廣島核爆，8月8日蘇聯大舉進攻滿洲的日軍，8月9日第二顆核彈在長崎引爆。即便如此，8月10日日本政府仍然發布資訊稱日本願意接受盟軍的投降條件，但要在保證天皇的權力。英國和蘇聯都同意的情況下，美國做出回應，但修改了關鍵的地方，改爲「天皇的權力……應服於從盟軍最高指揮官」。[34]

美軍回應讓許多日軍感到不滿。然而經過相當多的討論後，天皇本人終於出面打破僵局，決定在8月14日投降。即便此時，天皇錄音的《終戰詔書》發表前夜，一群軍官發動叛亂並試圖銷毀錄音。然而叛亂者們失敗了，1945年8月15日中午，日本人民首次聽到天皇的聲音，但天皇使用的是普通人難以理解的宮廷用語。天皇在沒有實際使用投降一詞，描述（相當輕描淡寫地）近期戰局發展「沒有對日本有利」，天皇呼籲他的人民要「忍耐痛苦」。[35]

---

[34] M. S. Gallicchio, *The Cold War Begins in Asia: American East Asian Policy and the Fall of the Japanese Empire* (New York: Columbia University Press, 1988), pp. 73-74.

[35] 見 J. W. Dower, *Embracing Defeat: Japan in the Wake of World War II* (New York: W. H. Norton, 1999), 33-39。

圖10.4　1945年9月2日，日本帝國代表團登上停泊於東京灣的美國密蘇里號戰列艦，參加象徵二戰結束的投降典禮。美國國家檔案館

　　1945年9月2日，正式的投降條約在美國密蘇里號戰列艦的甲板上簽訂（如圖10.4），宣告二戰結束。日本在轟炸的廢墟中承受失敗的苦果，大約270萬人死於戰爭。韓國從日本的殖民統治中被解放，但最初被劃分為蘇聯和美國軍事占領區。中國雖是戰勝國，但1937年二戰就開始於中國，這讓中國遭受到可怕的戰爭破壞，戰後中國的形勢依然不容樂觀。美國幾乎是世界上唯一一個從二戰中崛起的國家，二戰後，美國經濟占到了全球商品和服務總量的50%。[36]但當時鮮有人能預測到，

36 D. W. White, *The American Century: The Rise and Decline of the United States as a World Power* (New Haven, CT: Yale University Press, 1996), p. 56.

在接下來的幾十年裡，東亞或許將重新成爲（至少在純經濟意義上）地球上最成功的單一地區，而日本將引領這一令人驚歎的經濟「奇蹟」。

！延伸閱讀

關於日本戰前的極端民族主義，請參閱 Michael A. Barnhart, *Japan Prepares for Total War: The Search for Economic Security, 1919-1941* (Ithaca, NY: Cornell University Press, 1987); W. G. Beasley, *Japanese Imperialism, 1894-1945* (Oxford: Clarendon Press, [1987] 1991); Mark R. Peattie, *Ishiwara Kanji and Japan's Confrontation with the West* (Princeton University Press, 1975); Ben-Ami Shillony, *Revolt in Japan: The Young Officers and the February 26, 1936 Incident* (Princeton University Press, 1973)；以及 George M. Wilson, *Radical Nationalist in Japan: Kita Ikki, 1883-1937* (Cambridge, MA: Harvard University Press, 1969)。關於滿洲國，請參閱 Louise Young, *Japan's Total Empire: Manchuria and the Culture of Wartime Imperialism* (Berkeley: University of California Press, 1998)。

關於國民政府，請參閱 Jay Taylor 所著的蔣介石自傳，*The Generalissimo: Chiang Kai-shek and the Struggle for Modern China* (Cambridge, MA: Harvard University Press, 2009)。也請參閱 Parks M. Coble Jr., *The Shanghai Capitalists and the Nationalist Government, 1927-1937* (Cambridge, MA: Harvard University Press, [1980] 1986); Lloyd E. Eastman, Jerome Ch'en, Suzanne Pepper, and Lyman P. Van Slyke, eds., *The Nationalist Era in China, 1927-1949* (Cambridge University Press, 1991)；以及 James E. Sheridan, *China in Disin-*

tegration: The Republican Era in Chinese History, 1912-1949 (New York: Free Press, 1975)。

有關中國共產黨、毛澤東崛起，請參閱 Arif Dirlik, *The Origins of Chinese Communism* (New York: Oxford University Press, 1989); Benjamin I. Schwartz, *Chinese Communism and the Rise of Mao* (Cambridge, MA: Harvard University Press, [1951] 1979); 短篇傳紀，Jonathan D. Spence, *Mao Zedong* (New York: Viking, 1999)。Edgar Snow 是一位美國記者，曾探訪早年的毛澤東，並發表了極有價值的敘述，*Red Star over China* (New York: Grove Press, [1938] 1968)。

關於二戰的中國和日本，請參閱 John Hunter Boyle, *China and Japan at War, 1937-1945: The Politics of Collaboration* (Stanford University Press, 1972); Iris Chang, *The Rape of Nanking: The Forgotten Holocaust of World War II* (New York: Penguin Books, 1997); Thomas R. H. Havens, *Valley of Darkness: The Japanese People and World War Two* (Lanham, MD: University Press of America, 1986); Saburō Ienaga, *The Pacific War, 1931-1945* (New York: Pantheon Books, [1968] 1978)；以及 Barbara W. Tuchman, *Stilwell and the American Experience in China, 1911-1945* (New York: Bantam Books, 1972)。美國在中記者所著的具參考價值資料，Theodore H. White and Annalee Jacoby, *Thunder out of China* (New York: William Sloan Associates, [1946]1961)。

二戰太平洋戰爭，請詳閱 John W. Dower, *War without Mercy: Race and Power in the Pacific War* (New York: Pantheon Books, 1986); Max Hastings, *Retribution: The Battle for Japan, 1944-45* (New York: Alfred A. Knopf, 2008)；以及 Ronald H. Spector, *Eagle against the Sun: The American War with Japan* (New York: Free Press, 1985)。

十一　1945年後的日本

▌同盟國軍事占領日本

9月2日在密蘇里戰艦上進行正式投降儀式前,昭和天皇於1945年8月15日透過無線電廣播宣布投降,8月28日運輸機C-47降落在東京外,一開始只有一支特遣隊,最終有25萬人登陸,最初抵達的同盟國還不確定會遭受怎樣的對待。日本人也是相當焦慮和不安,他們無法預料近來懷恨的敵人會有怎樣的行動,很多日本人接受戰爭結束,但相對地也有很多日本人感到擔憂。然而日本依然友善地對待同盟國,甚至一直給同盟國特權到1951年,像是提供免費傭人給占領當局,即使日本戰敗,占領當局也對日本表現尊重。不少參戰者發現自己對日本文化有終其一生熱愛和迷戀。[1] 戰後盟軍占領日本獲得全面的成功。

雖然說是同盟國,但事實上大多都是美國主導。不像戰後的德國(以及也是日本前殖民地的韓國),日本沒有被不同的盟國劃分占領區。遠東跨國委員會最終建立於華盛頓特區,盟國對日理事會被派到東京處理事宜,包括英國、中國、蘇聯。駐日盟軍總司令(SCAP)美國少將道格拉斯・麥克阿瑟(Douglas MacArthur, 1880-1964)奉命積極監督日本。1945年8月底,他在東京第一大樓設立總部,大多數員工也

---

[1]　見 O. Statler, *Japanese Inn* (Honolulu: University of Hawai'i Press, [1961] 1982) pp. 3, 321-333,和關於作者。

都是美國人。

杜魯門總統最初告訴麥克阿瑟將軍在日本境內擁有最高權力，地位不差於君主，他的地位像是殖民地總督。[2]他相當了解東方思維，推測這是基於他早年曾在菲律賓生活，但基督徒（天主教徒）的菲律賓人與東亞日本人沒什麼相似之處，而麥克阿瑟也對日本不太了解。最關鍵的一點是麥克阿瑟的家長式領導確實讓日本人民受惠，因為日本的城市在最初遭到轟炸後，呈現一片淒涼的景象，日本各地物資均極度短缺。

即使政府發放食物，但分配到的食物仍低於維持生命所需的量，因此幾乎每個人都必須轉向黑市，以獲取足夠的食物。黑市的營銷隨處可見，以至於1948年一本雜誌用黑色幽默寫下「唯一沒有非法生活的人，就是那些坐牢的人。」[3]麥克阿瑟透過物資和藥物，迅速應對緊急狀況，這無疑拯救了不少生命，儘管這無法消除戰後初期的艱辛，麥克阿瑟似乎很同情日本天皇。

在日本投降之際，美國在如何強行重建日本，使日本不再威脅世界和平上，產生嚴重的分歧。有些人認為，必須完全抹殺舊日本軍國主義，許多盟國認為日本應該為戰爭侵略，受到嚴厲的懲罰。最初的計畫是拆除日本的工業工廠並運往外國，以作為戰爭補償。包含韓國、臺灣和滿洲（技術上都不是殖民地，但實際上已被日本人主導），所有的日本海外殖民地在解放後，約有650萬日本人從海外回歸日本。

國際法庭馬上就開庭，打算懲罰特定的罪犯，28名甲級囚犯，被指控犯下重大的危害和平罪，並受到遠東國際軍事法庭的審判，其中7人被判有罪並處以絞刑。此外，這還不包含那些被蘇聯和中國共產黨捕

---

2 W. Manchester, *American Caesar: Douglas MacArthur, 1880-1964* (Boston: Little, Brown, 1978), 470-471.

3 J. W. Dower, *Embracing Defeat: Japan in the Wake of World War II* (New York: W. H. Norton, 1999), pp. 96-97.

抓的罪犯，盟國國際軍事法庭審判了其他大約5,700名，被控犯下普通
戰爭罪的日本人，像是虐待囚犯。其中4,405人被定罪，984人被處決。
除了對特定戰犯的懲罰外，在占領的頭三年裡，還有二十多萬前軍官、
政治家和商界領袖也被占領當局清除。

　　許多美國人認為日本天皇要對太平洋戰爭負起最大責任。1945
年，美國參議院通過決議，呼籲也將天皇作為戰犯受審。然而，在
1946年1月麥克阿瑟從東京發電報到華盛頓，他強烈主張讓天皇接受戰
爭罪審判只會適得其反，甚至可能會引發對盟國的游擊戰。日本天皇一
直是日本的象徵，而不是一個積極的統治者，天皇對於特定政府政策
（包括軍事行動）的個人責任有限。而且，正如作為日本的象徵，天皇
的聲望也能用在和平與穩定上，就像以前用於戰爭一樣。到最後，盟軍
採用麥克阿瑟的建議，不僅保留日本的君主制，而且戰爭時期在位的裕
仁天皇也被允許坐在他的菊花寶座上，且不追究他的戰爭罪刑。甚至在
投降以後，繼續由日本政府掌權，駐日盟軍總司令SCAP當局有最終的
權力，但實際上占領當局只有監督能力。

　　1946年春天，日本實行戰後第一次的選舉，也是女性第一次有投
票權，吉田茂（1878-1967）成為總理。吉田茂在整個占領時期持續主
導政府。吉田茂在第一次的內閣會議時曾表示，日本有機會在戰敗的情
況下，仍獲取和平。[4]

　　駐日盟軍總司令對戰後日本的監督，但因缺乏具備日文能力和熟悉
日本文化的專家，而受到阻礙。戰爭期間，日文速成班在美國雨後春筍
般地湧現。自從日本人襲擊珍珠港後，哈佛大學決定於1942年春季學
期，開設初級日語強化教學班，而不是等到9月開學。當老師相當驚訝
有近百名學生擠在小教室，而不是平常的5或10人。二戰初期，美國海

---

[4]　M. B. Jansen, *The Making of Modern Japan* (Cambridge, MA: Harvard University Press, 2000), p.
676.

軍只有12個官員會說日文，但在戰爭結束後，僅僅美國海軍日語學校就有1,100位畢業生。[5] 即使這樣，占領當局裡能說流利日文的人還是有限。這也使占領當局過度依賴日本中央提供的英文翻譯，因此時常造成誤解。

　　儘管如此，駐日盟軍總司令還是有利於推動日本國會進行澈底改革，而這種改革本來是完全想像不到的。由於第二次世界大戰結束時，美國處於羅斯福新政時期，改革最初的主旨是強調工廠勞工工會化、農地再分配、反托拉斯和平權。例如，1945年12月通過了《工會法》，保障日本工人組織、罷工和集體談判的權利。通過反托拉斯法，迫使巨型財閥解體。1946年《農地改革法》，規定不在耕作地區居住的地主不得擁有農地，並嚴格限制可租給佃農的農地數。這項土地改革與快速的都市化，促使傳統鄉村社會秩序全面瓦解。包含共產主義者在內的政治犯被釋放，國家神道也被廢止，天皇聲明天皇不再爲神，並宣布宗教自由。

　　日本並不滿意新法律或政策，需要全新的憲法取代明治憲法。由於盟軍不滿意日本的憲法提案，而非官方提案又太離譜，像廢除日本天皇。美國人便出手干預並起草英文版新憲法。駐日盟軍總司令政府部門的一個小組在一個星期左右（1946年2月4日至12日）的努力下，根據麥克阿瑟的指導方針，制定了新憲法。經過幾次修改後，新憲法於1946年11月獲日本國會批准，並於1947年5月生效至今。

　　雖然，日本天皇只是有名無實的領導者，但理論上他曾經擁有至高無上的權威，如今已被新憲法限縮到僅僅是國家象徵，主權歸於人民。日本成爲眞正的西方民主國家，所有20歲以上的公民（包含女性）都

5 E. O. Reischauer, *My Life between Japan and America* (New York: Harper and Row, 1986), p. 91; E. Terry, *How Asia Got Rich: Japan, China, and the Asian Miracle* (Armonk, NY: M. E. Sharpe, 2002), p. 353.

有投票權。公民投票權直到1945年才引入法國，1970年才引入瑞士。[6]
儘管美國起草的憲法屬於英國的議會制，而非美國的總統制。然而不同
於日本戰前制度，總理由天皇指派或準確地說總理只是以天皇名義行事
的政治家，現今的總理是由選舉產生並對國會負責。前上議院議員和貴
族被淘汰，並由民選議員取代。

　　因爲現在總理是由國會議員選出，所以總理通常是國會主要黨的
領導人，實際上領導黨通常是自民黨。儘管從自民黨於1955年創黨以
來，就有眾多反對聲音，自民黨於戰後長久執政，只有1993到1966年
和2009到2012年例外。換句話說，戰後日本經歷一段長期的多黨林
立，但總是一黨勝選。自民黨雖以自由民主爲名，實際上是保守主義，
但因爲長期以來，反對自民黨的主要勢力爲社會主義者，才導致了自民
黨一黨獨大的現象。雖然社會主義黨確實有相當中堅的支持者，但由於
他們拒絕與美國的共同安保條約，並在冷戰時期堅持馬克思主義，對民
眾的吸引力相對有限。

　　相對而言，自民黨實現了長期的和平與繁榮，並承諾爲每一個人都
帶來福祉。由於自民黨的統治已根深蒂固，意味著戰後日本的政治通常
與自民黨內部有關，導致總理經常透過各派系領導人間的協定來選擇。
也因爲自民黨成員彼此競爭，而花費巨額的競選經費，令人厭惡的貪
汙醜聞層出不窮。到1993年之前自民黨連續19次總理勝選，但在那一
年，自民黨因捲入派系醜聞，遭到逮捕並被指控從非法競選捐款中，獲
得數千萬美元，自民黨分裂。1993年，由七個政黨組成的聯盟產生38
年以來第一位非自民黨的總理——細川護熙。細川護熙也成爲二戰以來
聲望最高的日本首相，然而聯合政府因各集團之間的分歧而癱瘓，很快
地他捲入不法政治獻金，於1994年4月下台，只任職了八個月，下任首

---

[6]　T. J. Pempel, "Prerequisites for Democracy: Political and Social Institutions," in *Democracy in Japan*, ed. T. Ishida and E. S. Krauss (University of Pittsburgh Press, 1989), p. 21.

相也只任職兩個月。接著，1994年6月，相當罕見的三個保守黨和自民黨聯盟，並出現自1948年以來的第一位社會主義總理。1996年1月自民黨重新掌權。

2009年全球經濟不景氣，日本長期停滯的經濟進一步受到影響。民眾批評自民黨經濟政策效率低，自民黨也流失越來越多年輕人選票，導致自民黨在選舉中被民主黨（DPJ）打敗。當時有猜測認爲，自民黨失敗可能最終代表自民黨主導地位終結，但自民黨在2012年再次重獲首相一職，並持續到現在。

日本戰後憲法無意間造就一黨獨大的議會民主制。另外，企圖推動一系列人民的新權利，反映了1940年代羅斯福新政的思想，其中涵蓋社會福利、安全權利、公共衛生、最低生活標準和性別平等。爲了推動所謂民主的理想，或至少弱化父權體制，1950年代，日本政府和某些私人組織舉辦活動，鼓勵日本家庭改變家庭的洗澡順序，以至於爸爸不是總當第一個洗澡的人。[7]

日本戰後法律最引人注目的無疑是第9條，宣稱日本將永遠不承認國家交戰權，也永遠無法擁有軍隊。這似乎是源自麥克阿瑟的想法，這和當局最初的想法一致，爲的是防止日本再度威脅世界和平。諷刺的是，美國馬上就對掃蕩日本軍倍感後悔，日本從第二次世界大戰的敵人，變成美國冷戰時期對抗共產的盟友。

麥克阿瑟爲日本創立的新式預留警制演變爲自衛隊。最終，日本大量的投資於自我防衛能力，然而，日本人打從心底反感於釀成1945年大禍的軍事主義，戰後日本長期以來是一個特殊的和平主義國家。[8]現

---

[7] A. Gordon, "Society and Politics from Transwar through Postwar Japan," in *Historical Perspectives on Contemporary East Asia*, ed. M. Goldman and A. Gordon (Cambridge, MA: Harvard University Press, 2000), pp. 279-280.

[8] 見 M. Harries and S. Harries, *Sheathing the Sword: The Demilitarization of Japan* (New York: Macmillan, 1987), p. 307。

今，越來越多日本人擔憂中國政權的急速崛起，任內自民黨首相安倍晉三是一位相對保守的民族主義者，他想要適度修訂憲法對軍事活動的限制。這或許表明二戰時期已在日本落幕。

早期的盟軍占領改革在羅斯福總統新政下開始，並強調像是釋放政治犯和通過工會法等事蹟。但1947年2月，駐日盟軍總司令SCAP干預了日本工會聯盟聯合罷工。隨著冷戰情勢日益緊張，1947年4月共產主義在日本大選獲勝，美國政策有時會被指控是逆進程。無庸置疑，最主要的美國戰略已從防止日本軍事主義，變成防止共產主義。由於日本是一個強大的資本主義民主國家，可能可以對冷戰時的圍堵政策帶來貢獻，於是在1948年廢止日本的戰爭賠償方案，雖然最後日本還是付了可觀的代價。

最初，一些盟國會持續預期會長時間占領日本，但麥克阿瑟覺得長期軍事占領會適得其反。1950年就開始著手於訂定和平條約結束占領，由此生成的和約於1951年9月在舊金山簽署。日本戰後為以美國導向的冷戰陣營，蘇聯和中國都沒來參加和平儀式，而中國和日本間直到1972年都還未締結和約，儘管如此，《舊金山和約》於1952年4月28日生效，正式地結束戰後占領。6月，昭和天皇在伊勢神宮向天照大神報告日本恢復獨立。

正式結束占領，這並不意味著美國撤出軍力，直到1972年，日本國土安全和沖繩島仍在美國的管控下。1960年，《美日安保條約》的修訂和延長，引起日本史上最大規模的政治示威，要訪日的美國總統德懷特‧艾森豪（Dwight D. Eisenhower）被迫取消計畫。美國軍備和美國制定的憲法依舊留存至今。自1945年來，日本一直是美國在世界上最堅定的戰友，而後日本重獲獨立，各類別的戰爭罪犯都獲減刑。1954年後的多年裡，日本首相經常是那些曾被占領當局清除過的人。

▌經濟復甦和發展型國家

對很多日本人而言，第二次世界大戰結束後的第一個冬天相當艱困。由於戰爭，數萬人無家可歸，不得不睡在地鐵站或是任何他們能找到能湊合的庇護地。工業化在日本只占極小部分，有500萬日本人失業。日本在這場大災難中恢復得相當緩慢。占領結束時幾乎都沒復甦。日本的GDP直到1953年才恢復到二戰前的水準。[9] 由於日本本島缺乏工業原料，日本的經濟復甦十分困難。1950年韓戰爆發，聯合國以日本作為有用的前線軍事基地，也導致日本小幅度的經濟增長。

從1955到1973年，平均每年日本的GDP增長超過10%。二十年間從1950到1970年，日本的GDP大幅成長二十倍。到了1968年，日本超過西德成為世界第三大經濟體。同時，日本的工業領域成為世界上工業最發達的國家之一。1950年，美國經常視日本的勞力為廉價的代名詞。但日本迅速地從紡織和其他輕工業，轉型為先進的消費性電子產品。就以電晶體舉例，1948年由美國貝爾實驗室發明，1950年索尼（SONY）公司採用電晶體科技，做出新世代的輕型攜帶收音機。因此，日本很快成為支配電晶體收音機的世界工廠。日本公司不滿足於此，繼續成為更尖端更豐富的產品生產者。1957年第一批日本出口的豐田Toyopet汽車在美國卸貨（見圖11.1）。到了1981年，日本成為世界最大的汽車製造國和真正的世界經濟強國。

日本戰後能有明顯成功的其中一個原因，可能是因為戰爭完全地摧毀日本，這也給它一個清晰的版圖，透過最先進的技術和最新的設施獲取最大的利益。雖然不是免費得到美國和其他先進國家的技術轉讓協議，電晶體收音機就是一個技術轉讓的經典案例。日本享有進入美國大

---

[9] Yutaka Kosai, "The Postwar Japanese Economy, 1945-1973," in *The Economic Emergence of Modern Japan*, ed. K. Yamamura (Cambridge University Press, 1997), p. 159.

圖11.1　豐田Toyopet汽車，於1957年抵達舊金山，為日本第一批出口汽車。©Bett-mann/Corbis

消費市場相對不受限的優勢，儘管日本並非唯一。但日本擁有戰爭前殘留下來訓練良好及經驗豐富的人力資本，日本的成功也歸功於辛勤工作和有決心的日本人民。

　　戰後早年，日本普遍認為該以經濟成長作為國家最優先事項的重要性，部分由於占領帶來的結果像是農地再分配和財團解體，日本作為工業國家經濟快速地成長，同時將收益分布於世界各國，雖然二十世紀晚期變得不那麼確實。戰後日本人口大多是中產階級。[10]戰後日本的經濟特色是均分（平等）主義。這包含大企業員工對終身就業及薪資大多基於年資的期望，個人職涯的流動性和個人抱負的眼界因而受限，也限制

10　同上，p. 177。

了同事間的競爭，甚至被說成是鼓勵同事間的合作精神。所謂的從下而上的決策，也使基層員工能對公司表達對政策的意見，主管級通常用他們自己的方法在公司工作，他們留下並滿足於相對微薄的薪水。

日本工業成長的另一個關鍵元素是有豐裕的資本投資。這可能是因為日本的個人儲蓄率很高。雖然日本人喜愛儲蓄肯定和政府的稅收鼓勵政策有關，也有部分爭論是歸功於儒家文化。這當然值得商榷，但事實上，高儲蓄率一直是現代東亞驚人的共同特徵。

雖然效果有待商榷，但政府的政策也是一個因素。日本是東亞最初的發展型國家。1970年，日本政府官員公開形容日本是以市場導向為計畫的國家。[11] 歷史背景有助解釋這個情況，在十九世紀明治時期初由國家培育工業化後，日本以朝向歐美式的自由放任資本主義發展，但日本的經濟在1920年代停滯，1927年銀行恐慌，全球大蕭條讓日本工業合理化。這涉及各種影響，受到美國對蘇聯五年計畫，尤其專注於以德國作為模範。舉例來說，1930年日本官僚岸信介（1896-1987）花了7個月在柏林學習工業合理化。在日本，合理化被解釋為用合作取代過度競爭。岸信介1930年在滿洲國工業部任職副主任，那是日本戰前國家主導工業化實驗的主要實驗室；隨後在第二次世界大戰期間，他擔任日本本國工商部長。戰後岸信介遭懷疑是戰犯，他短暫被關，後來被釋放。他就任1957到1960年的總理，是日本戰後經濟奇蹟的開端。[12]

然而，第二次世界大戰後，日本成為資本主義主導的國家，但某方面日本戰前的經驗和同盟國占領行為奇異地混在一起。駐日盟軍總司令首先將它的優先考量改為經濟重建，像是1947年同盟國當局慎重地促進在日的工業策略，用行政工具直接分配資源，從重建金融銀行借款和

---

[11] C. Johnson, *MITI and the Japanese Miracle: The Growth of Industrial Policy, 1925-1975* (Stanford University Press, 1982), p. 10.

[12] 同上，pp. 45-46, 102-106, 108-109, 130-132。

政府直接補助。雖然駐日盟軍總司令已讓財團瓦解，並清除了前軍官政治家和商業領袖，相比第二戰世界大戰後，比較少日本官僚遭清除，諷刺的是，官僚統治的最高峰是在美國占領期間。[13]

　　戰前的商工省（在二戰期間重組爲軍需省），在1949年盟軍占領期間再次改組爲通產省（Ministry of International Trade and Industry, MITI）。1950年晚期，通產省開始瞄準特定的主要工業，像是提煉石油、石油開發和電子業，並愼重地進行開發。爲了促進目標產業，通產省可以直接批准從日本開發銀行和進出口銀行的低息貸款，政府也直接補助或對出口產業部分徵稅。通產省也掌控外國科技與外匯的獲取，並有著對主要產業的許可權。爲了保護重點發展產業免於外國競爭，政府有時也採取直接的進口配額，像是外國產汽車的進口配額一直到1965年都有效。

　　除了最初限制外國製產品外，日本也一直堅持不接受外資投資，即使歷經幾十年的經濟開放，在2001年初海外投資僅占日本GDP的0.4%。[14]不願接受外國投資意味著日本嚴重依賴本國資本來源，因爲截至1963年日本的股票市場僅提供10%的必要資本，日本戰後早期工業成長的大部分資金來自銀行貸款。因爲日本銀行大部分帳款來源由財務省掌控，這也代表政府相當程度的間接監督大多數的投資。不過或許比起政府主導，更重要的一點是，由於資本主要來自銀行貸款，日本企業相對不需要執意追求季度營收定期增長以吸引股市投資者，而更能專注在長期成長、市占率、穩定性。

　　同時間，也反映戰前銀行扮演重要的角色，新型銀行巨頭爲中心成形的集團稱爲經連會，特別是富士、三和、第一、三井、三菱、住友銀

13 同上，pp. 41, 44, 176。

14 R. Katz, *Japanese Phoenix: The Long Road to Economic Revival* (Armonk, NY: M. E. Sharpe, 2003), p. 166.

行。經連會特別組織成一家大型銀行、綜合貿易公司和好幾間工業股份公司的組合。它們不同於戰前財團，不再有中央委員會和控股公司，取而代之的是共同股權、融資、首要義務上的貿易夥伴。

這些貿易夥伴激烈的相互競爭，就算有政府主導，普遍來說還是資本主義。官僚治理的最高點事實上是在盟軍治理時期，此後逐漸下降。1951年早期，稅收優惠開始替代政府直接補助成為促進工業發展的方法。1961年左右日本經濟開始明顯自由化並用含糊的行政指導代替官僚直接管制。到了1980年，實際上日本有比美國和大多工業化民主國有更小的地方和中央官僚體制。[15]

▍貿易戰及日本經濟奇蹟的結束

日本驚人的經濟奇蹟，以至於1979年出版了一本有影響力的書《日本第一：值得美國學習之處》。[16]日本的國民收入其實在1988年已超過美國（雖然之後再次低於美國，但生活水準是相當難以衡量的）。1980年代晚期，日本似乎正式成為世界上首要的經濟體。到1991年，日本成為世界上主導外援的捐助者，而後日本掩蓋了美國作為亞洲資源投資來源的光芒。

有些美國人以日本作為榜樣，另一些美國人稍稍為此感到不公，據說日本將實行掠奪性的重商主義和保護主義的貿易政策。雖然美國曾數十年對日本軍事保護及對日本開放美國的消費市場，日本恐怕無法開放外國產品到本國市場。1980年代開始演變成日本與其他盟國長達十年的貿易戰。日本與美國的緊張氣氛也反映在書上，像是克萊德・普雷斯

---

[15] E. S. Krauss, "Politics and the Policymaking Process," in Ishida and Krauss, *Democracy in Japan*, p. 50.

[16] E. F. Vogel, *Japan as Number One: Lessons for America* (Cambridge, MA: Harvard University Press, 1979).

托維茲的書《如何讓日本領頭》，其中第一章的標題就是美國時代的終結。[17]

指控不公平貿易難在日本在1980年已經取消了大部分的保護主義，除了敏感食品。但日本市場仍然很抵制外國產品。對此解釋可能是日本網路系統密集，網路是顧客首選和優先的買賣管道。當中涉及了很多中間商和小型零售業複雜的分配模式。二十世紀末，日本所有零售店中有一半的員工人數不超過兩名。美國國會決定要解決不公平貿易的議題。1988年美國國會通過《綜合貿易法》，其中一條包含超級301條款用來呼籲不公平交易的夥伴。甚至早在1985年9月，美國、英國、法國、德國、日本的財務部長在紐約廣場飯店制定計畫，降低美國的關稅使美元匯率更低，出口更便宜更有競爭力。這使日幣更有價值，盟軍時期到1971年，1美元固定為360日幣。日幣從1985年《廣場協議》後，1美元為239日幣升值到1995年1美元為79日幣。

日本官員對1980年貿易戰的回應是會滿足世界的標準和期望。奇怪的是日本民族認同再次甦醒，也稱為日本人論。普遍認為這能追溯回石器時代的獨特文化，甚至是復興日本民族主義的精神。1989年，教育部要求學校要在慶典升上國旗並唱國歌。雖然同時呼籲國際化和日本化是相互矛盾，這部分解釋經濟成功是源自日本自命不凡的獨特民族性格。[18]

隨著日本的繁榮，日本傳統文化的某些方面，例如偏好家庭式團體（將公司視為家庭）、和諧取代競爭、以協商做決策等等，都被視為日本成功的原因。精神訓練因二戰戰敗後而式微，但在1970年代又重新出現。許多公司都引進精神訓練來為員工訓練，受訓者透過體力勞動、

---

[17] C. V. Prestowitz Jr., *Trading Places: How We Allowed Japan to Take the Lead* (New York: Basic Books, 1988).

[18] G. McCormack, "Kokusaika: Impediments in Japan's Deep Structure," in *Multicultural Japan: Palaeolithic to Postmodern*, ed. D. Denoon et al. (Cambridge University Press, 1996), pp. 274-276.

軍式運動、長途健行和禪修來塑造品格。[19]

1980年代晚期，日本有充分的理由感到自滿。長期在位63年，昭和天皇於1989年逝世後開啟了新的時代，新的天皇在位任期稱為平成，代表著實現和平，但新時代馬上就遇到難關。1985年，《廣場協議》使日幣匯率上漲，但幾年來日本工業已成功用快速投資來彌補出口成本相對增加。這也造成過高的資產價值和泡沫經濟、日本股市飆漲和天價的房價。1980年代晚期，皇居所在的東京市中心地價相當於美國的加利福尼亞州，還有笑話說，如果你將日本政府發行的一萬日幣疊起來，再丟到銀座，就不需支付土地成本（寸土寸金的土地）。[20]

房地產和股市的泡沫化終究不可避免。1990年，日本主要城市的商業房地產價格下跌了85%，到了1992年，日經指數從1989年的高點下跌了60%。日本有大量過剩的工業化產能和鉅額的呆帳。二十一世紀初，日本的銀行可能有高達100兆日幣的負債，將近於GDP的20%。以前令人振奮的經濟成長率似乎回不去了。日本的困境在於它的生產率大於國民消費率，隨著中國製造業崛起，日本生產移轉海外，日本製造業面臨空洞，出口導向增長不再存在。

不只是經濟停滯，日本人口還面臨高齡化。低於人口替代水準的生育率，加上平均壽命全球最長，使日本成為全球高齡化最快的國家。日本勞動力在1998年達到巔峰，預測在接下來的二十一世紀裡，勞動人口會大幅減少，甚至可能降至一半。四分之一以上的日本人已經超過65歲。因為日本社會仍然抵制過多的移民和入籍日本的新公民，不太可能恢復奇蹟般的經濟成長率。

---

[19] 見 T. P. Rohlen, "'Spiritual Education' in a Japanese Bank," in *Japanese Culture and Behavior: Selected Readings*, ed. T. Sugiyama Lebra and W. P. Lebra (Honolulu: University of Hawai'i Press, [1973] 1986)。

[20] E. Seidensticker, *Tokyo Rising: The City since the Great Earthquake* (Cambridge, MA: Harvard University Press, 1991), p. 337.

事實上，日本奇蹟的結束也恰逢1989年柏林圍牆倒塌，和1991年蘇聯紅旗最後一次在莫斯科的克林姆林宮降旗。前蘇聯解體，世界上僅存的共產主義大國中國已經發展市場經濟許多年，到了1990年代中國甚至比資本主義國家更資本主義。隨著冷戰的結束，各地都很流行放鬆管制、私有化、自由貿易、全球化。世界貿易組織（WTO）於1995年成立，它是冷戰後全球化時代的一個重要的里程碑。在網際網路和其他資訊技術的推動下，1990年代美國經濟開啟了美國史上時間最持久的和平擴張期。美國自我意識重新抬頭，日本則更加柔和。

日本和全球化

2011年3月，日本本島東北發生日本史上最大的九級強震，並產生了大規模的海嘯。災難性的海嘯引發了福島第一核電廠6個反應爐中3個熔毀，導致自1986年車諾比核電事故以來，世界上最慘的核災。當然，諷刺的是世上唯一一個在戰爭中受到原子武器攻擊的國家，也最嚴重依賴的核能發電。然而日本國內的石油很少，而且所有形式的能源都有其缺點。雖然目前還沒有福島核輻射外洩造成的死者，但損害控制主管在2013年死於癌症。據報導撤離民眾時造成多人死亡，地震及海嘯大約造成了16,000人死亡。

儘管發生可怕的災難，也結束了經濟的快速增長，日本現今仍是一個繁榮且高度發達的現代化社會，日本在很多方面依然非常吸引人居住。戰後初期無節制的經濟發展造成它自身的成本和缺點，像日本成為世上最嚴重汙染的國家。人們越來越意識到汙染的危險，公民行動日益增加，1970年代帶來新管制和法規，並開始改善環境。1990年代以來，經濟持續增長所帶來的巨大壓力有所緩和，也有助於讓生活變得更加輕鬆。

　　不同於二戰結束，當時有一半的人口仍是農村人口，日本現在是個都市化社會，都市化率已經超過了90%。東京（舊稱江戶）可能已經是十八世紀世界上的大都市。現今，東京都在2015年已有近3,800萬人口居住。（假設只考慮城市最終的區域數，上海現在可能是世界上人口最多的城市。）儘管東京的規模很大，但高樓林立，相對而言東京的天際線沒那麼明顯。東京被形容是無盡的都市區，每一區都有購物中心，並透過地鐵網有效地聯繫在一起。多虧美國在1945年實施嚴格的經濟建設，東京已然煥然一新。

　　東京是現在最大最時髦且外表最「西式」的地方。當然，日本在十九世紀開始自主西方化，但美國戰後占領加速了整個步調，這時期的西化尤其指的是美國的影響。冷戰時期，東亞以「竹幕」區分兩大陣營（相對於歐洲的「鐵幕」），在日本以東，甚至橫跨太平洋至美國這邊蓬勃發展。總體而言，美國對這些國家是有益的，如果美國沒有介入，多數東亞國家的經濟狀況不會像現在那麼好。[21] 除了環太平洋的經濟增長連結外，也有相當多的文化美國化。

　　如果日本僅僅是另一個現代工業化西方社會，那日本就是另一個美國。棒球在日本非常流行。2007年中國的領導人訪日改善中日關係時，他更公開其中一個行程是在日本大學打壘球。假如麥當勞速食餐廳是美國消費文化的縮影，當1971年第一家麥當勞在東京開店後，麥當勞變成日本顧客量最多的餐廳，肯德基則排第二。甚至常聽一部分日本人提到日本年輕人在美國渡假，看到麥當勞會很吃驚。[22] 早在美國星巴克連鎖店出現前，日本就有咖啡店，但東京的星巴克馬上就變成全世界

---

[21] W. I. Cohen, *The Asian American Century* (Cambridge, MA: Harvard University Press, 2002), p. 32.

[22] B. R. Barber, *Jihad vs. McWorld: How Globalism and Tribalism Are Reshaping the World* (New York: Ballantine Books, 1996), p. 18.; E. Ohnuki-Tierney, "McDonald's in Japan: Changing Manners and Etiquette," in *Golden Arches East: McDonald's in East Asia*, ed. J. L. Watson (Stanford University Press, 1997), p. 181.

最繁忙的星巴克。[23] 東京迪士尼始於1984年，不久後日本人在東京迪士尼樂園的消費遠高於美國人在迪士尼的消費。[24]

　　美國文化的崛起驚動了一些文化保守派。1980年代中，據日媒報導，日本年輕人忘了如何使用筷子。筷子在日本稱爲「箸」（*hashi*），中文稱爲*kuaizi*，這也是另一種東亞自我的文化細微差異標記。在大中華地區，筷子的地位似乎沒有受到刀叉威脅，日本滅亡的謠言也被誇大。

　　假如日本沒有西方化，那麼訪日的西方人也不會找到他們所熟悉的東西。[25] 馴化過程不只受單一西方國家的影響，這過程中也有多種的馴化，有時完全不同的影響並列也能出乎意料之外。西方不只是美國，舉例而說，戰後盟軍占領初期，美國有壓倒性的軍事，但日本翻譯法國、德國、俄羅斯、英國作家的書籍，也遠比翻譯美國作家的書多。[26] 日本戰後郵政所使用的國際標準語言一直是法文，而不是英文；日本憲法確實是由美國人編寫，但如前所述，日本的議會是英國議會制，左駕也是英國式。

　　如果麥當勞是日本餐飲龍頭，很大一部分的原因是多數日本餐廳爲小型獨立經營，而非大型連鎖餐廳。日本絕大多數餐館是日本現代風餐館，也有很多中國、義大利、法國、印度及其他種類的餐廳。棒球和高爾夫球確實相當受歡迎，但相撲也被保留下來。很多日本家庭仍然使用榻榻米，而不用西方的磁磚地板。並不難見到日本人穿著半傳統的和服，日本也延續傳統茶道和插花。正是日本人採取保守現代化的做法，

---

[23] Cohen, *Asian American Century*, p. 44.

[24] M. Y. Brannen, "'Bwana Mickey': Constructing Cultural Consumption at Tokyo Disneyland," in *Re-made in Japan: Everyday Life and Consumer Taste in a Changing Society*, ed. Joseph J. Tobin (New Haven, CT: Yale University Press, 1992), pp. 216-217.

[25] J. J. Tobin, "Introduction: Domesticating the West," in Tobin, *Re-made in Japan*, p. 4.

[26] Dower, *Embracing Defeat*, p. 182.

才會下意識保守傳統元素。赴日的遊客能明確選擇西式或日式料理。儘管英文已是日本普遍學習的第二語言，也有很多日本人能說一口流利的英文，但街道上的人仍然很少使用。換句話說，就算現代化、西化、美國化，日本人就是日本人。

此外，如果日本文化全球化，這也意味著美國化，日本已經成爲全球影響的主要替代中心。這不侷限於日本工業產品，雖然可能它們看來不那麼日本。1990年以來，日本經濟表面上停滯，日本投資者私下增加在亞洲其他地區的投資。1988到1997年十年間，在中國經營的日本公司增加了十五倍。[27] 索尼、松下電器（前身爲松下）、日產、任天堂、三菱、本田、豐田、凌志（豐田的豪華車系列）都是常見且質量享譽全球的品牌。除了這些工業產品外，日本也有強大的文化吸引力。近期一本英文書叫《壽司經濟》，將日本壽司的銷量作爲全球性指標。[28] 道格拉斯·麥葛瑞指出：「日本將會成爲下一個超級文化強國，它將是世界上的潮流中心。」[29]

日本電視兒童節目《金剛戰士》，1990年代中在80個不同國家播出，顛峰時期被稱爲全世界最受歡迎的兒童節目。[30] 世界上的卡通大多來自日本，具日本風格的動漫吸引全世界的漫迷，像熟悉的有《美少女戰士》、《急速賽車手》、《原子小金剛》、《哆啦A夢》。雖說二十世紀初日本帝國主義留下痛苦的回憶，就以南韓來說，南韓到1998年爲止官方都禁止日本製品。日本流行文化席捲了亞州的年輕人，Hello Kitty和卡拉OK在東亞比西方更流行，日本電玩、電視節目、流行音樂

[27] Terry, *How Asia Got Rich*, pp. 230-231.

[28] S. Issenberg, *The Sushi Economy: Globalization and the Making of a Modern Delicacy* (New York: Gotham Books, 2007).

[29] D. McGray, "Japan's Gross National Cool (Globalization at Work)," *Foreign Policy* (May 2002).

[30] A. Allison, "Sailor Moon: Japanese Superheroes for Global Girls," in *Japan Pop! Inside the World of Japanese Popular Culture*, ed. T. J. Craig (Armonk, NY: M. E. Sharpe, 2000), p. 264.

也隨處可見。日本小說家村上春樹（1949-）的作品聞名世界，尤其東亞人更有共鳴。2005年，他的小說在中國印刷了將近300萬本，儘管他的著作經常以全球、西化、世界作為主題，但他也將日本帶到了全世界。[31]

臺北是臺灣的首都，也是1993年第一個設立日本三越百貨大樓的地方。雖然它的光芒已被新臺北101蓋過（101在二十一世紀初的幾年裡，曾是世上最高的摩天大樓），但新光三越百貨依然矗立在臺北舊市中心的天際線上。日本對臺灣的文化影響，不只是衰弱的殖民遺留物，並非僅只是逐漸消失的古老殖民遺產，在日本戰後經濟迅速發展期間，日本文化在臺灣再度興起。到了1980年代中，臺灣的日文出版產品多於英文出版產品，就算國民黨政府對日本歌和電影下禁令，臺灣租借影片的31%仍是日本製作。[32] 2005年，臺灣長榮航空將客機噴上彩色Hello Kitty圖形裝飾。近年據稱以日本為紐帶區分臺灣和中國。像一部臺灣喜劇《幸福不二家》，標題是用日文的幸福（しあわせ，Shiawase），而非典型的英文，故事主旨是一名日本年輕女子，來臺北開了一家家庭日式餐廳，她招募三位不走運的臺灣人假扮成她的日本家人。

二十一世紀的一家臺北餐廳廣告主打著正宗日本咖哩。這看來非常奇怪，因為咖哩主要是印度的而非日本。然而，英國推廣咖哩，讓咖哩變成日本的主食。在日本咖啡店和便宜的餐館都能看到咖哩。另一家臺北餐廳明確宣傳了日本湯拉麵（見圖11.2），乍看之下是沒有日式咖哩那麼怪，但日本拉麵其實是改良了中國的拉麵麵條，而非典型的日本拉

---

[31] M. Hillenbrand, "Murakami Haruki in Greater China: Creative Responses and the Quest for Cosmopolitanism," *Journal of Asian Studies* 68, no. 3 (2009): 718-719, 739.

[32] L. Ching, "Imaginings in the Empires of the Sun: Japanese Mass Culture in Asia," in *Contemporary Japan and Popular Culture*, ed. J. W. Treat (Honolulu: University of Hawai'i Press, 1996), pp. 171, 179-180.

圖11.2　臺北101。2003到2009年101曾是世界上最高的摩天大樓。這張照片右前景用中文標示日式拉麵的廣告。有趣的是不只日本文化影響臺灣及大中華，日本拉麵的麵條其實是日本人從中國菜改良，中華也影響著日本。泡麵成為全球性的食品，這也能說明全球化其實是極為複雜的循環模式。© Louie Psihoyos/Corbis

麵。文化全球化的核心往往是彼此交融。

　　許多日本現代產品可能源自西方的想法，包含汽車、晶體、流行音樂、動漫卡通，只是剛好由日本製造。這或許能進一步作為日本西化的證明，只不過很多時候，日本會在製作過程中加入自己的風格，有時甚至影響回西方。日本動畫世界（發音為ah-nee-may），來自於英文

單字的animation（動畫）。這也很好地說明了文化全球化的複雜交叉潮流。

　　啤酒在十九世紀晚期傳入日本，並被視爲西方產品，直到第二次世界大戰都持續在銷售。然而，戰爭期間日本無法得到德國的技術和原料，啤酒的釀造變得要完全自給自足。爲配合一部分日本戰爭的計畫經濟，日本的財務省接管並重組啤酒產業，到1943年，日本啤酒整併剩下一個品牌，原先採用外來語*biiru*指稱，也改成日文本土用法*bakushu*。在這過程中，獨特的新日本啤酒問世。二戰後，各種私人企業的品牌回歸，到了1950年代日本的啤酒銷售已經超越了傳統的日本清酒。[33]啤酒通常像咖啡甚至是威士忌一樣，於街上的自動販賣機出售，變成日本成人標準的飲料之一，也是日本文化的一部分。今天，品質優良的日本啤酒在全世界販售。

　　柔道當然是日本的武術，即使今天在美國練習柔道，仍需著傳統的日本服裝，有特定規矩和日文單字。柔道從一開始就與現代混合，柔道發明於1880年代（基於古代無作戰武器），柔道也是第一個排入奧委會的日本運動。中國古代道家哲學以柔克剛激發柔道，但它也受到現代歐洲體育運動及體育重要性啟發。1960年被納爲奧運項目，柔道變得更加國際化。二十世紀晚期，歐洲的柔道練習者多於日本，歐洲有許多競爭柔道A級的選手，國際柔道聯盟的官方語言是英文和法文，而不是日文。[34]

　　以演歌作爲現代流行文化中，全球化、當地化和新舊複雜模式聯繫

---

[33] J. W. Alexander, *Brewed in Japan: The Evolution of the Japanese Beer Industry* (Honolulu: University of Hawai'i Press, 2013), pp. 1-2, 108-109, 129, 180, 238-239.

[34] S. Frühstück and W. Manzenreiter, "Neverland Lost: Judo Cultures in Austria, Japan, and Elsewhere Struggling for Cultural Hegemony," in *Globalizing Japan: Ethnography of the Japanese Presence in Asia, Europe, and America*, ed. H. Befu and S. Guichard-Anguis (London: Routledge Curzon, 2001), pp. 86-87.

的實例。演歌時常被視爲日本本土流行樂傳統的體現。演歌結合現代西方樂器和日本音階、技術。雖然演歌的詞可以追溯到1880年代,但整體風格直到1920年代甚至更晚才眞正地呈現出來。儘管普及演歌能與日本精神做聯想,但像非日本藝術家的鄧麗君(1953-1995)也被形容是演歌歌手。鄧麗君經常用日文錄製,但更常見使用她的母語中文。鄧麗君是個中國外省人,在臺灣出生臺灣長大,她有清晰甜美的嗓音和許多膾炙人口的歌曲,不可低估她在引入西方商業流行音樂到中國上的影響,那時正值1978年後中國實施改革開放。即使她後來因氣喘發作早逝,她依然是華語世界最流行的歌手之一。不曉得爲什麼,她一個典型的華人臺灣歌手,能同時結合西方音樂和日本音樂。[35]

世界相互影響越來越大。2014年晚期,據稱是北韓資助的駭客駭進索尼電影公司的電腦圖庫系統,並留下恐怖攻擊威脅索尼,因索尼2014年拍的電影《名嘴出任務》,劇中有許多對北韓的不實指控,雖然索尼電影是日本索尼的子公司。這的確是全球化。

任何去日本旅遊的遊客,都能分清楚他們不是在美國。不過日本一直以來都被視爲是第一個非西方社會成功現代化的國家,或許甚至可說是最成功的一個。就算已西化超過一個半世紀,也很難去定義西化意味著什麼,日本仍留下了日本的特色。

---

[35] C. R. Yano, *Tears of Longing: Nostalgia and the Nation in Japanese Popular Song* (Cambridge, MA: Harvard University Asia Center, 2002), pp. 3-4, 9(Teng 在此用的是日文拼寫,而不是中文拼寫的 "Ten"),28-44;A. F. Jones, *Like a Knife: Ideology and Genre in Contemporary Chinese Popular Music* (Ithaca, NY: Cornell University East Asia Program, 1992), p. 16。

！延伸閱讀

盟軍占領日本請見 John W. Dower, *Embracing Defeat: Japan in the Wake of World War II* (New York: W. H. Norton, 1999)。對日本戰犯的起訴請見 Richard H. Minear, *Victors' Justice: The Tokyo War Crimes Trial* (Princeton University Press, 1971)。

戰後日本政策請見 Takeshi Ishida and Ellis S. Krauss, eds., *Democracy in Japan* (University of Pittsburgh Press, 1989)，和 Tetsuya Kataoka, ed. *Creating Single-Party Democracy: Japan's Postwar Political System* (Stanford, CA: Hoover Institution Press, 1992)。

日本戰後經濟復甦的經典研究請見 Chalmers Johnson, *MITI and the Japanese Miracle: The Growth of Industrial Policy,1925-1975* (Stanford University Press, 1982)。

現代日本生活請見 Theodore C. Bestor, *Neighborhood Tokyo* (Stanford University Press, 1989); Edward Seidensticker, *Tokyo Rising: The City since the Great Earthquake* (Cambridge, MA: Harvard University Press, 1991)；以及 Christine R. Yano, *Tears of Longing: Nostalgia and the Nation in Japanese Popular Song* (Cambridge, MA: Harvard University Asia Center, 2002)。

日本流行文化和全球化請見 Harumi Befu and Sylvie Guichard-Anguis, eds., *Globalizing Japan: Ethnography of the Japanese Presence in Asia, Europe, and America* (London: RoutledgeCurzon, 2001); Timothy J. Craig, ed., *Japan Pop! Inside the World of Japanese Popular Culture* (Armonk, NY: M. E. Sharpe, 2000); Joseph J. Tobin, ed., *Remade in Japan: Everyday Life and Consumer Taste in a Changing Society* (New Haven, CT: Yale University Press, 1992)；以及 William M. Tsutsui, *Japanese Popular Culture and Globalization* (Ann Arbor: Association for Asian Studies, 2010)。

十二 1945年後的韓國

▌韓戰

　　冷戰最初在朝鮮半島爆發激烈的衝突，即使冷戰結束已久，今日韓國仍深受冷戰的影響。二戰結束時，盟軍的策略導致冷戰時期的第一次全球性大危機始於韓國。二戰期間，美國國務院曾考慮過，戰後日本殖民統治解放後，以四權託管管理朝鮮半島。羅斯福總統在二戰時的雅爾達會議上，曾與蘇聯領導人史達林大致討論過這個計畫。當時羅斯福總統甚至暗示，四權託管可能持續二十或三十年。但韓戰爆發時，美國並不太關注。據說1945年美國國務卿，甚至還需要問人才知道朝鮮的位置。[1] 而日本投降的時間比很多人預期的要早，這讓美國尚未準備好立即對朝鮮採取行動。與此同時，蘇聯軍隊於1945年8月9日，在二戰的最後幾天從北朝鮮攻入朝鮮半島。直到一個月後的9月8日，第一批的美國軍隊才攻入南韓。據美國國務院9月15日的一份報告指出，攻入的美國大兵發現「局勢已一觸即發」。[2]

　　二戰時同屬盟國的美國和蘇聯，如今卻可能成為公開冷戰的對立國。美國華府感到恐懼，擔心蘇聯可能會利用其先到的優勢，占領整個

---

[1] M. S. Gallicchio, *The Cold War Begins in Asia: American East Asian Policy and the Fall of the Japanese Empire* (New York: Columbia University Press, 1988), p. 4. D. Oberdorfer, *The Two Koreas: A Contemporary History*, rev. and updated ed. (New York: Basic Books, [1997] 2001), p. 5.

[2] B. Cumings, *Korea's Place in the Sun: A Modern History* (New York: W. W. Norton, 1997), 192.

朝鮮半島，因此匆忙安排了在朝鮮的聯合分區。但實際上美國五角大樓有點隨便地決定劃分在38度緯線上，因為在五角大樓辦公室牆地圖上有條線，正好就是38度線，並沒有文化和地形上的考量，僅僅是作為美國和蘇聯之間的界線。[3] 同時，在整個朝鮮半島，人民委員會在日本投降後迅速地組織起來。由於韓國多數農民都相當貧困，和與日本合作的汙點，都困擾著南韓高層，駐南韓美軍主要是找出並支持反共的南韓領導人。這些反共的候選人大多成為南韓的民族主義者，因拒絕與日本合作而長年在國外。其中最值得注意的是李承晚（1875-1965），他在美國生活了35年後，才回到韓國。

美國在嘗試與蘇聯談判託管權失敗後，轉而向新組建的聯合國提出上訴，並於1948年5月在聯合國的監督下，舉辦了朝鮮半島史上第一次民主選舉。然而這僅在美國占領下的南韓舉行。新成立的韓國國民議會，於7月選出李承晚為第一任總統。1948年8月15日，正式宣布建立大韓民國（俗稱韓國）。而在短短不到一個月後的9月9日，北部的朝鮮民主主義人民共和國建國。金日成（1912-1994）曾在二戰後，從滿洲國和蘇聯抗日的流亡時期返回北朝鮮，後來被任命為總理（後任總統）。到1949年初，蘇聯和美國陸續從朝鮮撤軍，戰後盟國對朝鮮的軍事占領也到此結束。

儘管南北兩韓政府理念相悖，但幾乎沒有韓國人民視南北分裂為自然或理想，或預期這會是永久局面，更多人是非常渴望國家能夠統一。正因如此，接下來的幾年裡，兩國發生了幾次交火和相互指責。但是，兩國背後的美國和蘇聯，此時都渴望避免被捲入第三次世界大戰，因此美蘇也都各自採取行動制止兩個韓國政府。

然而，隨著共產主義在中國內戰中的勝算越來越大，美國不再積極

---

[3] Gallicchio, *Cold War Begins in Asia*, p. 75.

干預在中國的內戰（儘管如此，美國仍向蔣介石提供了大量非軍事人員的援助）。國民政府於1949年撤退到臺灣島後，有段時間一直有跡象顯示，杜魯門總統可能會終止美國對蔣介石的支援。1950年1月12日，美國國務卿迪安・艾奇遜在國家新聞俱樂部的一次演講中，公開發表了美國在亞洲的防禦性邊界，而在某種程度上，似乎把臺灣和韓國都排除在外。這些似乎都表明美國可能不會積極干預韓戰，更不可能會為防止北韓統一朝鮮半島，而犧牲美國士兵的性命。因此，最終在1950年，約瑟夫・史達林同意了金日成雄心勃勃的進攻計畫，而蘇聯並不會積極參與。然而從事後來看，這顯然是失策。共產主義的領導人都沒有意識到美國所謂的「損失中國」，只是個政治預謀，實際上卻是在強化美國的政治決心，以抑制共產主義蔓延，並防止更進一步的損失。

　　南韓的人口比北韓多，大約占整個朝鮮半島總人口的三分之二，但韓國的重工業大多都位在北部。這也使得北韓的軍事力量相較之下更強，也有更好的軍事裝備，例如北韓擁有242架蘇聯製造的新型俄羅斯T-34坦克，和一支小型作戰空軍；與之相對的是，南韓根本無法部署任何坦克，而只有少數的軍事訓練型飛機。此外，在中國內戰期間，多達10萬名北韓士兵，曾與中共一起對抗國民政府。這些部隊已經歷經過艱苦的戰鬥，而他們先前在中共服役，而中共也認為有義務償還恩情。儘管北韓擁有如此大的優勢，但在當時，南韓卻很少有人意識到，南韓的軍事力量實際上是多麼地薄弱。

　　1950年6月25日，破曉前的清晨，北韓軍隊在北緯38度的邊界上發動大規模進攻。杜魯門總統當時人在密蘇里州，因此改由美國國務卿艾奇遜做出初步決定，要求美軍參與南韓的防禦。然而，杜魯門總統秉持著鮮明的決心，全力部署在朝鮮半島的美軍，還命令美國第七艦隊進入臺灣海峽，以防止共產黨可能入侵臺灣。蘇聯作為聯合國安理會常任理事國，本來可以否決聯合國的任何干預行動，但此時剛好是蘇聯抵制聯合國（1950年1月至8月），以抗議中國在聯合國席位仍然由蔣介石

領導的中華民國（當時位於臺灣），而不是由毛澤東領導的人民共和國（位於中國）擔任。結果使得聯合國能夠迅速地應對、譴責北韓的襲擊並捍衛南韓。最終，大約有15個國家爲韓戰提供士兵，而當時最大的外國特遣隊來自美國，因此由當時的美國將軍道格拉斯・麥克阿瑟（在當時仍是日本的最高統帥）擔任總指揮。

　　當時南韓的首都首爾位於北緯38度線以南60英里處，而首爾在短短三天內就被北韓攻陷。直到戰爭的第三週，北韓已占領南韓一半以上的領土。由於南韓只有輕型手持武器可以對付裝甲車，因此與敵人交戰的第一批美國部隊也迅速撤退。最終，聯合國部隊終於能在東南部港口城市釜山附近，挖出約五十平方英里的防禦線，這爲補給和加強反攻提供了重要基礎。到8月中旬左右，雙方的戰力發生變化，聯合國在重型武器，尤其是空中方面的優勢越來越大。到主要戰爭活躍期結束時，聯合國空軍已經向北韓空襲了超過100萬次。

　　9月15日，麥克阿瑟大膽地在仁川西海岸進行兩棲登陸（即水陸雙向登陸）。仁川是重要的港口城市，爲南部首都首爾供水，但仁川沒有漂亮的沙灘，卻擁有世界上最極端的潮汐之一。在退潮時，兩棲入侵必須面對的是數英里的泥灘。仁川很輕易就能成爲聯合國士兵的死亡陷阱。麥克阿瑟決定在仁川登陸，出現許多反對聲音。然而，這次很幸運。在他漫長而傑出的軍事生涯中，仁川登陸可能是最大的勝利。一支由261艘船組成的強大入侵艦隊，最終在美軍上岸時，僅損失了536人。直到9月底，北韓已被成功驅逐出北緯38度線。

　　受到仁川登陸成功的鼓舞，聯合國從圍堵轉向擊退共產主義。甚至在登陸仁川前，杜魯門總統就授權麥克阿瑟，只要蘇聯或中華人民共和國沒有干預就繼續進攻北韓。這次，是反共陣營的失算。

　　9月30日，第一批南韓軍隊向北越過北緯38度線。10月2日，中國總理周恩來正式透過印度大使告知，如果美軍越線，中國將進行干預。

由於美國不承認中華人民共和國，中國沒有選擇與之直接聯繫，因此間接外交成為中國表達意圖的唯一途徑。儘管中國透過多次間接外交表達意圖，但顯然美國並沒有認真看待。10月7日，美軍越過38度線進入北韓。10月19日，北韓首都淪陷。10月26日，聯合國的先進部隊抵達鴨綠江，鴨綠江是北韓與中國之間的邊界。幾天前，10月15日，麥克阿瑟將軍在太平洋中部的維克島舉行的會議上，曾向杜魯門總統親自保證，中國介入戰爭的機會很小。即使中國真的干預，麥克阿瑟也認為中國很快就會被打敗，因為他預言這將是「人類歷史上最大的屠殺」。[4]

10月16日，中國的「志願兵」開始越過鴨綠江進入北韓，但聯合國觀察員並沒有發現。有鑑於當時美國和中國之間的軍事實力差距很大（此外，中華人民共和國只有還不到一年的歷史），中國參戰的決定是一場巨大的賭博。那時在中國多達三分之二的步兵連基本小武器都沒有。中國在北韓積極作戰的最後時機，裝備了十個不同國家的多種武器，儘管從蘇聯那獲得了新的補給，蘇聯的武器占了20%，但中國從美軍手中奪來的武器卻占了26%，明顯高於蘇聯的軍事援助。[5]大多數中國高級領導人都不願與強大的美國武裝部隊對抗，特別是在史達林告知蘇聯將不再提供空中支持後。[6]但據毛澤東估計，美國不願發動無限次的全面戰爭，並且毛澤東也對他所稱的「人民戰爭」深信不疑，他相信戰爭的成敗取決於中國龐大的人力資源，而不是技術資源。

10月26日，聯合國部隊到達鴨綠江兩岸當天，中國人民志願軍襲擊了南韓部隊。幾天後，11月1日攻擊了美軍，占領美軍在雲山上的據

---

[4] D. Halberstam, *The Coldest Winter: America and the Korean War* (New York: Hyperion, 2007), pp. 366-367.

[5] P. West, "Confronting the West: China as David and Goliath in the Korean War," *Journal of American-East Asian Relations* 2, no. 1 (1993): 12, 16.

[6] F. Dikötter, *The Tragedy of Liberation: A History of the Chinese Revolution, 1945-57* (New York: Bloomsbury Press, 2013), pp. 130-131.

點。之後中國軍再次躲藏在北韓崎嶇的地形中，儘管美國總統和參謀長聯席會議為了避免與中國發生大規模戰爭，保持謹慎和焦慮的態度，但麥克阿瑟仍然充滿信心，並輕視中國的干預，將中國的侵襲視為小事一樁。

實際上，麥克阿瑟相當樂見這個局面，並於11月24日發起了「聖誕節回家」攻勢，以迅速結束戰爭。麥克阿瑟沒有意識到的是，約20萬中國軍聚集在聯合國東西兩大軍隊分隔的山脈中。11月27日，中國部隊全力出擊。一週之內，聯合國軍隊的中心又向後退了大約50英里。1951年1月4日，首爾被二度攻陷。

麥克阿瑟將軍這時已經認知到，對中國干預朝鮮的最好的回應，就是透過向中國發動進攻來擴大戰爭。然而，杜魯門總統和參謀首長相當理智，並不打算將韓國的戰爭升級成第三次世界大戰。中國缺乏工業，戰術轟炸的收益相當小，而中國龐大的人口和廣闊的土地面積（加上中國共產黨在游擊戰方面的豐富經驗）將使美國對中國的入侵成為龐大的負擔，和蘇聯爆發世界大戰也相當不明智。

杜魯門總統下令需透過國務院批准任何有關韓戰的公開聲明，麥克阿瑟卻屢次違反指令。麥克阿瑟抱怨道：「政客的限制阻擋他贏得全面勝利。」1951年3月，麥克阿瑟甚至寫了一封信，贊同國民黨在臺灣宣揚蔣介石的思想，以建立第二條對抗中共的陣線。麥克阿瑟在美國眾議院大聲朗讀這封信，杜魯門總統認為他完全不服從命令，便於4月11日，正式解除麥克阿瑟的職務。

然而韓戰並未達到最激烈的時候。直到1951年6月，戰爭陷入僵局，在距離北緯38度分界線附近開始停戰談判，並於1953年7月27日宣布停戰。韓戰使美國犧牲了約33,000人。中國則犧牲了大約80萬，這其中甚至包括毛澤東的兒子。這場衝突更使300萬韓國人喪生、受傷或失蹤，等於每十人中就有一人受傷（見圖12.1）。韓戰反而成為金日成

在北韓進一步鞏固其權力的機會。南韓則因韓戰，爲之後長達30年的專制軍事統治鋪平了道路。在中國，中國共產黨的聲望因戰爭大幅提升，展露出無法輕易被擊敗的一面，漸漸顯露出世界軍事強權之姿。時至今日，兩個相互敵對的韓國政權仍在非軍事區中相互對抗，戰爭

圖12.1　1951年6月9日，於韓國幸州，M-26坦克前，背著弟弟的女孩。美國國家檔案館

仍尚未正式結束。至今美國仍然有約38,000人駐紮在南韓。然而諷刺的是，如今的製造業強國中華人民共和國與南韓的關係要比與北韓熱絡。

北韓

戰爭結束後不久，在蘇聯的大量援助下，並透過大量動員民眾，北韓出人意料地迅速從大規模的破壞中恢復。北韓的經濟有許多年似乎比南韓更發達。但北韓不願承認中國在韓戰的貢獻，或蘇聯在確立金日成爲領導人方面的作用，北韓走上了另一條道路。史達林在1953年去世後，北韓孤立的現象顯得更加明顯，而1960年蘇聯和中國決裂後，北韓的孤立轉向極端。蘇聯的援助減少了。1991年，蘇聯解體之後，儘管世界上許多其他國家都進入了冷戰後的全球化新時代，但北韓走向全面的孤立主義。

韓國被日本統治時期，金日成在充滿許多韓國人的滿洲長大。金日

成在滿洲與一支中共組成且不斷壯大中的部隊合作，並組成一支小型的
（50至300名）抗日游擊隊。然而日本的常規軍事優勢，最終迫使金日
成的游擊隊撤退到1941年蘇聯所在的基地，便在那度過二戰的贖餘時
間。日本投降後，金日成與蘇聯部隊一起返回北韓，起初金日成如同蘇
聯的門衛，他鎮壓了所有反抗分子，並成為北韓共產黨的領導者。掌權
後，他卻經歷了征服南韓和統一韓國的災難性失敗，而後便於1955年
左右，發展出了自己獨特的思想，即「主體思想」。此思想很大程度
上成為了北韓的核心意識形態，也在一定程度上取代了正統的馬克思主
義。而後他便藉由從早到晚的演講和強制性的政治學習會議，將意識形
態傳播給整個北韓人民。人民對偉大領袖金日成的個人崇拜越來越成為
一種世俗宗教，而金日成在其中則扮演「活著的聖人或上帝」。[7]

　　儘管在某些方面仍明顯屬史達林式的政權，但北韓的政權也很獨
特。北韓到處充斥偉大領袖金日成的照片。到二十世紀末，領土相對小
的北韓已擁有超過35,000個紀念碑。[8]據稱父權下的韓國儒家遺產和對
祖先的崇拜，奠定了對金日成高度崇拜的基礎。[9]北韓的人格崇拜與史
達林和毛澤東所受到的崇拜相呼應，但更進一步擴大，這使北韓成為有
點離奇的「社會主義君主制」。在這種制度下，最高領導者的地位是世
襲。金日成在1994年去世後，領導權移交給了他的兒子金正日（1941-
2011），然後在金正日於2011年去世後，又由金正日的第三個兒子金
正恩，1983-）領導。至此，金氏家族已連任三代的北韓最高領導人。

　　儘管北韓早期在經濟發展方面占有優勢，但最終卻停滯並衰落。

[7] C. J. Eckert, "Korea's Transition to Modernity: A Will to Greatness," in *Historical Perspectives on Contemporary East Asia*, ed. M. Goldman and A. Gordon (Cambridge, MA: Harvard University Press, 2000), p. 146.

[8] S. S. Kim, "Korea's Segyehwa Drive: Promise versus Performance," in *Korea's Globalization*, ed. S. S. Kim (Cambridge University Press, 2000), p. 277.

[9] I. Göthel, "Juche and the Issue of National Identity in the DPRK of the 1960s," in *North Korea: Ideology, Politics, Economy*, ed. Han S. Park (Englewood Cliffs, NJ: Prentice Hall, 1996), pp. 25-27.

可用的經濟資源被轉用於軍事用途，到1960年代後期，軍事用途占國家預算總額的30%。[10]　1995至1996年間，由於多年的土地管理不善，土地的可利用性下降，嚴重侵蝕問題浮出；加上化肥和灌溉泵浦的供電不足，以及惡劣的天氣，導致了北韓難以掩蓋的大規模饑荒。可能有多達100萬人死於營養不良（今日人口總數不到2,500萬）。經濟發展也因此受到了阻礙（見圖12.2）。

與此同時，北韓與南韓之間的局勢依然緊張。兩國之間的非軍事區是世界上防禦數一數二嚴謹的地區，且依然是潛在的爆發點，並持續爆發衝突。例如，

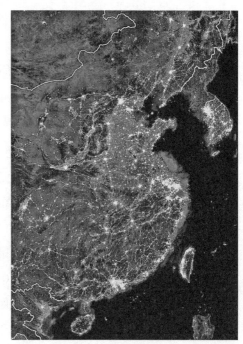

圖12.2　2012年，東亞夜晚的衛星空照圖。除了北韓以外，四處皆為燈火。Planet Observer/UIG/Bridgeman Images

1983年，南韓訪問團造訪緬甸仰光時，北韓發動突襲，炸死17名南韓高級官員，而總統也差點難逃一劫。而最令人震驚的是，1990年代初期，北韓正積極地開發原子彈。

由於北韓與南韓的緊張關係暫時解凍，國際原子能機構於1992年開始對北韓基地進行視察。然而，這次的視察很快就被迫結束，隨著局勢升級，北韓宣布任何進一步的國際制裁將視爲戰爭行爲。前美國總統吉米・卡特對北韓進行了訪問，使場面大爲混亂。吉米・卡特設法達成

---

[10]　Dae-Sook Suh, *Kim Il Sung: The North Korean Leader* (New York: Columbia University Press, 1988), pp. 219-220.

恢復對話的協議，北韓則同意停止核武計畫，以換取美國的燃料，並幫助北韓開發非軍事用途的輕水核反應爐。然而，2002年，北韓再次驅逐視察員，並退出了《核武禁擴條約》，更於2006、2009和2013年公開嘗試開發核武器，實際上卻引爆了核試驗裝置。北韓目前被懷疑擁有足以製作6枚核彈的鈽，但可能尚無法通過彈道導彈發射。

自2011年以來，在新任的年輕最高領導人金正恩的領導下，北韓動盪不安的局勢再現。2013年，金正恩殺害了曾是二號領導人的姑丈。2014年12月，美國聯邦調查局認為北韓是索尼動畫電影遭駭客攻擊的幕後黑手，因索尼拍攝的電影《名嘴出任務》，為對金正恩進行虛構暗殺計畫的喜劇，其中包括在美國發生的恐攻。這迫使索尼將已發行的電影撤回。中華人民共和國在2010年拒絕譴責北韓，北韓普遍被懷疑用魚雷擊沉了一艘韓國海軍護衛艦，當時造成了相當大的人員傷亡，並且砲擊了一個南韓島嶼，造成了平民成為無辜的犧牲者。中國可能是北韓在世界上唯一的重要外國朋友，但與北韓相比，其與南韓間的文化和商業關係要好得多。

▌南韓：李承晚與第一個共和國（1948-1960）

大韓民國（南韓）成立於1948年，當時是憲政民主國家，但南韓的真正民主並非立即蓬勃發展，但至少有民主化的資格。根據一系列重大的憲法修訂以及幾次軍事政變，南韓自1948年以來，已經歷了六個不同的「共和國」，其中最近的一次始於1987年。然而，儘管表面上是民主主義，第一共和國的第一任總統李承晚還是有些專制。有一次，他從言語威脅國會議員，直到議員按李承晚的意願投票。[11] 儘管李承晚

---

[11] C. J. Eckert, Ki-baik Lee, Young Ick Lew, M. Robinson, and E. W. Wagner, *Korea Old and New: A*

毫無疑問是南韓的愛國者和民族主義英雄，但他成年後的大部分時間都在美國，他在普林斯頓大學獲得了政治學博士學位。他還有一個奧地利妻子。這一切讓他在南韓本土顯得有些陌生。

李承晚的新國家成立後，可說是立即陷入與北韓的戰爭。即使在戰爭結束後的1950年代，南韓仍然是世界上長期以來極度貧窮的國家。直到1970年代中期，在經濟上，甚至連實行共產主義的北韓都比南韓更成功。但是，美國支持的強制性土地再分配計畫，卻澈底破壞舊兩班貴族的權力基礎。這可以說是必然，因為前官僚菁英的統治，嚴重阻礙現代化以及徵稅能力。根據隨後日本殖民時期的數據，在二十世紀初，南韓農民中有四分之三以上仍是租戶農民，他們租借了部分或全部土地。1949年後殖民地的土地分配法，最終將土地所有權限制在7.5英畝，在這項改革得以全面實施前，甚至還經歷了韓戰大規模的毀壞。南韓的租佃率則從49%迅速下降至7%。藉由韓戰，終於消除了傳統社會經濟秩序。韓國社會從高度分化的等級制，轉變為相對平等的社會，這是戰後南韓、日本和臺灣共同有的特徵。[12]

即便如此，由於長期嚴重依賴美國的援助，讓南韓在經濟始終毫無進展。二戰結束至1970年代中期之間，美國向南韓提供的軍事支援，超過了除了以色列和南越以外的任何國家。韓戰後十年內，美援幾乎占南韓固定資本形成總額的80%。[13]

1960年的總統選舉期間，發生欺詐事件，即李承晚聲稱自己贏得了近90%的選票，此舉動引發了大規模學生的抗議。首爾警方向總統辦公樓外的人群開火，射殺了約186名學生示威者後，大學教授也參與了

History (Seoul: Ilchokak, 1990), pp. 349-350.

[12] J. Lie, *Han Unbound: The Political Economy of South Korea* (Stanford University Press, 1998), pp. 11-13.

[13] Eckertt et al., *Korea Old and New*, p. 396.

圖12.3　1961年，韓國總統朴正熙。
Rene Burri. Magnum Photos

抗議活動，美國不再支持李承晚，軍隊也拒絕干預此抗議事件。4月26日，年老的李承晚不得不辭職並退休，並再度流亡於夏威夷。李承晚下台後，南韓經歷了長達9個月的自由民主，也就是所謂的左翼無政府狀態。直到由軍事學院出身的朴正熙少將（1917-1979）領導的軍政府介入，並在1961年5月16日深夜，發起了軍事政變（見圖12.3）。

軍政府隨後成立了全國復興最高委員會，中止憲法、禁止政治活動和示威，實行審查制度，並禁止首爾大部分日報的發行。接下來的32年中，即從1961到1993年，南韓以部分獨裁的方式領導軍事人員。但是，朴正熙政府也首次以堅定的態度，將南韓的主要任務投向了現代經濟發展，將南韓轉變爲經典的東亞式發展國家，並成功使南韓進入經濟騰飛的時期。

朴正熙與南韓工業化

朴正熙於1961年成爲南韓總統，直到1979年被暗殺。日本殖民統治時期，他曾就讀日本軍事學院，並在二戰期間，擔任日軍在滿洲的少尉。朴正熙當時在滿洲國面臨到戰時的開發中國家日本。早在十九世紀的明治時代，日本在「富國強兵」方面的成功，給朴正熙帶來了靈

感。[14] 甚至早在日本殖民時期，南韓就已建立了發展國家體系的根基。
這類體系下的國家或許是獨裁暴政，但實際上確實可以讓工業快速增
長。[15] 儘管從1945年日本統治時期結束，到朴正熙領導下的某些類似的
發展模式已經過去了15年，但南韓與日本的某些經濟發展模式，比亞
洲其他國家都更緊密地相連，這並非巧合，又或者說，南韓的發展方
式，更類似於二戰前的日本。[16]

朴正熙掌權後，他在任職的頭幾個月就成立了經濟計畫委員會，並
宣布為期五年的經濟發展計畫。自1962年開始實施的第一個五年計畫
以來，銀行業務也由財政部和南韓國營銀行控管。到1970年，韓國所
有金融資產中的96%由政府控制。[17] 這意味著，除了稅收優惠和對許可
證的管控，作為促進計畫工業化的工具外，政府還對投資資本進行了嚴
格管控。政府分配的低息銀行貸款（通常甚至是負實際利率，即1970
年代重工業貸款的平均業務淨成本估計為 6.7%[18]）更成為促進工業化
的關鍵。

低息銀行貸款對於南韓獨特的財閥發展至關重要。韓文與日語單詞
的財閥都用相同的兩個漢字寫成。這兩個有些相似，從本質上講，控股
公司控制著一系列高度多元化的企業。南韓的三大電子業有三星、現代
和LG。財閥幾乎都在二戰後才創建，並且主要由家族擁有和管理。例
如，現代的創始人於1930年代，在仁川港口工作，並在首爾的一家碾

---

[14] Young Whan Kihl, *Transforming Korean Politics: Democracy, Reform, and Culture* (Armonk, NY: M. E. Sharpe, 2005), p. 71.

[15] Atul Kohli, "Where Do High-Growth Political Economies Come From? The Japanese Lineage of Korea's 'Developmental State,'" in *The Developmental State*, ed. M. Woo-Cumings (Ithaca, NY: Cornell University Press, 1999).

[16] E. F. Vogel, *The Four Little Dragons: The Spread of Industrialization in East Asia* (Cambridge, MA: Harvard University Press, 1991), pp. 48-54.

[17] Lie, *Han Unbound*, p. 71.

[18] Cumings, *Korea's Place in the Sun*, p. 317.

米廠當差事。1940年，他買了一家汽車修理廠。二戰後，他與美軍簽訂了建築合約，最終更替美國在泰國修建公路和越南挖泥等。到1970年代初，現代汽車在南韓蔚山建造了世界上最大的造船廠。[19]

電子業迅速擴大。截至1991年，韓國最大的五個財團的銷售額幾乎占國民生產總值的50%。1991年，僅三星在韓國國民生產總值所占的份額就等於美國20家最大公司的總份額。[20] 五大財團也完成了「典型的現代工人開著現代汽車，住在現代公寓，從現代信貸公司獲得抵押貸款，在現代醫院接受醫療保健，用現代貸款或獎學金將孩子送到學校，並在現代食堂吃飯」的現象。[21]

但是，如果財閥有經濟資源向雇員提供信貸，本身就需要大量的外部投資資本注入。像二戰前日本財團和戰後日本的經連會一樣，韓國的財團具有高度多元化的利益，但與日本的經連會不同，韓國財團通常與主要銀行沒有聯繫，因此最終依賴於外部融資。此外，由於他們通常也希望將所有權和管理權，保留在一個家族手中。因此，通常也不願在股票市場上公開發行股票。例如，現代工程建設公司僅在27個官方政府的要求和國民議會的關注下，於1984年首次公開發行了其30%的股份。[22] 因此，大量的資本不是來自股票市場，而是來自銀行貸款。由於銀行業基本上是由政府控制，因此銀行貸款與許可授權成為南韓的重要工具。

對於銀行融資的嚴重依賴，也促使韓國公司的負債比臺灣或美國的同行要來得多。起初，這方面的負債似乎沒構成威脅，因為政府對資本

---

[19] M. L. Clifford, *Troubled Tiger: Businessmen, Bureaucrats, and Generals in South Korea* (Armonk, NY: M. E. Sharpe, 1994), pp. 115-118.

[20] K. J. Fields, *Enterprise and the State in Korea and Taiwan* (Ithaca, NY: Cornell University Press, 1995), pp. 7, 96.

[21] M. Woo-Cumings, "Introduction," *Developmental State*, p. 18.

[22] Clifford, *Troubled Tiger*, p. 231.

配置的控制，還承擔了大部分投資風險。因此可確信的是韓國並不會因此破產。但是，將韓國以及多數開發中國家作爲絕對關鍵區隔，並不是這種笨拙的資本主義，而是政府在最初時，就以高標準要求財閥的生產力和紀律。[23] 由於這些財團越來越壯大而不倒，而之後的韓國總統中，任何一任的決心和聲望都比朴正熙小，從長遠來看，韓國經濟的這些特徵將成爲問題。不過，從短期來看，該經濟似乎運行良好。從1965到1990年，南韓的經濟增長速度僅次於臺灣，位居世界第二。

朴正熙的戰略野心並沒有讓韓國成爲消費天堂，而是讓韓國成爲擁有強大軍隊的富裕國家。因此，儘管韓國在這些領域缺乏明顯的市場優勢，但對加強鋼鐵和重工業生產的承諾，卻成爲韓國的顯著特徵。南韓的一個主要的考慮因素是北韓不斷出現的入侵威脅。朴正熙希望避免完全依賴美國提供的軍事保護。因此，他認爲發展能夠確保自身防衛能力的工業基地至關重要。特別是到1970年代初，美國的官方認知立場開始從臺灣的中華民國，轉而支持中國的中華人民共和國，並脫離越南戰爭，而美國總統理查·尼克森宣布了減少美國人派駐韓國的計畫。朴正熙越來越渴望，讓韓國在重工業中自給自足。大力促進了鋼鐵生產、化工、汽車製造、造船、機床和電子產品。例如，現代汽車於1967年，在三菱和其他外國專家的技術援助下開業，並於1975年開始生產自己設計的汽車。現代汽車於1986年，開始出口到美國市場。到1990年代中期，南韓已是世界第五大汽車製造商。

朴正熙在一次軍事政變中上台，但隨後在1963、1967及1971年，皆以正當的民主普選票當選總統。但是，在1971年的選舉中，反對派的候選人設法獲得了45%的選票。顯然，反對派的力量以及1970年代初的國際形勢變化正威脅著朴正熙，朴正熙宣布戒嚴，解散國民議會，並

---

[23] A. H. Amsden, *Asia's Next Giant: South Korea and Late Industrialization* (New York: Oxford University Press, 1989), pp. 145-147.

起草新憲法。到了1972年，這些振興改革（韓語爲*yushin*，用兩個相同的字符書寫——最終取自儒家經典《詩經》——1868年日本明治維新中傳統翻譯的「恢復」一詞）讓南韓政府獲得更大的威權。總統的直接全民選舉結束，此後由選舉學院選出總統，其中三分之一的成員由總統任命。政治權力主要集中在總統身上，總統也有權任命內閣大臣、法官、州長、大學校長及軍官級別，解散國民議會，並發布具有法律效力的命令。

朴正熙領導的韓國，發展受到日本的影響，戰後第一代韓國領導人大多受日本統治下的教育，許多人能說流利的日語。此外於1965年，韓國與日本重新建立正式外交關係之後，日本迅速成爲韓國最大的貿易夥伴。但是，如果歷史解釋了韓國與日本的緊密聯繫，那也可以解釋韓國對前殖民統治者的深切苦澀之情，以及維護韓國獨立民族身分的願望。韓國正式禁止使用日本文化產品，直到1998年年底，儘管可以接受電視等通用現代日本電器，但禁止日本汽車。韓國也禁止日語教育（直到1973年才重新引入韓國高中）。

與日本的影響相反，美國的影響不僅非常深遠，更常常受到歡迎，尤其是在早期。長期保持在美國最高統帥指揮之下的南韓軍，是美國影響力的集中地。後來，陸軍軍官兼未來總統盧泰愚（1932-）回憶起：「軍事學院成立時，我們所有的教科書，都是西點軍校教科書的翻譯，其中有些仍是英文。最初，三分之二的教師是美國軍官的學員，這些學員是韓國早期深入研究西方制度的團體之一。」[24] 由於對美國軍事基地的了解，Spam（美國獨特的罐頭肉品牌）在韓國非常流行，美國流行文化也在全球化時代變得越來越普遍，這方面將在後面進一步討論。

此外，儘管基督教不算美國的特殊影響，但與東亞其他地區相比，

---

[24] F. Gibney, *The Pacific Century: America and Asia in a Changing World* (New York: Charles Scribner's Sons, 1992), p. 396.

基督教在韓國的繁榮發展也較為顯著。基督教在韓國的成功，部分可能歸因於殖民時期基督教教堂與抗日朝鮮民族主義之間的聯繫，基督教在1960至1980年代也支持專制韓國中的民主和人權事業。韓國的聖誕節自1945年以來，一直是國定假日，到二十世紀末，基督教尤其是福音派，可以稱為南韓的主要宗教。超過四分之一的韓國人是基督徒。[25]現今除了美國，南韓是世界上派出最多基督教傳教士的國家。[26]

▌民主化與全球化

　　1979年10月26日，朴正熙在首爾總統府藍屋附近的韓國中央情報局（KCIA）大樓內用完晚膳後，被一同用餐的KCIA負責人槍殺了，這顯然是由於雙方在如何控制近期的學生和勞工動亂意見上的分歧所致。朴總統遇刺後，12月12日，首爾街頭爆發槍戰，兩派反對派南韓士兵之間發生槍戰，最終以對襲擊國防部以及國防部長和戒嚴司令後逮捕而告終，表面上與朴總統遇刺有關。這是又一次軍事政變的開始，這次是由全斗煥少將（1931-）一手策劃。全斗煥將軍掌握大權，1980年5月，他宣布戒嚴，關閉了所有大學，並暫停了國民議會。戒嚴引發民眾抗議，尤其是在西南城市光州。市民在街上與大學生聚在一起，示威者幾天內就控制了這座城市。但是，陸軍特種部隊前來鎮壓騷亂，共有191人正式確認死亡。全斗煥政府控制了所有韓國電視網絡，並開始大規模清除官僚主義。

　　然而，1980年代世界的輿論，與朴正熙在20年前的軍事政變中

[25] J. H. Grayson, "A Quarter-Millennium of Christianity in Korea,"in *Christianity in Korea*, ed. R. E. Buswell Jr. and T. S. Lee (Honolulu: University of Hawai'i Press, 2006), pp. 15-17, 21-22.

[26] D. Tudor, Korea: *The Impossible Country* (Tokyo: Tuttle Publishing, 2012), p. 63.

奪權時大不相同。菲律賓的長期獨裁者費迪南德‧馬可仕於1986年被「人民力量」運動推翻。臺灣取消戒嚴令，並從1987年開始，從單黨制向多黨民主制的過渡。1980年代，韓國不再是一個貧窮、飽受摧殘的開發中國家，而是一個成功的工業化經濟強國，而且南韓人民普遍希望民主化也應成為現代化進程的一部分。尤其是學生大力爭取民主。韓國工人的低廉工資，使韓國產業在全球有競爭力，工人越來越組織化，並積極要求加薪。1987年，韓國發生了3,749起勞資糾紛，比成為共和國前的都要來得多。[27]

1987年，由於即將到來的1988年首爾奧運，國際社會將注意力集中在韓國，這使韓國面對學生示威遊行，所要採取的軍事抗壓變得特別棘手。學生長達數週對射擊催淚瓦斯的警察的衝突終於結束。因此，全斗煥的接班人盧泰愚向示威者做出了重大讓步。1987年6月，他公開承諾不僅同意各項示威者要求，更將直接進行總統大選並釋放政治犯。12月，總統選舉如期舉行。由於有五個候選人，盧泰愚只以不到37%的選票贏得選舉。儘管如此，他還是成為多年來韓國首位民選總統。

1992年，韓國在選舉上又取得了一項里程碑，出現了韓國三十年來首位文人總統金泳三（1927-2015，1993-1998年總統）。在1992年大選期間，三位主要候選人均承諾降低政府對經濟的干預，新任總統領導的政府致力於經濟自由化，放鬆管制和全球化，提出與競爭者不同的政見（然而，他現在已經與執政黨妥協並結盟），這位新總統也渴望在1993年上任後，促進民主化改革。值得一提的是，他對民主的看法仍然非常儒家，但是透過以身作則，強調社會的集體利益，而不是個人利益、和諧、國家紀律。[28]為了實現民主改革的目標，1995年，前總統全斗煥和盧泰愚，因在1980年軍事政變和光州大屠殺，被以叛國罪逮捕

---

27 Kihl, *Transforming Korean Politics*, p. 96.
28 同上，pp. 108, 110。

並審判。兩人均被定罪，前總統全斗煥被判處死刑，而後改判爲終身監禁，最終於1997年被赦免。

　　1990年代初期，韓國新政府也對全球化和朝鮮的瓦解，做出了正式的政策承諾。到1990年代，由國家主導的資本主義舊模式已逐漸過時，並開始出現反效果。美國和其他貿易夥伴國家，開始對韓國施加嚴重壓力，要求其開放國內市場；而勞動力價格更低的競爭對手出口國（例如中國），也開始削弱韓國在成本方面的競爭優勢，就像韓國工人的工資飆升。如果可以消除由於保護主義和政府嚴格監管下所導致的低效率，才對韓國有益。韓國政府長期的五年經濟計畫結束了，1994年，經濟計畫委員會合併爲新的超級部門（稱爲財政和經濟部）。韓國也以外交方式開放，於1991年成爲聯合國會員國，並於1990年與蘇聯以及於1992年與中華人民共和國的關係正常化。1998年，韓國最終甚至同意，開始逐步取消對日本文化產品的禁令，首先針對日本電影和動畫片。

　　最初，廉價勞力一直是韓國在全球市場上的主要優勢，並且大力鼓勵國內緊縮政策。朴正熙總統下禁止使用霓虹燈，電視廣播節目（除美國武裝部隊網絡外）只能以黑白顯示。直到1982年，午夜12點到凌晨4點開始施行宵禁，同時更禁止搖滾音樂、迷你裙和男士留長髮。外國產品的進口通常受到限制，不鼓勵購買外國產品，避免不愛國。而爲了保護國內汽車工業，更從1987年開始，禁止進口外國廠牌的車。

　　但是，到了1980年代，情況開始發生嚴重變化。韓國從1940至1950年代，仍然是貧窮且主要是農民社會，急劇轉變爲現代工業化社會，中產階級日益富裕。現在約有42%的韓國人居住在首爾。新來的人都是現代公民。首爾是博士學位集中地，特別是寬頻網路水準很高。例如，韓國是東亞第一個佛教經文數位化以進行CD-ROM發行的國家。[29]

---

[29] Jong-myung Kim, "The Tripiṭaka *Koreana*: Its Computerization and Significance for the Cultural Sci-

1990年代，韓國也成爲了一個淨投資國，在國外的投資超過資金的收入。[30]

　　隨著1980年代的繁榮，工資開始急劇上升，曾經幾乎空無一人的街道開始充滿汽車，最終進口限制解除。從1989年開始，希望離開韓國的韓國人首次很容易就能取得護照，從那時起，外國旅行變得越來越普遍。韓國人越來越傾向於根據價格和質量來判斷並購買，而非於愛國主義的考量。西方大型的折扣店，如出現了美國的沃爾瑪、法國的家樂福，以及美國的音樂、電影和可樂在韓國年輕世代中大受歡迎。現在流行的運動，除了韓國武術跆拳道外，幾乎都是西方風格。直到1995年末，整個韓國仍然只有26個高爾夫球場，但十年後卻有近千個。[31]

　　儘管麥當勞於1988年在首爾開設了第一家分店，但麥當勞在韓國的增長速度卻比東亞其他地區慢。造成這種情況的部分原因，可能是因爲漢堡不容易融入韓國飲食文化，但其他東亞美食也是如此，所以這不能完全解釋韓國人對麥當勞的抵抗。但是作爲一個相對較小的國家，對外國殖民統治的記憶很深，並曾試圖被迫同化，因此許多韓國人可能對外國文化感到十分敏感且恐懼。[32]直到1993年，韓國仍拒絕讓當時極受歡迎的美國流行音樂巨星麥可・傑克森在韓演出。[33]

　　儘管韓國逐漸接受西方文化，但據估計，1996年，只有58%的韓國

ences in a Modern Globalizing World," in *Korea and Globalization: Politics, Economics, and Culture*, ed. J. Lewis and A. Sesay (London: RoutledgeCurzon, 2002), pp. 154-155.

[30] Eun Mee Kim, "Globalization of the South Korean Chaebol," in Kim, *Korea's Globalization*, pp. 109-110.

[31] Byong-suh Kim, "Modernization and the Explosive Growth and Decline of Korean Protestant Religiosity," in Buswell and Lee, *Christianity in Korea*, p. 325.

[32] Sangmee Bak, "McDonald's in Seoul: Food Choices, Identity, and Nationalism," in *Golden ArchesEast: McDonald's in East Asia*, ed. J. L. Watson (Stanford University Press, 1997), pp. 38-140, 151, 157, 159.

[33] Clifford, *Troubled Tiger*, p. 8.

人在西式餐廳吃飯、40%的人喜歡睡在西式床上，而非在韓式地板上。但人們總是選擇性失憶，許多源自外國的物品已被廣泛接受，例如電腦、藍色牛仔褲和現代商業流行的外國音樂，並將重點放在有特色的韓國文化上，如吃韓國泡菜和講韓文。[34] 然而西方文化在韓國取得成功，也與學習英語緊密相關。對於首爾的家庭來說，收入的三分之一用於孩子的英語課程並不稀奇。隨著進入二十一世紀，開放的多元文化國際主義在韓國迅速成長，防禦性的民族主義現在正明顯下降。[35] 而且如果韓國像以前的日本那樣變得更加開放，韓國也將變爲全球化的中心。

儘管在1990年代初，韓國致力於實現經濟全球化的理想（並取消了發展國家），但在接下來的幾年中，韓國的全球競爭力排名實際上卻下降了。1997年，韓國被迫接受國際貨幣基金組織（IMF）迄今最大規模的救助計畫（580億美元），以避免「金融危機」。[36] 韓國1990年代的經濟問題，可能比較不是源自於全球化先天缺點，而是剛好遇上不幸的情況，加上改革過程中尚未完全根除的問題所致。1980至1990年代，財團的規模繼續增長，但經濟自由化和放鬆管制，使得政府對人民施加任何約束變得更加困難。同時，政客對「捐贈」的需求，使得企業對政府本身的影響力增強。例如，1995年，檢察官發現前總統金斗換累積2億8,500萬美元的祕密賄款。1990年代，以全球化爲名的韓國金融體系放鬆管制，也帶來了大部分短期外債的氾濫，而韓國銀行不習慣進行仔細的風險評估，因爲人們認爲他們始終可以依靠政府紓困，因此允許一些相當可疑的投資。此時出現不幸的情況，1997年7月涉及泰國貨幣（稱爲泰銖）的投資，引發了席捲東南亞大部分地區的毀滅性金融危

---

[34] Jeong Duk Yi, "Globalization and Recent Changes to Daily Life in the Republic of Korea," in Lewis and Sesay, *Korea and Globalization*, pp. 11, 16-19, 24, 32.

[35] Tudor, Korea: *The Impossible Country*, pp. 202-210, 268-278.

[36] S. S. Kim, "Korea and Globalization (Segyehwa): A Framework for Analysis" and "Korea's Segyehwa Drive," in Kim, *Korea's Globalization*, pp. 2, 247-252.

機。儒家化的東亞大部分地區（尤其是中華人民共和國），被證明相對不受這種所謂的「亞洲流感」影響，但韓國卻發現自己嚴重暴露。韓國股市的市值縮水了一半，到1998年，大約2萬家韓國公司破產，其中包括前三十家財團中的十家。

這顯然是一個壞消息，但在這場危機和國際貨幣基金組織監督下，韓國在經濟自由化方面迅速發展。儘管經濟法規減少了一半，但監管財務法規也得到了有效收緊。韓國財團被迫提高其業務運營的透明度，剝離大量外圍子公司，並降低其債務資產比率。外國對韓國的直接投資變得更加容易，甚至允許外國完全收購韓國公司。復甦十分迅速和成功，韓國得以在三年半內，而非預期的四年內，償還欠國際貨幣基金組織的債務。

1997年，亞洲金融危機的結果，出乎人們的意料，韓國政府做出了新的承諾，強調資訊科技和流行文化，是未來有希望的增長領域。政府一直在為韓國的家庭提供超高速網路的佈線，並設立了一個10億美元的投資基金，來推廣流行文化。投資資金大部分來自私人，但該基金由文化部協調。儘管實行了自由化和全球化，但韓國政府顯然仍認為它在促進經濟發展方面可以發揮作用。截至2012年，韓國全部的風險投資中，有四分之一以上由政府資助。新的流行文化倡議與全球性的技術數位革命相結合，使日本的知名製造商有些措手不及，並為韓國公司提供了從相對平等的立場和重新開始的機會，這推動了二十一世紀產業從日本到韓國的轉變。直到1993年，三星的手機銷售量，僅在韓國的國內市場上排名第四，在其他國家基本上不為人知，但是到2012年，三星在全球智慧型手機銷量中排名第一，甚至蘋果的iPhone也都採用三星的微芯片製造。[37]

---

[37] E. Hong, *The Birth of Korean Cool: How One Nation is Conquering the World through Pop Culture* (New York: Picador, 2014), pp. 6-7, 91-105, 223-224.

　　從1990年代開始，人們對韓國電視節目、電影、音樂（K-Pop）和其他流行文化物品以及韓國工業產品產生「韓流」，手機和汽車等產品已席捲亞洲大部分地區。儘管朴載相（1977-）的歌曲「江南Style」在網路上取得成功，但卻可能會被視爲一次性的新穎歌曲，並被忽略。但在亞洲，韓流的浪潮相當大。例如，尤其是在2009年左右，中國出現了可以有大量電視節目的網站後，韓國的電視劇（帶有中文字幕）在中國變得非常流行。

　　甚至中韓聯合製作的真人秀電視節目《爸爸去哪兒》，由中國名人青年父親，帶著年幼的孩子到各個風景區，互相競爭並執行有趣的「任務」（首次出現在2013年，每集聲稱有7,500萬的觀眾）。2015年另一部中韓聯合製作的中國真人秀節目《一路上有你》，由三對中國夫婦（兩對來自中國，一對來自香港）在韓國首爾的陌生環境中面臨挑戰，並與一名韓國男樂隊主持人在一起。這樣的電視節目既證明了韓國流行文化在亞洲的實力，也證明了全球化模式的複雜性。

　　同時，1997年，反對黨候選人金大中（1924-2009，1998-2003年總統）贏得了總統大選，這象徵韓國歷史上第一次向政治反對派民主轉移權力。2013年，前總統朴正熙的女兒朴槿惠（1952-）成爲韓國首位女總統。在重男輕女的儒家社會中，直到1991年，女性在法律上甚至不能成爲一家之主，這給人留下了深刻的印象。如今韓國的公司，例如電子業的三星、LG以及汽車業的現代、起亞，已經是真正的全球巨頭，而韓國則是現代亞洲流行文化的強大力量。對於一個直到最近一直是世界上最貧窮的國家來說，南韓自1948年建立以來所取得的成就（主要是透過非常艱苦的努力）令人嘆爲觀止。

！延伸閱讀

關於入門概述，請參閱 Don Oberdorfer, *The Two Koreas: A Contemporary History* (New York: Basic Books, [1997] 2001)，和 Michael Edson Robinson, *Korea's Twentieth-Century Odyssey: A Short History* (Honolulu: University of Hawai'i Press, 2007)。

關於韓戰的一則引人入勝的新聞報導採自 David Halberstam, *The Coldest Winter: America and the Korean War* (New York: Hyperion, 2007)。

關於北韓，請參閱 Bruce Cumings, *Korea's Place in the Sun: A Modern History* (New York: W. W. Norton, 1997)，第 8 章；Han S. Park, ed., *North Korea: Ideology, Politics, Economy* (Englewood Cliffs, NJ: Prentice Hall, 1996)；以及 Dae-Sook Suh, *Kim Il Sung: The North Korean Leader* (New York: Columbia University Press, 1988)。

關於韓國戲劇性的經濟起飛，請參閱 Alice H. Amsden, *Asia's Next Giant: South Korea and Late Industrialization* (New York: Oxford University Press, 1989); John Lie, *Han Unbound: The Political Economy of South Korea* (Stanford University Press, 1998)；以及 Meredith Woo-Cumings, ed., *The Developmental State* (Ithaca, NY: Cornell University Press, 1999)。

關於當代韓國，請參閱 Robert E. Buswell Jr. and Timothy S. Lee, eds., *Christianity in Korea* (Honolulu: University of Hawai'i Press, 2006); Mark L. Clifford, *Troubled Tiger: Businessmen, Bureaucrats, and Generals in South Korea* (Armonk, NY: M. E. Sharpe, 1994)；以及 Carter J. Eckert, "Korea's Transition to Modernity: A Will to Greatness," in *Historical Perspectives on Contemporary East Asia*, ed. Merle Goldman and Andrew Gordon (Cambridge, MA: Harvard University Press, 2000)。

關於全球化時代的韓國，請參閱 Euny Hong, *The Birth of Korean Cool: How One Nation is Conquering the World through Pop Culture* (New York: Picador, 2014); Young Whan Kihl, *Transforming Korean Politics: Democracy, Reform, and Culture* (Armonk, NY: M. E. Sharpe, 2005); Samuel S. Kim, ed., *Korea's Globalization* (Cambridge University Press, 2000); and James Lewis and Amadu Sesay, eds., *Korea and Globalization: Politics, Economics and Culture* (London: RoutledgeCurzon, 2002)。

十三　1945年後的越南

　　1940年，第二次世界大戰初期，日本開始要求殖民越南的法國當局與日本合作，成為日本與中國之間戰事的力量。1941年的夏天，日軍占領整個越南。儘管這直接導致同盟國對日本實施制裁，並且爆發了更廣泛的太平洋戰爭，但當時在越南的維希政府並沒有抵抗。雖然日本占領越南，但法國對越南的殖民統治在二戰期間一直持續到1945年3月，最終日本直接奪取法國維希政權，解除其武裝並監禁法國駐越的人員。之後，日本扶植了越南阮朝的最後一位君主保大（1913-1997；國王，1926-1945；國家元首，1949-1955），宣告越南獨立並加入以日本為首的大東亞共榮圈。

　　同時，二戰期間日本占領越南，越南的共產主義者要求所有愛國的越南人統一戰線來抵抗日本。1940年末或1941年初，流浪三十年之後回到越南的共產黨領導人阮生恭（「胡志明」是他最廣為人知的化名）。1941年5月，在中國邊境附近的一次會議上，成立了魁儡組織（有意淡化共產黨的影響）越南獨立同盟會，簡稱越盟，並且開始以游擊戰抗日。

▌法軍撤出及美軍加入

　　1945年8月，日本投降令越南陷入混亂。當時的北越正漸漸從奪走100至200萬人口的饑荒中恢復。胡志明和越盟似乎是唯一反抗日軍及

圖13.1 胡志明於1945年9月2日向越南人民宣讀獨立宣言。圖片來源：History/Bridgeman Images

對抗饑荒的勢力。舉例來說，襲擊日軍儲存大米的倉庫。越盟藉著日軍撤出後的空檔，在8月19日輕易占領了河內（8月25日占領西貢），緊接著宣布越南民主共和國成立的獨立宣言（請見圖13.1）。保大帝在8月30日正式退位，結束了阮朝悠久的歷史。

然而，二戰勝利的同盟國之間已然達成協議，讓蔣介石的中國國民黨來接管北越，英軍接管南越。英軍之中有人想要恢復英國戰前的帝國光景，對於法國想要恢復在越南殖民示以同情。於是英軍在南越指揮官解除了越盟在南越的勢力，並將南越控制權交給了自由法國軍隊。此時，國民黨於1945年11月來到北越，蔣介石既不支持歐洲的殖民主義，也不支持共產主義。然而，為了結束法國在中國的租約及特權，國民黨於1946年2月同意將北越還給法國。

胡志明曾正式解散印度支那共產黨並呼籲舉行大選，承認越南成為法蘭西聯盟的自由國家，甚至同意法國部隊進入北越，且協議它們最多只能在北越待五年。1946年5月，胡志明前往巴黎談判之後，法國印度支那官員單方面宣布交趾支那（南越）歸屬法國控制的共和國。回到北越的法國武裝部隊引發了武裝衝突，並於1946年11月開始戰爭。最初，法國似乎占了上風，並於1949年成立了越南國（併入南越），隸屬於法蘭西聯盟，前皇帝保大帝為國家元首，繼續法國在越南的經濟、外交和軍事控制。

大部分的殖民期間，法國只用了大約14,000名士兵就可以控制整個越南。[1] 儘管在二戰後法國表面上恢復了統治，然而到了1950年，越盟游擊隊已控制中國邊境的山區。蔣介石撤退到臺灣後，1949年共產黨統治的中華人民共和國成立，北京開始向越盟提供軍事援助。1950年，中國正式承認越南民主共和國，不久後也得到蘇聯的承認。越盟游擊隊同時是反殖民的越南民族主義者，並在相當嚴格的共產主義控制和指導下尋求獨立於法國統治。儘管大多數美國人並不特別支持法國的帝國主義，但在人們意識到因為共產主義而失去中國，美國下定決心要遏制共產主義在國際上任何進一步的擴張。1950年，即朝鮮戰爭爆發的同一年，美國開始向在越南的法國提供援助。到了1954年，美國負擔了法國80%的軍事開支。[2]

1953年，法國的三個傘兵營在西北山谷距離河內西邊兩百多英里，在寮國邊界占領並強化名為奠邊府（國界保護局）的防禦能力，旨在破壞越盟的補給和迫使越盟打常規戰爭，以發揮法國現代軍事力量。但法軍沒有料到，越盟憑藉中國提供的軍事協助，將76架防空炮拉到可以俯瞰到法國軍隊的山頭上，並且封鎖了法軍的空中支援。法軍被包圍並切斷補給，但仍堅忍了55天直到彈藥耗盡，於1954年5月7日投降。

隔天，在日內瓦會議上，越南的問題得到解決。法國在奠邊府慘敗後，1954年7月21日最終達成了《日內瓦協定》，承認越南、柬埔寨和寮國獨立。也決定以北緯17度劃分越南，胡志明的越南民主共和國在北越，敗仗的法國軍隊則集結於南越。越盟在南越的勢力沒有那麼大，前皇帝保大繼續擔任名義上的國家元首，將在兩年後舉行選舉、恢復統

---

[1]　F. FitzGerald, *Fire in the Lake: The Vietnamese and the Americans in Vietnam* (New York: Vintage Books, [1972] 1989), pp. 207, 370.

[2]　FitzGerald, *Fire in the Lake*, p. 85.

一。然而美國與保大帝政府均未簽署這份協定。（多年以後北京依然難以釋懷，美國國務卿在日內瓦會議上拒絕與中國總理周恩來握手。）

保大接著在1954年任命越南傑出的愛國主義者吳廷琰（1901-1963）爲首相，自己則是前往法國並再也沒有回到越南。新的首相吳廷琰反法、反共。法國與越盟發生衝突的那段期間，他大多的時間都在國外，曾待在美國一間天主教神學院。1955年10月，琰（越南人通常用名來稱呼，在傳統東亞文化裡姓名中的最後一個字，與中國一般用姓來稱呼正好相反）在公民投票中（有重大舞弊嫌疑）將國家元首保大趕下台，琰成爲了越南共和國的第一任總統（1955-1963）。琰也同時聲明他不會承諾與北越進行全國選舉和統一，因爲北方共產主義的任何投票都不是自由和公正。因此，越南南北分裂維持了長達二十幾年之久。

北越的共產黨政府開始了馬克思主義社會革命，其中包括始於1953年的毛派式土地分配和集體化運動。到1959年，河內還致力於與南方進行軍事統一，並透過名爲越南南方民族解放陣線（NLF）的前線組織在南越行動。NLF通常在南越稱爲越共，即越南共產黨或越南共產主主義者的縮寫。在接下來的幾年中，尤其是夜晚，數千名南越的公務員和教師被暗殺，而越共控制了湄公河三角洲的大部分農村地區。[3]

1954年，在《日內瓦協定》和法國撤軍之後，美國開始直接支持南越的反共政權。1960年，美國陸軍特種部隊抵達。同年，大約有4,000名美軍和幾百名美國平民在越南。美國的重點是針對當時爲數不多的游擊隊進行反游擊戰。美國早期的想法是戰略村計畫，該計畫旨在將南方的農村人口遷移並集中在更容易監管的中心，中心將農村人口與的叛亂分子隔離開來（也與他們的老家隔離）。

---

[3] "Some estimates place the number of civil servants and teachers murdered between 1959 and 1961 at over ten thousand," 根據 D. Halberstam, The Making of a Quagmire: America and Vietnam during the Kennedy Era（修訂版）（New York: Alfred A. Knopf, [1964] 1988），p. 33。

　　琰總統試圖成為一個強而有力的領導者，但他同時還是個清教徒，這並不具有吸引力。身邊的人也大多貪汙且無能，並且琰本就不喜歡南越大部分的人。例如，天主教徒的琰疏遠了多數非基督教的教派。儘管當時南越有大約200萬名天主教教徒，但是僅占總人口的10%。琰的哥哥是天主教主教，並遭指控不公。1963年5月，由於禁止慶祝佛陀誕辰以及順化的佛教領袖被拒絕於當地的廣播電台演說，佛教徒於廣播電台外面進行示威遊行。警察驅趕遊行教徒後，上千位示威者集結於中央廣場，最終當局調派軍隊鎮壓，向群眾開火，造成九人死亡。1963年6月11日，釋廣德法師於西貢市中心以蓮花座坐姿自焚進行抗議，火焰吞噬了他的身體有10分鐘之久。美聯社記者拍攝的畫面震驚全球，表明了民眾對琰政權的不滿（見圖13.2）。之後，有六位僧侶同樣自焚，琰政府也實施了戒嚴。

　　琰總統失去美國的支持，包含美國駐越南大使在內的美國官員甚至可能鼓吹軍事政變來推翻他。1963年11月發生政變，以琰被謀殺告

圖13.2　1963年釋廣德於西貢自焚。圖片來源：History/Bridgeman Images

終，並帶來了新的動盪。琰死後的一年多內，發生了八次政變未遂，直到1965年2月，阮文紹（1923-2001）和阮高祺（1930-2011）將軍成立新的軍事政府。1967年，通過了新憲法，開始了越南第二共和國時期，並舉行選舉，紹當選總統（1967-1975），祺擔任副總統。

1964年8月，三艘北越的魚雷快艇襲擊了美國在北部灣行動的馬多克斯號驅逐艦。兩天後，據稱發生了第二次襲擊（這可能是美軍對雜散的聲納回波和雷達信號的過度焦慮反應，而不是北越真正的襲擊）。此後，總統林登·約翰遜下令對北方的軍事目標發動空襲，美國國會通過了東京灣決議案授權總統在沒有正式宣戰的情況下採取軍事行動。不久，美國積極進行戰事行動，約翰遜總統開始無限期升級美軍行動。

1964年末，第一個北越的正規軍前往南越加入越南南方民族解放陣線（俗稱越共）。1964年12月，共產主義組織在聖誕節前夕於西貢，美軍軍官所住的布林克斯酒店旁停靠的車子底部引爆炸彈，導致兩人死亡58人受傷。當時越南有23,000名美國軍事人員。美國的戰鬥部隊直到1965年3月才抵達越南。直到1967年，美國每月都向南越運送上萬噸的物資，南越的機場是全世界最忙碌的機場。[4] 到了1969年，越南共有541,000名美軍士兵。前前後後共有58,000名美國士兵戰死（越南則有將近400萬人死亡和受傷）。越南西貢曾經一度多到每15人之中就有一位美國人。[5]

參與越戰在美國引起了很大的爭議，最初美國群眾真誠地相信參戰是為了從共產主義手中拯救自由世界。但是隨著越來越多美軍戰死，反對的聲音逐漸增加。軍事徵兵制度讓年輕人（尤其是沒有什麼權貴背景且無法延緩入伍）幾乎沒有選擇地被送到遙遠的叢林戰場，更是增加了反對的聲浪。爆發了大量的反戰遊行和學生示威，影響美國國內的政治

---

[4] Karnow, *Vietnam: A History*, pp. 436-437.
[5] Jamieson, *Understanding Vietnam*, p. 293.

和文化。

1968年1月30日，傳統的越南農曆新年，大約80,000名越共士兵和北越正規軍隊對南越上百座城市和城鎮進行空前大規模的攻擊，甚至占領了美國駐西貢大使館。儘管他們占領了順化三個禮拜，最終在人員傷亡慘重、未能成功奪取目標以及缺少人民支持下，以失敗收場。單純從軍事的角度來看，這個「新春攻勢」是共產主義者的失敗，但同時也給美國輿論帶來強烈的衝擊。人們開始懷疑美軍是能否打贏這場戰爭。詹森總統於3月宣布希望與越南議和並且放棄競選下任總統。

繼林登・約翰遜之後，理查・尼克森成為第37屆美國總統，他將美軍從越南撤出並使越戰越南化。1968年於巴黎進行和平談判。1973年1月簽署《巴黎和平協約》。兩位調停人，亨利・季辛吉（1923-）和黎德壽（1911-1990）也因此獲得當年的諾貝爾和平獎。這份協約也使美軍撤出。儘管紹總統於1969年實施「耕者有其田」，將土地的所有權交給租戶，地主則由政府補償，這表示1975年湄公河三角洲的農民已經擁有自己的土地，從而減輕他們以前對經濟的不滿。隨著花錢如流水的美國人離去，南越經濟急遽下降。1975年，共產主義者發動新的攻勢時，南越軍隊以驚人的速度瓦解，西貢瞬間倒台，越南突然在共產主義之下統一。

▌越南社會主義共和國

1976年7月，越南宣布成立越南社會主義共和國，首都為河內。西貢正式更名為胡志明市（儘管許多人仍將其稱為西貢）。儘管北越和南越在文化、方言和意識形態上存在差異，兩邊仍舊快速地整合在一起。短時間內，儘管銀行和主要機構很快被國有化，南越本身的商業並未被禁止，目標將南越快速轉型成社會主義。但是，1978年初，大型企業

突然國有化，並開始嘗試農業集體化（最終未成功）。成千上萬的難民逃離越南，其中許多人是華裔（他們很有可能參與資本主義商業活動，也受到越南民族主義的懷疑和同化的壓力）。

1978年12月，由於紅色高棉一再襲擊和其暴行的報導，越南對鄰國柬埔寨進行了軍事干預。直到1989年，越南軍隊才撤出柬埔寨。越南的干預無疑幫助許多柬埔寨人民擺脫了紅色高棉的殺害，可以說是正義之舉，但儘管如此，還是引發了許多外國勢力包括美國對越南的禁運。越南的干預也激怒了一直支持紅色高棉的中華人民共和國。同年11月，河內與莫斯科簽署《越蘇友好合作互助條約》，而此時越南比起中國似乎與蘇聯更加緊密結合在一起。北京還對在越南的華裔普遍遭受虐待表示關注。為了教訓越南，中國在1979年2月入侵越南北部邊境，發生三週的中越戰爭。

儘管越南軍隊在與中國的戰爭中表現良好（並且人們普遍認為中國的軍事表現很一般），但越南此時已被孤立，成為東亞最貧窮的國家。到了1970年代後期，必須定量配給糧食，而且民生物資嚴重短缺。此外，儘管根據憲法宣布了兩性平等，但截至1975年，共產黨員中只有不到三分之一是婦女，執政的政治局中也沒有婦女。預期的烏托邦社會主義並未實現。

東歐共產主義崩潰和蘇聯1991年解體之後，越南領導人重申了自己對無產階級專政承諾，並與中華人民共和國更加緊密地互動。越南有鑒於中國實施市場改革而經濟起飛，1980年代後期，越南也開始實施基於市場的經濟改革。美國最終於1994年取消了對越南的貿易禁運，並於1995年使外交關係正常化。1990到2010年代，越南的平均每年經濟增長率超過了7%。[6] 越南成為東亞經濟奇蹟的一分子。

---

[6] Vu Hong Lien and P. D. Sharrock, *Descending Dragon, Rising Tiger: A History of Vietnam* (London: Reaktion Books, 2014), p. 245.

　　越南也開始擔心正在迅速崛起的中國。如今，全球超過一半的航運噸位都要經過越南沿岸，以及藏有豐富石油和天然氣的中國南海。中國長期以來一直宣稱其領海延伸至中國南海，這遠遠超出了其他國家所認可的範圍，而北京最近變得更具侵略性，使得中國南海正在成爲世界上最有爭議的水域。爲了應付這個威脅，越南最近與印度、南韓、日本、菲律賓、馬來西亞、新加坡、印尼和澳洲達成新的國防共識，而很諷刺的是，美國已然成爲越南最大的出口市場。[7]

▌越南、東亞和世界

　　歐洲人曾稱呼越南爲印度支那半島，並將其視爲古代印度和中國文明相遇和交疊的地方。如今，關於越南應該屬於東亞還是東南亞意見不一。越南曾經是中國的一部分（超過一千年），也曾經是法蘭西帝國的一部分（不到一百年）。在過去的幾年裡，南越超過一半的人口是美國人。如今，它已成爲蘇聯俄羅斯的馬克思共產主義（歐洲意識形態）在世界上少數據點之一。越南也是一個儒家社會，大約一半的越南語詞彙來自中文。比起日本，越南歷史與中國的關義更密切，但是越南更可能因爲不符合東亞地區的定義（諸如共同使用的中文書寫系統和儒教等共通性），而排除在東亞地區之外。而且自古以來，中國與其祖先都是競爭對手。越南最近與中國進行了戰爭（1979年），與中國的關係最爲緊張。越南本身也相當特別。現階段，儘管它是一個令人驚訝的新國家，卻起源於古老的土著青銅時代文明。

　　中國本身大部分歷史是由與內亞互動，其當前國界實際上跨越（並

7　R. D. Kaplan, *Asia's Cauldron: The South China Sea and the End of a Stable Pacific* (New York: Random House, 2014), pp. 9-11, 14, 62-63, 175.

遠遠超出）傳統內亞與東亞之間名義上的界限[8]；日本中世紀歷史，某種程度上，比起中國、韓國、越南[9]，和西歐更爲相似，十九世紀末還曾考慮「脫亞入歐」[10]。越南既體現了東亞作爲文化區域的一致性，也體現了這些標籤不可避免的侷限性。如果東亞是一個連貫的文化領域，那麼它就是個可滲透的領域，並且只是將局勢概念化的眾多方式之一。越南也提醒我們，全球化並不是眞正的全新。在這個世界上，沒有什麼是永恆的。但是，經常改變事物，保持不變的可能性也就越大。如今，越南仍持續是東亞文化圈的一部分，也確實能令人信服。

! 延伸閱讀

與越戰相關的書籍有許多，請參考廣受好評的 Neil Sheehan, *A Bright Shining Lie: John Paul Vann and America in Vietnam* (New York: Random House,1988)。相關書籍可參考 Frances FitzGerald, *Fire in the Lake: The Vietnamese and the Americans in Vietnam* (New York: Vintage Books, [1972] 1989)；以及 Stanley Karnow, *Vietnam: A History* (New York: The Viking Press, 1983)。
有關於現代越南的學術記述可參考 William J. Duiker, *Vietnam: Revolu-*

---

8 E. S. Rawski, "Presidential Address: Reenvisioning the Qing: The Significance of the Qing Period in Chinese History,"in *Journal of Asian Studies* 55, no. 4 (1996): 838.

9 見 P. Duus, *Feudalism in Japan*, 2nd ed. (New York: Alfred A. Knopf, 1969), pp. 12-13。更廣泛來說，V. Lieberman 在 *Strange Parallels: Southeast Asia in Global Context, c. 800-1830, vol. II. Mainland Mirrors: Europe, Japan, China, South Asia, and the Islands* (Cambridge University Press, 2009) 中對比了歐亞外相對受保護的地區，包含日本、歐洲、俄羅斯和東南亞，也對比相對外顯的地區，包含中國。

10 H. M. Hopper, *Fukuzawa Yūkichi: From Samurai to Capitalist* (New York: Pearson Longman, 2005), pp. 121-122.

tion in Transition, 2nd ed. (Boulder: Westview Press, 1995)。想多了解越南人的觀點，請參考 Neil L. Jamieson, *Understanding Vietnam* (Berkeley: University of California Press, 1993)。想了解越南人自十九世紀以來的記述，請參考 Duong Van Mai Elliott, *The Sacred Willow: Four Generations in the Life of a Vietnamese Family* (Oxford University Press, 1999)。

十四　1945年後的中國

▌國共內戰

　　雖然中國是二戰的戰勝國之一，日本戰敗後，飽受戰爭摧殘的中國並沒有恢復過來。隨著國共內戰再次爆發，通膨、貪汙、黑市在二戰期間逐漸惡化。戰後的頭幾個月，美國大使成功讓毛澤東和蔣介石面對面會談。這也是毛澤東第一次搭飛機。美國希望經由這次調停，能夠避免國共全面開戰，並且促進中國的民主發展。為了達成目的，1945年末，杜魯門總統指派最卓越的軍事和政治家馬歇爾（1880-1959）擔任代表前往中國。馬歇爾在中國待過一年多（1945年12月至1947年1月），在他回國時，對中國新憲法和1947年底的選舉表示樂觀。

　　但馬歇爾也對雙方極端分子極力阻撓和平事宜表示擔憂。事實上，國民黨與共產黨的對立太深，無法維持穩定的休戰協議。對戰後的中國來說，固執是最普遍的問題。例如，臺灣在日本投降後，回歸中國統治，尚未從二戰中恢復過來，國民黨的經濟政策隨即限縮自由市場，加上大量貨幣流入市場，導致失業率攀升、物資短缺和通貨膨脹失控。臺北的警察在查緝一名婦人的私菸時，誤殺一名圍觀群眾，而後1947年2月28日，全臺爆發大規模衝突。最終國民黨派軍隊鎮壓，造成數千人傷亡。[1] 雖然很長一段時間禁止提起二二八事件，但是還是在臺灣人民

---

[1] Lai Tse-han, R. H. Myers, and Wei Wou, *A Tragic Beginning: The Taiwan Uprising of February 28, 1947* (Stanford University Press, 1991), pp. 80-89, 102ff., 159-160.

和國民政府的關係中，留下不可抹滅的傷痕。

　　同時，雖然蘇聯在日本投降六天前才投入對日戰爭，但蘇聯仍有足夠的時間在二戰結束時占領滿洲。蘇聯占領滿洲一年，並持續控制亞瑟港和東清鐵路（橫跨滿洲）直到1954年，並從滿洲獲得數億美元的戰爭賠償。後有許多中國人對蘇聯的搶劫行爲不滿，但蘇聯的大規模軍事行動推動了中共的發展。蘇聯向中共移交75萬隻步槍、18,000挺機關槍和4,000門大砲。[2] 滿洲則成爲中共統一大業的跳板。

　　美國也對國民政府提供大量援助。國民黨軍原先比共產黨紅軍（後稱人民解放軍）規模更大、裝備更好，但國民黨採取被動防守，後被共產黨以策略擊敗，中共在期間獲得大量人員和資源。1948年，中共開始積極進攻。協助國民政府的美軍顧問也認爲中共的裝備量已經超越國民政府了。毛澤東喜歡開玩笑地說蔣介石是中共的補給官。[3]

　　1949年1月，中共攻下北京。4月，解放軍南下渡過長江向華南地區進攻，蔣介石帶領200萬軍民撤退到臺灣（現中華民國所在地）。1949年10月1日，毛澤東在天安門（舊天安門而非天安門廣場，天安門廣場當時還未建成）宣布建立中華人民共和國（見地圖14.1）。

▍毛澤東的新中國

　　雖然革命人士不滿中國在西方列強控制下受到的百年屈辱，但中共掌權後並未立即驅逐西方諸國。美國曾短暫地想過要承認中華人民共和國，但隨著1950年韓戰爆發，美國隨即大力支持臺灣的蔣介石政權，認爲中華民國爲中國唯一合法政權，以遏止共產主義擴張。中華人民共

2　J. D. Spence, *Mao Zedong* (New York: Viking, 1999), pp. 103-104.

3　D. Halberstam, *The Coldest Winter: America and the Korean War* (New York: Hyperion, 2007), p. 235.

Administrative Divisions of the
People's Republic of China (PRC)
中華人民共和國行政區劃

黑龍江
HEILONGJIANG
Harbin
哈爾濱

內蒙古自治區
INNER MONGOLIA
AUTONOMOUS REGION

吉林
JILIN
Changchun
長春

寧夏回族自治區

Shenyang
瀋陽
LIAONING
遼寧

Urumqi
烏魯木齊

XINJIANG UYGHUR
AUTONOMOUS REGION
新疆維吾爾自治區

NINGXIA
HUI
AUTONOMOUS
REGION
Hohhot
呼和浩特

BEIJING
北京
TIANJIN
天津

河北
HEBEI

Indian claim line
印度宣稱的邊界

Yinchuan
銀川

Shijiazhuang
石家莊

濟南

Taiyuan
太原
SHANXI
山西

SHANDONG
山東

江蘇
JIANGSU

QINGHAI
青海

Xining
西寧
蘭州
Lanzhou
GANSU
甘肅

西安
Xi'an
SHAANXI
陝西

Zhengzhou
鄭州
HENAN
河南

合肥
Hefei
ANHUI
安徽

南京
Nanjing

SHANGHAI
上海

TIBET
AUTONOMOUS
REGION
西藏自治區

Lhasa
拉薩

四川
SICHUAN

Chengdu
成都

CHONGQING
重慶

湖北
HUBEI

Wuhan
武漢

長沙

Nanchang
南昌

杭州
Hangzhou
ZHEJIANG
浙江

Chinese claim line
中國宣稱的邊界

貴州
GUIZHOU

昆明
Kunming

Guiyang
貴陽

Changsha
長沙
HUNAN
湖南

江西
JIANGXI

福州
Fuzhou
FUJIAN
福建

臺灣
TAIWAN
Controlled by the
Republic of China;
Claimed by the People's
Republic of China.

□ Province 省
□ Autonomous Region 自治區
▨ Municipality 直轄市
■ Special Administrative Region 特別行政區

YUNNAN
雲南

GUANGXI
ZHUANG
AUTONOMOUS
REGION
廣西壯族
自治區

Nanning
南寧

GUANGDONG
廣東
Guangzhou
廣州

HONG KONG S.A.R.
香港特別行政區
MACAU S.A.R.
澳門特別行政區

由中華民國統治；
中華人民共和國
宣稱為其領土

Haikou
海口
HAINAN
海南

地圖14.1　中華人民共和國

和國採取一邊倒政策，與蘇聯交好。1949年12月，毛澤東第一次出國前往莫斯科參加史達林的70歲生日，但蘇聯冷落毛澤東並讓他等了很久，即使如此，毛澤東最終還是拿到3億美元，蘇聯也答應協助中國，被稱為史上最大的技術轉移。[4]

經過數十年的世界大戰和國共內戰，加上幾十年的軍閥主義和國家

---

4 A. J. Nathan and R. S. Ross, *The Great Wall and the Empty Fortress: China's Search for Security* (New York: W. W. Norton, 1997), p. 39.

分裂，此時中國的當務之急就是恢復國力。中國發行了人民幣，通過處決炒作貨幣者和統一商品價格，讓通貨膨脹回穩，但中共並不滿足於恢復國力。中共在1949年的勝利，很大一部分歸功於人民的愛國情操。毛澤東是馬克思主義的追隨者，之後便致力於社會革命。

毛澤東遇到了棘手的問題。雖然中共早期的高層都曾赴歐洲或蘇聯留學，但到了1949年，大部分的黨員和幹部仍對中國以外的世界一無所知。馬克思主義主張社會進步是由階級鬥爭推動，並將生產模式分為一系列階段，與這一系列階段最為相關的就是先從封建轉為資本主義，再從資本主義到共產主義。因此，理論上來說，共產主義是資本主義最高級的階段，造成工廠工人和廠主的鬥爭。1949年，中國最明顯的問題就是，工人和廠主都嚴重不足。理論上，中國當時還是封建而非共產主義。

但事實上，當時的中國與中古歐洲封建幾乎沒有相似之處，不能將封建模式直接應用於中國，必須稍稍修改一般理論以符合中國的情況。中國當時處於「半封建，半殖民」的狀態。馬克思主義主張建國並驅逐外國侵略者勢力來脫離半殖民，而要脫離半封建，則需要農民也起身對抗地主，沒收並重新分配地主土地。自從中共1949年贏得勝利後，各個村莊掀起反地主的鬥爭。

馬克思主義認為地主對佃農的剝削是造成中國貧窮的主要原因，這不只對中國農夫來說相當震驚，甚至在許多地區扭曲了事實。例如，美國學者仔細研究了中國北方的一個村莊，80%的地主都使用耕耘機耕種而不是僱用佃農，社會分工一般在家庭之間而非階級。人民因愛國意識而團結，有助於抗日和戰時共產黨的地下活動，但是現在人民卻因階級鬥爭而團結。[5]

---

[5]　E. Friedman, P. G. Pickowicz, and M. Selden, *Chinese Village, Socialist State* (New Haven, CT: Yale University Press, 1991), pp. 14, 81-82.

中國人民的新階級混亂，但土地再分配政策仍跨村進行。這是具有革命意義的政策，理論上稱為資產階級革命，但中國更像從封建轉變成資本主義，而不是從資本轉為共產主義。即使土地重新分配，依舊屬於私人財產。美國顧問運用類似的土地政策（非暴力鬥爭）在臺灣、日本和南韓，以阻止共產黨發展。理論上，資產階級革命後，要走向完全的共產主義仍需要一段時間。但是，毛澤東沒有耐心繼續等了。1952年左右，土地再分配完成後，毛澤東開始發展社會主義。例如，開始實施集體耕作。

不可否認毛澤東領導了農民革命，但現代工業化仍是共產黨的大目標。中國迅速引進蘇聯發展重工業的模式，以集中式經濟計畫和史達林式五年計畫為基礎，並於1953年實施第一個五年計畫。特別是毛澤東時期，中國的生產統計一向不太可靠，但是第一個五年計畫完成了相當可觀的工業化。1957年，毛澤東再度前往莫斯科，參加十月革命四十週年紀念時，受到蘇聯發射的史普尼克衛星鼓舞，並評論道「東風壓倒西風」。當時，共產主義的確有可能成為主流，並成為人類必然的未來。（見圖14.1）蘇聯宣布要在15年內取代美國經濟地位，毛澤東深受鼓舞，並決定要在15年內取代英國。[6]

大躍進與文化大革命

毛澤東到莫斯科參訪也點燃了中國和蘇聯的民族主義競爭。毛澤東開始思考如何脫離蘇聯的幫助，他認為工業化和經濟起飛可以依靠人民的力量，以動員大規模勞工的方式，並透過自發的熱情而不是引進新技術、投資或蘇聯式的菁英集中式經濟計畫。毛澤東特別喜歡愚公移山的

---

[6] F. C. Teiwes and W. Sun, *China's Road to Disaster: Mao, Central Politicians, and Provincial Leaders in the Unfolding of the Great Leap Forward, 1955-1959* (Armonk, NY: M. E. Sharpe, 1999), pp. 70-71.

圖14.1　工人階級必須領導一切。1970年，毛澤東時期的宣傳海報。阿姆斯特丹國際社
　　　　會史研究所收藏

故事，他相信靠著熱情和決心，就可以達成看似不可能的事情。這種信念也為1958年的大躍進打下基礎。

毛澤東最大的特色就在於，他能夠很好地激發群眾熱情和讓群眾參與事務，而毛澤東思想中也幾乎看不到非常傳統的影子。除了次經濟起飛，因為新組建的人民公社成為農村的基本組成單位，人們也希望大躍進可以向共產主義過渡，應用規模經濟在工業甚至是軍事上，也有許多支持軍國主義的聲音。人民組成生產隊，分成排，並由營管理。女性也加入勞動人口，藉由集體托嬰和食堂，從家務中解放。

大躍進從1958年開始實施，第一個實驗性質的人民公社4月建立，到初秋時，中國各地的農村都受到共產主義的影響。有一段時間裡，甚至連最謹慎的中國領導人也因毛澤東對快速發展社會主義的熱情而受影

響，但大躍進很快地變成一場災難。其中最有名的例子即是土法煉鋼，試圖一年內提高一倍的鋼鐵產量。多達9,000萬人參與煉鋼，但是由於缺乏縝密計畫、人員專業不足、設備水準不夠，煉鋼實際成效不彰。

對於農業的影響更大。因當時禁止私人生產，許多農民寧願自己殺死家畜也不願上交集體式公社。人民公社降低農民生產積極度。人民因工作過度而疲乏，加上領導階層鼓吹糧食生產過剩，導致農民有時會任由農作物在田裡腐爛。人民相信播種時，埋得更深更密可以增加糧食產量，造成農地數量不足。無心的政策也帶來損害，例如打麻雀運動，在獵捕大量麻雀之後，害蟲天敵減少，農作物蟲害嚴重。毛澤東的其他政策也造成森林破壞、土壤侵蝕、環境破壞。雖然大躍進在人民的熱情下，於1958年初開始，但到了1958年秋天，已經出現各項資源嚴重短缺。1958到1962年的大躍進時期，估計有1,500萬人或更多死於營養不良的饑荒。[7]

毛澤東鼓勵有建設性的批評，但是有時候會對反對他的人大發雷霆，因此毛身邊的人都不太願意反對他。人類追求成功的天性鼓勵他們交假報告，此時的中國是連通訊都仍未成熟，幾乎沒有電視和電話的國家。當時幾乎沒有人清楚地認識到災難嚴重的程度，但已經知道事情不太對勁，連毛澤東都同意更現實的政策，儘管他不太樂意。

1959年的廬山會議中，國防部長彭德懷上書毛澤東，認為大躍進是對經濟的破壞。毛澤東則在會議上傳閱這封信，並公開譴責彭德懷。儘管大躍進帶來無法抹滅的傷害，但是毛澤東的地位依然不可動搖。毛澤東鬥走彭德懷，彭德懷被視為「資產階級分子」。毛坐穩黨中央主席的位子，但退下國家主席，由更務實的領導人採取措施已恢復經濟。之後的幾年裡，毛幾乎很少在公開場合露臉，西方各國一度認為毛澤東已

---

[7]　J. Becker, *Hungry Ghosts: Mao's Secret Famine* (New York: Free Press, 1996).

經死了。

但是毛沒有死，並且越來越懷疑黨內的修正主義和走資派（代表試圖帶黨走向資本主義的人）會破壞他的革命，而後導致毛澤東發起最為人所知的文化大革命。[8] 文革的起因其實是由北京的副市長寫的一部戲劇，內容是明朝的專制皇帝免職了朝廷官員，外界廣泛將此書解讀成對毛澤東的隱晦批評。對此，毛澤東策劃了批評該戲劇的運動，並逼迫該作者在1965年底發表自我批判和懺悔。

到了1966年春，毛澤東和太太和一群激進派人士鼓勵年輕學生走上街頭，並宣揚毛式革命。毛澤東對學生說過最有名的話即「革命無罪，造反有理」。1966年5月，北京最先出現許多中學生自發組成紅衛軍；6月，學校都已停止上課，數百萬的學生加入紅衛軍，許多人都前往北京，希望能一睹心中的紅太陽毛主席。

文化大革命中的文化，即是對封建（傳統）和資產階級（西方）的捨棄，在藝術、文學、一般文化都有影響（西式髮型或女性化妝），並試圖用新的社會主義文化取代，一直重複播放少數批准的戲劇就是最明顯的例子。然而，文革的主旨可以視為一場權力鬥爭，毛澤東試圖通過鬥爭重新控制文革的走向。

1966年7月17日，73歲的毛澤東暢遊長江後回到北京，並在7月21日的中央常委會上指責黨的領導人。凡是領導階層的人被認為違反毛澤東思想，就會由紅衛兵帶走公開批鬥，甚至對違反的人丟石頭。著名的受害者都是中國政府領導人和元老鄧小平。1968年，國家主席劉少奇被黨中央開除黨籍，隔年因肺炎離世。[9] 文革的另一個目標人物鄧小平

---

8 關於文化大革命有許多第一手資料，其中 Jung Chang, *Wild Swans: Three Daughters of China* (New York: Anchor Books, 1992) 特別有名，記錄在毛澤東統治的中國下成長的回憶。

9 A. F. Thurston, *Enemies of the People: The Ordeal of the Intellectuals in China's Great Cultural Revolution* (Cambridge, MA: Harvard University Press, 1988), pp. 151-153.

比較幸運，鄧小平遭批鬥和單獨囚禁三年，之後被流放至中國東南的工廠勞動。[10] 但是鄧小平活下來了，後獲得平反並回歸黨中央。

　　文革造成中共的權力結構大換血。1969年，幾乎一半的中央政治局和一半以上的黨中央成員遭到肅清。但是紅衛兵的批鬥仍沒有停止，甚至變成了武鬥。1967年9月，毛澤東終於調派人民解放軍去重振秩序。從1968年開始，直到1976年毛澤東死去，多達1,200萬名學生遭下放農村，旨在防止學生聚集並體會艱苦的農民生活。至此，文革才終於結束。

尼克森與毛澤東

　　同時，世界局勢改變也造成中美關係舒緩。毛澤東曾經認為帝國主義是紙老虎，所以向蘇聯學習，但他和史達林的關係也不好，自從1953年史達林去世後，中蘇關係迅速惡化。中國譴責蘇聯的修正主義和背離革命，而蘇聯則批評毛派的激進主義。1960年，中蘇決裂，蘇聯停止援助中國並召回所有顧問。1962年，中印戰爭中，蘇聯支持印度。1968年，蘇聯派兵進駐捷克，在華沙公約國內維護蘇聯權力並限制自由。此時，蘇聯似乎也是越南共產主義的主要支持者。中國面臨被蘇聯包圍並威脅的局面。

　　中國北方和蘇聯的邊界為世界最長的邊界，約4,150英里。蘇聯在邊界的軍事單位從1969年的25個，到1973年已經增加到了45個。這幾年雙方爆發多次軍事衝突，其中最嚴重的是1969年3月烏蘇里江附近的珍寶島事件，之後滿洲東北部脫離蘇聯控制。事件起源似乎是中國先開槍為報復蘇聯對毛澤東銅像不敬，而殺死了六十幾個蘇聯士兵。蘇聯則以坦克和大砲反擊，並攻擊該島和中國海岸。幾週後，蘇聯總理嘗試致

---

10 D. S. G. Goodman, *Deng Xiaoping and the Chinese Revolution: A Political Biography* (London: Routledge, 1994), pp. 77-78.

電給毛澤東，但是接線生並未幫他轉接。[11] 此時蘇聯想先發制人，對中國發動戰爭，特別是摧毀中國的核能設施。1969年，許多中國高層看到事態至此，都認為比起美國，蘇聯是更大的軍事威脅，成為之後中美關係緩和的原因。

　　美國自1949年起都承認臺灣國民政權為唯一合法的中國，美國與中國並沒有直接對話，美國也不允許去中國旅遊，雖然在1954年後，美國代表和中國曾經針對第三世界國家有過相關協商，例如交換戰俘等問題，特別是在華沙公約國和波蘭人民共和國。1969年，美國新總統尼克森（1913-1994）早期大力反對共產主義，但是尼克森也是地緣政治的現實主義者。在美國與蘇聯的冷戰中，與中國破冰是相當有利的策略；此外，當時美國正值越戰的反戰情緒中，中國似乎是唯一可以幫助美國擺脫越戰泥沼的國家，與中國破冰的外交里程碑迅速代替越戰成為焦點。

　　毛澤東和尼克森都放鬆中美對抗，雙方在1971年的乒乓外交中取得協商機會。在文革的巔峰時期，中國並沒有參與國際體育賽事，但是，毛澤東允許中國代表隊參加1971年在日本舉辦的世界桌球錦標賽。中美兩隊的友好關係讓中方邀請美國隊前往中國，一年後，美國為答謝中國邀請，並邀請中國隊前往美國，成為美國23年來第一組中國旅客。

　　美國和中國開始祕密協商，1972年2月，尼克森總統訪華（見圖14.2）。[12] 除了共產和資本主義的意識形態嚴重分歧外，最大、最棘手的外交問題就是臺灣。中國和臺灣（尼克森訪華時，蔣介石依然是臺灣

---

[11] P. Tyler, *A Great Wall: Six Presidents and China: An Investigative History* (New York: Century Foundation, 1999), pp. 47-49, 59-60. M. Schaller, *The United States and China: Into the Twenty-First Century*, 4th ed. (Oxford University Press, 2016), p. 150.

[12] 見 M. MacMillan, *Nixon and Mao: The Week that Changed the World* (New York: Random House, 2007)。

圖14.2　1972年2月29日，尼克森總統會見毛澤東主席。存於美國國家檔案館二館的尼克森圖書館

總統）都堅稱自己為唯一合法的中國政府。美國在上海公報中模糊臺灣問題，但承認只有一個中國，而臺灣是其中的一部分，而美國希望能夠和平解決兩岸問題，當中也聲明美國將派兵進駐臺灣。

　　儘管中美破冰，但是美國直到1979年前，都沒有將中國唯一合法政府從臺灣改成中國，1979年後，美國國會依然依照《臺灣關係法》給予臺灣高等級的援助。1970年代開啟了中美友好關係的時代。

▌鄧小平與改革開放

　　中國開始了迅速地脫胎換骨。1976年9月9日，毛澤東因漸凍症去世，四人幫企圖奪權，但是軍方高層先一步發動政變。10月6日晚間，中央警衛團和中央警察局由毛澤東前任私人保鑣帶領，在他們的家中和

中南海的中常委會議中逮捕四人幫。上海的民兵試圖反抗，但是北京的民兵組織相當乾脆地投降。政變非常順利，雖然中國官方幾個星期後才公布這項消息。[13]

因此，大權並沒有落到四人幫手中，而是華國鋒（1921-2008）。文革獲得提拔時，華國鋒還是一個年輕人，所以他幾乎都是延續毛澤東的思想。毛澤東遺囑中曾對華國鋒說過「你辦事，我放心」，後來便成為華國鋒掌權的重要依據。延續毛澤東思想的問題是，中國經過文革和毛過世後，被一股幻滅的浪潮席捲。文革期間被肅清的三千多萬人回歸社會，文革期間的暴行故事「傷痕文學」廣泛傳播。鄧小平是文革受害者、參與過長征、1920年代為中共一員，並在1950年代成為中共高層，之後推行經濟和科技改革。

毛澤東在文革期間獲得崇拜，而四人幫遭到指責造成文革期間的大多數過激行為。毛澤東的夫人原本是演員，她受審時試圖為自己辯護，但最後仍在牢裡度過餘生。1978年，鄧小平代表改革派確立領導地位，但是鄧小平並沒有接下任何高層職務，部分原因是為避免毛澤東式個人崇拜，並推動團體決策（也有可能受到其他元老限制），但是從1978到1997年鄧小平去世，他都是中國最高領導人。儘管鄧小平的聲望之高，但是他從未享有像毛澤東一樣的威望和權力。中國高層之間仍有相當大的意見分歧，即使作為改革者也需要謹慎做決定。

經濟改革的目的很單純，提高中國人民的生活水準。中國並沒有特別制定計畫來達成目標，只為經濟改革下了「摸著石頭過河」的標語。經濟改革其實始於未經授權的地方農業改革。1979年，為因應乾旱，公社起草個人合約，並根據產量給薪。這類做法迅速傳開，儘管受到黨的一些批評，但是全國的公社仍轉變成家庭或個人為生產隊（土地仍是

---

[13] R. Baum, *Burying Mao: Chinese Politics in the Age of Deng Xiaoping* (Princeton University Press, 1994), p. 41.

國家擁有）。

國有工業改革出現了複雜的問題。中國高層不願意關閉營利不好的國有工廠，讓大量的工人失業，於是中國轉而允許創立新企業，但急遽攀升的創業風潮很快威脅到國有企業。到了1992年左右，中國已變成市場經濟爲主。1997年開始的五年內，中國國有企業解僱超過2,500萬人，以因應市場經濟改革帶來的問題。二十一世紀初，英國《金融時報》的前中國分社社長驚嘆道：「現在中國的社會主義程度比歐洲任何一個國家都低。」[14]

以某種形式的集體所有制從事生產是正統共產主義的基本。這強調共產是平等的概念，但理論上，也有科學根據，大規模的集體所有制可以促進全體集中計畫和巨大規模經濟。從歷史來看，二十世紀共產經濟的表現並不出色，鄧小平和其他改革者便進行改革開放。鄧小平是實用主義者，他廣泛引述「不論黑貓還是白貓，會抓老鼠就是好貓」，「實事求是」則成爲中國改革的口號。中國越來越能接受市場力量、追求利益，甚至是證券交易。某種程度上，馬克思主義中需要這種明顯的資本主義行爲，後來認爲中國才剛開始社會主義，可以想像得到還有一點資本主義殘留。[15]

毛澤東死後，中國對於馬克思主義的強烈興趣漸漸消退。由原先的機構、習慣和期望中，慢慢找出新國家發展的定位，[16]而後中國也漸漸能允許個人擁有資產。例如，上海很多摩天大樓都是中國政府擁有，而香港投資客向政府租借並建造。新市場經濟中，有三分之一的私人企業

---

[14] J. Kynge, *China Shakes the World: A Titan's Rise and Troubled Future-and the Challenge for America* (Boston: Houghton Mifflin, 2006), p. 99.

[15] J. Gittings, *The Changing Face of China: From Mao to Market* (Oxford University Press, 2005), pp 104-105.

[16] D. Stark，引述自 D. L. Wank, *Commodifying Communism: Business, Trust, and Politics in a Chinese City* (Cambridge University Press, 1999), p. 32n22。

都是共產黨成員，經常有人開玩笑說中國共產黨的縮寫（CCP），應該代表的是中國資本黨（Chinese Capitalist Party），而不是中國共產黨（Chinese Communist Party）。

外界最初認為中國漸進、混合式的經濟改革不可能會成功，就像要跨越大峽谷時，不是一次跨一大步，而是小步小步跨過去，但實際上，中國的方式比起蘇聯的大刀闊斧政策更為有效，蘇聯的國內生產總額（GDP）在1990年代私有化改革初期後急遽收縮。根據美國中央情報局估計，2014年中國的GDP幾乎是俄羅斯的五倍之多，即使俄羅斯的經濟比中國更加成熟。[17]（中國的人口比俄羅斯多很多，但是俄羅斯的每人平均所得比中國來得高相當多。）

純粹從經濟增長來看，中國自1978年以來的市場化改革取得驚人的成功。雖然以世界上已開發國家來說，大部分的中國人民還是很窮困，但是數億人已經脫離貧窮，且中國的大都市都已脫胎換骨。二十世紀末，中國的電視比其他國家都要多，2001年，中國的手機比其他國家都要多，而現在中國使用網路的人比其他國家都要多。2008年12月，中國超越美國，成為世界上第一大汽車市場。

中國之所以能夠如此快速地經濟起飛，要歸功於中央放鬆控制、廣泛而執著地關注於經濟增長和賺錢、大批相對教育水準高且便宜的勞工和國外的投資。開放國際貿易和投資至關重要。毛澤東時期，馬克思主義對於帝國主義的經濟功能與外國造成的屈辱記憶相結合，因此以能夠自給自足和獨立為優先，相對來說較為孤立。獨立、孤立主義讓中國失去出口導向經濟增長的機會，而出口導向經濟是造成當時東亞非共產國家經濟奇蹟的原因。在鄧小平的領導下，中國再次開放。

---

[17] 中央情報局（CIA），《世界概況》，國家比較分析：GDP（購買力平價），https://www.cia.gov/library/publications/the-world-factbook/

　　中國的改革開放時期和發展狀態模型和日本、南韓相比，有著相當大的不同，這成為國外投資中國的機會。日本和南韓都推廣出口，但同時限制國外對本土企業的投資。2003年，國外投資占中國比率為35%，而日本只有2%。然而，中國如此依賴國外投資也有壞處，據估計中國70%的出口增加值都歸外國零件製造商、品牌、分銷商和其他，也就是大部分的利潤都歸外國人所有。[18]

　　在某些方面，後毛澤東時代的中國似乎回到十九世紀末、二十世紀初的中國，甚至根本是新型經濟特區的舊商埠。1979年，首次出現四個經濟特區（深圳、汕頭、珠海和廈門，都位於東南方），相較於東亞其他地區的經濟特區（例如1966年在臺灣建立的經濟特區），中國經濟特區提供低稅率和其他經濟鼓勵政策。特別是鄰近香港的深圳特區，從農村轉變成約1,500萬人的大都市。

　　中國改革開放不只帶來外國資金，也帶來外國想法。對於強硬的批評，改革者認為開了窗就難免有幾隻蒼蠅。但是許多中國人都積極地迎接新時代，有些人則認為這是嘗試各種可能的大好時機。如果五四運動是中國第一個接觸西化的絕佳機會，這時就是第二波西化的浪潮。「德先生和賽先生」是五四運動時的口號，這時則指強調賽先生（科學）。自從後毛澤東時期，科學就被認為是現代化的領導，中國自1978年以後，就積極地朝專家統治發展，政府中高層都接受工程學或自然科學教育。驚人的是，二十一世紀初，中共中央政治局常委會的九位成員都學過工程學。中國具爭議的一胎化政策就是信仰西方科學的實際例子，由專家於1970年代末提出。[19]

---

[18] D. M. Lampton, *The Three Faces of Chinese Power: Might, Money, and Minds* (Berkeley: University of California Press, 2008), pp. 89, 97-98.

[19] S. Greenhalgh, *Just One Child: Science and Policy in Deng's China* (Berkeley: University of CaliforniaPress, 2008), pp. 76, 308,332-334; J. T. Dreyer, *China's Political System: Modernization and Tradition*, 4th ed. (New York: Pearson Longman, 2004), p. 136，圖 6.2。

中國的經濟增長主要是由新投資推動，而不是大幅提升的生產力。中國對於石油、水等資源的消耗仍不及先進工業國，而對勞工自由的限制也保證勞工薪資低廉。因此，中國的經濟成功伴隨著一些高度不受歡迎的因素，例如血汗工廠、官員腐敗和環境汙染。

2007年，中國超越美國，成為世界上排放溫室氣體第一大國。貪汙和濫權問題氾濫。2004年，10萬名福建省農民要求解散當地官員，作為徵地賠償金的2億4,000萬元人民幣被官員擅自作為新科技園區的經費，而不是分給受害農民。最終，農民只分到一年800人民幣和額外840人民幣的補貼。[20]

改革開放為一些人提供了創業機會，也帶走了其他人大部分的保障。毛澤東時期的社會安全網迅速瓦解。快速城市化造成大量的下層移民勞工，他們遭受歧視，還要忍受艱難的工作和生活環境。市場經濟改革後，父權偏見重新崛起，導致性別歧視越加嚴重。不景氣時，企業總是先解僱女性員工，而新興企業則是最後才僱用女性（血汗工廠則偏好年輕女性）。1978年，市場經濟改革前，中共中央的女性比例約為11%，但到了1994年，女性比例下降到7.5%。[21]

同時，1972年尼克森與中國建立的良好關係面臨新挑戰，包含貿易不平等、美國擔心中國幫助巴基斯坦製造核武和人權問題。1989年柏林圍牆倒塌和蘇聯解體後，冷戰結束而反蘇聯的中美戰略結盟也隨之失去利益，同時天安門屠殺也讓美國對中國正一步步走向資本、民主國家的期望落空。

---

[20] W. Wo-lap Lam, *Chinese Politics in the Hu Jintao Era: New Leaders, New Challenges* (Armonk, NY: M. E. Sharpe, 2006), p. 89.

[21] N. D. Kristof and S. Wudunn, *China Wakes: The Struggle for the Soul of a Rising Power* (New York: Vintage Books, 1995), p. 222.

▋天安門

　　鄧小平成為中共最高領導人後，他安排幾位相對年輕的改革者進入中共高層，其中之一為胡耀邦（1915-1989）。1980年代初，胡耀邦為鄧小平的指定接班人（中共總書記）。但是在1986到1987年多天，胡耀邦被指責縱容學生示威和資產階級自由化，而後被迫下台。中共總書記改由趙紫陽（1919-2005）擔任，這種對資產階級自由化的強勢鎮壓後也證明為無效。

　　1989年4月15日，胡耀邦因心肌梗塞去世於醫院。同日下午，哀悼者聚集於天安門廣場。胡耀邦的哀悼文批評強硬派高層，其中一個匿名標語為：

> 該死的沒死，
> 不該死的死了。[22]

胡耀邦的葬禮時，20萬的學生示威者聚集於天安門廣場，即使葬禮結束後，學生依然持續遊行，要求整肅政府官吏、完成經濟改革。

　　《人民日報》在4月26日發表社論嚴厲指責學生，但是這反而激怒了學生。隔天，北京市各大學的學生在天安門集結遊行，學生通過警方封鎖線，並獲得旁觀者支持。1919年，因反對《凡爾賽條約》，學生匯集於天安門廣場抗議示威，後世稱五四運動。1989年5月4日，五四運動的七十週年紀念時，學生再度在天安門遊行。一位維吾爾族學生在廣場上發表新五四宣言。5月13日，一小群學生占領廣場並開始絕食。一些學生認為他們選擇非暴力的方式抗議，而絕食的確只會傷害他們自

---

[22] Han Minzhu（筆名），ed., *Cries for Democracy: Writings and Speeches from the 1989 Chinese Democracy Movement* (Princeton University Press, 1990), p. 6。

己的身體。

在任何時刻，規模如此大的學生遊行象徵意義巨大，但是當時的影響卻是無可比擬的深遠，因為剛好遇上三十年來第一次的中蘇會談。5月16日，蘇聯領導人抵達北京，超過一千名記者前來取材。在世界各媒體的關注下，天安門示威成為中共最為廣泛報導的政治事件（至少直到2008年的北京奧運）。5月17日，100萬名示威者聚集於天安門廣場，示威活動登上了歷史性的中蘇會談。

5月18日，趙紫陽前往探視因絕食而送醫救治的患者，並向他們保證「黨和政府的目標和學生一致」。但當日隨後黨中央高層召開會議，鄧小平問道：「有哪個國家會看著示威遊行超過一個月而無作為？」隨後會議決議實施戒嚴。[23] 蘇聯總書記回國後，衛星電視廣播停止。5月20日，政府宣布戒嚴，並向示威者下達最後通牒「迅速解散，否則將以武力驅散」。軍隊試圖向廣場前進，但是北京市民組成人牆抵擋軍隊。一對士兵甚至直接回頭，而指揮官也承諾不會再回來。至此，軍隊驅散示威活動失敗。

同時，中共內部許多黨員也對學生表示同情。1989年，有多達80萬的共產黨黨員在全國123個城市積極地參與示威，[24] 甚至連中共最高層的趙紫陽都同情學生。趙紫陽並未出席決定戒嚴的會議，他親自前往廣場，流下淚並承認他來得太晚。5月25日，趙紫陽遭到軟禁，直到2005年去世。[25]

1989年，學生主要不滿於政府官員腐敗、中國官僚主義麻木的生

---

[23] Zhang Liang（筆名），編纂，*The Tiananmen Papers*, ed. A. J. Nathan and P. Link (New York: PublicAffairs, 2001), pp. 199, 204。

[24] Baum, *Burying Mao*, p. 276.

[25] 趙紫陽回憶錄，*Prisoner of the State: The Secret Journal of Zhao Ziyang*, trans. and ed. Bao Pu, R. Chiang, and A. Ignatius (New York: Simon and Schuster, 2009)。

活、嚴重缺乏個人自由、改革開放停滯不前。學生的其中一個動機是，當時大學的專業人員，是由政府分派工作，領固定薪水，許多學生想要可以自由選擇工作。1980年代也是位西方事物著迷的年代。天安門廣場建立了民主女神像，雖然不是直接複製，但是是受到美國自由女神像的啟發，廣場上有布條寫著「不自由，毋寧死」，顯然是向美國革命致敬。崔健（1961-）成名曲《一無所有》變成天安門示威非官方主題曲。當時甚至有人公開（匿名）談論，一百年前馬克思預言的資本主義滅亡非但沒有發生，而且資本主義國家還相當強盛，但是推行社會主義的國家，卻打從骨子裡感到無力。[26]

這是冷戰即將結束的幾年，世界各地都同時爆發民主活動。1986年，人民力量推翻菲律賓獨裁者馬可仕；1987年，南韓學生示威遊行後，南韓舉辦民主總統選舉；同年，臺灣解嚴並立法允許其餘政黨，轉變為多黨政治。1989年，柏林圍牆倒塌，東歐東方集團開始解散，而後蘇聯解體。但是，1989年的天安門事件的結局相當不同。

澳洲學者認為兩邊的激進派讓雙方聽不見溫和的聲音，導致失去和談的機會，暴力衝突避無可避。5月28日，一位學生領袖對美國記者坦言：

> 同學們總在問下一步要幹什麼？……我覺得很悲哀，我沒辦法告訴他們，其實我們期待的就是流血。我想也只有廣場血流成河時，全中國的人才能真正擦亮眼睛團結起來。但這話怎麼能跟同學們說？[27]

---

[26] Han, *Cries for Democracy*, p. 166.

[27] G. R. Barmé, *In the Red: On Contemporary Chinese Culture* (New York: Columbia University Press, 1999), pp. 329-333, 338.

而政府高層看了東歐先前的例子，想要避免中國重蹈覆轍。鄧小平在文革期間曾經是紅衛兵的主要目標，所以他並不信任學生活動，他雖然是改革者和實用主義者，但是他同時也長期是共產黨黨員，更是毛澤東身邊的助手，不是民主主義者，他甚至在 1957 年幫助毛澤東鎮壓反右派人士。毛澤東曾經評論鄧小平為「綿裡藏針」。[28] 綜上所述，中共高層包括鄧小平都決定繼續控制局面。

6月4日，星期天清晨，數千名二十七軍的武裝部隊進駐北京，在坦克和裝甲車的支援下，襲擊天安門廣場。凌晨1點左右，裝甲車摧毀民主女神雕像，凌晨4點30分，殘留的學生以口頭表決，決定撤離廣場。幾百或幾千的人在事件中喪生（大部分的人都在廣場附近遭到殺害，而不是在廣場內），之後不滿的情緒在城市蔓延，坦克在市內巡邏。有段時間中國似乎處於內戰邊緣。

共產黨高層的辯論一直持續到6月7日，後來決定驅逐革命人士。6月8日，二十七軍撤離北京，6月9日，新華社報導全中國七個軍事區都表態支持鎮壓。中央控制住了局面，避免了中國內戰，但是代價很大。外國觀察家認為大屠殺剝奪了中國政府的合法性。1989年後，中國在美國大眾的印象就是殘酷地鎮壓民眾。但是1989年後共產黨保持執政，壓抑不堪的記憶，重新開始市場經濟改革，並帶來了繁榮。2008年，皮尤研究中心的報告指出中國國民滿意度高居世界之首，86%的中國人滿意政府的作為。[29]

---

[28] O. Schell, *Discos and Democracy: China in the Throes of Reform* (New York: Anchor Books, 1989), p. 251.

[29] "The 2008 Pew Global Attitudes Survey in China: The Chinese Celebrate Their Roaring Economy, as They Struggle with Its Costs," http://www.pewglobal.org，屬「報導」一類。

▌大中華

中國的經濟是由外國投資推動，但驚人的是外國投資中，有大約80%都是中國人。[30] 約有5,000萬華僑不住在中國或臺灣，而是散落在世界各地，他們是中國外國投資的重要來源。有時候也有一些中國人因長年住國外，而獲得當地的護照或居留證，他們也算是外國投資。此外，有三個地區在中國之外，臺灣、香港、新加坡。香港作爲英國曾經的殖民地，是中國市場經濟改革早期最大的外國投資來源地。九七回歸之後，臺灣成爲最大的外國資金來源地。新加坡雖然距離較遠，直接關聯也較少，但仍值得討論。

大中華地區和海外人士是中國經濟起飛中被低估的祕密武器。說中文的人和中國有祖先留下的連結，他們在中國做生意天生就有優勢。大中華地區的協同效應不僅僅侷限於商業活動，甚至是文化層面。例如，1989年，上海十大熱門歌曲中有九首來自香港或臺灣。[31] 儘管中國、臺灣、香港、新加坡的文化相互影響，但是四個地區當中仍有相當大的不同，造成各自的權力不相同。

新加坡

新加坡是這三個華人地區中，距離中國最遠，位於東南亞，也不曾屬於中國。新加坡的非華人人口占比高於其他大中華地區，因此，說到大中華常常不會提起新加坡。但是新加坡有四分之三的人口爲華人，有時候新加坡會被視爲後毛澤東時期的中國，自1990年代後，大批的中

---

[30] Wank, *Commodifying Communism*, p. 228.

[31] A. F. Jones, "The Politics of Popular Music in Post-Tiananmen China," in *China Off Center: Mapping the Margins of the Middle Kingdom*, ed. S. D. Blum and L. M. Jensen (Honolulu: University of Hawai'i Press, 2002), p. 302.

國官員前往新加坡受訓。因此,雖然新加坡比香港或臺灣距中國更遠,但也不是毫無關係。新加坡現代化相當成功,平均每人所得長年都高於美國。

新加坡的重要性來自於其地緣關係,位於馬來半島南端的小島,面積約為704平方公里,占據馬來半島和蘇門答臘之間的狹窄海峽,兩千年來,此處都是太平洋東西船運的要道。絕佳的地理位置也讓新加坡成為僅次於上海的港口。但是1819年英國東印度公司首次在新加坡建立據點時,那裡幾乎無人居住。

隨著英國將馬來亞併入版圖,大量中國人和小部分印度人移入新加坡參與建設。二戰後,英屬馬來亞跟著戰後的反殖民浪潮,在1957年獨立。此時人口最為大宗的是華人而不是馬來人。各民族之間氣氛緊張。後來因華人多聚集在新加坡,而1965年馬來西亞同意讓新加坡脫離,成為獨立國家。

即使獨立之後,新加坡仍然面臨嚴重的挑戰。獨立之後需要新的國家認同,新加坡面積小,但是民族複雜,雖然大部分是華人。國家的前景也不明朗,因為之前最大的客源是英國海軍基地。新加坡通過低廉稅率、優越位置、精通英文(英文是新加坡的通用語言,雖然當地說的是新加坡式英文)和國際貿易,成為繁榮的國家。雖然新加坡第一任總理吹噓說新加坡已從第三世界躍升為第一世界國家,但是實際上新加坡確實比獨立之前更加富庶。[32] 新加坡的繁榮要歸功於英國殖民的歷史和積極參與國際貿易,在結束英國統治後,修改政府新的方針。市場和資本主義是新加坡成功的重要因素,但是政府也做出適當干預。有人說新加坡作為一個計畫成功的國家相當顯眼。[33]

---

[32] 李光耀,*From Third World to First: The Singapore Story, 1965-2000* (New York: HarperCollins, 2000)。

[33] W. G. Huff, *The Economic Growth of Singapore: Trade and Development in the Twentieth Century* (Cambridge University Press, 1994), p. 4.

新加坡大概是東南亞西化最成功的地方，但很矛盾的是，新加坡也認爲自己是亞洲價值的發言人，和儒家威權主義的代表例子。新加坡相對治安好的環境是因爲法律相當嚴格，隨地吐痰會罰50美元、上廁所不沖水也會受罰、禁止吃口香糖和裸體、特別高的死刑判刑率。雖然新加坡維持多種類的民主政治，內部安全法案原本是爲壓制共產主義，但是也無意間打壓了除人民行動黨之外的黨。人民行動黨壟斷了議會席次直到1991年，之後仍持續限制對手政黨的席次。這可能就是爲什麼會認爲新加坡很像後毛澤東時期的中國。

儘管新加坡政府的威權統治，2014年，世界銀行仍評新加坡爲世上最容易做生意的地方，2015年，美國傳統基金會選新加坡爲世上第二自由的經濟。[34]新加坡政府很明顯是技術官僚政府，促進商業而不是阻礙。2011年的選舉中，即使人民行動黨奪得議會87席中的81席，卻只有60%的得票率，這無疑是執政黨的挫折。雖然外界預測新加坡會放鬆權力，尤其是2015年第一位總理李光耀（1923-2015，1959-1990年總理）死後，但是執政黨卻在2015年9月的選舉中，重新拿回一些選票，取得70%得票率和議會89席中的83席。

香港

據傳統基金會顯示，截至2015年，香港蟬聯21年全球第一自由經濟體。香港曾是一座充滿資本主義與世界主義的城市，不僅人均壽命較美國長，人均收入也位居世界排名前段，不過現在香港不過是中華人民共和國中的特別行政區。

香港和新加坡一樣都曾是英國的殖民地，二十世紀初期香港除了散落各地的居民，就是一座什麼也沒有的島嶼。1842年第一次鴉片戰

---

[34] 世界銀行，商業，經濟排名，www.doingbusiness.org/rankings。美國傳統基金會，「2015年經濟自由度指數」，www.heritage.org/index/ranking。

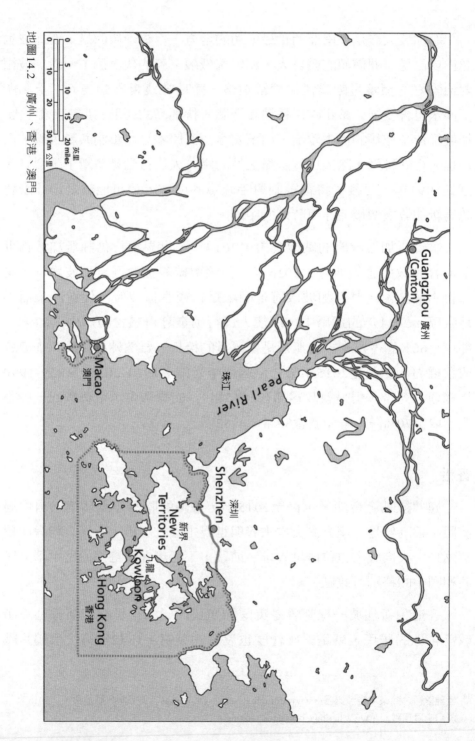

地圖14.2 廣州、香港、澳門

爭，香港島割讓予英國，不過當時巴麥尊子爵認爲香港不過是一座荒島，不可能成爲交易市場的一員。[35] 除了香港島之外，1860年再割讓了九龍半島；1898年又租借新界。

英國取得香港之後，大量中國人開始湧入香港尋求發達的機會，如今香港人口有95%爲中國人。香港擁有天然港灣，位於珠江口與澳門對望，順珠江而上便是廣州，也是當時中國開放給西方船隻停靠的港口，在英國取得香港後，廣州也失去其獨有的海上交易。雖然香港具其優勢，在英國統治下的頭一個世紀仍只是第二重要的地點，對中國或英國來說，更重要的地方就是上海。嘉道理男爵觀察了二戰前的上海和香港，他說：「香港是個寧靜的小地方。」[36]

1949年情勢轉變，毛澤東閉門鎖國，上海接下來幾十年衰退，許多商業巨頭離開上海，有的到紐約、有的到臺灣等等，不過爲數不少的到了香港，形成香港至今的移民社會。二十一世紀初，約莫只有一半的香港人口爲土生土長的香港人。這些移民當時都帶著期待又驚慌的心情來到香港，爲的只是飛黃騰達，香港因此在共產中國海岸的一角，發展出自己的資本主義與生活節奏。

毛澤東逝世後，鄧小平上台並主張市場經濟改革開放，香港便融入且發揮其獨特的作用，成爲中國與世界對接的窗口。多數外國資金投入中國都會經過香港，不久後珠三角迅速發展，締造了香港的經濟傳奇，即使仍爲英國的殖民地，香港1990年代的人均收入已超越英國。

儘管香港發展著自由且繁榮的資本主義經濟，卻非民主社會，沒有選舉、民意代表、地方政府等等。香港是英國的直轄殖民地，香港總督都由英國殖民地部指派。資料顯示，早在1950年代香港總督就曾計畫

---

[35] F. Welsh, *A Borrowed Place: The History of Hong Kong* (New York: Kodansha International, 1993), p. 1.

[36] K. Rafferty, *City on the Rocks: Hong Kong's Uncertain Future* (London: Penguin Books, 1991), p. 139.

推行選舉，不過北京當局擔憂此舉會造成香港日後獨立，便以侵略作爲威脅，阻止香港推行選舉。到了1991年香港才第一次舉行地區直選，這次選舉將選出立法局60席的其中18席，是相對弱勢的席次數目，其他席次都以指派的方式給予。香港最後一位總督彭定康於1992年上任，並希望在香港推行更多民主，後來1995年立法局選舉便爲首次完全以選舉產生。[37]

此時，香港人民總認爲自己住在「借來的地方」。雖然香港島永久割讓給英國，不過當時情況中國貧弱，然而此時中國已不可同日而語。香港新界占香港陸地大部分面積，99年的租約於1997年到期；1982年英國首相柴契爾拜訪北京，希望能夠將租約延續，鄧小平與北京當局斷然拒絕；1984年中英聯合聲明發表，聲明香港將於租約到期時回歸香港，而北京政府表明香港將在一國兩制下爲特別行政區，且其資本主義及生活方式五十年不變。

1997年6月30日，英國於香港156年的殖民統治終結。即使已成中國的一部分，相較於其他地區，香港保有相當的自治，英文仍是官方語言之一，與中國大陸的邊境設有管制，如今仍發行、使用港幣。

1997年後，香港仍維持繁榮和都會景象，身爲全球城市的香港，能夠看到英式的雙層巴士、印度商品市場、清眞寺、茶餐廳、迪士尼樂園，而且能自由使用谷歌（Google）搜尋引擎，甚至是中國唯一能夠公開紀念天安門事件的地方。

一國兩制讓香港能如同英屬時期保有部分民主自由，而香港曾於中國的全國人民代表大會上要求2017年香港特區首長由全民普選產生，不過最後仍舊參照以往。2014年8月底，中國官方規定香港特首候選人

---

[37] 關於立法局長的觀點請見 C. Patten, *East and West: China, Power, and the Future of Asia* (New York: Times Books, 1998)。

必須爲北京當局提名候選人，此舉引發香港市民大規模上街遊行抗爭三個月，最後抗爭失敗，並被稱爲「雨傘革命」，因爲示威者皆以雨傘抵擋警方的催淚瓦斯。2015年6月香港立法會就特區政府提出的政改議案進行表決，由於議案未能獲得足夠議員支持，因此遭到否決，如此僵局也代表了2017年香港特首不能以全民普選產生。香港自回歸以來二十年，某種程度讓中國無法輕易將其併吞。

臺灣

1974年，印度群島上發現了一名生活在叢林將近三十年的日本兵，甚至還每天朝拜昭和天皇，有趣的是這位忠誠日本兵的家鄉不是日本而是臺灣，而且來自阿美族的原住民部落，他的日文名是中村彰男，漢名是李光輝，本名是Suniyon，[38] 這樣一個例子或許能說明臺灣難以理解的身分認知。

如今臺灣人口98%爲漢人，高於中國大陸的91.5%。臺灣政府仍宣稱國家爲中華民國，飛揚著中華民國的旗幟，國家航空公司中華航空在國際上也以China Airline爲名，民國年份也沿用至今。

1945年後臺灣由國民黨統治，而臺灣不曾進行共產革命推翻中國文化，所以保留下來的中國傳統文化比對岸的中國大陸多。不過矛盾的是，臺灣在1992年以前提倡臺灣獨立是違法的；而臺灣也從來不是中華人民共和國的一部分，臺灣大部分的人也不認爲自己是中國人。

臺灣撲朔迷離的定位或許歷史能解釋一切。在現代化時代來臨前，臺灣不過是中國的邊疆地帶，島上大部分爲原住民，如今占臺灣總人口數2%。臺灣雖然離中國大陸不過130公里，在當時卻不是中國人移居生

---

[38] Chih-huei Huang, "The Yamatodamashi of the Takasago Volunteers of Taiwan: A Reading of the Post-colonial Situation," in *Globalizing Japan: Ethnography of the Japanese Presence in Asia, Europe, and America*, ed. H. Befu and S. Guichard-Anguis (London: RoutledgeCurzon, 2001), pp. 223-224.

活的首選，因爲穿越臺灣海峽過於險峻。臺灣地形豐富，西岸有港灣，島上多山，叢林密佈，不過島上的熱帶及亞熱帶氣候就不太吸引人移居此地。因此，十六世紀中開始有中國人開船到島上與原住民交易，並形容臺灣不宜居住。[39] 話雖如此，島上不但有人居住，還在島上生活了幾千年。這些原住民還有各種族群，說著不同語言，其種族、文化能追溯到東南亞。

十七世紀荷蘭人於臺灣西南海岸設立據點，不過很快就被南明政權的將領鄭成功給驅趕走，1683年明鄭政權才遭清朝滅亡，臺灣正式納入中國清朝政權的版圖，接下來的兩世紀中國東南海岸的人開始移居臺灣，其中大部分來自福建省，說著閩南語也就是今天的臺語，約占臺灣現今人口的四分之三；另外一部分則爲客家人，來自廣東省，說著客家語，約占臺灣現今人口的10%。

此外，臺灣也含有豐富的日本文化。1895年清政府戰敗將臺灣割讓給日本，成爲日本海外第一個殖民地。儘管臺灣武裝抗日持續了二十年之久，相較其他日本殖民地，臺灣是相對穩定且良好。現今的臺灣總統府爲日治時期所建造，到二戰前許多臺灣人都能看得懂日文，有些甚至說著一口流利的日語，1940年日本甚至下令臺灣人用日本名。

1945年日本於二戰戰敗，臺灣歸蔣介石管轄，四年後中國國民黨敗給中國共產黨，中華民國政府及200萬餘人撤退至臺灣，而中華民國也延續至今日。蔣介石也任中華民國總統至1975年逝世時，其政權也認爲中華民國爲中國唯一有效政權，甚至1990年時臺北當局否認中華人民共和國，並稱其爲「共匪」。

美國支持中華民國爲中國有效政權直到1979年。北京與臺北政府

---

[39] Wen-hsiung Hsu, "From Aboriginal Island to Chinese Frontier: The Development of Taiwan before 1683," in *China's Island Frontier: Studies in the Historical Geography of Taiwan*, ed. R. G. Knapp (Taipei: SMC, [1980] 1995), pp. 5-11.

都堅持為中國唯一有效政權，使得各國與中國外交認知混淆，也無法與兩邊政府同時建交，於是在「一個中國」下，各國都選擇了中華人民共和國的北京政府（中國），如1950年的英國、1964年的法國、1970的加拿大；而歐洲唯一與中華民國（臺灣）建交的是梵蒂岡。聯合國的席次於1971年給予了中華人民共和國，在其他的國際組織也是相同的狀況，使中華民國陷入外交孤立。

從國共內戰至今，中國與臺灣的主權問題仍未解決，中國稱臺灣為不可分割的一部分，有朝一日必須統一臺灣，此話題在中國與臺灣之間有時相當緊張；不過當說到中國與臺灣之間的摩擦，通常指的是1945年隨蔣政府來臺的「外省人」，與之前早已遷移來臺的「本省人」。外省人大概占臺灣人口14%，不過數十年來，他們長期控制了臺灣的政權、軍事、大型企業，本省人深感壓迫，如此情況也煽動了臺灣獨立運動。

臺灣在國民黨統治下，推行普通話為國語，甚至下令在公共場合只能說國語，學校也教導中國歷史，而非臺灣史，不斷宣導臺灣人也是中國人。1947年2月28日，臺灣群起暴動遭國民黨政府屠殺，在本省人與外省人之間留下一道無法恢復的裂痕，接著的1948年至1987年戒嚴時期，以及1950年代的白色恐怖時期皆種下本省人對外省人的仇恨。[40]

儘管以上種種問題，臺灣也迅速締造東亞的經濟奇蹟，日後也成功進入多黨制民主。1949年臺灣因為戰爭而重創，又流入大量逃難人口，正面對高失業率和通貨膨脹，在國民黨政府實施新臺幣改革及多項措施得以改善，從1949年通貨膨脹率3,000%到1952年的8.8%；[41] 此

---

[40] 關於臺灣人身分起源，請看 A. M. Wachman, *Taiwan: National Identity and Democratization* (Armonk, NY: M. E. Sharpe, 1994), pp. 91-124。關於戒嚴和白色恐怖，請看 P. Chen-main Wang, "A Bastion Created, a Regime Reformed, an Economy Reengineered, 1949-1970," in *Taiwan: A New History*, ed. M. A. Rubinstein (Armonk, NY: M. E. Sharpe, 1999), pp. 323, 330。

[41] Wang, "A Bastion Created," p. 324.

外，政府還推行了土地改革，公布「耕者有其田」以債券及公營事業股票向地主徵收土地，再放領給現耕農民。

1950年代臺灣的經濟發展強調進口替代，並以保護關稅、進口管制協助，到了1960年代臺灣經濟發展轉為出口導向，當然政府的誘因也是其中要素，包括出口退稅、1966年的免稅加工出口區。臺灣的經濟起飛當然也伴隨著放鬆管制及私有化，1952年臺灣的工業產品有57%為政府包辦，而到了1987年只剩下14%。[42] 日本、韓國的經濟發展以大型綜合企業為主，且與政府有較深的關係；相較之下，臺灣的經濟發展多為私人小型企業，且通常為家族經營，有94%的產品都出自員工不足50人的企業。[43]

由於發展多為小型企業，臺灣無法與日、韓在重工業中競爭，例如汽車生產；不過利用小型企業的彈性高，臺灣很快地成為資訊科技產業中的佼佼者。2007年臺灣的企業生產了全球90%的筆記型電腦及98%的主機板，而為了維持價格，臺灣開始將產線移至勞工廉價的大陸地區。二十一世紀初臺灣控制了大陸三分之二的資訊科技出口量，[44] 2014年臺灣的人均GDP為大陸的3.4倍，[45] 也成了大陸經濟成長的推手之一。

單單經過一個世代，臺灣便從農村經濟躍身全球化經濟的中心，繁榮也提升了生活品質，臺北不再是過去灰灰舊舊的城市，從優良的捷運系統到方便的都會圈，臺北已然成為吸引人的都市，像是曾為世界最高的臺北101，從平價商品到精品名牌都能看得到。

---

[42] J. S. Prybyla, "Economic Developments in the Republic of China," in *Democracy and Development in East Asia: Taiwan, South Korea, and the Philippines*, ed. T. W. Robinson (Washington, DC: AEI Press, 1991), p. 54.

[43] W. McCord, *The Dawn of the Pacific Century: Implications for Three Worlds of Development* (New Brunswick, NJ: Transaction, [1991] 1993), p. 44.

[44] S. Rigger, *Why Taiwan Matters: Small Island, Global Powerhouse*, updated ed. (Lanham: Rowman and Littlefield, 2011), p. 124. Lampton, *Three Faces of Chinese Power*, p. 97.

[45] 中央情報局，《世界概況》國家比較分析：人均GDP（購買力平價），2014年資料。

　　隨著臺灣的經濟起飛，政治方面也必須走向眞正的民主。1969年以前臺灣只有地方性選舉，中央政府民意代表從未改選，甚至到了1990年代萬年國會還存在，而在1986年以前臺灣都仍是國民黨一黨專政。1924年國民黨被認可爲列寧式政黨，不過在孫文的遺囑下，中華民國必須以民主爲最終目標，1927年在蔣介石的領導下，國民黨成爲反共的標誌。[46]

　　1980年代臺灣人口大部分爲中產階級且受過教育，也熟知日本、美國的民主社會，逐漸開始向政府訴求參與政治決定的權利。不只是對於政治的不滿，還有當時民主化的時代精神，例如1987年的南韓、1989年的天安門，點燃了爭取民主的情緒。臺灣成功走向民主或許得歸功當時國民黨的領導人蔣經國，1986年拒絕授權逮捕民進黨，說：「抓人不能解決問題」，[47]並於1987年廢除戒嚴法，宣布解嚴，臺灣開始能夠合法組成政黨，且開放至大陸探親，開啟日後兩岸間的文化、經濟交流。

　　臺灣迎來了多黨政治的時代，許多政黨紛紛成立，其中最爲重要就是民進黨，而臺灣也漸漸以國民黨、民進黨爲主，形成兩黨制。民進黨一開始由反對國民黨統治的本省人組成，且鼓吹臺灣獨立，即使宣傳臺灣獨立到1992年前都是違法的行爲。多虧了多黨制分散了選票，2000年民進黨候選人陳水扁以39.3%得票率當選中華民國總統，並於2004年當選連任。

　　身爲總統的陳水扁雖抱持臺獨理念，但爲了不激起對岸的中國，他小心地在不同層面推動「去中國化」，去除兩蔣時代留下的產物，例如中國石油就曾改名爲臺灣中油；2007年中正紀念堂曾改名爲國立臺灣

46　Hung-mao Tien, *The Great Transition: Political and Social Change in the Republic of China* (Stanford, CA: Hoover Institution Press, 1989), pp. 1-2, 64.

47　J. Taylor, *The Generalissimo's Son: Chiang Ching-kuo and the Revolutions in China and Taiwan* (Cambridge, MA: Harvard University Press, 2000), pp. 405-407.

圖14.3　1948年，蔣經國（右）臺灣總統（1978-1988）與父親蔣介石與蔣介石第二位
夫人宋美齡（蔣經國母親毛福梅過世於1939年）。圖片來源：History/Bridge-
man Images

民主紀念館。在這些有爭議的作爲後，陳水扁連任總統時遭指控貪汙，
政府也被批無能，2008年11月陳水扁遭逮捕，經法庭裁決後被判無期
徒刑。2009年國立臺灣民主館也改回中正紀念堂。

　　2008年總統大選時，國民黨候選人馬英九輕易地以58.5%得票率當
選總統。馬英九於香港出生，爲外省人，擁哈佛法學博士，說著一口流
利的英語。馬英九的勝選暫時降低了兩岸間的緊張關係，也促進了兩岸
間的交流。

　　1950韓戰時期，杜魯門總統下令美國海軍中立化臺灣海峽，臺灣
因此與美國建立了一段親近的關係。臺灣許多領導人都在美國的大學受
教育，臺北路上的廣告看板都是好萊塢的電影（臺灣知名導演李安也是

奧斯卡獎的常客），許多人聽著英語流行歌、吃著麥當勞、喝著可樂。此外，臺灣也保有深厚的日本文化，一切都看起來很現代，而非一味地抄襲外國文化；中國文化也在臺灣保留下來，創造了屬於臺灣的流行文化，影響了全球華人，當然也包括了中國大陸。

如今中國大陸成為臺灣最大的市場，臺灣也成為中國大陸的主要投資者之一，臺灣不只是現代化成功的例子，也幫助了中華人民共和國延續其歷史，不過臺灣的身分定位問題至今仍未解決，若中國繼續以工作機會吸收臺灣人，很快地臺灣將陷入被併吞的危險。2014年，為阻擋政府與中國簽訂海峽兩岸服務貿易協議，臺灣人上街示威，之後甚至占領了立法院，事件稱為「太陽花革命」。隔年，國民黨於九合一選舉大敗，失去一半原有的席次。

2016年，民進黨候選人蔡英文以56.12%得票率當選總統，成為史上第二位非國民黨的中華民國總統，也是繼武則天以後第一位女性在位者。蔡英文為倫敦政治經濟學院法學博士，在投入政治以前為大學教授。2016年國民黨也首次失去過去大部分的立法院席次，這次選舉為臺灣現代發展的成功又添一筆，不過未來會如何，我們不得而知。

▌中國與全球化

中國大陸的市場經濟改革到了1980年代中期開始停滯，接著是1989年的六四天安門事件，不過鄧小平在1992年造訪經濟特區的演出，並喊出「致富光榮」，又成功地推動經濟改革。中國當時的消費經濟有著很奇特的文化混雜性，有毛澤東的相關商品，也有革命歌曲改編的流行歌曲；1979年中國才有電視廣告，有時播著水泥攪拌車這種不吸引一般消費者的商品；起初為打開美國人市場的商品常有引人發笑的名字，例如White Elephant（白象）電池、Maxipuke（馬戲）撲克

牌。[48] 儘管如此，中國很快地走向全球化經濟的新世界，並於2001年加入世界貿易組織。

中國經濟迅速成長，其經濟購買力平價於2014年超越了美國，外匯存底達到了4兆美元[49]，還持有1.6兆美債[50]，中國的百萬富豪已經比所有國家都還要多。儘管美國、日本強烈反對，2015年57國家簽署了亞洲基礎設施投資銀行的協議，以1,000億資金協助中國發展，提升中國的世界影響力。2015年底，國際貨幣基金組織宣布人民幣晉升為菁英儲備貨幣，加入美金、歐元、日圓的行列。1970年代還是個第三世界國家的中國，已迅速發展為強國。

2008年中國於北京主辦奧運，宣揚其國際地位。開幕式的孔子「三千弟子」表演看似宣揚中國傳統文化，卻尤其諷刺，因為1970年代孔子的儒家思想曾遭中國大肆撻伐，說其為舊時代的封建思想。[51] 儘管中國傳統思想曾經復興過，不管是儒家或是毛澤東時期推崇的法家，中國也早已脫離傳統思想的社會。「三千弟子」開幕表演不過是針對外國觀眾的行銷手法，就實際面來看只是一個假象，如同2009年中華人民共和國慶祝建國六十年，仍宣稱自己有五千年歷史，如此矛盾的說法。

中國現今的文化層面是現代且較為西方的，奧運就是個很好的例子。1989年六四天安門事就受到不同西方文化的影響，例如當時布條上的「不自由毋寧死」明顯是受了美國獨立運動的影響；民主女神像也受法國大革命、五四運動、甘地、馬丁・路德・金恩，當時中央美術學

---

[48] R. E. Stross, *Bulls in the China Shop and Other Sino-American Business Encounters* (New York: Pantheon Books, 1990), p. 244.

[49] 中央情報局，《世界概況》，2014 年資料。

[50] D. Shambaugh, *China Goes Global: The Partial Power* (Oxford University Press, 2013), pp. 156-157.

[51] J. N. Wasserstrom, *China in the 21st Century: What Everyone Needs to Know*, 2nd ed. (Oxford University Press, 2013), pp. 6-7.

院的學生不想完全模仿美國的自由女神像，希望以多面向的藝術觀去創作，因此民主女神像受了社會寫實主義影響，其頭像被認為更像是1937年巴黎世界博覽會上的集體農莊女莊員，而非是參考美國的自由女神像。另一有趣的文化影響例子，是學生頭戴寫著標語的白布條，其實是受南韓示威學生的影響，而其意在於仿效日本的武士精神，寧死不屈的象徵。[52]

1989年起，中國開始頻繁與西方世界交流，尤其是與美國，使美國文化深深影響中國。在中國最賣座的電影有一半來自好萊塢；迪士尼樂園也於2016年在上

圖14.4　1989年，北京，建造天安門廣場的民主女神像。斯圖爾特·弗蘭克林攝。Magnum Photos

海營運；1984年中國國內沒有半座高爾夫球場，然而到了2007年中國國內的高爾夫球場數排名世界第五；中國也是美國職籃NBA的第二大市場。另外，西方的古典音樂在中國或許比在美國盛行，中國有上百萬人在學鋼琴，同時也是鋼琴、小提琴的最大產量國；中國2012年也開始製作來自荷蘭的歌唱節目，《中國好聲音》；基督教也或許是中國最成功的宗教。自鄧小平改革開放以來，中國高端人口將小孩送去美國、歐洲留學已成常態，2009年在美國的留學生就屬中國籍最多，如今每

---

[52] 關於民主女神，請看 Han, *Cries for Democracy*, pp. 343-344。關於頭帶，請看 O. Schell, *Mandate of Heaven: A New Generation of Entrepreneurs, Dissidents, Bohemians, and Technocrats Lays Claim to China's Future* (New York: Simon and Schuster, 1994), p. 82。

天約有一萬人往返中美。[53] 英文是世界語言，所以在在中國聽到一位德國人用英文和中國人談生意也是很正常的事。

不過，中文仍是世界上最多人使用的語言，西化甚至美國化在中國也不一定是完全可行的。2009年的美泰兒公司，在上海開啟了世上第一間以芭比為主題的商店，結果不盡理想，兩年內即倒閉；2013年美泰兒公司想重新開拓中國市場，並於2014年推出了中國人臉蛋的芭比。將外國商品重新調整成當地的偏好，以上即是在地化的例子。

雖然歐美的風氣傳到中國都會先被官方篩選，但許多外來的文化影響都透過香港、臺灣，或海外的中國人傳進中國，像是第12章提到的韓流文化，就對中國帶來很大的影響，中國如今也漸漸綜合這些外來文化，形成自身的文化。不過提到了西方自由主義思想，是中國官方絕不容忍的，就像1989年的六四天安門一樣，也自此以後中國開始加強愛國教育，形成如今中國普遍的政治思想及文化。

中國首次利用網路科技號召政治運動的就是法輪功，法輪功於1992年成立，融合了氣功與佛學，並於1999年在天安門廣場外西北邊示威，要求政府停止對法輪功的騷擾，最後遭政府鎮壓，此次為自1989年六四天安門事件最大規模的示威。之後，中國開始出現利用網路、手機號召的示威活動，例如反日示威、反對紫禁城內的星巴克等等。通訊科技的進步也讓中國有一探外界的機會。

中國經濟全球化反而鞏固了共產黨的統治，因為能將一切歸功於共產黨，經濟成長並沒有為中國帶來民主，更諷刺的是中國從農村到中央都有選舉，只是結果如何大家心裡都有數，這就是共產黨所謂的民主。自1949年中華人民共和國建國以來，有八個民主政黨是允許存在的，不過事實上他們都從屬於共產黨，倚靠國家的資金補助。中國實際上就

---

53 Schaller, *United States and China*, p. 217.

是一個一黨專制的國家，絕不容忍反對黨甚至是多黨制。

　　自鄧小平之後，國家領導人的選任開始有其規範，毛澤東時代的鬥爭奪權已然過去，不過列寧式的政治結構維持不變。中國共產黨員目前有8,600萬人，而其人數的成長並非因為對馬克思主義的崇拜，而是中國共產黨統治了中國。

　　中國目前的領導人習近平於2013年上任，可以說是自鄧小平，甚至毛澤東以來最強大的領導人。習近平重建經濟改革，加強市場經濟力量，此外，還成立了中央國家安全委員會，由自己擔任主席，監視國家潛在異議分子，並推行實名制，中國人甚至上網都被監視著。2014年為與俄羅斯持續保持友好關係，簽訂了4,000億元的天然氣合約。

　　1998年中國開始將公營住宅賣給居民，現在有80%的中國人擁有房子，不過土地仍是國家擁有；之後國有企業私有化，創造了中國新的工作機會，[54] 而石油、運輸、通訊、運輸產業幾乎維持國有，中國一半以上的GDP也由國有企業貢獻。[55] 然而許多專家認為二十一世紀以來，中國的市場經濟改革趨緩甚至倒轉。

　　2008年雷曼兄弟破產，重創歐美經濟，2009年中國的國有銀行貸出了去年兩倍多的款，合計2008至2009年共借出1.5兆，[56] 而這些都貢獻到建造中國高速鐵路上，從無到全世界最大的鐵路系統。中國未完全融入國際體系、人民幣的兌換性低，這些原因讓中國巧妙避開了金融風暴，也讓其強化了經濟地位。

---

[54] Hong Sheng and Nong Zhao, *China's State-Owned Enterprises: Nature, Performance and Reform* (Singapore: World Scientific Publishing Company, 2013).

[55] J. Osburg, "Global Capitalism in Asia: Beyond State and Market in China," in *Journal of Asian Studies* 72, no. 4 (2013): 824.

[56] G. Dyer, *The Contest of the Century: The New Era of Competition with China-and How America Can Win* (New York: Alfred A. Knopf, 2014), pp. 244-245; F. Godement, *Contemporary China: Between Mao and Market* (Lanham: Rowman and Littlefield, 2016), p. 104.

中國確實發展繁榮，近幾年更能感受出其優越，而在歐美遇上不景氣時，中國的成功似乎在告訴世界，中國的制度優於功能失調的民主制度。鄧小平時期，中國專注於經濟發展，其平和的發展在不影響國際的情況下獲得利益。不過，如今中國崛起，已從過去接受國際秩序的小角色，到今日在國際情勢中舉足輕重的玩家。[57]

鄧小平時期初期減少軍事預算，到了天安門事件後才有明顯增加，而如今中國的軍事預算為世界第二，[58] 軍事能力不容忽視。2012年中國發表隱形戰機與無人機，且已發展出高端的網路戰能力。過去幾年，不管是與日本的釣魚台主權問題，或是與東南亞國家的南海問題，中國都展現出其強硬的一面，而因為經濟上的成功，中國開始趨向國際和平、穩定的面向。

近幾年的中國領階層偏好展現中國的軟實力，由於發揮國際影響力並非倚靠武力，而是宣揚其體系的完善。2011年已有350間孔子學員於105個國家營運，為推廣中文及中國文化，不過就如同之前論述過的，儒家思想無法代表現代的中國，即使儒學古雅，對於推廣當今中國的文化與思想，起不了太大的效果。而如今中國經濟起飛，卻尚未發展出影響世人的品牌，[59] 如此情況可能很快就會有改變。

中國有超過100萬人為百萬富豪，不過以14億人口來看，其人均財產比伊拉克還低，貧富差距甚大。政府雖然幫助中國從金融風暴中崛起，其創造的泡沫與效率低落可能會成為永續性的問題。而建立在廉價勞工、環境汙染的世界工廠或將面臨極限。中國的環境危害已幾乎要面臨危機的地步，根據報告顯示，2014年有64%的中國富豪已移民，或正

---

[57] Dyer, *Contest of the Century*, p. 7.
[58] Shambaugh, *China Goes Global*, p. 274.
[59] 同上，pp. 207-268。

在規劃移民，[60] 如果一個國家的成功人士都想離開自己的國家，那就表示其問題不小。

中國的領導階層都意識到國家的問題，認為國家需要轉換到更健康的經濟體系，建立在國內消費與服務上。中國經濟成長率已大幅走緩，放寬一胎化或許也說明了時代將終結，經濟轉換的道路肯定會是漫長的一條路，甚至是不可能的事，不過東亞國家過去也都面臨巨大的挑戰，最後也都完善的解決，所以說一切會如何，都還說不準。

❗ 延伸閱讀

關於中國國民黨 1949 年戰敗，請參閱 Suzanne Pepper, *Civil War in China: The Political Struggle, 1945-1949* (Berkeley: University of California Press, 1978).

關於毛澤東中國革命，請參閱 Frank Dikötter, *The Tragedy of Liberation: A History of the Chinese Revolution, 1945-57* (New York: Bloomsbury Press, 2013); Edward Friedman, Paul G. Pickowicz, and Mark Selden, *Chinese Village, Socialist State* (New Haven, CT: Yale University Press, 1991)；以及 Maurice Meisner, *Mao's China and After: A History of the People's Republic* (New York: Free Press, [1977] 1986)。關於毛澤東時期中國眾多個人紀錄，Jung Chang, *Wild Swans: Three Daughters of China* (New York: Anchor Books, 1992)；以及 Heng Liang and Judith Shapiro, *Son of the Revolution*

---

[60] "Hurun Report Chinese Luxury Consumer Survey 2014." 可以在 www.hurun.net/en/ArticleShow. aspx?nid=262 看到（訪問於 2016 年 7 月 12 日）。

(New York: Vintage Books, 1984)。關於尼克森訪華的最佳報導，Margaret MacMillan, *Nixon and Mao: The Week That Changed the World* (New York: Random House, 2007)。關於與美國的關係，請參閱 Michael Schaller, *The United States and China: Into the Twenty-First Century*, 4th ed. (Oxford University Press, 2016)。

關於鄧小平時期與改革開放，請參閱 Richard Baum, *Burying Mao: Chinese Politics in the Age of Deng Xiaoping* (Princeton University Press 1994)，和 David L. Wank, *Commodifying Communism: Business, Trust, and Politics in a Chinese City* (Cambridge University Press, 1999)。關於鄧小平時期的一胎化政策，Susan Greenhalgh, *Just One Child: Science and Policy in Deng's China* (Berkeley: University of California Press, 2008)。關於鄧小平傳記，請參閱 Ezra F. Vogel, *Deng Xiaoping and the Transformation of China* (Cambridge, MA: Harvard University Press, 2011)。

關於天安門事件的紀錄，請參閱 Minzhu Han (pseudonym), ed., *Cries for Democracy: Writings and Speeches from the 1989 Chinese Democracy Movement* (Princeton University Press, 1990)。關於天安門事件的另一項紀錄（祕密釋出），包含中共高層的對話，請參閱 Liang Zhang (pseudonym), compiler, *The Tiananmen Papers*, ed. Andrew J. Nathan and Perry Link (New York: PublicAffairs, 2001)。

關於大中華，請參閱 Willem Van Kemenade, *China, Hong Kong, Taiwan, Inc.*, trans. Diane Webb (New York: Vintage Books, 1998)。關於香港，請參閱 Frank Welsh, *A Borrowed Place: The History of Hong Kong* (New York: Kodansha International, 1993)。關於臺灣，請參閱 Shelley Rigger, *Why Taiwan Matters: Small Island, Global Powerhouse* (updated edition; Lanham: Rowman & Littlefield, 2011)。關於臺灣國民政府，請參閱 Jay Taylor, *The Generalissimo's Son: Chiang Ching-kuo and the Revolutions in China and Taiwan* (Cambridge,

MA: Harvard University Press, 2000)。關於臺灣早期的協議，請參閱 Johanna Menzel Meskill, *A Chinese Pioneer Family: The Lins of Wu-feng, Taiwan, 1729-1895* (Princeton University Press, 1979)。

關於全球化和現代中國文化，請參閱 Geremie R. Barmé, *In the Red: On Contemporary Chinese Culture* (New York: Columbia University Press, 1999)，和 Doug Guthrie, *China and Globalization: The Social, Economic, and Political Transformation of Chinese Society* (New York: Routledge, 2006)。

關於近期情勢的評估，請參閱 Geoff Dyer, *The Contest of the Century: The New Era of Competition with China—and How America Can Win* (New York: Alfred A. Knopf, 2014); James Kynge, *China Shakes the World: A Titan's Rise and Troubled Future—and the Challenge for America* (Boston: Houghton Mifflin, 2006); David M. Lampton, *The Three Faces of Chinese Power: Might, Money, and Minds* (Berkeley: University of California Press, 2008)；以及 David Shambaugh, *China Goes Global: The Partial Power* (Oxford University Press, 2013)。

後記

　　冷戰結束後（以1989年柏林圍墙倒塌和1991年蘇聯的滅亡爲基準），全球化新紀元出現，讓很多英語系國家的人相當興奮。1990年代，以自由市場資本主義爲中心的「華盛頓共識」獲得勝利。民主雖然誤認爲是資本主義的代名詞，但它正在廣泛地在全球傳播，甚至有人預言「歷史的終結」已經到來，因爲自由民主和自由市場資本主義有望成爲人類發展的最後階段。[1]

　　從長遠看來，預言是有道理的，但2008-2009年的經濟大衰退和發達國家日益嚴重的經濟不平等，大大減少人們的熱情。今日的俄羅斯再次成爲強權，並且擴張軍事。自2001年911事件以來，恐怖主義激增讓世界風氣凍結，甚至影響到各國對出國旅行的限制，從而扭轉了近年來國際化的走向。同時，經濟全球化雖然有益於跨國公司和技術官僚跨國組織的發展，而中國的崛起（最初藉由先前的國際秩序得以發展）讓「華盛頓共識」面對挑戰，不僅僅是因爲中國在政治上仍然是未改革的共產主義國家，並沒有支持多黨民主的跡象。此外，世界現在還面臨著環境挑戰，讓人們開始懷疑現代人類活動的永續性。全球化時代可能會結束，下一個時代可能會變得更缺乏吸引力。

　　但未來不可預測。從許多方面來說，當今世界在文化和經濟上確實比以往來得更加融洽，人的情感與物質更加豐富。儘管全球化和普遍現

1　請參見 F. Fukuyama, *The End of History and the Last Man* (New York: Free Press, 1992).

代化仍在進行，但多層文化和身分依然共存，彼此並不矛盾。例如，臺灣這個身分備受到挑戰的小島，我們看到了臺灣成功、澈底西化以及民主的社會。長期以來，臺灣與美國有著緊密的關係，同時，日本的影響力也不容小覷，近年來再次受到矚目。同樣在臺灣，中華傳統文明的要素（例如宗教和文字書寫系統）得以保留和繁榮，有時甚至比中國還要積極地發展。不可否認地，臺灣還是有著屬於自己的獨特文化。臺灣同時是全球化的世界公民。[2] 外國遊客離開西式飯店，漫步在臺灣的街頭和夜市時，會意識到他們已離開了堪薩斯州，就像《綠野仙蹤》中的多蘿西一樣。

　　東亞地區並不像以前那樣具有凝聚力和獨特性，同時也許不再有任何可以定義的東亞文明。現代化和西化早在十九世紀末就粉碎了許多東亞傳統，二十世紀中葉的冷戰，使東亞產生競爭的外部意識形態和勢力集團之間的競爭，而冷戰的影響至今仍然存在。此外，最近東亞經濟起飛僅僅被視為一個普遍的現代成功模式。儘管東亞國家現在已經是彼此最大的貿易夥伴，在文化上交流也十分融洽，但是這種新消費文化無疑是一般行為。東亞國家也常常是彼此最大的敵人，例如中國與日本、中國與越南、南韓與日本、北韓與南韓以及臺灣與中國之間的對抗。面對東亞內部持續緊張的局勢，大家仍希望美國能夠介入，很少有東亞人真正希望美國退出。

　　自古東亞本身不是一個世界。然而，整個東亞地區，存在強烈的無形文化，尤其是東亞共同語言之間的詞彙形式，而不是只有孔子思想。中國（包括大中華區）、日本、韓國和越南都是完全不同的地方，但它們的確也有許多相同的用詞和觀點。而且，如果在二十一世紀初有什麼事情可以肯定地確定的話，那就是東亞再一次成為世界中心，就像十九世紀之前人類歷史一樣。

2　R. Schriver and M. Stokes, "Taiwan's Liberation of China," *Current History* 107, no. 710 (2008): 280.

漢字對照表

通常以漢字表示的姓名和術語，不包括熟悉的現代地名和中國王朝的名稱等眾所周知的項目，但包括一些入門讀者可能會感興趣的現代術語（即使通常不用漢字寫成，而是其他東亞文字，例如日文和韓文。）

Abe no Nakamaro	阿倍仲麻呂
Abe Shinzō	安倍晉三
Acer（電腦公司）	宏碁
Aguda（女眞族首領）	阿骨打
Ainu（民族）	アイヌ
Aisin Gioro	愛新覺羅
Amaterasu	天照
Ami（原住民）	阿美族
Amitābha	阿彌陀佛
Amoghavajra	不空
An Lushan	安祿山
anime（日本動畫）	アニメ
Annam（越南）	安南
Annam quoc vuong	安南國王
Antoku（天皇）	安德
arahitogami	現人神
Ashikaga Takauji	足利尊氏

Ashikaga Yoshimasa　　　　　　　　　足利義政

Ashikaga Yoshimitsu　　　　　　　　　足利義滿

Asuka（日本地區和歷史時期）　　　　飛鳥

Asus（電腦公司）　　　　　　　　　　華碩

Au Co　　　　　　　　　　　　　　　嫗姬

Au Lac　　　　　　　　　　　　　　　甌駱

Azuchi（城堡）　　　　　　　　　　　安土

"Baba qu na'er"（電視節目）　　　　　爸爸去哪兒

Bai Juyi（也可拼爲：Po Chü-I）　　　白居易

bakufu（幕府將軍領導的政權）　　　幕府

bakushu（啤酒的日文本土用語）　　　麥酒

Bao Dai（皇帝）　　　　　　　　　　保大

be（世襲的生產單位）　　　　　　　部

Beiping（國民政府時期北京之名）　　北平

bendi　　　　　　　　　　　　　　　本地

biiru（啤酒）　　　　　　　　　　　ビール

Bodhidharma　　　　　　　　　　　　菩提達摩

Bodhisena（日文：Bodaisena）　　　　菩提僊那

bunmei kaika　　　　　　　　　　　文明開化

bunraku（*jōruri*：木偶劇）　　　　文樂（淨瑠璃）

bushi（日本武士）　　　　　　　　　武士

bushido（日本武士遵守的原則）　　　武士道

Cai Hesen　　　　　　　　　　　　　蔡和森

Cao Cao　　　　　　　　　　　　　　曹操

chaebǒl（南韓企業集團）　　　　　　財閥

Chajang（韓國僧侶）　　　　　　　　慈藏

Chan（日文：Zen）　　　　　　　　　禪

Chang Po-go　　　　　　　　　　　　張保皋

Chang'an（中國古代首都） 長安

chanoyu（茶道） 茶の湯

Chen Duxiu 陳獨秀

Chen Shuibian 陳水扁

Chen Yi 陳毅

Chiang Ching-kuo (Jiang Jingguo) 蔣經國

Chiang Kai-shek (Jiang Jieshi) 蔣介石

Chiang Wei-kuo (Jiang Weiguo) 蔣緯國

Chikamatsu Monzaemon 近松門左衛門

Chinggis Khan 成吉思汗

chin'gol（眞骨階級） 眞骨

Chinhan（古代朝鮮部落） 辰韓

Chinul（韓國僧侶） 知訥

Ch'oe Che-u 崔濟愚

Ch'oe Sŭng-no 崔承老

Chŏn Namsaeng 泉男生

chōnin（市民） 町人

Chōshū（區域） 長州

Chosŏn（韓國） 朝鮮

Chu（王國） 楚

chuanshuo（傳說） 傳說

Chun Doo Hwan (Chŏn Tu-hwan) 全斗煥

Chunqiu（春秋時代） 春秋

Chūshingura (Treasury of Loyal Retainers) 忠臣蔵

Cixi（太后） 慈禧太后

Co Loa 古螺

Cui Jian 崔健

Dadu（北京早期名） 大都

Dai（中國北方地區）	代
Dai Co Viet	大瞿越
Dai Kui	戴逵
Dai Viet	大越
Daiichi Bank	第一銀行
Daiichi（生命保險〔建築〕）	第一（生命保險）
daimyō（日本領主）	大名
Dalai Lama	達賴喇嘛
Dali（中國西南方的國家）	大理
Dan no Ura（戰役發生處）	壇ノ浦
dao（法則、規律）	道
Dao tong（道的傳承）	道統
Daoxue（新儒學）	道學
Daozang（道經）	道藏
darughachi	達魯花赤
Daxue (Great Learning)	大學
de（道德）	德
Deng Lijun	鄧麗君
Deng Xiaoping	鄧小平
Deshima（島）	出島
di（神）	帝
Di Renjie	狄仁傑
Diaoyu（島；日文：Senkaku 尖閣）	钓鱼（釣魚台）
Dien Bien Phu	奠邊府
dim sum（國語：*dianxin*）	點心
Ding（傳奇廚師名）	庖丁
Dinh Bo Linh	丁部領
Dong Shou	佟壽

Dong Son（史前文化）	東山
Dong Zhongshu	董仲舒
Doraemon（日本動畫）	ドラえもん
Dorgon（滿洲首領）	多爾袞
Dou Yi	竇乂
Du Fu	杜甫
Du Yuesheng	杜月笙
Edo（現代東京）	江戶
Emishi（民族）	蝦夷
enka（音樂）	演歌
Erlitou（史前文化）	二里頭
Esen（蒙古族瓦剌部首領）	也先
Fajia（律法主義）	法家
Fajing (Classic of Law)	法經
Falun Gong（靈性修煉）	法輪功
Faxian（中國佛僧）	法顯
fengshui（風水）	風水
Fo xing	佛性
Fotucheng（佛僧）	佛圖澄
Fuji Bank	富士銀行
Fujiwara（家族）	藤原
Fujiwara Michinaga	藤原道長
Fujiwara Michinori	藤原通憲
fukoku kyōhei	富国強兵
Fukuzawa Yūkichi	福澤諭吉
Funan（早期東南亞國家）	扶南
Fuxi（傳說中的君主）	伏羲
"Gangnam Style"（歌名）	江南스타일

Gao Huan	高歡
Gao Xianzhi（韓文：Ko Sǒnji）	高仙芝
geisha（日本女性表演藝術工作者）	芸者
geming (change of mandate/revolution)	革命
Gempei（戰爭）	源平
Genji monogatari (*Tale of Genji*)	源氏物語
genrō (elder statesmen)	元老
Gia Long（皇帝）	嘉隆
Ginkaku-ji (Silver Pavilion)	銀閣寺
Ginza（東京區名）	銀座
giri（責任）	義理
Go-Daigo（天皇）	後醍醐
Go-Sakuramachi（女天皇）	後櫻町
Go-Shirakawa（天皇）	後白河
Gong（王子）	恭親王
gongchan-zhuyi (communism)	共產主義
Gotō Shimpei	後藤新平
Gu Kaizhi	顧愷之
Guan wu liang shou jing	觀無量壽經
Guangxu（皇帝）	光緒
Guanyin（日文：Kannon；韓文：Kwanǔm）	觀音
Guanzhong（「關中」，陝西）	關中
gunbatsu (warlord)	軍閥
guo（「國家」的國語發音）	國
Guo Maoqian	郭茂倩
Guomindang (*Kuo-min-tang*, Chinese Nationalist Party)	國民黨
guoyu（國家語言，也就是普通話）	國語

Hakka（中文：*kejia*）　　　　　　　客家

hallyu (Korean wave)　　　　　　　韓流

Hamaguchi Osachi　　　　　　　　濱口雄幸

Han（華人）　　　　　　　　　　漢

Han（韓國人）　　　　　　　　　韓

Han Fei (zi)　　　　　　　　　　韓非（子）

Han Gan　　　　　　　　　　　韓幹

Han Gaozu（皇帝）　　　　　　　漢高祖

Han Yu　　　　　　　　　　　　韓愈

Han'guk (Korea)　　　　　　　　韓國

han'gŭl（韓文字母）　　　　　　한글

hanzi（記錄漢語的文字）　　　　漢字

Hara Kei (Takashi)　　　　　　　原敬

hashi（筷子）　　　　　　　　　箸

Hayashi Razan　　　　　　　　　林羅山

he（「河」的中文字）　　　　　　河

Heian（城市、時期）　　　　　　平安

Heisei（年號）　　　　　　　　　平成

Hideyori　　　　　　　　　　　秀賴

Hideyoshi　　　　　　　　　　　秀吉

(Mt.) Hiei　　　　　　　　　　　比叡山

Higashiyama（京都區名）　　　　東山

Himiko　　　　　　　　　　　　卑彌呼

hiragana（日文表音文字）　　　　平仮名

(Andō) Hiroshige　　　　　　　（安藤）広重

Hizen（區域）　　　　　　　　　肥前

Ho Chi Minh　　　　　　　　　胡志明

Ho Quy Ly　　　　　　　　　　胡季犛

hoang de（越南帝王頭銜）	皇帝
Hōjō (Kamakura regents)	北條
Hōkōji (Asukadera)	法興寺（飛鳥寺）
(Katsushika) Hokusai	（葛飾）北斎
Honda（汽車公司）	本田
Hōnen（日本佛僧）	法然
Hong Mai	洪邁
Hong Xiuquan	洪秀全
Hosokawa（大名家族）	細川
Hou Ji	后稷
Hu（中國北方外族）	胡
Hu Yaobang	胡耀邦
Hua Guofeng	華國鋒
Huaisu（中國書法家、僧人）	懷素
huangdi（中國帝王頭銜）	皇帝
Huangpu (Whampoa)	黃埔
Huaqiao（海外華人）	華僑
Huaxia（中國／中華）	華夏
Huiguo（中國佛僧）	惠果
Huineng（中國佛僧）	慧能
Hung kings	雄王
Hwabaek（貴族議會）	和白
hwangje（韓國帝王頭銜）	皇帝
Hwanung（朝鮮神祇）	桓雄
Hwarang（花郎，俊美的青年）	花郎
Hyegwan（韓國佛僧，日文：Ekan）	慧灌
Hyundai（Hyŏndae，財閥）	現代
idu（韓文書寫形式）	吏讀

Iemochi（德川幕府）	家茂
ikebana（花道）	生け花
Ikkō ikki	一向一揆
Inukai Tsuyoshi	犬養毅
Iryǒn（韓國僧人，歷史學家）	一然
Ishiwara Kanji	石原莞爾
Ishiyama Honganji	石山本願寺
Isuzu（汽車）	いすゞ
Itagaki Taisuke	板垣退助
Itō Hirobumi	伊藤博文
Jia Yi	賈誼
jiang（「河」的中文字）	江
Jiang Yuan	姜嫄
Jiaoran（中國詩人、僧人）	皎然
Jiaozhi（越文：Giao-chi）	交趾
Jiaozhou	交州
Jie（中國北方外族）	羯
Jingdezhen	景德鎮
Jinggang mountains	井岡山
jinshi（科舉科目）	進士
Jōdo（淨土宗）	淨土
Jōmon（史前文化）	繩文
juche（自力更生）	主體
jūdō（武術）	柔道
juntian（均田）	均田
junzi（擁有高尚品德之人）	君子
Jurchen（中文：Nüzhen）	女眞
Kabo reforms	甲午更張

Kabuki	歌舞伎
Kaitokudō	懷德堂
Kamakura（時代和城市）	鎌倉
kami（神靈）	神
kamikaze	神風
kana（日文表音文字）	仮名
Kang Youwei	康有爲
Kangxi（皇帝）	康熙
Kantō（「關東」，近東京的大片平原地區）	関東
karaoke	カラオケ
katakana（日文表音文字）	片仮名
keigo（日文表示尊敬的說法）	敬語
keiretsu（企業組織）	系列
kendō（「劍道」的日文）	剣道
keshig（蒙古皇家護衛隊）	怯薛
Khitan	契丹
Khubilai	忽必烈
Ki no Tsurayuki	紀貫之
Kia（汽車公司）	起亞
Kim Dae Jung (Kim Tae-jung)	金大中
Kim Il Sung (Kim Il-sŏng)	金日成
Kim In-mun	金仁問
Kim Jong Il (Kim Chŏng-il)	金正日
Kim Jong-un (Kim Chŏng-ŭn)	金正恩
Kim Young Sam（Kim Yŏngsam）	金泳三
kimch'i（韓式泡菜）	김치
kimono（日本和服）	着物
Kinkaku-ji (Gold Pavilion)	金閣寺

Kirin beer	キリンビール
Kishi Nobusuke	岸信介
kobun（韓國的古墓）	古墳
kofun（日本的古墓）	古墳
Koguryǒ	高句麗
Kojiki (*Record of Ancient Matters*)	古事記
Kojong（國王及君主）	高宗
Kōken（女天皇）	孝謙
Kokinshū (*Collection of Ancient and Modern Poetry*)	古今集
kokka（「國家」的日文）	国家
kokkai（日本國會）	国会
koku（米的量詞）	石
kokugo（國語）	国語
kokutai（國體）	国体
kolp'um（骨品）	骨品
Kong Fuzi（孔子）	孔夫子
Kong Qiu（孔子）	孔丘
Kongmin（國王）	恭愍
Koryǒ	高麗
kōtei（日本帝王頭銜）	皇帝
kuaizi (chopsticks)	筷子
Kūkai（日本佛僧）	空海
Kumārajīva	鳩摩羅什
Kuninaka Kimimaro	國中公麿
Kwantung（關東，也就是「滿洲國」）	關東
Lạc（早期越南民族的一支）	雒
Laozi（亦作 Lao Tzu）	老子

Lunyu (Analects)	論語
Lushan（山）	盧山
Ly Cong Uan	李公蘊
Ma Ying-jeou (Ma Yingjiu)	馬英九
Ma Yuan	馬遠
Mac Cuu	鄚玖
Mac Dang Dung	莫登庸
magatama（日本史前曲玉）	勾玉
Mahan（古代朝鮮部落）	馬韓
Maitreya	彌勒
Mālānanda（弘法僧）	摩羅難陀
Manchukuo	滿洲國
Manchuria	滿洲
manga（漫畫、卡通）	漫画
Mantetsu（南滿洲鐵道）	満鉄
Manyōshū (Collection of Ten Thousand Leaves)	万葉集
Mao Mountain	茅山
Mao Zedong	毛澤東
maripkan（古代朝鮮頭銜）	麻立干
matsurigoto（「政府」的日文）	政
Matsushita（電器公司）	松下
Meiji Restoration	明治維新
Meishō（女天皇）	明正
Mengzi（亦作 Mencius）	孟子
Miao（民族）	苗
Miao fa lianhua jing	妙法蓮華經
miko（巫女）	巫女
Mimizuka（耳塚）	耳塚

(Southern) Min（方言）	閩南
Minamoto（家族）	源
Minamoto Yoritomo	源賴朝
ming jing（科舉科目）	明經
Ming Taizu（皇帝）	明太祖
minjok（「民族」的韓文發音）	民族
minzoku（「民族」的日文發音）	民族
minzu（「民族」的普通話發音）	民族
Mitsubishi（銀行、財閥）	三菱
Mitsui（銀行、財閥）	三井
Mitsukoshi（百貨公司）	三越
mixin（迷信）	迷信
Miyoshi Kiyotsura	三善清行
Mongol	蒙古
mono-no-aware	物の哀れ
Motoori Norinaga	本居宣長
Mouzi（中國佛學大師）	牟子
Mozi（思想家）	墨子
mudang（薩滿）	巫堂
Mulan（傳說的女性戰士）	木蘭
Murakami（天皇）	村上
Murakami Haruki	村上春樹
Murasaki Shikibu	紫式部
Muromachi（歷史時代）	室町
Murong Xianbei	慕容鮮卑
Muye（戰場）	牧野
Muyǒl（國王）	武烈
Naka no Ōe（王子）	中大兄

Nakamura Akio/Teruo (a.k.a. Lee Kuang-huei, a.k.a. Suniyon)	中村輝夫（李光輝）
Nakatomi Kamatari	中臣鎌足
Nam Viet	南越
namu Amida Butsu	南無阿彌陀仏
Nanzhao（中國西南方的國家）	南詔
Nara（古代日本首都）	奈良
Ngo Dinh Diem	吳廷琰
Ngo Quyen	吳權
Nguyen（家族）	阮
Nguyen Phuc Anh	阮福日
Nihon (Japan)	日本
Nihon shoki（*Nihongi*; *Chronicles of Japan*）	日本書紀（日本紀）
Nihonjinron	日本人論
Nikkei（股票指數）	日経
Nikon（股份有限公司）	ニコン
ninjō（人的感情）	人情
Nintendō（電玩公司）	任天堂
Nissan（財閥）	日產
Nō（戲劇）	能
Nom（越南文字）	喃
Nomonhan	諾門坎
Nurgaci	努爾哈赤
Oda Nobunaga	織田信長
Odawara（區域）	小田原
Oirat（民族）	瓦剌
Okada Keisuke	岡田啟介
Okchŏ（民族）	沃沮

quoc（「國家」的越南文）	國
quoc ngu（越南語字母）	國語
ramen（麵）ラーメン（可能源自中文的拉麵）	拉麵
Rangaku（蘭學）	蘭學
ren（人道）	仁
renga（連結的詩歌）	連歌
renminbi（中華人民共和國貨幣）	人民幣
Rhee, Syngman (Yi Sŭngman)	李承晚
rickshaw（英語，來自日文的 *jinrikisha*）	人力車
Rikkokushi（日本早期史書）	六國史
ritsuryō jidai	律令時代
Roh Tae Woo (No T'ae-u)	盧泰愚
rōnin（沒有主人的武士）	浪人
Ru（儒家學者）	儒
Ruan Ji	阮籍
Rujiao（儒教，也就是儒家思想）	儒教
ruyi（棍）	如意
sadae（效忠強者）	事大
Saga（市、縣）	佐賀
Saigō Takamori	西鄉隆盛
Saitō Makoto	斎藤実
sake（米酒）	酒
Samguk（韓國三國）	三國
Samguk yusa（*Memorabilia of the Three Kingdoms*）	三國遺事
Samhan（古代朝鮮半島南部的三個部落）	三韓
Samsung（Samsŏng；財閥）	三星
samurai	侍

Sanguo zhi（經典小說）	三國志
Sanguo zhi tongsu yanyi（經典小說）	三國志通俗演義
sankin kōtai	參勤交代
Sanwa Bank	三和銀行
Sanxingdui	三星堆
Sapporo beer	サッポロビール
Saro（古代朝鮮部落）	斯盧
Satsuma（區域）	薩摩
Sei Shōnagon	清少納言
Sei-i tai-shōgun	征夷大將軍
Seiyūkai（政黨）	政友會
Sejong（國王）	世宗
Sekigahara（戰場）	關原
semuren（蒙古種族類別）	色目人
seng（中文指稱佛教僧侶的廣泛用語）	僧
Senkaku（島；中文：釣魚台）	尖閣
seppuku（自殺儀式）	切腹
Shan Yue（民族）	山越
Shang Yang（公子）	商鞅
Shangdi	上帝
Shangjun shu (Book of Lord Shang)	商君書
Shangshu (Book of Documents/History)	尚書
Shatuo（突厥人）	沙陀
Shennong（傳說的統治者）	神農
shi（潛力）	勢
Shi Hu	石虎
Shi Xie	士燮
"Shiawase"（《幸福不二家》，電視劇名）	しあわせ

Shijing (Book of Odes)	詩經
Shimabara（叛變地點）	島原
Shingon（日本佛教學校）	眞言
Shintō（日本宗教）	神道
Shirakawa（天皇）	白河
Shiseido（Shiseidō：化妝品公司）	資生堂
shishi qiu shi	實事求是
shōgun	將軍
shōji（紙拉門）	障子
Shōtoku Taishi	聖德太子
Shōwa（裕仁天皇在位年號）	昭和
shu（「書」或「寫」；日文：*kaku*）	書
Shu-Han（國家）	蜀漢
Shujing (Book of Documents/History)	書經
Shun（聖君）	舜
Silla	新羅
Soga（家族）	蘇我
sōjō（日本佛教僧階的管理者）	僧正
Song（周朝諸侯國）	宋
sŏnggol（聖骨階級）	聖骨
sonnō jōi	尊王攘夷
Sony（股份有限公司）	ソニー
Soong May-ling (Song Meiling)	宋美齡
Southern Min dialect	閩南話
sŏwŏn (academy)	書院
Śubhakarasimha	善無畏
Sugawara Michizane	菅原道眞
Sui Wendi（皇帝）	隋文帝

Suiko（女天皇）   推古

sukiyaki   すき焼

sumera mikoto   天皇（スメラミコト）

Sumitomo（銀行、財閥）   住友

sumō   相撲

Sun Yat-sen (Zhongshan)   孫逸仙（中山）

Sundo（弘法僧）   順道

Sunzi bingfa (Sunzi's Art of War)   孫子兵法

sushi   寿司，鮓或鮨

Suzuki Kantarō   鈴木貫太郎

T'aebaek Mountain   太白山

T'aejo（國王）   太祖

t'aekwŏndo（武術）   跆拳道

Taewŏn'gun (Lord of the Great Court)   大院君

Tai yu（臺灣方言）   臺語

taigi meibun   大義名分

Taihō（年號）   大寶

taiji（*t'ai-chi*；「太極」）   太極

Taika（年號）   大化

taipan（企業高層；英語，源自粵語）   大班

Taiping（叛亂）   太平

Taiping tianguo   太平天國

Taiping yulan（百科全書）   太平御覽

Taira（家族）   平

Taira Kiyomori   平清盛

Taishō（年號）   大正

Taizu（皇帝）   太祖

Tan Luan（中國佛僧）   曇鸞

Tang Taizong（皇帝）	唐太宗
Tan'gun（傳說的韓國開國始祖）	檀君
Tangut（民族）	党項
Tao Qian（a.k.a. Tao Yuanming）	陶潛（陶淵明）
taotie（古代銅器裝飾）	饕餮
tatami（地墊）	畳
Tay Son（叛亂，取自越南地名）	西山
tempura	天麩羅
Tendai（佛教學校）	天台
Teng, Teresa (Deng Lijun)	鄧麗君
Tenji（天皇）	天智
tennō（日本帝王頭銜）	天皇
Tet [nguyen dan]（農曆新年）	春節元旦
Thang-long（現代河內）	昇龍
Tiananmen (Gate of Heavenly Peace)	天安門
tianming（天命）	天命
tianwang（天王）	天王
tianxia（天下）	天下
tianzi（天子）	天子
Tibet	吐蕃
Tōdai-ji（奈良寺廟）	東大寺
Toghan-Temür	妥懽貼睦爾
tokonoma（凹間）	床の間
Tokugawa（家族、幕府）	德川
Tokugawa Ieyasu	德川家康
Tomioka silk mill	富岡製系場
Tonghak（東學）	東學
Tongmenghui（革命同盟會）	同盟會

Tongwen guan（外語學校）	同文館
Tongzhi（皇帝）	同治
Tongzhi Restoration	同治中興
tonkatsu（炸豬排）	豚カツ
Tonkin (Dong Kinh)	東京
Tosa（早期日本的國）	土佐
Tōshiba（股份有限公司）	東芝
Tōyō Kanji	当用漢字
Toyota（汽車公司）	トヨタ或豐田
Toyotomi Hideyoshi	豐臣秀吉
Tran（家族）	陳
Trinh（家族）	鄭
Trung Nhi	徵貳
Trung Trac	徵側
Tsai Ing-wen	蔡英文
tsunami（海嘯）	津波
tsuwamono（日本武士）	兵
Tuoba Xianbei	拓跋鮮卑
Türk	突厥
Uighur（突厥人）	回鶻
uji（親族）	氏
ujidera（宗廟）	氏寺
ukiyo（飄忽不定的現世生活，或風月歡場）	浮世
ukiyoe（描繪現世生活的畫作：木版畫）	浮世繪
Vajrabodhi	金剛智
Van mieu（奉祀文學先賢的廟宇）	文廟
Van-lang kingdom	文郎國
Viet（中文：Yue）	越

Vietnam Cong-san（Viet Cong）	越南共產
Wa（日本）	倭
Wafū（日式）	和風
Wakō（日本海盜）	倭寇
wang（「國王」或「王子」的中文）	王
Wang Dao	王導
Wang Jingwei	汪精衛
Wang Kǒn	王建
Wang Mang	王莽
Wang Yangming	王陽明
Wang Xizhi	王羲之
wen（文學）	文
Wen（周王）	文
Wen xuan (*Selections of Refined Literature*)	文選
Whampoa (Huangpu)	黃埔
Wiman（古朝鮮政權建立者）	衛滿
Wǒn'gwang（韓國佛僧）	圓光
Wu（周王）	武
wu（武術）	武
Wu liang shou jing	無量壽經
Wu Zetian	武則天
Wudi（武帝）	武帝
Wujing qi shu (*Seven Military Classics*)	武經七書
wuwei (*nonaction*)	無為
Xi Jinping	習近平
Xi Xia（國家）	西夏
xiao（孝）	孝
Xiaojing (*Classic of Filial Piety*)	孝經

Xianbei（民族）	鮮卑
Xiaowen（北魏皇帝）	孝文
Xiaowu（劉宋皇帝）	孝武
xin（新）	新
Xin Qingnian (New Youth)	新青年
"Xingfu bu er jia"（電視劇名）	幸福不二家
Xinjing（滿洲國首都）	新京
Xiongnu（游牧部落帝國）	匈奴
Xu Guangqi (Paul)	徐光啟
Xuanwu gate	玄武門
Xuanxue（玄學）	玄學
Xuanzang（佛教徒、取經人）	玄奘
Xuanzong（唐朝皇帝）	玄宗
Xunzi（思想家）	荀子
Yamaga Sokō	山鹿素行
Yamana（大名家族）	山名
Yamatai	邪馬台
Yamato（日本）	大和
Yan（國家）	燕
Yan wang（閻羅王）	閻王
Yang Guifei	楊貴妃
Yang Jian	楊堅
yangban	兩班
Yangdi（隋朝皇帝）	煬帝
Yangshao（新石期時代文化）	仰韶
Yanmen（位於陝西）	雁門
Yao（民族）	猺
Yao（聖君）	堯

Yasuda（財閥）	安田
Yawata（製鐵所）	八幡
Yayoi（新石期時代文化）	彌生
Ye（城市）	鄴
Yemaek（民族）	濊貊
yen（日本貨幣單位）	円
Yi（中國東部外族）	夷
"Yi lu shang you ni"（電視節目）	一路上有你
Yi Sŏng-gye	李成桂
Yi Sun-sin	李舜臣
"Yi wu suoyou"（歌名）	一無所有
Yihequan	義和拳
Yijian zhi (Record of Hearsay)	夷堅志
Yijing (Book of Changes)	易經
yin-yang	陰陽
Ying Zheng	嬴政
Yōfū（西式）	洋風
Yŏn Kaesomun	淵蓋蘇文
Yŏngjo（國王）	英祖
Yongle（皇帝）	永樂
Yoshida Shigeru	吉田茂
Yoshida Shoin	吉田松蔭
Yoshino（日本南朝首都）	吉野
yŏwang（女王）	女王
Yu（大禹，聖君）	禹
Yuan（拓跋鮮卑統治家族的中文姓氏）	元
yuan（中國貨幣單位）	圓
Yuan Shikai	袁世凱

Yuan Zhen	元稹
Yun'gang（佛教石窟）	雲崗
Yunmeng（中國中部的考古遺址）	雲夢
yushin（復興）	維新
zaibatsu（財閥）	財閥
Zen	禪
Zhang Zuolin	張作霖
Zhao Kuangyin	趙匡胤
Zhao Tuo（越文：Trieu Da）	趙佗
Zhao Ziyang	趙紫陽
Zhenbao (Damansky) Island	珍寶島
Zheng Chenggong (Koxinga)	鄭成功（國姓爺）
Zheng He	鄭和
zhong（忠誠）	忠
Zhongguo（中國）	中國
"Zhongguo hao shengyin"（電視節目）	中國好聲音
Zhonghua (China)	中華
Zhongnanhai（中國共產黨領導機構，位於北京）	中南海
Zhou, Duke of	周公
Zhou Enlai	周恩來
Zhu De	朱德
Zhu Xi	朱熹
Zhu Yuanzhang	朱元璋
Zhuang（民族）	獞或壯
Zhuangzi (Chuang Tzu)	莊子
Zongli Yamen	總理衙門
zu（「民族」的中文）	族
Zunghar（游牧民族）	準噶爾

索引

國家圖書館出版品預行編目資料

東亞史／查爾斯·霍爾科姆（Charles
Holcombe)著；王啟安等譯. 一一初版. 一一臺
北市：五南圖書出版股份有限公司, 2021.3
　面；　公分
譯自：A history of East Asia : from the
　　　origins of civilization to the
　　　twenty-first century
ISBN 978-986-522-100-3 (平裝)

1.歷史 2.東亞

730.1　　　　　　　　　　109009017

1WOP

東亞史
從歷史的曙光到二十一世紀
A History of East Asia: From the Origins of
Civilization to the Twenty-First Century

作　　者 ― 查爾斯·霍爾科姆、Charles Holcombe

譯　　者 ― 王啟安 等

發 行 人 ― 楊榮川

總 經 理 ― 楊士清

總 編 輯 ― 楊秀麗

副總編輯 ― 蘇美嬌

特約編輯 ― 郭雲周

封面設計 ― 姚孝慈

出 版 者 ― 五南圖書出版股份有限公司

地　　址：106台北市大安區和平東路二段339號4樓

電　　話：(02)2705-5066　　傳　　真：(02)2706-6100

網　　址：https://www.wunan.com.tw

電子郵件：wunan@wunan.com.tw

劃撥帳號：01068953

戶　　名：五南圖書出版股份有限公司

法律顧問　林勝安律師事務所　林勝安律師

出版日期　2021年3月初版一刷

定　　價　新臺幣680元

經典永恆・名著常在

五十週年的獻禮 —— 經典名著文庫

五南，五十年了，半個世紀，人生旅程的一大半，走過來了。

思索著，邁向百年的未來歷程，能為知識界、文化學術界作些什麼？

在速食文化的生態下，有什麼值得讓人雋永品味的？

歷代經典・當今名著，經過時間的洗禮，千錘百鍊，流傳至今，光芒耀人；

不僅使我們能領悟前人的智慧，同時也增深加廣我們思考的深度與視野。

我們決心投入巨資，有計畫的系統梳選，成立「經典名著文庫」，

希望收入古今中外思想性的、充滿睿智與獨見的經典、名著。

這是一項理想性的、永續性的巨大出版工程。

不在意讀者的眾寡，只考慮它的學術價值，力求完整展現先哲思想的軌跡；

為知識界開啟一片智慧之窗，營造一座百花綻放的世界文明公園，

任君遨遊、取菁吸蜜、嘉惠學子！